CORPO
E TRANSCENDÊNCIA

ANSELMO BORGES

CORPO
E TRANSCENDÊNCIA

ALMEDINA

CORPO E TRANSCENDÊNCIA

AUTOR
ANSELMO BORGES

EDITOR
EDIÇÕES ALMEDINA, SA
Rua Fernandes Tomás n.os 76, 78, 80
3000-167 Coimbra
Tel.: 239 851 904
Fax: 239 851 901
www.almedina.net
editora@almedina.net

DESIGN DE CAPA
FBA

PRÉ-IMPRESSÃO
G.C. – GRÁFICA DE COIMBRA, LDA.
Palheira – Assafarge
3001-453 Coimbra
producao@graficadecoimbra.pt

IMPRESSÃO E ACABAMENTO
Pentaedro, Lda.

Novembro, 2011

DEPÓSITO LEGAL
336851/11

Os dados e as opiniões inseridos na presente publicação
são da exclusiva responsabilidade do(s) seu(s) autor(es).

Toda a reprodução desta obra, por fotocópia ou outro qualquer
processo, sem prévia autorização escrita do Editor, é ilícita
e passível de procedimento judicial contra o infractor.

Biblioteca Nacional de Portugal – Catalogação na Publicação

BORGES, Anselmo

Corpo e transcendência
ISBN 978-972-40-4650-1

CDU   122/129
      165
      17

ÍNDICE

Palavra de introdução   7

   I. O homem: um corpo que espera   19
  II. Sobre a questão do outro. Conflito e eticidade   105
 III. O homem: um corpo-pessoa-no-mundo-com-
-os-outros. O crime económico na perspectiva
filosófico-teológica   189
 IV. Morte, pessoa e Transcendência   247
  V. A dignidade da pessoa no ocaso da vida.
A eutanásia   299
 VI. Ateísmo, ética e mística   339
VII. Fernando Pessoa e a questão de Deus   419
VIII. Religião, religiões e diálogo inter-religioso   473
 IX. O tempo para além do tempo   543

PALAVRA DE INTRODUÇÃO

Esta obra, há muito esgotada e com pedidos constantes de encomenda, deve a sua segunda edição, revista e aumentada, à insistência generosa do Doutor Rui Martins, Professor da Faculdade de Letras da Universidade de Coimbra e Coordenador da colecção O TEMPO E A NORMA na Almedina. A sua organização tem como fio condutor precisamente o que se anuncia no título: *Corpo e Transcendência*.

Leib bin ich, "corpo (vivo) sou eu", escreveu Nietzsche. É essencial distinguir entre o corpo objecto e o corpo sujeito ou corpo próprio. Toda a antropologia que não queira soçobrar no naturalismo nem no idealismo ou numa forma qualquer de dualismo tem de arrancar da corporeidade. Sou um corpo que diz "eu", o que significa, portanto, que não me configuro como simples corpo biológico, mas, tomando distância em relação a mim mesmo, sou corpo pessoal, em permanente processo de personalização.

Pensar o homem como corpo enquanto matéria pessoal, consciente e livre, significa, por um lado, a superação do materialismo vulgar, que não dá conta da singularidade e dignidade humanas, e, por outro, transcender o idealismo do *ego* como consciência fechada em si mesma.

Dinamismo cósmico humanamente estruturado, o homem apareceu recentemente – há uns dois ou três milhões de anos – na história do universo com 13.700 milhões de anos, e é constitutivamente abertura ilimitada ao mundo e aos outros, ao passado e ao futuro, ao Infinito. Realiza-se a si mesmo na temporalidade, decidindo a cada instante o que quer fazer de si próprio no mundo com os outros.

Como corpo-pesssoa, sabe-se inserido na história toda do cosmos e da humanidade, mas precisamente assim: intimidade pessoal e abertura a tudo co-implicam-se. Nesta abertura, é relação constitutiva com o outro, que é outro eu, um eu como eu e um eu que não sou eu, um eu outro, vindo assim a lume toda a questão da conflitualidade e da ética bem como do diálogo inter-cultural e inter-religioso.

Relaciona-se consigo mesmo nesta abertura à totalidade do real, não podendo, portanto, fechar-se à questão do seu fundamento último e, assim, também porque se vive constitutivamente como processo de personalização constante, indevidamente interrompido pela morte, à relação com a Transcendência. A razão, feito o seu percurso todo, experiencia que a sua luz se acende na noite do Mistério e, por isso, desemboca na pergunta pela esperança, que a todos convoca e a todos tem de incluir. Esperança terrena, que se configura no tempo também como luta por mais liberdade, justiça, dignidade para todos, e esperança meta-histórica, para lá do tempo, acolhendo como dom e graça de Deus a plenitude da vida.

PREFÁCIO

Adriano Moreira

A publicação deste livro, que honra o autor e a literatura que se ocupa da relação do mundo globalizado em que agora nos encontramos e a transcendência que desafia as sociedades humanas desde que existe memória, situa-se numa circunstância que obriga a encarar a complexidade e, por isso, o novo perfil da relação entre a Igreja e o Estado, entre as religiões em diálogo plural, de todos com a ciência, e finalmente com a exigência de promover o encontro entre as duas culturas, a científica e a das humanidades.

A primeira questão, na área ocidental que condiciona o nosso pensamento, foi dominada pela relação entre a Igreja Católica e o Poder Político, durante o longo período temporal em que os ocidentais procuraram e assumiram a hegemonia mundial que finalmente perderam com as guerras civis, chamadas mundiais, de 1914-1918 e 1939-1945.

Os avanços da ciência e da técnica, que acompanhou a expansão imperial dos ocidentais, e a reformulação dos modelos de regência política, sobretudo a partir da Revolução Francesa, foram acompanhados pela grave previsão da secularização do mundo, o que levou Augusto Comte a anunciar esta convicção: "Je suis persuadé que, avant l'année 1860, je prêcherai le positivisme à Notre Dame (Paris), comme la seule religion réelle et complète". O *desencantamento do mundo*, que Weber anteviu, foi recolhendo apoios das derivas das ciências sociais, por exemplo com Wilson (1966), Beckford (1993), ou Dobbelaere (2002), que todos já viveram o globalismo, uma atitude recentemente assumida de maneira esdrúxula pelos que ultrapassaram a afirmação de Nietzsche da morte de Deus, que atraiu por exemplo Sartre e B. Russel, em termos de justificar a conclusão de Jean-Luc Marion de que "aquilo que espanta não é tanto a nossa dificuldade em falar de Deus, mas a nossa dificuldade em esquecê-lo".

Resolvido definitivamente pelo Concílio Vaticano II o tema da relação da Igreja Católica com as forças políticas, declarando-se fonte de doutrina aberta a qualquer delas, a questão que foi durante séculos específica dos ocidentais e da Igreja Católica, com incidentes graves na história do Portugal Católico e Missionário que fomos, mudou de perfil em função da descolonização da ONU, que colocou todas as áreas culturais do mundo a falar livremente na comunidade internacional, uma novidade na história.

Desde então, o tema do *desencantamento* do mundo foi sobretudo centrado na relação das ciências exactas com a transcendência, e acompanhado pelo aprofundamento da distância entre as duas culturas.

Não lembrando os incidentes políticos que não dão lustre à história do nosso Estado laico, não faltaram nomes prestigiosos como Mauriac, Paul Claudel, Unamuno,

Papini, Julien Green, Gandhi, Chagall, a que podem acrescentar-se portugueses mergulhados nessa inquietação e busca como Leonardo Coimbra, Antero, Sampaio Bruno, Torga, Régio, Teixeira de Pascoaes. É por isso de salientar a atenção que o autor dedica a Fernando Pessoa, testemunha da referida angústia que se traduz em ser maior a dificuldade de esquecer Deus do que deixar de falar dele.

Tem de reconhecer-se que este encontro em liberdade de todas as áreas culturais, e portanto das várias religiões, se não diminui a dimensão e importância do cristianismo no mundo, tornou mais evidente a necessidade de enfrentar o fraccionismo das suas Igrejas, e mais agudas as exigências de revisões institucionais, uma das temáticas a que Anselmo Borges tem dedicado atenção permanente, com intervenção pública, repetida, lúcida, e informada sobre as mudanças aceleradas do mundo em que vivemos.

Acontece porém que a modernidade, ou a pós-modernidade como já vai sendo referida, não atingiu nem o facto religioso nem a busca da espiritualidade (Guetny, 1999). Talvez se fale menos de Deus do que do divino ou da transcendência, mas parece uma evidência estatística que, se diminui a declaração de pertença a uma Igreja institucionalizada, multiplicaram-se as iniciativas a exigirem multiplicação de conceitos, como os de Igreja, seita, denominação, culto, alguns causando preocupações severas, como acontece com a introdução de valores religiosos no conceito estratégico de organizações como a Al-Qaeda. É certo que o cristianismo, tendo em conta todas as confissões (2.134 milhões) que João Paulo II tanto procurou aproximar, e o islão (1.308 milhões), estão em situação muito superior ao hinduísmo (800 milhões), ao budismo (350 milhões), e à multiplicidade de outras por vezes chamadas *pequenas religiões*, mas o simples ritmo da demografia aponta para mudanças de dimensão no futuro.

De todos os problemas suscitados pela liberdade das áreas culturais no diálogo mundial, o tema que, neste mundo sem governança, em que proliferam as ameaças, se torna mais relevante, é o do encontro de ambas as culturas, a das ciências exactas e a das humanidades, encontro para o qual este livro vem dar uma contribuição oportuna, actual, e exigente.

Começo por lembrar os textos de Hannah Arendt justamente sobre Between Past and Future (1954), e que circularam em tradução francesa, de 1972, com o título – La Crise de la Culture. Esta discípula de Heidegger, e Jaspers, que viveu a crise do desmoronamento da supremacia europeia (1906-1975) foi documentando o processo, a partir da fuga ao nazismo, com obras fundamentais sobre As Origens do Totalitarismo, Ensaio sobre a Revolução, Eichman em Jerusalém, Condição do Homem Moderno, e A Vida do Espírito.

Altamente preocupada com a questão da educação, escreveu páginas admiráveis, inquieta com a quebra dos valores da sociedade civil ocidental e da sua relação com os poderes políticos, articulando a crise da cultura com a crise da educação, retomando a lamentação de Hamlet: "os tempos perderam o rumo, é uma maldição que seja eu forçado a restabelecê-lo".

Mas a questão central da sua intervenção estava nos modelos culturais de comportamento, no equilíbrio entre a tradição e a exigível mudança, longe de Políbio para quem a responsabilidade da educação é simplesmente assegurar que os jovens "são dignos dos seus antepassados", segura de que eles enfrentavam um mundo que não era estruturado pela autoridade, nem imobilizado pela tradição.

Talvez não seja inteiramente errado, no que toca à evolução do seu pensamento, admitir que foi a conquista do espaço, marcado no imaginário mundial pelo desembarque na Lua, que despertou, ou pelo menos intensificou, a sua preocupação com a outra cultura, perguntando-se: "a conquista do espaço pelo homem aumentou ou diminuiu a sua dimensão?".

A resposta inicial que deu encontra-se provavelmente neste texto: "o essencial é que a ciência moderna – pouco importam as suas origens e objectivos iniciais – mudou e reconstruiu tão radicalmente o mundo no qual vivemos que se poderia objectar que o profano e o humanista, continuando a confiar no seu senso comum e a comunicar na linguagem de todos os dias, perderam o contacto com a realidade".

Foi neste período que em 1959, C. P. Snow fez, na Cambridge University, a conferência que intitulou The Two Cultures, no seguimento de um artigo publicado anos antes (1956).

Sublinhando que foi a técnica que deu ao homem comum e profano a possibilidade de relacionar a mudança com os avanços da ciência, adiantou que "o índice mais significativo de uma autodestruição reside na descoberta por Heisenberg do princípio da incerteza".

Por seu lado, aquilo que despertou a atenção de C. P. Snow foi a distância, que julgou necessário sublinhar, entre os cientistas e as humanidades. Recorda: "aconteceu-me frequentemente partilhar literalmente o meu tempo entre cientistas, com os quais trabalhava durante o dia, e os confrades "das letras", na companhia dos quais passava a soirée e a noite... Tinha, com efeito, perpetuamente o sentimento de oscilar entre dois grupos humanos, de inteligência comparável, de raça idêntica, de origens sociais relativamente próximas, tendo rendimentos iguais – entre os quais toda a comunicação estava praticamente cortada e que, no plano intelectual, moral e psicológico, tinham tão pouco em comum que se tinha a impressão, vinda de Burlington House ou de South Kensington à Chelsea, de atravessar um oceano".

O grande risco, no diagnóstico de C. P. Snow, estava em que, numa cultura dividida, apenas os cientistas estão sabedores de algumas potencialidades, o que torna o processo político extremamente complexo e perigoso.

Talvez seja apropriado, sem atentar contra o pensamento de C. P. Snow, assumir que o conceito de distância entre as duas culturas tem o seu acento tónico na relação da ciência, e da sua deriva técnica na intervenção social, com a ética, com os valores dominantes do tecido cultural afectado, com o relativismo que finalmente presidiu a todas as derivas da governança dos Estados e da comunidade internacional.

Partindo desta referência, certamente breve e não completamente satisfatória, atrevo-me a sugerir que a perspectiva do poder político, sempre atento à conquista, exercício, e manutenção das suas capacidades, é uma variável importante da alegada distância entre as duas culturas.

Em primeiro lugar o receio político da prospectiva, nascida e orientada por convergências entre as duas culturas, e que pareceu trazer à lembrança do poder político os prognósticos que levaram Florença a intimar a Jerónimo Savonarola a proibição de falar de *futuribus*. Nos seus anúncios, o frade, a caminho do suplício, incluíra a morte de Lourenço-o-Magnifico, a morte do Papa Inocêncio, a reforma da Igreja, e o aparecimento de um novo Ciro: Agite poenitentiam, era o brado final.

No encontro das ciências exactas com as ciências sociais, a questão do cientismo, a convicção de que o método das primeiras era aplicável aos problemas humanos, abriu uma divergência não inteiramente sanada pela corrente moderada da compreensão (Verstehen), herdeira de Kant e de Dilthey, opondo a visão positivista (explanatory) da primeira à visão justificadora (justificatory) da segunda, com intervenção da herança recebida de Max Weber (1864-1920).

As inquietações do milénio levaram a um conjunto de interrogações sobre o mundo e a vida, finalmente partilhadas por uma pluralidade de atitudes, religiosas, racionalistas, marxistas, existencialistas, de modo que, como escrevi num texto de 1966, "os temas da subjectividade, da solidão, do desespero, do nada, da ambiguidade, já não são problemas de um ou de cada homem, são problemas do género humano estarrecido com o poder que alcançou, só ultrapassado pela ignorância". Como melhor escreveu Sartre, "a humanidade inteira, se continuar a viver, não será simplesmente porque nasceu, mas porque terá decidido prolongar a sua vida. Não mais existe espécie humana. A comunidade que se faz guardiã da bomba atómica está acima do reino natural, porque é responsável pela sua vida e morte; cada dia, cada minuto, será necessário que consinta em viver"; e Chardin, o luminoso autor da Missa sobre o Mundo, escrevia que "a influência física de cada homem, limitada antes a alguns quilómetros, estende-se agora a centenas de léguas... cada individuo se encontra daqui em diante, activa e passivamente, simultaneamente presente à totalidade do mar e dos continentes, coextensiva à Terra".

Atingido este poder que, como todo o poder absoluto, ameaça os titulares com a vertigem agora apocalíptica, abriu caminho a perspectiva de Eduard D. Wilson, entre nós divulgado por Fraústo da Silva, com o seu Consilience – The unity of Knowledge (1998), autor já chamado por Tom Wolfe – "a new Darwin".

Altamente consciente do risco da vertigem causada pelo poder assumido, a sua pergunta crucial é – To What End?

Tocando no ponto angustiante das ciências da vida, pergunta: "algures, no próximo século, esta orientação conduzirá ao dominante período volitivo da evolução. O avanço criará uma nova espécie de problema ético, que será "the Faustian decision of witch I spoke: How much should people be allowed to mutate themselves and their descendents?".

Como que invocando Arendt, quando chamou a atenção para o desafio Between Past and Future (1954) que recordei, afirma que chegaremos a compreender o verdadeiro significado de conservadorismo: "Com este abusado e confuso termo... refiro a ética que acarinha e apoia as raízes e serviços das melhores instituições de uma comunidade. Por outras palavras, o verdadeiro conservadorismo é uma ideia que tanto é aplicável à natureza humana como às instituições sociais".

Concordando pois com o imperativo de decidir continuar a viver, procura a conciliação das culturas, concluindo que se nos considerarmos libertos da nossa herança "we will become nothing". Incluamos, cimeiros, os valores da relação com a transcendência.

O regresso ao amor da sabedoria, à essência dos valores, às perguntas e dúvidas sobre o sentido e justificação de todas as coisas, à recusa do pragmatismo que aceita que os fins justificam os meios, à humildade de admitir que a nossa ignorância é seguramente muito mais vasta do que os passos dados pela ciência, é o apelo feito para evitar o desastre da vertigem do poder conseguido, todos e cada um escolhendo o seu ponto de apoio, e a sua resposta. Por mim, depois desta despretensiosa meditação, regressei à leitura e conforto de Chardin, relendo a *Missa sobre o Mundo*.

I
O HOMEM: UM CORPO QUE ESPERA

Introdução: O enigma da constituição humana

Há aquelas histórias ingénuas, mas luminosas e pregnantes. Assim, por exemplo, conta-se que, uma vez, estava um miúdo com a mãe, junto ao cadáver da avó. A mãe explicou ao filho: "Vês? Agora, o corpo vai para a terra, a alma foi para Deus. Quando eu morrer, o meu corpo vai para a terra e a minha alma vai ter com Deus. Depois, quando tu morreres, também vai ser assim: O *teu* corpo vai para o cemitério; a *tua* alma vai ter com Deus." E o miúdo, aflito, perguntou: "E eu?"

Esta pequena história, na sua ingenuidade, ilustra bem todo o enigma da constituição humana. O pensamento enveredou frequentemente pelo dualismo, que quer exprimir uma tensão vivida: eu sou um corpo que diz eu, mas ao mesmo tempo penso-me como tendo um corpo, pois o eu fontal parece não identificar-se com o corpo. Parece haver no homem um excesso face ao corpo, experienciado, por exemplo, na possibilidade do suicídio: *Eu* posso matar-*me*. Mas, por outro lado, eu não sou uma alma que carrega um corpo, à maneira de uma coisa que eu tivesse. Vivo-me desde dentro como sujeito corpóreo, um corpo-sujeito, corpo próprio e matéria pessoal. O meu corpo sou eu mesmo presentificado, é a minha visibilização, sou eu próprio voltado para os outros. Mas, se se negar a alma e o espírito, como explicar o pensamento, a reflexão, a autoconsciência, a liberdade, a experiência de nós enquanto pessoas, enquanto dignidade que não é redutível a coisa?

Posso dizer: "Eu tenho uma alma" e "eu tenho um corpo". Mas então é preciso perguntar quem é ou o que é este "eu" que parece ser o "proprietário" de um corpo e de uma alma, distinguindo-se deles. Por outro lado, precisamente este "eu" aparece unindo os dois – o corpo e a alma –, que, por isso, formam uma unidade. Assim, este eu pode ser um corpo que afirma ter uma alma ou então uma alma que requer um corpo. "Mas o reconhecimento de um eu ('eu-consciência') não pressupõe já, em qualquer caso, uma alma, isto é, um espírito?". Em ordem ao esclarecimento da questão (que é o enigma do corpo e da alma ou também do cérebro e da mente ou ainda da matéria e do espírito), é necessário colocar as perguntas seguintes: A alma e o corpo são entidades diferentes e independentes? Neste caso, qual a relação que existe entre eles? Porém, se a constituição humana não for dicotómica (alguns afirmarão até uma constituição tricotómica: corpo, alma, espírito), mas, pelo contrário, se se tratar de uma unidade, como compreender esta unidade?[1].

---

[1] Franz Wuketits, *Schlüssel zur Philosophie*, Munique, 1991, pp. 116-117.

O homem aparece muito recentemente na aventura gigantesca da evolução, com 13 700 milhões de anos. Mas precisamente assim: "somos ao mesmo tempo na natureza e fora dela"[2]. Somos simultaneamente *do* mundo e *no* mundo, pois, provindo da natureza, contrapomo-nos a ela, o universo toma consciência de si no homem, que é consciente de si mesmo enquanto transcendendo a natureza.

Vergílio Ferreira, referindo-se ao enigma humano, escreveu num misto realista, dramático e sublime: "Um corpo e o que em obra superior ele produz. Como é fascinante pensá-lo. Um novelo de tripas, de sebo, de matéria viscosa e repelente, um incansável produtor de lixo. Uma podridão insofrida, impaciente de se manifestar, de rebentar o que a trava, sustida a custo a toda a hora para a decência do convívio, um equilíbrio difícil em dois pés precários, uma latrina ambulante, um saco de esterco. E simultaneamente, na visibilidade disso, a harmonia de uma face, a sua possível beleza e sobretudo o prodígio de uma palavra, uma ideia, um gesto, uma obra de arte. Construir o máximo da sublimidade sobre o mais baixo e vil e asqueroso. Um homem. Dá vontade de chorar. De alegria, de ternura, de compaixão. Dá vontade de enlouquecer"[3].

---

[2] Edgar Morin, *La Méthode. 5. L'humanité de l'humanité. L'identité humaine*, Paris, 2001, p. 19.

[3] Vergílio Ferreira, *Pensar*, Lisboa, 1992, pp. 131-132. Vergílio Ferreira, para quem "há o corpo 'fora' da anatomia", tem expressões

Enquanto corpo-pessoa o homem faz a sua história, inserido na história da humanidade e inscrito na história da natureza, e a tarefa da filosofia, contra o activismo absoluto da razão moderna, que recusava toda a dimensão de acolhimento do outro[4], é, no "conflito das interpretações", uma hermenêutica ontológico-existencial do sentido dessa história pessoal e cósmico-universal.

Nesta reflexão, tendo consciência de que, como refere Karl Popper, a filosofia ocidental não tem feito outra coisa senão tecer "variações sobre o tema do dualismo do corpo e da mente"[5], tenta-se, seguindo no essencial o pensamento de Pedro Laín Entralgo sobre o tema, reflectir sobre o corpo humano e a esperança. O estudo está dividido em três partes: Conduta humana: sua descrição, explicação e compreensão; Matéria e pessoa humana; A morte e o corpo humano invocante.

---

invulgarmente belas e felizes sobre a vivência do corpo pessoal e interpessoal: "Mónica, minha querida. (...). Porque o teu corpo não é só o teu corpo. Não é isso, não é isso. É entrar em *ti*, e a tua pesssoa estar lá (...)": Id., *Em nome da terra*, Lisboa, 1997[7], p. 159; "Deito-me ao teu lado. (...). Os seios que despontam, a tua face, o longo das tuas pernas. Estendo-me sobre ti e dóceis apartam-se. (...) querida Sandra, entrar em ti, como é possível que isso aconteça? Em ti, no recôndito de ti, no íntimo inatingível da tua pessoa. No mais oculto e indesvendável de quem és": Id., *Cartas a Sandra*, Lisboa, 1999[6], p. 53.

[4] Miguel Baptista Pereira, "Modernidade, Fundamentalismo e Pós-modernidade", in: *Revista Filosófica de Coimbra* 1/2 (1992) 214.

[5] Karl Popper, *Conocimiento objetivo*, Madrid, 1974, p. 147. Cit. in: J. L. Ruiz de la Peña, *Las nuevas antropologías. Un reto a la teología*, Santander, 1983, p. 175.

A conduta humana: sua descrição, explicação e compreensão

Segundo Pedro Laín Entralgo, em ordem ao conhecimento científico e filosófico do homem, a conduta humana é "o ponto de partida mais adequado"[6]. O chimpanzé, seu primo afastado, sente (sente o mundo exterior e sente-se a si próprio), recorda experiências passadas e utiliza-as, procura alimento, parceiro sexual, etc., espera, se necessário, a oportunidade de encontrar o que busca, brinca e joga com os membros da sua espécie, comunica com eles, pode aprender muitas coisas novas (lembrar os casos famosos de *Washoe* e *Sarah*) e inclusivamente inventar instrumemtos novos (são célebres, por exemplo, os chimpanzés de Köhler, Kortland e Goodhall)[7]. No quadro da evolução, não admira que encontremos já nos chimpanzés, gorilas, bononos, antecedentes do que carac-

---

[6] Pedro Laín Entralgo, *Alma, cuerpo, persona*, Barcelona, 1998², p. 170.

[7] *Washoe* e semelhantes conseguiram adquirir "um vocabulário com mais de cem signos ou palavras bem como uma sintaxe rudimentar". Sarah revelou mesmo a sua "capacidade de mentir". Koko o gorila soube "identificar a morte com um grande sono". "Pergunta: 'Para onde vão os gorilas quando morrem?' Koko: 'Um buraco afastado confortável'. Pergunta: 'O que é que sentem?' Koko: 'Dormem'. É claro que não se trata ainda aqui da consciência humana da morte, que vai de modo irrevogável separar-nos da animalidade. Embora muito próximo dos chimpanzés e gorilas, e tendo 98% de genes idênticos, o ser humano traz uma novidade à animalidade": Edgar Morin, *o. c.*, pp. 24-25, com a respectiva bibliografia.

teriza os humanos: pense-se, por exemplo, naquele macaco que, apontando para si, já "se reconhecia" no espelho e que, pintada a cara enquanto dormia, ao acordar, se espantou, indo então ao rio lavar-se, para de novo "se reconhecer". Se também o homem sente, recorda, procura, espera, joga, comunica, aprende e inventa, quais são as notas especificamente humanas que o observador pode discernir no desempenho dessas actividades por parte do homem, que mostram que o ser humano é qualitativa e essencialmente distinto do animal?[8] Entre essas notas, refiram-se as seguintes:

---

[8] Pedro Laín Entralgo, *o. c.*, pp. 158-159. Sobre "uma visão zoológica da humanidade" (p. 49), cf. Desmond Morris, *O animal humano. Uma perspectiva pessoal da espécie humana*, Lisboa, 1996, onde resume obras anteriores que foram *best-sellers* mesmo entre nós, tais como *O macaco nu*, *O zoo humano*, etc. Note-se, porém, que, embora divergindo quanto à explicação da passagem do animal ao homem e confessando até a sua ignorância nesse domínio (há "um tremendo vazio entre os antropóides e o homem. E não temos nenhuma ideia clara sobre como se venceu este vazio. O homem é único, e talvez nunca cheguemos a saber como chegou a sê-lo": W. H. Thorpe, *Naturaleza animal y naturaleza humana*, Madrid 1980, p. 301, cit. in: J. L. Ruiz de la Peña, *o. c.*, p. 118), há, entre etólogos e antropobiólogos, convergência no reconhecimento de que entre o animal e o homem se deu um salto qualitativo essencial, que se manifesta na autoconsciência, na liberdade, na autoposse de si mesmo como eu único e centro de unidade, na assunção e criação de valores éticos e estéticos, na linguagem simbólica e reflexiva, na capacidade de abstrair e conceptualizar, na transcendência em relação ao espaço e ao tempo, na vinculação entre o pré-saber da morte própria e as crenças religiosas: cf., por exemplo, W. H. Thorpe, *o. c.*, F. J. Ayala, *Origen y evolución del hombre*, Madrid, 1980, T. Dobzhansky, "Evolución del género humano", in: VV., *Evolución*, Barcelona, 1980.

O livre arbítrio. O animal é conduzido pelo instinto. Por isso, esfomeado, não se conterá perante a comida apropriada que lhe apareça. Face à fêmea no período do cio, não resistirá. O homem, pelo contrário, por motivos de ascese ou religiosos ou até pura e simplesmente para mostrar a si próprio que se não deixa arrastar pelo impulso, é capaz de conter-se, resistir e dizer não. Foi neste sentido que Max Scheler escreveu que o homem é "o asceta da vida", o único animal capaz de dizer não aos impulsos instintivos[9]. Não se encontra na simples continuidade da vida, no sentido biológico. E Laín sublinha, com F. J. Ayala, contra Wilson e a sociobiologia, que esta é "a base biológica da conduta moral da espécie humana, nota essencialmente específica dela". Uma vez que o homem é capaz de renunciar, abster-se, deliberar, optar, é *animal liberum* e, por conseguinte, *animal morale*[10]. Não há dúvida de que procuramos tomar decisões racionais e distinguimos, por exemplo, muito bem entre um acto involuntário e o acto intencional e propositado de ofender alguém.

A simbolização. A uma observação atenta não passará despercebido que tanto o animal como o homem comunicam com os seus semelhantes mediante signos. Mas só o homem comunica mediante símbolos. Os signos e os símbolos são sinais, mas, enquanto que o signo é o sinal que manifesta a existência de algo distinto dele, mas

---

[9] Max Scheler, *Die Stellung des Menschen im Kosmos*, in: Id., *Gesammelte Werke*. Band 9, Berna, Munique, 1976, p. 44.
[10] Pedro Laín Entralgo, *o. c.*, p. 159.

"natural e directamente relacionado com ele", os símbolos são sinais cuja significação "foi convencionalmente estabelecida dentro de um determinado grupo humano": por exemplo, a bandeira nacional, a cruz... Assim, embora se reconheça o carácter prodigioso da dança com que as abelhas comunicam com as suas congéneres, ela não constitui um símbolo, pois não foi objecto de uma "convenção colectivamente admitida": é obra de um instinto específico, exprime "um hábito biológico adquirido por selecção natural e geneticamente transmitido dentro da espécie *Apis mellifera*. Portanto, só o homem é, como bem viu Cassirer, *animal symbolicum* ou, talvez melhor, *animal symbolizans*. Precisamente porque é capaz de simbolizar, o homem é constitutivamente *animal loquens*[11].

A linguagem. Ao contrário dos outros animais, que vivem dentro do esquema estímulo-resposta, o homem introduz o sistema simbólico entre o estímulo e a resposta. Como escreve Gabriel Amengual, esta nova aquisição transforma a totalidade da vida humana, pois o homem já não vive na pura imediatidade das coisas, já que tudo lhe aparece interpretado, dotado de significado e valor. Os outros animais também comunicam e resolvem problemas, mas sempre no quadro de uma imaginação e inteligência práticas, em ordem à sobrevivência; falta-lhes a inteligência e a imaginação simbólicas, que dão ao homem acesso à reflexão, ao pensamento abstracto e ao mundo da cultura. Inserida no mundo simbólico e simbolizante, surge

---

[11] Id., *o. c.*, pp. 159-160. Id., *Idea del hombre*, Barcelona, 1996, p. 49.

a linguagem humana, definidora do homem como animal linguístico, animal que fala, e o que define a linguagem humana falada enquanto o próprio do homem é a sua dupla articulação em unidades significativas (monemas) e unidades distintivas (fonemas). Ora, precisamente pela linguagem, abrimo-nos ao mundo, ao ser, à história, ao que há e ao que não há, a possibilidades, à transcendência, estabelecemos comunidade, tornamo-nos humanos, distinguimos entre o bem e o mal, o justo e o injusto, como bem viu Aristóteles: "A razão de o homem ser um ser social, mais do que qualquer abelha e qualquer outro animal gregário, é clara: só o homem, entre os animais, possui a palavra". E continua: "A voz é uma indicação da dor e do prazer; por isso, têm-na também os outros animais. Pelo contrário, a palavra existe para manifestar o conveniente e o inconveniente bem como o justo e o injusto. E isto é o próprio dos humanos face aos outros animais: possuir, de modo exclusivo, o sentido do bem e do mal, do justo e do injusto e das demais apreciações. A participação comunitária nestas funda a casa familiar e a polis"[12]. Aí está a razão por que um corpo que fala, poduzindo sons duplamente articulados e com sentido, obriga inevitavelmente a pensar. A linguagem duplamente articulada e a capacidade de discurso remetem para a singularidade única do ser humano. Por isso, J. Eccles, Prémio Nobel da medicina, notando a diferença

---

[12] Cf. Gabriel Amengual, *Antropología filosófica*, Madrid, 2007, pp. 119-142.

qualitativa entre a linguagem humana e a linguagem dos símios, concluiu por uma descontinuidade ontológica.

A inconclusão. A acção do animal, uma vez alcançado o seu termo, fica encerrada e concluída em si mesma. Para o animal, não há propriamente o novo: o que chamamos novas acções não são senão as acções anteriores repetidas. Pelo contrário, com excepção das raras experiências do que se chama o "instante eterno", o homem, mesmo quando a sua acção tem êxito, sente a necessidade de "mais" e "outra coisa". Há uma série de expressões célebres, precisamente em conexão com esta abertura ilimitada da realidade humana: "Mais, mais e cada vez mais; quero ser eu e, sem deixar de sê-lo, ser também os outros...!" (Unamuno); *citius, altius, fortius* (lema olímpico); o homem, *bestia cupidissima rerum novarum*, o homem, "o eterno Fausto", "a pergunta é a forma suprema do saber", "o homem é o único animal que pode prometer" (Santo Agostinho, Scheler, Heidegger, Nietzsche, respectivamente). O homem nunca está satisfeito (*satis-factum*, feito suficientemente), acabado. A inconclusão das suas acções e de si mesmo manifesta que a sua temporalidade e o seu ser têm uma estrutura essencialmente aberta, de tal modo que deve dizer-se que o homem é simultaneamente *animal transcendens* e *animal inconclusum*[13]. Precisamente porque os outros animais se adaptam ao real, sem superação, não podemos falar em transcendência animal.

---

[13] P. Laín Entralgo, *Alma, cuerpo, persona*, p. 160.

O ensimesmamento. O animal move-se e descansa, de tal modo que, quando não está em movimento, encontra-se em repouso. Também o homem repousa. Mas mesmo o condutista objectivo pode constatar que, por vezes, o aparente repouso é outra coisa: entrada dentro de si próprio, descida à sua intimidade, "submersão na sua subjectividade pessoal"[14]. Quando se olha para o mundo, o que se constata é que quanto mais abertura mais intimidade: porque é abertura ao ser, ao que há e ao possível, à totalidade, o ser humano vem a si como único. Aí, tem a experiência de eu enquanto própria e exclusiva. Disse Jacques Lacan: "Possuir o Eu na sua representação: este poder eleva o homem infinitamente acima de todos os outros seres vivos sobre a terra. Por isso, é uma pessoa"[15].

A vida no real. Para o animal, o mundo (melhor, o seu meio, pois o animal propriamente não tem mundo) não passa de um conjunto de estímulos, que atraem ou repelem. O animal vive na imediatidade da estimulação. O homem, pelo contrário, dada a sua capacidade de distanciação, vive no real, é um "animal de realidades", como repetia Zubiri. Para ele, o mundo é um conjunto de coisas reais, que por si mesmas têm "a propriedade de estimular como de facto o fazem"[16].

---

[14] Id., *o. c.*, p. 161.
[15] Cit.in Denis Huisman, André Vergez, *La philosophie sans complexe*, Paris, 2009, p. 30.
[16] P. Laín Entralgo, *o. c.*, p. 161. Precisamente atendendo a esta abertura ao mundo (*Weltoffenheit*), própria do homem, em contraposição

A pergunta. O casal Gardner, Premack, etc. conseguiram, por exemplo, ensinar chimpanzés a comunicar mediante sinais gestuais ou objectos visualmente distintos entre si. Nunca se conseguiu, porém, que um chimpanzé faça perguntas. O homem reconhece que o seu saber é limitado e, por isso, pergunta, em ordem a superar esses limites. De qualquer modo, "o facto de perguntar é parte integrante e específica da conduta humana"[17]. O homem é *animal quaerens*[18].

A criação. Os animais propriamente não inventam. Mesmo quando o chimpanzé de Köhler encaixou as canas para chegar à banana, tratou-se de um mecanismo de adaptação, e não de uma acção criadora. É um facto de observação "a diferença essencial entre a inovação do antropóide e a criação humana". Mediante a sua actividade criadora, o ser humano produz novidades, "transmissíveis aos outros", que fazem com que a vida da humanidade seja autenticamente histórica, com mudanças qualitativas, e não constante repetição. O homem é *animal creans*, e é aliás esta capacidade criadora, também através

---

ao mundo circundante (*Umwelt*, Jakob von Uexküll), limitado e próprio de cada espécie animal, escreve Michael Landmann que "já a corporeidade do homem é corporeidade especificamente humana": M. Landmann, *Philosophische Anthropologie. Menschliche Selbstdeutung in Geschichte und Gegenwart*, Berlim, Nova Iorque, 1976[4], pp. 148-171 (cit., p. 156).

[17] Pedro Laín Entralgo, *Idea del hombre*, p. 22.

[18] Sobre a ligação entre a pergunta e a esperança, ver "El proyecto, la pregunta y la esperanza", in: Id., *La espera y la esperanza. Historia y teoría del esperar humano*, Madrid 1984[2], pp. 504-538.

da técnica, que faz com que ele possa viver em qualquer meio que fisicamente o não destrua, tornando-se assim um *animal panecológico*[19]. O homem é *animal instrumentificum, proiectivum, progrediens, labefeciens* (destruidor)[20], *sociale, historicum:* "o homem tem uma natureza essencialmente histórica, é por natureza animal histórico"[21].

O sorriso e a sepultura. Pode também apresentar-se o riso, o sorriso e a sepultura como acções especificamente humanas, essencialmente distintas das do animal. De facto, o animal não ri nem sorri[22] e também não gasta tempo com os seus mortos. Pelo contrário, o homem tem rituais funerários e não abandona os mortos à morte. Pode mesmo dizer-se que, na gigantesca história da evolução, o sinal indiscutível de que há homem são os rituais mortuários, diferentes segundo as culturas, mas sempre presentes: o homem é *animal sepeliens*[23].

---

[19] Id., *Idea del hombre*, pp. 24-25.

[20] O homem tem "a singularidade de ser cerebralmente *sapiens-demens*", isto é, de ter em si "ao mesmo tempo a racionalidade, o delírio, a *hybris* (a desmesura), a destrutividade": E. Morin, *o. c.*, p. 22.

[21] Pedro Laín Entralgo, "La historicidad de la naturaleza humana", in: Id., *Ser y conducta del hombre*, Madrid, 1996, pp. 341-350 (citação: 350).

[22] Id., *El cuerpo humano. Teoría actual*, Madrid, 1989, p. 305. De modo detalhado: Id., "La primera sonrisa del niño", in: Id., *Ser y conducta*, pp. 199-214, onde concretamente se coloca a questão de quando ocorre o primeiro sorriso. R. Spitz diz não ter visto um lactante sorrir antes dos 20 dias. "As mães costumam ver o primeiro sorriso dos seus filhos mais cedo, e neste mesmo sentido se pronunciam O. Koehler, Chastaing e Ahrens" (cit.: p. 203, com ampla bibliografia).

[23] Sobre o caso do cão que morre sobre a campa do seu dono,

A esta breve série de notas específicas da conduta humana outras poderiam ainda acrescentar-se: "a capacidade do homem para o ódio, a admiração, a crueldade, a inveja e a extravagância, o amor de autodoação, o suicídio, e outras ainda"[24], como, por exemplo, o jogo, a esperança, o choro, a contemplação e a criação de beleza[25]. Quanto à beleza, num estudo aprofundado, certamente seria necessário dar um lugar especial à música, referida ao indizível. De sublinhar também que, ao contrário dos outros animais, o homem, para a resolução dos seus diferendos, ergueu todo um edifico jurídico. O establecimento da lei e a igualdade de todos perante a lei é algo que dá que pensar, na comparação entre o animal humano e os outros animais.

Pedro Laín Entralgo sublinha que estas características são, independentemente de uma atitude explicativa ou compreensiva, uma "pura descrição factual" da realidade humana, constatáveis, portanto, por qualquer observador

---

Pierre Janet fez notar que não é por fidelidade que ele morre, mas por "não saber deixar de esperar o retorno de um centro de estímulos que para ele tinha chegado a ser habitual e imprescindível". Não esquecer que, ao contrário da esperança humana, a espera animal é "instintiva", "estimúlica" (o animal só percebe estímulos), "situacional", "fechada": Id., *Creer, Esperar, Amar*, Barcelona, 1993, pp. 154-155.

[24] Id., *El cuerpo humano*, p. 305.

[25] "O homem começou a ser homem intentando criar beleza": Id., "Cabe hablar de la naturaleza humana?", in: Id., *Ser y conducta del hombre*, p. 300. Para uma apresentação mais ampla da conduta animal e da conduta humana, cf. Id., *El cuerpo humano*, pp. 207-230 e Id., *Cuerpo y alma. Estructura dinámica del cuerpo humano*, Madrid, 1991, pp. 122-132.

atento[26], pois "todas se fazem patentes na actividade do corpo, tal como este se me oferece quando desde fora o observo", e são-me perceptíveis, uma vez que também eu tenho experiência de ser corpóreo[27]. Mas não basta: impõe-se, agora, explicar e compreender o que acaba de ser descrito. Quando e como poderemos dizer que conhecemos verdadeiramente o corpo humano, autor da conduta com estas notas específicas?

Desde Dilthey, há duas vias que é necessário percorrer: a da *explicação* (*Erklären, Erklärung*) e a da *compreensão* (*Verstehen, Verständnis*). Em que é que consistem uma e outra? No sentido técnico, explicar uma coisa é conhecê-la segundo as suas causas eficientes, portanto, ter um conhecimento objectivo, científico, dessa realidade, determinando os seus vários "porquês" e o "como" dos seus diversos movimentos. Na compreensão, o objectivo é conhecer uma coisa segundo as suas causas finais, no seu "para quê"; portanto, "captar o seu sentido, na medida em que racional ou razoavelmente" isso me é possível[28].

O conhecimento da conduta humana obriga a recorrer às diferentes ciências explicativas, da astrofísica e da biologia molecular à anatomia, fisiologia, embriologia e psicologia experimental, da genética à antropologia cultural...[29]. Os positivistas puros, behaviouristas à maneira de

---

[26] Id., *Idea del hombre*, p. 25.
[27] Id., *El cuerpo humano*, p. 305.
[28] Id., *o. c.*, pp. 196-199.
[29] Cf., por exemplo, Id., *El cuerpo humano*, pp. 25-114 e *Idea del hombre*, pp. 27-38.

Watson ou sociobiólogos como Wilson pensam que, no que se refere ao entendimento da realidade humana, não é possível ir além do conhecimento explicativo. É necessário, porém, reconhecer que, se reflectirem, tomarão consciência de que realmente nas relações inter-humanas se dá, independentemente da sua tematização, um conhecimento diferente do da mera explicação científico-objectiva da conduta: precisamente a *compreensão*. O que seria para nós, de facto, por exemplo, um sorriso ou um aperto de mão, reduzidos à sua realidade objectivo-natural, portanto, sem a apreensão do seu significado e sentido intencional? O que é que seria cada um de nós sem a experiência interiormente vivida de si mesmo? Ora, precisamente essa experiência de mim mesmo dá-me a conhecer as seguintes capacidades e notas da minha própria realidade, exigidas e implicadas na descoberta do sentido do que sou e faço: a intimidade, a liberdade, a responsabilidade, a vocação, a ideia de si mesmo, a actividade psíquica, a posse pessoal do mundo, a inquietação. Assim, pela introspecção, posso dizer: "Eu sou quem sou e o que sou na medida em que possuo intimidade"[30]. Certamente, eu sou no mundo, mas não posso negar que sou igualmente em mim mesmo, de tal modo que, descendo ao mais íntimo de mim próprio, capto a minha existência enquanto autoconsciência, a minha identidade, apesar das mudanças, ao longo do tempo (sou *idem sed aliter*), a

---

[30] Id., *Alma, cuerpo, persona*, p. 166.

minha sociabilidade e historicidade[31]. Eu sou quem sou e o que sou, sendo livre: tenho de decidir e posso optar entre várias metas. Eu sou quem sou e o que sou, sendo responsável: tenho de responder pelo que faço ou não faço; sendo livre, o homem é responsável, isto é, responde pela sua conduta, por aquilo a que se obriga ou promete[32]. Eu sou quem sou e o que sou, sendo chamado: sou chamado a ser homem e, seguindo determinado caminho ou modo de viver, sou mais eu, correspondo mais autenticamente ao que devo ser. Eu sou quem sou e o que sou, tendo uma ideia acerca de mim mesmo: julgo-me e avalio-me, tenho consciência do corpo próprio, com sensações e sentimentos. Eu sou quem sou e o que sou,

---

[31] Note-se a seguinte experiência já citada, que mostra como na natureza foram surgindo estruturas cada vez mais complexas: um chimpanzé cujo rosto foi pintado de vermelho enquanto dormia, mal acorda descobre a mudança ao olhar para o espelho, tentando imediatamente limpar a cor. "Este animal não só sabe que a imagem no espelho é a sua como tem também uma ideia bastante exacta da sua aparência normal": Hanns Cornelissen, *Der Faktor Gott. Ernstfall oder Unfall des Denkens?* Friburgo/Br., Basileia, Viena, 1999², p. 189. Ainda não se trata, porém, da novidade da autoconsciência própria do homem.

[32] Pedro Laín Entralgo, *Idea del hombre*, pp. 194-195, onde se mostra como responsabilidade procede do verbo latino *respondere*, exprimindo este a acção recíproca de *spondere*, "empenhar-se", "obrigar-se a" ou "prometer"; um e outro vocábulo têm a sua raiz no grego *spendo* ("oferecer uma libação" e "sacralizar a acção que a libação sela"; *spondé* era o nome grego da *libatio* latina), donde deriva que, mediante um complexo processo semântico, os romanos tenham chamado *sponsalia* ao pacto matrimonial (*sponsa* é a esposa ou prometida).

pensando, querendo, sentindo. Eu sou quem sou e o que sou, apropriando-me do mundo, mediante a crença e a dúvida, a esperança e a inesperança ou o desespero, o amor e o desamor ou o ódio[33]. Eu sou quem sou e o que sou, insatisfeito perante o presente e inquieto perante o futuro: Santo Agostinho disse que o seu coração estava inquieto até repousar em Deus. Eu sou quem sou e o que sou, falando e calando: falar é chamar, exprimir, nomear, curar, persuadir, dissuadir, desabafar, paradoxalmente silenciar[34]. Eu sou quem sou e o que sou, interrogando: consciente da minha ignorância, pergunto ilimitadamente... Deste modo, descubro que, "qualquer que seja o meu modo particular de sê-lo, genericamente sou pessoa, e que esse meu modo individual de ser pessoa enriquece e aprofunda a realidade e a consciência de todos esses factos"[35]. Sou pessoa humana, porque posso dizer simultaneamente: "eu sei o que sou" e "eu sei quem sou"[36].

Ao contrário do que se pensou no século XIX, não há cisão entre Ciências da Natureza e Ciências do Espírito. Assim, essa cisão muito menos é aplicável ao conhecimento da realidade humana. Portanto, a explicação e a compreensão, embora distintas, são complementares e exigem-se mutuamente[37]. A pergunta que se levanta

---

[33] Sobre as várias formas de apropriação do mundo, Id., *Crer, Esperar, Amar*.
[34] Id., *Idea del hombre*, pp. 191-199.
[35] Id., *o. c.*, p. 56.
[36] Id., *Alma, cuerpo, persona*, p. 170.
[37] Id., *El cuerpo humano*, pp. 201-207.

agora refere-se à passagem da autocompreensão à heterocompreensão. Como é que compreendo o outro? Do outro o que me aparece de facto são gestos, dizeres, actividades, expressões. Embora simplificando, posso dizer então que compreendo essas manifestações do outro, colocando-me na sua pele, transpondo-me para a sua personalidade (*sich hineinversetzen*), como exigia Dilthey, e projectando ou transferindo para a sua realidade, embora sem nunca poder obter uma certeza absoluta, tudo quanto adverti em mim próprio: a existência de intimidade, liberdade e responsabilidade, a vocação, a ideia de si próprio, etc. O outro é simultaneamente um *outro eu* e um *eu outro*[38]. Dado que com qualquer ser humano posso exercer esta compreensão, concluirei que cada homem é pessoa ou está num processo de personalização[39]. Por outro lado, se nenhum ser humano é sem o outro, então não há apenas passagem da autocompreensão para a heterocompreensão: a compreensão do outro é também condição para me compreender a mim próprio. A auto- e a heterocompreensão implicam-se e exigem-se uma à outra[40].

---

[38] A propósito de os outros homens serem "otro como yo" e "otro que yo", Laín cita Antonio Machado: "Enseña el Cristo: 'A tu prójimo/amarás como a ti mismo'./Mas nunca olvides que es otro": Id., *Idea del hombre*, p. 51.

[39] Id., *Alma, cuerpo, persona*, pp. 169-170

[40] Id., *Teoría y realidad del otro*, Madrid, 1988; Id., *Sobre la amistad*, Madrid 1986²; Id., *El cuerpo humano*, pp. 230-246.

Matéria e pessoa humana

Com a descrição, explicação e compreensão da realidade do homem, ficamos a saber *o que faz* e *como é*. Trata-se agora de tentar responder à pergunta: *o que é* o homem?[41] De modo mais explícito: "Para que o homem faça tudo o que realmente faz, para ser tal como é realmente, como tem que estar constituída a sua realidade?"[42] Qual é a sua realidade constitutiva? Entramos no domínio metafísico.

A esta questão foram dadas, ao longo da história do pensamento, fundamentalmente duas respostas: o dualismo e o materialismo. Vejamos sumariamente em que consistem e quais são as objecções essenciais que Pedro Laín Entralgo e outros lhes contrapõem. Aludiremos ainda a uma terceira tentativa de resposta, igualmente com objecções: o mentalismo.

---

[41] Como é sabido, segundo Kant, precisamente para esta pergunta convergem as outras três: "O que posso saber?", "O que devo fazer?", "O que é que me é permitido esperar?": Immanuel Kant, *Kritik der reinen Vernunft*. Werkausgabe. Band IV, Frankfurt/M., 1992[12], p. 677: "Alles Interesse meiner Vernunft (das spekulative sowohl als das praktische) vereinigt sich in folgenden drei Fragen: 1. Was kann ich wissen? 2. Was soll ich tun? Was darf ich hoffen?". Estas três perguntas são retomadas na *Lógica*, acrescentando-lhes uma quarta, a que as outras, no fundo, se reduzem e para a qual remetem: "O que é o homem?": Id., *Logik*, in: Id., *Schriften zur Metaphysik und Logik 2*. Werkausgabe. Band VI, Frankfurt/M., 1991[8], pp. 447-448.

[42] Pedro Laín Entralgo, *Idea del hombre*, p. 64.

A primeira "antropologia filosófica formalmente constituída" – a platónica – é claramente dualista, pois o homem é um composto de *psykhé* e *soma*, alma e corpo, não só distintos, mas até opostos entre si[43]. Um século mais tarde, Epicuro, herdeiro da cosmologia atomista de Demócrito, apresentará "a primeira antropologia formalmente materialista da história", embora o termo *materialist* (materialista), que precedeu o substantivo materialismo, talvez provenha de Robert Boyle, o fundador da química moderna[44]. Um representante típico do mentalismo será Karl Popper, nomeadamente na obra célebre que escreveu com Eccles: *The Self and its Brain*[45].

Depois de Platão, o dualismo antropológico assumiu fundamentalmente duas orientações: o hilemorfismo e o cartesianismo. Segundo o hilemorfismo de Aristóteles, um corpo material é o resultado da união de uma determinada forma substancial e da matéria, entendendo esta como pura potência, simples poder ser. No caso do homem, Aristóteles diz que, para lá desta união substancial, há o *nous*, do qual se diz que é a parte "mais divina" da alma e que vem "de fora"[46]; pela morte, o intelecto agente (*nous poietikós*) separa-se do corpo mortal e corrup-

---

[43] Sobre a alma em Platão, Id., *Alma, cuerpo, persona*, pp. 21-32.
[44] Id., *Idea del hombre*, pp. 65. 72.
[45] Karl R. Popper/John C. Eccles, *The Self and Its Brain. An Argument for Interactionism*, Berlim, Londres, Nova Iorque, 1977, que aqui será citado na tradução alemã.
[46] *De gener. an.* 736 b e 737 ab.

tível e também do intelecto passivo (*nous pathetikós*): só então "chega a ser o que por essência é, e só ele é imortal e eterno"[47]. Tomás de Aquino assumirá a doutrina do Estagirita, mas transformando-a, fundamentalmente com o objectivo de salvaguardar a imortalidade pessoal, após a morte: a alma enquanto única forma do corpo é espírito. Se, segundo a doutrina de S. Tomás, a alma e o corpo do homem são substâncias incompletas, de tal modo que só da sua união resulta a substância "homem", a ponto de escrever que "anima mea non est ego" (a minha alma não é o eu) e também que "a alma separada não é a pessoa"[48], já em Descartes "são substâncias completas íntima e solidariamente unidas entre si"[49]. O dualismo cartesiano deixou asssim em aberto um dos problemas centrais da metafísica e antropologia do século XVII: a "comunicação das substâncias", que são de natureza diferente. Descartes apontou para um órgão, a glândula pineal, que exerceria uma espécie de mediação entre os dois domínios. Malebranche socorreu-se do famoso ocasionalismo, e Leibniz da harmonia preestabelecida[50].

---

[47] *De anima* 430 a 23. Sobre a alma em Aristóteles, Pedro Laín Entralgo, *Alma, cuerpo, persona*, pp. 33-42.

[48] "Anima mea non est ego: unde licet anima mea consequatur salutem in alia vita, non tamen ego vel quilibet homo": In 1 ad Cor. 15, 2; e: "Anima separata... non est persona": De pot. 9, 2 ad 14. Sobre a alma em Tomás de Aquino, Pedro Laín Entralgo, *Alma, cuerpo, persona*, pp. 43-50.

[49] Id., *Idea del hombre*, p. 69.

[50] Sobre a alma em Descartes, Leibniz e Kant, Id., *Alma, cuerpo, persona*, pp. 51-87.

Como é que as duas substâncias – coisa pensante e coisa extensa – comunicam entre si? De facto, o erguer de uma mão segue-se a um acto de vontade, devendo, portanto, perguntar-se como é que uma decisão do meu espírito é causa de um movimento no corpo, e se um cavalo que eu percepciono causa a representação de um cavalo no pensamento, pergunta-se como é que um processo corpóreo provoca algo no campo do espírito. E como é que o consumo em excesso de uma bebida alcoólica vai impedir-me de pensar e julgar correctamente? Em ordem à solução desta questão, ficou famoso o exemplo do acertar de vários relógios, utilizado por Leibniz, mas cuja origem se deve ao ocasionalista Arnold Geulincx. Para Malebranche, o relojoeiro, Deus, acerta permanentemente os dois relógios, mediante intervenções milagrosas: por ocasião da minha decisão, Deus move a minha mão, como, por ocasião do cavalo à minha frente, faz surgir em mim a respectiva representação. Segundo Espinosa, não há propriamente dois relógios, mas apenas um, com dois mostradores: de facto, a realidade é constituída por uma única substância (*Deus sive Natura*), com dois atributos: Pensamento e Extensão. Em Leibniz, os relógios são muitos, mas Deus construiu-os de tal maneira que, embora se não influenciem uns aos outros (as mónadas são sem janelas), trabalham sempre certos, por causa da harmonia preestabelecida[51]. No nosso tempo, o interaccionismo foi

---

[51] Julián Marías, *História da Filosofia*, Porto 1978, p. 241; Hans Joachim Störig, *Kleine Weltgeschichte der Philosophie*, Frankfurt/M., 1999, p. 385.

defendido por Popper e mais concretamente por Eccles, que faz intervir áreas cerebrais, as chamadas *liaison areas*[52]. É precisamente a acção da matéria sobre o espírito e a acção do espírito finito sobre a matéria que é insolúvel e inconcebível para Pedro Laín Entralgo. Por outro lado, a concepção dualista implicaria a intervenção sobrenatural de Deus tanto a nível filogenético como ontogenético: no quadro da evolução, os dualistas afirmam que Deus infundiu sobrenaturalmente uma alma no genoma dos australopitecos mutantes, para que o resultado da mutação fossem, há uns dois ou três milhões de anos, os primeiros membros da espécie chamada *Homo habilis;* no plano da ontogénese do indivíduo humano, é igualmente requerida a acção sobrenatural de Deus na criação directa de cada alma. Mas, deste modo, menosprezando a noção de "causa segunda" e, consequentemente, da autonomia da criação, não se corre o risco de "demasiado teísmo"?[53] Numa concepção dualista, é preciso perguntar também se os pais, que apenas teriam dado origem ao corpo – a alma viria "de fora" –, ainda são verdadeiramente pais dos seus filhos. Aliás, quanto à ontogénese, erguem-se, com os novos desenvolvimentos da embriologia experimental e da engenharia genética, questões melindrosas e até sem solução no referente ao momento da infusão da alma por Deus, pois, se já era claro que o zigoto humano não é

---

[52] Karl Popper/John Eccles, *Das Ich und sein Gehirn*, Munique, 1989, pp. 433 ss.
[53] Pedro Laín Entralgo, *Idea del hombre*, pp. 78-79.

homem em acto, os novos conhecimentos levam a afirmar que ele não é sem mais "homem em potência", já que não o é senão "em potência condicionada": "durante as suas primeiras fases, no embrião não existe uma potencialidade univocamente especificada"[54]. É sabido que, do ponto de vista genético, não existe para já uma resposta certa e clara quanto à questão de saber quando começa realmente um novo ser humano. De facto, à individualização de um novo ser humano pertencem duas propriedades: "a propriedade de *unicidade* – qualidade de ser único – e a propriedade de *unidade* – realidade positiva que se distingue de toda a outra, isto é, ser um só. Ora, existe uma ampla evidência experimental que demonstra que estas duas propriedades fundamentais não estão definitivamente estabelecidas no novo ser em desenvolvimento, antes de terminar a nidação, isto é, uns catorze dias depois da fecundação". Estas duas propriedades são

---

[54] Id., *Idea del hombre*, p. 79. Também: Id., *Alma, cuerpo, persona*, p. 149: "O máximo que se pode dizer é que o zigoto humano é homem 'em potência condicionada'. Só a partir de um determinado momento do seu desenvolvimento – desde a configuração da blástula e a nidação? – cumprirá o dilema próprio do modo incondicionado de 'ser em potência': chegar a ser homem em acto ou sucumbir". Por isso, para Laín, "destruir um gérmen antes das etapas do seu desenvolvimento imediatamente anteriores à gastrulação, não é, em rigor dos termos, matar um homem, não é um homicídio, e menos ainda um assassinato". Significa isso então que, para ele, essa destruição é um acto lícito? "De modo algum". Mas – continua – "à minha volta há pessoas que honestamente não pensam como eu": Id., *El cuerpo humano*, pp. 334-335. Cf. Id., *Cuerpo y alma*, p. 263.

postas em causa, respectivamente, pela realidade dos gémeos monozigóticos, que se formam pela divisão de um embrião, e pela existência comprovada de pessoas que estão constituídas pela fusão de dois zigotos ou embriões distintos. Pergunta-se: no primeiro caso, uma "alma" divide-se em duas, e, no segundo, duas "almas" fundem-se numa ou "uma delas é eliminada"[55]?

A outra resposta é a do materialismo, que, no seu sentido amplo cosmológico, tal como foi utilizado por R. Boyle, seria a tentativa de "explicar os fenómenos materiais mediante a concepção atomístico-mecânica da matéria", retomando o pensamento de Demócrito e Epicuro. Mais tarde, mantendo-se a referência ao atomismo e mecanicismo, o termo adquiriu um significado mais antropológico, empregando-se para designar "todas as doutrinas que para dar razão da realidade e da vida do homem prescindem deliberada e sistematicamente de qualquer princípio não material na complexa realidade do homem", chame-se-lhe alma ou espírito[56]. Esta concepção foi defendida por La Mettrie e Holbach no século XVIII, Vogt, Moleschott, Büchner, Haeckel e Marx no século XIX, adquirindo ampla vigência no século XX. Este materialismo é professado numa dupla vertente: como "asserção prévia", isto é, como ponto de partida para toda a reflexão racional sobre o mundo e o homem,

---

[55] Juan-Ramón Lacadena, *Fe y biología*, Madrid, 2001, pp. 70-79.
[56] Pedro Laín Entralgo, *Idea del hombre*, p. 72. Sobre o materialismo moderno, Id., *Alma, cuerpo, persona*, pp. 89-100.

e como "meta alcançável", ou seja, como esperança de que um dia a ciência, nomeadamente através da neurofisiologia, bioquímica e cibernética do cérebro humano, possa dar razão suficiente do "psiquismo superior" humano[57].

Segundo Laín, para dar conta da realidade humana, não é necessário fazer apelo à existência de uma alma espiritual. Nisto, coincide com o materialismo. No entanto, não pode chamar-se a si próprio materialista, pois a concepção atómico-molecular da matéria não explica o facto de se ter consciência das coisas e de si mesmo, e aqueles que se consideram materialistas não se puseram de modo geral a questão de saber "o que com actualidade e rigor é realmente a matéria"[58].

O materialismo fisicalista sempre há-de esbarrar com objecções temíveis. O monismo materialista, concretamente tal como foi entendido no século XIX, não dá conta da dignidade humana. Já no simpósio de investigadores da Natureza realizado em Göttingen, em 1854, o fisiólogo Jacob Moleschott, de Zurique, defendeu que o cérebro segrega pensamentos como os rins segregam urina, tendo o filósofo Hermann Lotze comentado acidamente que, ao ouvir tais ideias do colega, quase se era levado a acreditar que ele tinha, de facto, razão...[59]. Quem reduz o espírito humano e o eu a processos físicos

---

[57] Id., *Idea del hombre*, p. 74.
[58] Id., o. c., p. 80.
[59] Hanns Cornelissen, o. c., p. 195.

e químicos no cérebro terá de responder à seguinte pergunta: como é que processos objectivos na terceira pessoa se transformam numa experiência subjectiva de um eu pessoal que se vive interiormente como único, como é que se passa de algo a alguém? É certo que muitos investigadores do cérebro, sobretudo americanos, defendem hoje a ideia de que "um acontecimento espiritual não passa de um processo físico", chamando-se, por isso, a esta ideia "teoria da identidade": "o espírito não possui aqui qualquer realidade própria, sendo apenas o reflexo de um processo neuronal", "não tem nenhuma possibilidade de influência sobre o cérebro"[60]. Mas, dentro desta concepção, cai-se em dificuldades insuperáveis, inclusive do ponto de vista lógico, como sublinhou Karl Popper: se as minhas ideias são "efeitos da química na minha cabeça, nem sequer é possível discutir sobre a teoria da identidade". Ela não poderia reclamar qualquer pretensão de verdade, pois também as provas não passam de simples química, de tal modo que, "se alguém defender uma teoria contrária, também tem razão, dado que a sua química chegou a um resultado diferente". Popper chamou a "esta armadilha lógica" o "pesadelo do determinismo físico"[61]. Se a vida espiritual se identifica com processos físicos e químicos, então são eles que decidem as minhas acções e quem sou, de tal modo que, como consequência da ilusão

---

[60] Id., *o. c.*, pp. 195-196.
[61] Id., *o. c.*, p. 196.

de ser alguém, também se impõe concluir que não sou responsável pelo que faço, de tal modo que, de agora em diante, "o criminoso poderia argumentar perante o tribunal: 'Senhor juiz, estou inocente. Os meus neurónios produziram a vontade de matar'"[62]. A concepção positivista da consciência ver-se-á inevitavelmente confrontada com circularidades: de facto, o sujeito que objectiva e se objectiva a si mesmo nunca poderá objectivar-se totalmente, já que a condição de possibilidade da objectivação é um sujeito irredutível. Assim, apesar do valor das investigações neurobiológicas e dos avanços sempre crescentes neste domínio, não será exagerado afirmar que a autoconsciência e o eu manterão uma reserva de insondável e incompreensível para a ciência objectivante, precisamente porque nos encontramos no domínio do inobjectivável[63]. Deus é "o englobante", transcende a cisão de

---

[62] Id., *o. c.*, p. 194.

[63] Sobre a possibilidade de criar uma consciência artificial, que colocaria verdadeiramente o ser humano no domínio da autêntica criação, cf. Thomas Metzinger (Hrsg.), *Bewusstsein. Beiträge aus der Gegenwartsphilosophie*, Paderborn, 1996³, com os estudos de Daniel Dennett e Dieter Birnbacher, parte IX. De qualquer forma, a quem afirma que um computador tem consciência deverá propor-se o teste de Richard Schröder: "Está disposto a oferecer um presente ao seu computador?" Se responder: Isso não tem sentido, deve-se retorquir: Exacto! É isso mesmo! "O computador não tem mundo, mas apenas informações, que trata segundo um programa, automaticamente, sem sentido e sem compreensão e sem atenção ao mundo, no qual vivemos": Richard Schröder, "Aliens lachen nicht. Das Bewusstsein wird sich nie im Labor nachweisen lassen", in: DIE ZEIT, 2 de Julho de 1998, p. 33. Está em

sujeito e objecto. O eu é a manifestação do divino, pois é uma experiência originária, que antecede igualmente essa cisão e a transcende.

O materialismo no sentido do fisicalismo, que afirma a identidade dos estados mentais e dos estados do cérebro, encontra pela frente a objecção de que se limita à descrição de fenómenos objectivos, ignorando precisamente a perspectiva subjectiva e abstraindo da consciência. Neste sentido, ficou célebre o artigo do filósofo Thomas Nagel, "What is it like to be a Bat" (O que é ser um morcego para um morcego), publicado em 1974: "(...) imaginemos que dispomos de uma membrana nos braços, a qual nos permite esvoaçar depois de anoitecer e apanhar insectos com a boca; que temos uma visão muito fraca e percebemos o mundo que nos rodeia através de um sistema de refracção de sinais sonoros de alta frequência; e que passamos os dias pendurados num sótão de cabeça para baixo (e não é preciso muito), isso apenas me diz como seria para *mim* comportar-me do mesmo modo que um morcego. Mas o problema não é esse. Eu quero saber

---

marcha um gigantesco projecto científico no sentido de simular o cérebro humano num supercomputador. A questão, porém, é esta: por exemplo, um computador pode fazer cálculos que superam os humanos normais, mas será capaz de perceber o significado dos números?, e a subjectividade é modelável? Hans Küng, *Was ich glaube*, Munique, 2009, p. 142, resumiu bem a questão: "A mais recente investigação do cérebro pode com as suas admiráveis tomografias computacionais explicar o funcionamento dos neurónios, mas não consegue descobrir os conteúdos dos nossos pensamentos e emoções."

como é ser-se morcego para um *morcego*." Que quer dizer este texto? Ele quer mostrar como as teorias fisicalistas do espírito são redutoras. A análise dos fenómenos mentais em termos de fenómenos físico-cerebrais é insatisfatória. "O ponto fulcral de Nagel é o de que existe um 'carácter subjectivo da experiência' que nunca é captado por essas descrições redutoras"[64]. Por isso, caricaturou: "... se um cientista louco te abrir a cabeça enquanto comes chocolate, e lamber o teu cérebro, é seguro que não terá a mesma experiência que tu, saboreando o chocolate"[65]. Evidentemente, há uma corrrelação entre o cérebro e a mente; o que se questiona é se se trata de uma identidade, isto é, se os estados mentais são idênticos a estados do cérebro. Assim, na sua última obra, António Damásio, reconhecendo embora que o seu trabalho abre novos caminhos para a investigação, que deve continuar, conclui: "Nem as ideias discutidas neste livro, nem as ideias apresentadas por vários colegas que trabalham nesta área resolvem os mistérios em torno do cérebro e da consciência de forma conclusiva"[66].

Finalmente, os mentalistas afirmam, por um lado, "não só a existência de actos mentais, como também a

---

[64] Ben Dupré, *50 Ideias de filosofia que precisa mesmo de saber*, Trad., Lisboa, 2011, pp. 32-33.
[65] Cit. in Manuel João Quartilho, *Saúde mental*, Coimbra, 2010, p. 9.
[66] António Damásio, *O Livro da Consciência. A Construção do Cérebro Consciente*, Lisboa, 2010, p. 301.

sua essencial peculiaridade", mas, por outro, recusam-se a admitir que o sujeito desses actos seja um princípio imaterial distinto do corpo. Limitam-se a descrever esses actos e ao mesmo tempo que apresentam as razões para não "subscrever as teses do monismo materialista" no sentido corrente esperam os avanços da neurofisiologia e do que Popper chamou "novo materialismo prometedor". Precisamente Popper, com a sua distinção famosa dos "três mundos" na totalidade do real, seria, juntamente com Sperry, um representante característico desta atitude[67].

O mentalismo é criticado essencialmente porque não responde à pergunta pelo sujeito real dos actos mentais. Não basta efectivamente dizer, como Sperry, que se é mentalista, mas não dualista. É necessário responder à pergunta: "Que *é* o que com a sua actividade dá lugar à existência de um acto mental: a matéria, o espírito ou algo que está *para lá* da matéria e do espírito e constitui a verdadeira realidade do homem?"[68]

Como ele próprio reconhece, Pedro Laín Entralgo foi, durante muito tempo, dualista. Hoje, recusa o dualismo espírito/matéria ou alma/corpo, pois "um saber mais amplo e uma reflexão mais detida e exigente" levaram-no a "ver a realidade do homem como o ápice – definitivo ou só provisório? – a que chegou a cada vez mais complexa estruturação do dinamismo em que consiste, em última

---

[67] Pedro Laín Entralgo, *Idea del hombre*, p. 75.
[68] Id., *o. c.*, p. 80.

instância, a realidade do cosmos"[69]. Recusa também o materialismo e o mentalismo. A sua rejeição do materialismo assenta essencialmente numa concepção actual e rigorosa da matéria. De facto, nem a ideia hilemórfica nem a cartesiana nem a atómica-molecular ou mesmo, apesar dos seus traços geniais, a da *vis* leibniziana podem hoje ser aceites por quem tenha "uma ideia exigente" do que é verdadeiramente a realidade da matéria percepcionada pelos sentidos[70]. Laín professa "um monismo dinamicista, radicalmente distinto do monismo materialista dos séculos XVIII, XIX e boa parte do século XX e, evidentemente, de qualquer das formas do dualismo antropológico"[71]. Para ele, como para muitos, "o homem *é* o seu corpo, não a conjunção de um organismo material e uma alma espiritual"[72]. Reservando para Deus, criador, "a condição de espírito puro e omnipotente", quer resolver, no que se refere à realidade criada do cosmos, a contradição real entre a matéria e o espírito, admitindo um *tertium superans*[73].

Este *tertium* tem essencialmente dois pressupostos: a matéria enquanto enigma-mistério e a criação do cosmos enquanto *natura naturans* por Deus *ex nihilo sui et subjecti*.

---

[69] Id., "Introducción", in: Id., *Ser y conducta del hombre*, pp. 9-10.
[70] Id., *Idea del hombre*, p. 80.
[71] Id., *Alma, cuerpo, persona*, p. 199.
[72] Id., "La personalización de la enfermedad", in: Id., *Ser y conducta del hombre*, p. 223.
[73] Id., *Alma, cuerpo, persona*, p. 196.

A matéria é essencialmente enigmática. Aprofundando a conhecida diferença entre problema (o que é objectivável) e mistério (o que não é objectivável, até porque o sujeito está co-implicado), estabelecida por Blondel e sobretudo por Gabriel Marcel e também Unamuno, Laín distingue entre problema, enigma e mistério. *Problemas* são aquelas questões que mais tarde ou mais cedo o homem pode resolver. Assim, concluiu-se, por exemplo, que a terra é redonda e que gira à volta do Sol, e pode encontrar-se solução para uma crise financeira. O *enigma* está referido àquelas questões que nunca serão completamente resolvidas, mas de cuja solução racional o homem se vai aproximando cada vez mais, ainda que apenas assimptoticamente. Enigmas são, por exemplo, a realidade da matéria ou a génese do pensamento. Hoje, sabemos muito mais sobre o que é a matéria do que Aristóteles ou mesmo Galileu ou Newton, mas isso não significa que tenhamos uma intelecção plena ou que algum dia venhamos a possuí-la. Neste domínio, há um saber cumulativo, mas num horizonte assimptótico, e, como escreveu Gadamer, em *Verdade e Método*, o horizonte não é uma fronteira fixa, mas algo para onde viajamos e que ao mesmo tempo se desloca connosco, de tal modo que o não alcançamos[74]. Finalmente, o *mistério* refere-se a uma

---

[74] Textualmente: "Der Horizont ist vielmehr etwas, in das wir hineinwandern und das mit uns mitwandert": Hans-Georg Gadamer, *Wahrheit und Methode. Grundzüge einer philosophischen Hermeneutik*, Tubinga, 1990[6], p. 309.

realidade na qual se crê, mas cuja intelecção racional estará para sempre vedada ao homem. O mistério refere-se às perguntas últimas, como: Qual o sentido último do universo e da existência?; Por que é que existo precisamente eu?; Por que é que há algo e não pura e simplesmente nada?; A vida continua depois da morte?; Deus existe?[75]

Afinal, é no próprio núcleo da matéria que reside o enigma ou, se se quiser, o mistério, pois a distinção entre um e outro não é nítida[76]. O carácter enigmático da matéria está patente logo na sua raiz, sendo a própria ciência que cada vez mais está de acordo com a intuição do velho Heraclito, quando disse que a natureza gosta de ocultar-se. De facto, as partículas elementares são podendo ser massa material e energia radiante. Trata-se de algo que pode ser, segundo o modo como se observe, matéria ou energia. Ora, para a nossa mente, "a realidade do cosmos *é* matéria ou *é* energia, mas não podemos conceber que seja *ao mesmo tempo* matéria e energia". Estamos perante algo que "existe podendo ser dois modos da realidade física que mutuamente se excluem"[77]. Não sabemos, portanto, em que consistem em última análise as partículas elementares e, consequentemente, ignoramos

---

[75] Pedro Laín Entralgo, *Idea del hombre*, p. 92 e Id., *El problema de ser cristiano*, Barcelona, 1997, pp. 18-22.

[76] Cf., por exemplo, Id., *Alma, cuerpo, persona*, p. 198, onde se refere à realidade última de um todo estrutural como "enigma ou *mistério*".

[77] Id., *Idea del hombre*, p. 91.

qual é a realidade última do que chamamos realidade material. Mesmo o "princípio de complementaridade", de Bohr, limita-se a descrever os factos experimentais e a constatar as duas representações incompatíveis entre si da mesma realidade cósmica – a representação corpuscular e a representação ondulatória; ele não explica a realidade, "não nos diz mediante conceitos ao mesmo tempo matemáticos e filosóficos o que é em si mesmo esse ente real, a partícula"[78]. Segundo a física quântica, ninguém sabe nem virá a saber de modo adequado e definitivo em que é que consiste, na sua ultimidade, a matéria. Na raiz, há algo que ao mesmo tempo se revela e se oculta.

Admitindo o *Big Bang*, há 13.700 milhões de anos, que constitui a "teoria standard" da ciência actual, os astrofísicos, apesar da barreira inultrapassável do "intervalo de Planck" (10^{-43} segundo) e de não conseguirem plena concordância quanto ao sucedido nos minutos seguintes ao "ponto zero", tentam descrever a evolução do cosmos nas suas várias fases, da etapa quântica à etapa galáctica, passando pela hadrónica, a leptónica e a radiante. Mais do que descrevê-las, importará aqui de modo decisivo sublinhar que o universo já não pode de modo nenhum ser concebido como algo estável e fixo. Pelo contrário, ele é dinâmico: está a fazer-se a ele mesmo, num processo aberto. Embora a sua realidade, tanto no seu conjunto como nas suas partículas mais elementares, nunca possa explicar-se de modo plenamente racional e satisfatório, a

---

[78] Id. *o. c.*, p. 91.

mente humana deverá aproximar-se da sua intelecção "mediante conceitos mais razoáveis e satisfatórios que outros", e, para a realização desta tarefa, Laín pensa que são centrais dois conceitos, que se interpenetram, da cosmologia de Zubiri: o conceito de "dar de si" e o de "dinamismo"[79].

As coisas são o que são por si mesmas, possuindo como suas as propriedades que as caracterizam. Para lá disso, as coisas físicas são, "dando de si", isto é, o cosmos no seu conjunto e nas suas partes, mesmo nas mais elementares, é intrinsecamente actividade: os entes que existem foram produzidos por outros, existem manifestando o que são e produzindo a partir de si algo diferente deles mesmos. Precisamente nesta actividade do "dar de si", a realidade do universo revela-se como "dinamismo": "a realidade é *em si e por si mesma* dinamismo". Como escreveu Zubiri, "é falso dizer que o mundo *tem* um dinamismo. É igualmente falso dizer que o mundo *está* em dinamismo. O mundo não tem dinamismo nem está em dinamismo; o mundo *é* dinamismo"[80]. Este radical e essencial dinamismo cósmico configura-se, dá-se forma, actualiza-se, produzindo estruturas sempre mais complexas, dentro do processo a

---

[79] Id. *o. c.*, p. 93. Sobre Zubiri, Id., *Alma, cuerpo, persona*, pp. 127-141. Para o aprofundamento da problemática da matéria e da estrutura, cf. Id., *Cuerpo y alma*, pp. 19-112. Sobre o pensamento de Pedro Laín Entralgo, globalmente considerado, cf. Diego Gracia, *Voluntad de comprensión. La aventura intelectual de Pedro Laín Entralgo*, Madrid, 2010.

[80] Id., *Idea del hombre*, p. 94.

que em sentido técnico se dá o nome de evolução. O cosmos é essencialmente esse próprio dinamismo que se configura e concretiza em estruturas físicas materiais. Estas estruturas, embora nos pareçam estáticas – basta olhar para uma pedra ou para um cristal, por exemplo –, são essencialmente dinâmicas, melhor, "*são* dinamismo, razão pela qual a sua realidade primária consiste em 'estar dando de si'"[81].

Torna-se assim patente que o universo na sua evolução deve ser entendido como "a história natural dos distintos modos e níveis estruturais em que o radical dinamismo do cosmos se foi actualizando e manifestando"[82]. Em última instância, o cosmos é o processo de estruturação, em patamares cada vez mais complexos, desse dinamismo. Desde que existe, o universo no seu dinamismo indiferenciado na origem foi dando a si mesmo sucessivas estruturas, que, por sua vez, produziram outras, mas de tal maneira que, antes da sua concretização, não eram previsíveis. Uma estrutura é "um conjunto de notas sistemático, clausurado e cíclico"[83]. Uma estrutura enquanto substantividade, para lá das suas propriedades aditivas, que são as que resultam da soma das propriedades dos elementos que a compõem, é essencialmente o conjunto unitário ou "todo" unificante das suas propriedades estruturais: estas propriedades estruturais novas têm o seu sujeito na totali-

---

[81] Id., *o. c.*, p. 102.
[82] Id., *o. c.*, p. 103.
[83] Id. *o. c.*, p. 98.

dade unitária do conjunto da estrutura e, em última análise, no Todo do cosmos enquanto *natura naturans*. Ora, precisamente estas propriedades estruturais ou sistemáticas emergentes não podem de modo nenhum ser deduzidas das propriedades dos elementos donde provêm: não se explicam pela adição das propriedades de cada uma das partes que compõem a estrutura, são "novas" e "irredutíveis" às correspondentes aos níveis precedentes da evolução do dinamismo cósmico[84]. Assim, por maior e perfeito que fosse, por exemplo, o conhecimento de uma determinada espécie viva, não seria possível prever a sua transformação numa outra espécie viva. De qualquer modo, também o aparecimento do homem se insere nesta gigantesca história da evolução cósmica e biológica, sem intervenção divina directa, embora "com Deus como realidade fundamentante"[85].

Laín pensa e crê que a espécie humana surgiu no cosmos como resultado de uma mutação do *Australopithecus* e de um processo de selecção natural, cujo termo foi "uma estrutura dinâmica nova, dotada de propriedades e capacidades rigorosamente inéditas, completamente inexplicáveis a partir das inerentes à estrutura dinâmica de que por evolução procedia; e, portanto, que a génese do homem pode e deve ser explicada como consequência de causas segundas inerentes à espécie progenitora, e, em última instância, à ordenação que Deus outorgou ao

---

[84] Id., "Epílogo", in. Id., *Ser y conducta del hombre*, pp. 503-504.
[85] Id., *Alma, cuerpo, persona*, p. 295.

mundo criado"[86]. O que se passou é que, há mais ou menos dois ou três milhões de anos, "por obra de um processo de selecção natural, indivíduos mutantes de certas espécies de australopitecos deram lugar à existência dos primeiros homens, os integrantes do subgénero ou espécie *Homo habilis*"[87]. Na medida dos nossos conhecimentos actuais e para já, o homem enquanto *matéria pessoal* é mesmo o último elo da cadeia evolutiva do dinamismo cósmico, impondo-se que se sublinhe *na medida dos conhecimentos presentes e para já*, pois não sabemos se há ou não seres inteligentes e livres noutras paragens do universo nem podemos excluir *a priori* que o homem venha a ser "não mais que antecedente do *Homo supersapiens* ou 'superhomem' a que pode conduzir o processo evolutivo da biosfera terrestre"[88]. Por outro lado, tanto filogenética como

---

[86] Id., *o. c.*, p. 296.

[87] Id. "Epílogo", in: Id., *Ser y conducta del hombre*, p. 504. Embora seja uma questão discutida entre os cientistas, para Laín, como para Dobzhansky e Zubiri, "os tipos humanos tecnicamente chamados *Homo habilis, Homo erectus, Homo sapiens* e *Homo sapiens sapiens* não são espécies diferentes, mas subespécies de uma espécie única, a que bem poderia dar-se o redundante nome *Homo humanus*": Id., *Cuerpo y alma*, p. 266, nota.

[88] Id., *Cuerpo y alma*, pp. 236-237. Cf. Id., *Idea del hombre*, p. 115. Esta afirmação está também em conexão com a temática do pós--humano e do transhumanismo. Para uma primeira aproximação dessa problemática, excitante e inquietante ao mesmo tempo e que exige profunda reflexão, cf. Lydia Feito Grande, "H+Transhumanismo", in José de Acosta, *Nuevas perspectivas científicas y filosóficas sobre el ser humano*, Madrid, 2007, pp. 219-237 e José Augusto Mourão, "Onde se fala da abolição do ser humano", in *Cadernos ISTA* 21 (2008), 61-75, com

ontogeneticamente, "é possível prescindir do espírito – do espírito humano, claro está – no esforço de entender científica e filosoficamente a realidade do homem"[89], e esta opinião "é perfeitamente compatível com o que acerca do homem *essencialmente* afirma o cristianismo"[90]. Evidentemente, quando se fala do homem, dada a neotenia – o homem é um prematuro, nasce por fazer e tem de fazer--se, recebendo por cultura o que a natureza lhe não deu –, estamos sempre em presença de uma herança genética e de uma cultura em história, de tal modo que, para entendê-lo, é sempre necessário usar os dois método: a explicação (biologia) e a compreensão (história, experiência, crenças, cultura)[91].

---

bibliografia ampla e essencial. Para o confronto de posições, são essenciais as seguintes obras: Jürgen Habermas, *O futuro da natureza humana*, Lisboa, 2006; Francis Fukuyama, *O nosso futuro pós-humano*, Lisboa, 2002; Peter Sloterdijk, *Sobre as regras para o parque humano*, Coimbra, 2008.

[89] Id. *o. c.*, p. 130.

[90] Id., *Alma, cuerpo, persona*, p. 296.

[91] Neste contexto, sobre a possibilidade de aparecer um novo Wolfgang Amadeus Mozart, Leon Eisenberg escreveu de modo bem esclarecedor: "... teríamos necessidade não apenas do genoma de Wolfgang, mas também do útero da mãe de Mozart, das lições de música do pai de Mozart, da irmã Nannerl, da esposa Constanze, do estado da música na Áustria do século XVIII, do apoio de Haydn, do patrocínio do imperador Joseph II, etc., etc. Sem o seu genoma único, o resto não teria sido suficiente. Mas também não podemos concluir que este genoma, aparecido noutro mundo e noutra época histórica, resultaria igualmente num génio musical tão criativo". Cit. in Manuel João Quartilho, *o. c.*, p. 17.

Prescindir do espírito ou da alma e da intervenção directa de Deus no aparecimento da vida e na génese do homem não significa de modo nenhum anular o carácter enigmático da matéria e, consequentemente, do cosmos e da realidade humana. Pelo contrário, tanto a matéria como o cosmos e o homem mantêm o seu enigma. Por mais que se avance no conhecimento da matéria e concretamente no domínio das neurociências, o enigma permanecerá, e ele traduz-se e encontra a sua explicitação nesta pergunta formulada por Paul Ricœur: "será que mediante o conhecimento que tenho do cérebro aumento o conhecimento que, sem conhecer seja o que for do meu cérebro e simplesmente pela prática do meu corpo, tenho de mim mesmo?"[92] É assim que, uma vez que estamos no domínio das ultimidades e, portanto, do enigmático-misterioso, esta concepção do Todo cósmico e do homem não pode ser demonstrada de modo constringente pela razão, mas é razoável, mais razoável do que o materialismo vulgar ou o dualismo. De qualquer modo, também em Pedro Laín a antropologia termina numa pergunta: o que é o homem? Ser homem é esse X que, em última análise, se define por esta própria pergunta, que transporta consigo a questão do ser e do seu ser.

Desde S. Boaventura e Vicente de Beauvais, entre muitos outros, como Espinosa, Schelling ou Ernst Bloch[93], o

---

[92] Jean-Pierre Changeux, Paul Ricœur, *Ce qui nous fait penser. La nature et la règle*, Paris, 1998, p. 31.
[93] Sobre a concepção de Ernst Bloch, ver Pedro Laín Entralgo, *Esperanza en tiempo de crisis. Unamuno-Ortega-Jaspers-Bloch-Marañon-Heidegger-*

pensamento ocidental distinguiu frequentemente entre *natura naturans* e *natura naturata*. No âmbito da sua concepção das estruturas dinâmicas e precisamente em ordem à intelecção do que, em última instância, é a realidade do cosmos, também Zubiri, e, com ele Laín, recorre a essa distinção: "O Cosmos – escreve – não é senão uma espécie de melodia dinâmica que se vai fazendo nas suas notas. Se chamarmos Natureza ao Cosmos, esta Natureza tem dois momentos: um, o momento das coisas naturais (galáxias, astros, plantas, animais, homens: *natura naturata*); outro, o momento da sua unidade primária (a sua condição de *natura naturans*)"[94]. No quadro desta distinção, a *Natura naturans* é enquanto Todo unitário o sujeito produtor de todos os modos em que se foi e vai realizando, estruturando, actualizando e concretizando. E percebe-se agora melhor a razão por que Laín, embora rejeitando o dualismo, portanto, a alma e uma intervenção directa de Deus no aparecimento do homem na filogénese e na ontogénese, não é materialista no sentido corrente, reducionista, do termo. Para ele, o homem é todo e só o seu corpo, mas é tão incompreensível o dualismo como aceitar que o amor, por exemplo, seja redutível a física e a química. Há uma diferença essencial, qualitativa, entre o homem e o animal. No homem, a matéria do cosmos

---

-Zubiri-Sartre-Moltmann. Barcelona, 1993, pp. 121-140. O próprio Suárez afirmou que a matéria tem em si mesma "certo princípio de actividade": Id., *Idea del hombre*, p. 87.

[94] Id., *Idea del hombre*, pp. 132-133.

eleva-se a matéria pessoal, o que significa que, nas realidades anteriores ao homem, o Todo do cosmos enquanto *natura naturans* não tinha esgotado toda a produtividade do seu dinamismo, não tinha ainda realizado todas as suas virtualidades. Por outras palavras, "a *natura naturans* não era só 'matéria', se por esta entendermos a que é própria de todas as realidades não-psíquicas ou não-humanas"[95].

---

[95] Diego Gracia, "Prólogo. El cuerpo humano en la obra de Laín Entralgo", in: Pedro Laín Entralgo, *Cuerpo y alma*, Madrid, 1995², pp. 26-27. Neste contexto, coloca-se, sob outro aspecto, isto é, no âmbito da emergência, como foi explicado, toda a questão do espírito, cujo significado, aplicado ao homem, Gabriel Amengual, *o. c.*, pp. 202-204, depois de lembrar a famosa declaração de Sören Kierkegaard – "O homem é espírito. Mas o que é o espírito? O espírito é o eu (*Selv*). O eu é uma relação que se relaciona consigo mesma ou, dito de outra maneira, é o que na relação faz que esta se relacione consigo mesma. O eu não é a relação, mas o facto de que a relação se relacione consigo mesma", isto é, em toda a relação, o espírito autorrelaciona-se –, resume nestas afirmações: "1. O espírito (ou espiritualidade, no sentido de carácter espiritual) do homem não designa uma parte independente do homem, mas a sua totalidade: o espírito é encarnado, corporeizado. 2. Por espírito designa-se aquela dimensão do homem que é específica do homem: a sua inteligência e vontade, a sua liberdade, a sua consciência, a sua mente, cujo exercício se leva a cabo sempre em e mediante o corpo. 3. Por espírito designa-se aquele princípio de acção no homem que não se reduz a pura biologia, embora actue graças a ela e em conexão com ela; processos que não se reduzem a meros processos naturais, pois neles intervém a inteligência, a consciência, a liberdade, valores escolhidos, criatividade, etc. 4. Por espírito, como retorno a si mesmo, interioridade, designa-se o carácter subjectivo e pessoal do homem. O homem como espírito é o que pode afirmar que 'tem' corpo e 'eu sou o meu corpo'. 5. Por espírito designa-se aquela

Será, porém, necessário perguntar: A *Natura naturans* é o sujeito último (ou primeiro, como se quiser), no sentido de causa criadora, ou apenas "causa segunda e efeituadora de todas as configurações que evolutivamente adopta"?[96]

O enigma da matéria e do homem abre-nos ao mistério e, consequentemente, à questão de Deus precisamente enquanto questão. Mais: "o impenetrável mistério" da Natureza, na medida em que se faça um esforço razoável em ordem à sua intelecção, requer "a opção entre o teísmo, o panteísmo e o ateísmo"[97]. Ora, neste domínio, é essencial sublinhar a necessidade de pôr de sobreaviso quanto a certos preconceitos instalados. Parte-se frequentemente da ideia de que, por princípio, o ateu, quando nega a existência de Deus ou quando afirma que, com a morte, acaba tudo, tem do seu lado a razão, ficando o crente sob a suspeita de não racional, de tal modo que é a ele apenas que compete ter de apresentar razões da sua fé. Mas realmente as coisas não são assim, de modo nenhum. Por paradoxal que pareça, também o ateu assenta a sua negação da existência de Deus ou da vida depois da morte num acto de fé. "Em qualquer das suas formas, o ateísmo é uma crença e não uma evidência, um

---

abertura radical do homem à realidade e ao ser, que a capacidade característica para o conhecimento e a liberdade lhe confere, o abre à verdade e ao bem".
[96] Id., *o. c.*, p. 133.
[97] Id., *o. c.*, p. 134.

'creio que Deus não existe' e não um 'sei que não existe Deus'"[98]. O crente e o ateu encontram-se exactamente no mesmo plano: o crente não pode demonstrar a existência de Deus nem a vida eterna (diga-se, de passagem, que um Deus demonstrável não seria Deus, mas um ídolo, que a razão constrói e destrói), exactamente como o ateu não pode demonstrar que Deus não existe ou que a morte é o termo definitivo da existência da pessoa. No que se refere a Deus ou à vida depois da morte, as posições do crente e do ateu assentam na crença. Evidentemente, sendo humanos e, portanto, seres racionais, um e outro – o crente e o ateu – têm de apresentar razões para a sua fé, pois esta, se quiser ser verdadeiramente humana, não pode ser cega. O crente (teísta) e o (crente) ateu encontram-se perante a mesma realidade, que interpretam. Divergem na sua interpretação, mas precisamente assim: *"não se interpreta o mundo de uma determinada maneira porque se é crente ou ateu, mas é-se crente ou ateu porque a fé ou a descrença lhes aparecem, respectivamente, como a maneira melhor de interpretar o mundo comum"*[99]. Sublinhe-se, porém, que se trata,

---

[98] Id., "Saber de creencia y saber de ciencia", in: Id., *Ser y conducta del hombre*, p. 337. Id., *El problema de ser cristiano*, p. 120: "como o teísta crê na existência de um Deus pessoal, o ateu crê que Deus não existe. E como há que exigir ao teísta as razões em que se funda a sua crença, razões que nunca passarão de ser argumentos mais ou menos razoáveis, nunca serão capazes de produzir evidência, outro tanto há que pedir ao ateu no referente à sua".

[99] Andrés Torres Queiruga, *Fin del cristianismo premoderno. Retos hacia un nuevo horizonte*, Santander, 2000, p. 198.

para ambos, de um acto de crença, certamente com razões, mas sempre de um acto de fé, e não da conclusão de uma demonstração apodíctica, científica ou filosófica. Por isso é que Pedro Laín Entralgo se não cansa de repetir que o objecto da ciência é penúltimo, mas o último é objecto da crença, seguindo-se daí que "o certo será sempre penúltimo e o último será sempre incerto"[100]. Assim, o crente e o ateu, em vez de se excluírem, devem encontrar-se e enriquecer-se mutuamente num conflito dialógico de razões, e, mais uma vez, por paradoxal que pareça, num diálogo sincero e aberto, concluirão que há entre eles muito mais sintonias do que poderiam supor à primeira vista[101]. Quantos crentes, por exemplo, não ficarão surpreendidos ao ler em Santo Tomás de Aquino que o conhecimento da fé, na medida em que não é evidente, tem a ver com a dúvida, a opinião, a suspeita...[102].

---

[100] Pedro Laín Entralgo,*Creer, Esperar, Amar,* p. 160; Id., *Idea del hombre,* p. 93: "o certo é e não pode não ser penúltimo, e o último é e não pode não ser incerto".

[101] Como escreve, com razão, José Ignacio González Faus, "El mal: escándalo sin respuesta, caminos de superación", in: *Actualidad Bibliográfica* 69 (1998) 14, "(...) o crente nunca saberá se é verdade o que pode dizer-lhe o incrédulo (que o seu caminho é uma mera ilusão imatura), nem o ateu conseguirá saber se é verdade o que pode dizer-lhe o crente (que muitas faltas de fé não brotam dos argumentos, mas de uma 'vontade prévia' de que não exista Deus, que se dá de algum modo *em todo o homem*). Cada um deverá assim purificar constantemente a sua 'fé', pelo contacto com o outro".

[102] *Summa Theologica* II-II, q. 2 a. 1: "(...) actus iste qui est credere habet firmam adhesionem ad unam partem, in quo convenit credens cum sciente et intelligente, et tamen eius cognitio non est perfecta per

O acto de fé no Deus pessoal criador não é, portanto, o resultado de uma demonstração constringente. No entanto, embora o fenómeno religioso seja "pré-reflexivo e pré-teórico"[103], o crente pode e deve dar razões da sua adesão de fé. Mesmo o cientista que, apoiado em crenças e em métodos científicos, vai encontrando respostas para as perguntas penúltimas, acabará, na medida em que será permanentemente obrigado a continuar a perguntar, por defrontar-se com perguntas últimas que se referem ao sentido último da realidade e que se concentram na pergunta radical de toda a filosofia, formulada de modo explícito por Leibniz e retomada por Heidegger nestes termos: "Por que é que há algo e não antes nada?" A esta pergunta radical metafísica Pedro Laín Entralgo dá a resposta que lhe parece ser "a única razoável": "com a convicção de que a minha crença não me leva ao absurdo, eu creio que o nosso cosmos, seja ou não o único, foi criado do nada (...) por um Deus omnipotente", acrescentando que, neste acto de fé, não se fala de "começo" do cosmos, mas de "ser" ou de "realidade"[104]. As razões do crente religioso, no seu diálogo com o ateísmo, são concretamente razões do sentido e da esperança[105], e, no que se

---

manifestam visionem, in quo convenit cum dubitante, suspicante et opinante".

[103] Juan Antonio Estrada, *A oração sob suspeita*, São Paulo, 1998, p. 16.

[104] Pedro Laín Entralgo, *Idea del hombre*, p. 128.

[105] Cf. Juan Antonio Estrada, "Las razones de la fe ante la increencia", in: *Proyección* 44 (1997), 23-36.

refere ao panteísmo, estão em conexão com a superação da divinização da natureza, exigida pela secularização[106]. Evidentemente, o *Big Bang*, o enigma da matéria e a história da evolução não obrigam a acreditar em Deus, pois não são uma demonstração da sua existência. Mas, numa hermenêutica englobante, que tem de incluir a história da natureza, a fé no Deus criador enquanto Metaliberdade mostra o seu carácter de razoabilidade e plausibilidade. Em última análise, impor-se-á sempre a questão da contingência da realidade empírica, isto é, da sua não autofundamentação e autoconsistência últimas. Ora, poderia pensar-se que essa contingência se refere apenas à fragilidade humana e à pequenez do nosso planeta, de tal maneira que a questão se não colocaria em relação ao universo enquanto tal, que na totalidade da sua imensidão poderia explicá-la. Mas hoje sabemos que o universo todo na sua imensidade é constituído pelos mesmos elementos e matéria frágil de que são feitos os nossos corpos, de tal modo que em relação ao mundo no seu todo surge a mesma pergunta que "assedia a nossa frágil e precária humanidade": por que é que existe o universo, podendo

---

[106] Aliás, o panteísmo não é senão uma forma de ateísmo, como viu Schopenhauer, citado de modo aprovativo por E. Haeckel, *Die Welträtsel*, Bona, 1899, p. 336, cit. in: Hans Küng, *Existiert Gott? Antwort auf die Gottesfrage der Neuzeit*, Munique, Zurique, 1978, p. 389: "O *panteísmo* é só um ateísmo cortês". Também para Miguel de Unamuno, *Del sentimiento trágico de la vida*, Madrid, 1999, p. 37, "o panteísmo não é senão um ateísmo disfarçado".

não existir?, "por que é que se produziu o *Big Bang* e não permaneceu antes o eterno vazio do nada?"[107]

Será, portanto, necessário perguntar pelas condições de inteligibilidade de todo o processo evolutivo do mundo. Assim, por exemplo, se, segundo o nosso saber, o homem consciente constitui o estádio mais alto a que o processo chegou, é razoável afirmar como sua origem radical, ainda que se não trate de uma prova constringente, o Dar consciente criador, pois na raiz do consciente deverá estar a Consciência. Neste domínio, o essencial do debate anda à volta da aceitação ou não do Deus pessoal e providente. De facto, por paradoxal que pareça, pode--se ser ao mesmo tempo religioso e ateu, nestes termos: religioso, porque se tem o sentimento oceânico de pertença à totalidade e se afirma, por exemplo, uma Natureza divinizada, e ateu, porque se não aceita Deus pessoal. Neste sentido, escreve, por exemplo, Edgar Morin: "(...) não posso sequer rejeitar nem a ideia de alguma inteligência telúrica invisível e inimaginável para nós nem a ideia de uma macro-inteligência emergente do próprio cosmos; mas tratar-se-ia então de inteligências emergentes, não de uma inteligência primeira que teleguia o cosmos e a vida..."[108]. Ora, e em directa ligação com o objecto da nossa reflexão sobre o corpo humano enquanto *matéria pessoal:* aceitando, com Tomás de Aquino, que a pessoa é "id quod est perfectissimum in tota natura" (o

---

[107] Andrés Torres Queiruga, *o. c.*, pp. 201-202.
[108] Edgar Morin, *o. c.*, p. 22.

que é perfeitíssimo em toda a natureza)[109], não será sensato admitir que Deus, Origem criadora, embora não possamos propriamente determinar o significado exacto da afirmação, é Pessoa? Caso contrário, não teríamos de aceitar que o homem, que é pessoa, provém de um processo impessoal e anónimo? Ora, como é que o anónimo e impessoal pode dar origem ao pessoal e interpessoal?[110]

É então patente que a confissão crente de Deus criador por liberdade doadora não só não exclui, mas, pelo contrário, implica a autonomia do mundo, também na sua história evolutiva. É que a transcendência e a imanência de Deus em relação ao mundo co-implicam-se: como dizia Zubiri, Deus é ao mesmo tempo transcendente *ao* mundo e transcendente *no* mundo[111]. Mais do que transcendente ao mundo, Deus é transcendente *no* mundo enquanto sua origem e fundamento. Por isso, o que do ponto de vista científico, na história da evolução, aparece como *salto* pode ser interpretado pelo filósofo e sobretudo pelo teólogo como *chegada* e presença do próprio Deus[112]. Evidentemente, esta presença não é à maneira das causas segundas, é transcendental e não categorial, o que signi-

---

[109] *Summa Theologica*, I q. 29 a. 4 c.

[110] Sobre o "mais" qualitativo, portanto, a auto-superação como elemento decisivo da evolução e Deus, cf. Béla Weissmahr, *Philosophische Gotteslehre*, Estugarda, Berlim, Colónia, 1994², pp. 72-94.

[111] Pedro Laín Entralgo, *El problema de ser cristiano*, p. 11.

[112] Esta expressão feliz devo-a a Miguel Baptista Pereira, da Universidade de Coimbra.

fica, portanto, que não é detectável pelos métodos científicos[113].

Aliás, o crente cristão, embora ciente de que se trata de linguagem simbólica, vai mais longe, confessando o mistério da trindade de Pessoas na Unidade divina[114] e respondendo assim a uma pergunta essencial do ateísmo e do panteísmo: Como pensar Deus enquanto absoluto, portanto, sem relação, pois é isso também que quer dizer absoluto?; a Criação não implica a Trindade? Ainda recentemente o filósofo André Comte-Sponville declarava que não acredita em Deus, porque "seria um sujeito absoluto e autosuficiente". Ora, "um sujeito que existisse independentemente de todo o encontro" parece-lhe "contraditório". Uma das razões para ser ateu está em que a noção de Sujeito absoluto lhe parece contraditória, precisamente porque "quem diz subjectividade diz relação".

---

[113] Karl Rahner, "Diskussion", in: Ernst Bloch, "Der Mensch des utopischen Realismus", in: *Gespräche um Glaube und Wissen. Dokumente der Paulus-Gesellschaft*, Band XII, Munique, 1965, pp. 122-140. Sobre a relação da nova física com a Transcendência, cf., por exemplo, Hans-Peter Dürr (Hrsg.), *Physik und Transzendenz. Die grossen Physiker unseres Jahrhunderts über ihre Begegnung mit dem Wunderbaren*, Berna, Munique, Viena, 1988; Jean Guitton/G. Bogdanov/I. Bogdanov, *Dieu et la science. Vers le métaréalisme*, Paris, 1991; Karl Schmitz-Moormann (Hrsg.), *Schöpfung und Evolution. Neue Ansätze zum Dialog zwischen Naturwissenschaften und Theologie*, Düsseldorf, 1992; Leandro Sequeiros, *Raíces de la humanidad. Evolución o creación?*, Santander, Madrid, 1992; Dürr/Meyer-Abich//Mutschler/Pannenberg/Wuketits, *Gott, der Mensch und die Wissenschaft*, Augsburgo, 1997.

[114] Pedro Laín Entralgo, *El problema de ser cristiano*, pp. 10-11.

É necessário reconhecer que a objecção de Comte-Sponville é de monta e atravessa a história da filosofia e da teologia filosófica. Significativamente, acrescenta: "ou então é necessário pensar a Trindade, no cristianismo, como a tomada em conta do facto de que não há subjectividade a não ser na relação: que não é possível um sujeito absoluto a não ser na condição de ser, se se pode dizer, intrinsecamente relacional"[115]. É de facto assim que Deus se revela no cristianismo: como relação, como comunhão. Se Deus é pessoa, só pode ser unitrino, uno na trindade de pessoas. Só um Deus comunional, um Deus que tem em si mesmo o seu Tu, portanto, um Deus que é em si mesmo Amor, é que pode criar livremente o mundo e estar na raiz do ser humano enquanto parceiro livre de uma aliança com Deus livre. Se ser e ser em relação não se excluem, pelo contrário, se implicam, então, como escreve Béla Weissmahr, "o ser absoluto é a substância absolutamente relacionada das relações absolutamente subsistentes"[116]. Qualquer outra concepção de Deus desemboca ou num Deus indiferente em relação ao mundo ou num Deus que se confunde com o mundo e que impede a liberdade, impondo a necessidade, ou num Deus que fatalmente exerce tirania sobre o homem, anulando a sua dignidade infinita.

---

[115] André Comte-Sponville, "La quête du sens: une illusion? Débat", in: André Comte-Sponville/Luc Ferry, *La sagesse des modernes. Dix questions pour notre temps*, Paris, 1998, p. 299.
[116] Béla Weissmahr, *Ontologie*, Estugarda, Berlim, Colónia, 1991², p. 169.

Olhando para a história toda do Universo, donde ele próprio surgiu, o homem crente pode agora, com Teilhard de Chardin, entoar o Hino à Matéria: "Bendita sejas, áspera Matéria (...), perigosa Matéria (...), universal Matéria (...), impenetrável Matéria (...), mortal Matéria (...). Sem ti, Matéria (...), viveríamos inertes, estagnados, pueris, ignorando-nos a nós próprios e a Deus. (...) Eu te bendigo, Matéria, e te saúdo, não como te descrevem, reduzida ou desfigurada, as autoridades da ciência e os pregadores da virtude, um feixe, dizem eles, de forças brutais ou de apetites baixos, mas tal como me apareces hoje, na tua totalidade e na tua verdade. Saúdo-te, inesgotável capacidade de ser e de Transformação (...)"[117]. Embora dentro de outros pressupostos e, por isso, com outras consequências, Ernst Bloch também escreveu: "A ideia que se faz da matéria nunca é suficientemente boa nem suficientemente grande"[118].

O corpo humano, a morte e a esperança

Para lá de todo o dualismo e do materialismo fisicalista, mecânico ou vulgar, Pedro Laín Entralgo defende uma concepção "materista", "estruturista", "corporalista",

---

[117] Pierre Teilhard de Chardin, *Hino do Universo*, Lisboa, 1996², pp. 66-67.
[118] Ernst Bloch, *Das Prinzip Hoffnung*. Werkausgabe. Band 5, Frankfurt/M., 1985, p. 390.

"emergentista" do homem, que lhe parece não só a mais consentânea com o pensamento actual mas também a mais razoável, e que exprime assim: trata-se de uma "antropologia integradora", "cosmológica, dinamicista e evolutiva"[119], portanto, de uma "concepção da realidade inteira do homem inteiro, não só a do seu corpo, como uma estrutura dinâmica de elementos materiais essencialmente nova em relação a todas as que na evolução do cosmos a precederam, e, por conseguinte, dotada de propriedades sistemáticas irredutíveis à mera combinação das correspondentes aos vários elementos que a integram e sob forma de subtensão dinâmica nela perduram"[120].

---

[119] Pedro Laín Entralgo, *Qué es el hombre. Evolución y sentido de la vida*, Oviedo, 1999, p. 224. Há tradução portuguesa: *O que é o homem. Evolução e sentido da vida*, Lisboa, 2002.

[120] Pedro Laín Entralgo, *Cuerpo y alma*, p. 289. Evidentemente, não deixará de perguntar-se se deste modo se salvaguarda o carácter "espiritual" do ser humano, sem o qual "careceria de base a sua relação com Deus". José Gómez Caffarena, que levanta a questão, responde: "A harmonia da fé com a visão evolucionista requer ainda elaboração. Provavelmente é fecundo o caminho iniciado por Zubiri e seguido por Pedro Laín, que vê o princípio espiritual humano como estrutura emergente. Mas talvez o mais relevante na questão é que fique aberta a possibilidade de uma consideração finalística da evolução orientada para o surgir do ser espiritual humano, seja qual for o mecanismo da mesma". Precisamente neste domínio, importa sublinhar "as recentes reflexões, já propriamente filosóficas, embora sobre dados científicos, que se denominam 'princípio antrópico'": José Gómez Caffarena, "Dios en la filosofia de la religión", in: Juan Martín Velasco/Fernando Savater/José Gómez Caffarena, *Interrogante: Dios. XX Foro sobre el Hecho Religioso*, Madrid, 1996, p. 81. Sobre a dificuldade da questão, Pascal

Propriedades sistemáticas desta estrutura são tanto a digestão como a captação do mundo enquanto realidade, o pensamento abstracto e simbólico, a liberdade, o êxtase místico e a deificação sobrenatural. Já não deve dizer-se "o meu corpo e eu", mas: "o meu corpo: eu". Trata-se de um corpo que tem a capacidade de dizer de si próprio "eu"[121]. O homem é "dinamismo cósmico humanamente estruturado"[122]. E é *no* seu cérebro e *com* o seu cérebro que o homem projecta e realiza a sua vida. É mediante o cérebro que "é específica e pessoalmente humano o homem", de tal modo que, se chegasse a ser possível transplantar para a pessoa A o cérebro da pessoa B, "a pessoa do receptor converter-se-ia na pessoa do doador"[123]. Assim, quando se pergunta que é o que permite

---

pronunciou-se nestes termos: "Incompréhensible que Dieu soit, et incompréhensible qu'il ne soit pas; que l'âme soit avec le corps, que nous n'ayons pas d'âme; que le monde soit créé, qu'il ne le soit pas, etc.": Id., *Pensées*, Brunschvicg, p. 230.

[121] Id., *Cuerpo y alma*, p. 243.

[122] Id., *Qué es el hombre*, p. 205.

[123] Id., "Epílogo", in: Id., *Ser y conducta del hombre*, p. 505; Id., *Alma, cuerpo, persona*, p. 280. Deverá sublinhar-se que o cérebro humano é a estrutura mais complexa que se conhece. Há pelo menos 100 mil milhões de neurónios e 10^{15} (1 seguido de 15 zeros) de sinapses, sendo o número de ligações possíveis entre os neurónios incalculável. Qualquer coisa de inimaginável o que se passa nesta "selva"! (Jean-Pierre Changeux). Sobre os cálculos, cf. Hanns Cornelissen, *o. c.*, pp. 193-194, com as respectivas fontes, e G. SEIBT, "2000. Endliche Welt, kein Ende der Geschichte", in: L. Gall (Hrsg.), *Das Jahrtausend im Spiegel der Jahrhundertwende*, Berlin, 1999, p. 408: cit. in: Miguel Baptista Pereira, "Filosofia e memória nos caminhos do milénio", in: *Revista Filosófica de Coim-*

e executa todas aquelas capacidades específicas do homem, desde o pensamento nas suas diversas formas à pergunta pelo Infinito, passando pela liberdade, a autoconsciência, a responsabilidade e a dimensão ética da conduta, a resposta pode ser resumida nos seguintes termos: de modo imediato, é "a estrutura morfológica e funcional do cérebro humano"; de modo mediato, "a singu-

---

bra 16 (1999) 246. Por outro lado, neste hipotético transplante cerebral, não sabemos qual a influência do corpo receptor no novo cérebro. A questão da identidade é profundamente enigmática. Por exemplo, um belo dia, dizem-nos, apontando para um corpo humano que passa, que aquele é que é esse alguém que não conhecíamos visualmente, mas cujos livros tínhamos lido e de que muitos nos tinham falado. Pergunta-se: não é metendo "lá dentro" a imagem espiritual que tínhamos dele, formada pelos dizeres e pelas leituras, que o reconhecemos? Neste contexto, escreve Ben Dupré, *o. c.*, pp. 42-43: "Embora não possamos saber ao certo como é que a actividade cerebral dá origem à consciência ou actividade mental, pouca gente duvida de que seja no cérebro que tal actividade de algum modo se aloja. Quando considero o que faz que eu seja eu, é o 'programa' de experiências, memórias, crenças, etc., que me preocupa, e não o 'material' de um amontoado específico de matéria cinzenta. A minha sensação de ser eu não ficaria grandemente abalada, se a soma total dessas experiências, memórias, etc., fosse copiada para um cérebro sintético, ou então se o cérebro de uma outra pessoa pudesse ser reconfigurado de maneira a conter todas as minhas memórias, crenças, etc. Eu sou a minha mente; vou onde a minha mente for. A partir deste ponto de vista, a minha identidade não está de todo ligada ao meu corpo físico, incluindo o meu cérebro". Agora, suponhamos que era possível fazer várias cópias, quantos eus passaria a haver de mim? Sobre estas questões, cf. Richard David Precht, *Wer bin ich und wenn ja, wie viele? Eine philososophische Reise*, Munique, 2007, obra estimulante e acessível.

lar estrutura dinâmica do cosmos a que há uns dois ou três milhões de anos deu lugar a evolução da biosfera terrestre" – o homem; finalmente, se essa estrutura apareceu na biosfera como consequência da selecção natural e, em última análise, da actualização estruturante do radical dinamismo que o cosmos é, "entendida a sua totalidade como *natura naturans*", então o agente último dessas capacidades é o Todo do cosmos e o seu essencial dinamismo: "através da estrutura humana, o cosmos enquanto *natura naturans* evolutivamente inovadora tem consciência de si mesmo e é capaz de perguntar-se a si mesmo por si mesmo", valendo esta afirmação para todas as outras actividades que se integram na conduta humana enquanto humana[124].

Propriedade sistemática inegável do corpo humano é esperar. Numa reflexão aprofundada sobre a esperança, deverá começar-se por essa essencial tendência para o futuro, que caracteriza todo o ser vivo e mesmo toda a realidade cósmica, uma vez que está em evolução. De facto, o cosmos, desde a sua origem é em processo (do verbo latino *procedo*, avançar, ir para diante). A realidade material tem carácter "prodeunte" (do verbo latino *prodeo*, avançar, adiantar-se): trata-se de uma propriedade genérica que se vai fazendo *proto-estruturação* (passagem das partículas verdadeiramente elementares às complexas), *molecularização* (dos átomos às moléculas), *vitalização* (das

---

[124] Pedro Laín Entralgo, *Qué es el hombre*, pp. 215-217.

moléculas aos primeiros seres vivos), *vegetalização, animalização* (aparecimento e desenvolvimento da vida quisitiva da zoosfera) e *hominização* (transformação da tendência geral para o futuro em futurição humana, tanto no indivíduo e na sua biografia como na espécie humana e na sua história, desde o *Homo habilis* até ao presente)[125]. Mas, dentro dos modos de existir para diante, na orientação do futuro, só quando se chega ao nível do ser vivo que precisa de buscar e procurar para viver – "vida quisitiva" – é que diremos que a tendência para o futuro se configura como "espera", podendo chegar a ser "esperança". Desde o nascimento até à morte, entre a esperança e o temor – os dois pólos contrapostos do seu carácter prodeunte –, o animal vive permanentemente orientado para o futuro e modulando a sua espera constante na busca do que precisa para viver[126]. Portanto, o animal e o homem esperam. No entanto, ao contrário da espera do animal, que é "instintiva, estimúlica, situacional e fechada", a do homem é "supra-instintiva, trans-estimúlica, supra-situacional e aberta". Esta é a razão por que a espera do homem transcende sempre o desfecho de cada um dos projectos em que se concretiza a sua futurição constitutiva. Numa "sala de espera" de uma estação de caminho-de-ferro, não me limito a aguardar a chegada do comboio que traz o meu amigo, pois, mesmo que não tenha consciência explícita disso, espero o que será a minha existên-

---

[125] Id., *Creer, esperar, amar*, p. 150.
[126] Id., *o. c.*, p. 151.

cia em todo o seu decurso posterior. A espera humana está "constitutivamente aberta a possibilidades que transcendem o termo feliz ou desgraçado do projecto"[127]. De qualquer forma, num e noutro caso – tanto "na espera do limitado e do concreto" (a chegada do amigo no projecto de aguardá-lo) como, mesmo que não pense directamente nisso, "na espera do que transcende o limitado e o concreto" (o que será de mim na minha vida, depois da chegada do comboio e do amigo) –, são possíveis duas atitudes, duas tonalidades afectivas: a confiança e a desconfiança. Devido a uma multiplicidade de factores, desde o temperamento às circunstâncias biográficas de sorte ou desgraça, passando pela educação, estes dois estados de ânimo – confiança e desconfiança – "podem converter-se em hábito de segunda natureza: a *esperança*, quando é a confiança que domina, e a *desesperança*, quando prevalece a desconfiança"[128]. Portanto, o homem, como o animal, não pode não esperar: vive orientado para o futuro e esperando o que projecta – a obtenção de metas e objectivos concretos e também, quer se dê conta disso quer não, o que transcende continuamente a consecução dos seus projectos. Viver animal e humanamente é estar à espera, em expectativa. Mas a espera não se identifica pura e simplesmente com a esperança: "a espera torna-se esperança, quando a confiança em conseguir o que se

---

[127] Id., "El cuerpo y la esperanza", in: *Igreja e Missão* 155-158 (1992) 175.
[128] Id., *a. c.*, p. 175.

espera predomina sobre o temor de não alcançá-lo; no animal como esperança instintiva (a esperança-paixão dos medievais), no homem como esperança razoável (a esperança-virtude)"[129]. No seu sentido forte, o termo *esperança* deve reservar-se para este hábito da segunda natureza do homem de confiar de modo mais ou menos firme na obtenção das metas projectadas e da realização da existência, que se vai adquirindo com a execução quotidiana da vida no mundo. Assim, esta esperança não se entende desvinculada da fé e do amor: fé, esperança e amor dão-se co-implicados; a actividade pística, a actividade elpídica e a actividade fílica são três actividades que se exigem mutuamente, permitindo ao homem tomar posse de si e da realidade do mundo. Há, por conseguinte, dois modos complementares da esperança: "a *esperança do concreto* (o hábito de confiar que a realização dos projectos irá bem) e a *esperança do fundamental* (o hábito de confiar, nunca com certeza – é evidente –, em que será boa, ou pelo menos aceitável, a sorte da existência pessoal)". Esta esperança do fundamental pode ser chamada *"esperança genuína"*[130]. Precisamente a esperança genuína assume dois modos diferentes, mas que de modo nenhum se excluem: "a esperança puramente *terrena e histórica*", à maneira, por exemplo, dos partidários do progresso ilimitado, e "a esperança *trans-terrena e trans-histórica*", que é a dos crentes numa religião que afirma confiadamente uma

---

[129] Id., *Creer, esperar, amar*, pp. 172-173.
[130] Id., "El cuerpo y la esperanza", p. 175-176.

vida para lá da morte[131]. É sobre esta esperança para lá da morte que aqui se incide.

A morte é não só a possibilidade vital "absolutamente ineludível e absolutamente insuperável" como também "a mais grave das experiências do homem", e assim tem de olhá-la, como já mostrou Heidegger em *Sein und Zeit*, quem quiser viver de modo radicalmente humano e autêntico[132]. Mais tarde ou mais cedo, todo o homem acabará por ser açoitado por esta pergunta: Com a morte, o que será feito de mim? O que acontece à realidade humana, quando se produz o facto de morrer? "Aniquila--se definitivamente a existência do homem que morre ou pode este dizer, muito mais radicalmente que Horácio, o seu *non omnis moriar*, o seu 'não morrerei eu todo'"?[133]

São quatro as respostas fundamentais a esta pergunta radical: a reencarnação, a sobrevivência, a aniquilação e a ressurreição. Laín recusa a reencarnação e a sobrevivência, se esta for entendida no sentido da incorporação do indivíduo na totalidade cósmica ou, mais concretamente, da mente individual na mente universal, pois, se é verdade que temos todos algo de comum, também não pode deixar de considerar-se como um facto "não menos forte

---

[131] Id., *a. c.*, p. 176.
[132] Pedro Laín Entralgo, *Cuerpo y alma*, p. 275. Cf. Martin Heidegger, *Sein und Zeit*, Tubinga 1986[16], pp. 235-267: "Das mögliche Ganzsein des Daseins und das Sein zum Tode".
[133] Id., *Cuerpo y alma*, p. 275. Sobre o para lá da morte e da história, cf. também Id., *Idea del hombre*, pp. 180-189; Id., *Alma, cuerpo, persona*, pp. 309-317.

e profundo" que a consciência de "ser em mim e para mim" é "o mais fundo da consciência pessoal"[134]. Fica então a aniquilação da pessoa ou a ressurreição. Mas também aqui, como já ficou dito, nenhum dos dois termos da opção se impõe mediante demonstração racional: um e outro são objecto de saber de crença e não de evidência, são ambos defensáveis, e os dois "podem ser intelectual e vitalmente assumidos com inteira dignidade", sendo mesmo necessário reconhecer "a grandeza dos que se enfrentam com a morte fiéis à velha divisa estóica *nec spe, nec metu*, sem esperança e sem temor"[135]. Afinal, se, com a morte, acabar tudo, não estamos lá para nos revoltarmos: será o nada definitivo e a paz eterna. A morte deveria ser aceite como algo natural, exigido pela própria consumação da existência no seu percurso enquanto obra realizada: o ponto final na existência, como numa sinfonia. De qualquer modo, já derrotámos a morte, pelo nascimento. "(...) o ser humano constata que é tão verdade que vai morrer como que *agora* está vivo. Se a morte consiste em não ser nem estar de modo nenhum em parte nenhuma, *todos já derrotámos a morte uma vez, a decisiva*. Como? Nascendo. Não haverá morte eterna para nós, visto que *já* estamos vivos, *ainda* estamos vivos"[136]. Sim, não é verdade que já estivemos, sem revolta, na inexistência esse tempo infindo antes do nascimento? Mas também

---

[134] Id., *Cuerpo y alma*, pp. 276-277.
[135] Id., *o. c.*, p. 201.
[136] Fernando Savater, *As perguntas da vida*, Lisboa, 1999, p. 272.

é verdade que este pensamento é açoitado por um outro: quando, pela antecipação, somos confrontados com a morte enquanto possibilidade de termo final de tudo, não é apenas o fim que nos aparece no seu poder nadificante: é a existência e a realidade toda que nos surgem roídas pelo nada vazio e nulo, de tal maneira que não conseguimos afastar o pensamento de que tudo não tenha sido e não venha a ser pura ilusão. Como escreveu Ernst Bloch, "o túmulo, a escuridão, a putrefacção, os vermes tiveram e têm, sempre que não são reprimidos, uma espécie de poder retroactivamente desvalorizante"[137]. Sem Sentido último – o Sentido de todos os sentidos –, os amores, as esperanças, as lutas, os sentidos oferecidos e os que elaboramos ao longo da existência..., tudo é como se não tivesse sido... É certo que, por um lado, é a consciência da morte que dá a cada instante da vida seriedade, profundidade, urgência e mesmo dimensão de autêntico milagre e mistério; mas, por outro, sem o Além, se a existência desemboca no nada, no vazio, então não tem sentido, pois "não vou para lado nenhum", a vida acaba por manifestar-se como não tendo direcção[138].

Portanto, nenhuma das posições é evidente, e Laín pensa que, se "a tese da aniquilação tem maior razoabilidade cosmológica" – pela morte, a matéria individual é reincorporada na dinâmica total do universo –, "a tese da ressurreição possui maior razoabilidade psicológica" –

---

[137] Ernst Bloch, *o. c.*, p. 1299.
[138] Vladimir, Jankélévitch, *Penser la mort?*, Paris, 1994, p. 52.

"a realidade e a dinâmica da nossa intimidade são o *praeambulum fidei* da crença na ressurreição"[139]. Mais sensível às "razões de carácter cordial, razões de amor" do que às "razões de carácter cosmológico, razões de razão", opta pela tese da ressurreição[140]. Como bem viu Gabriel Marcel, se amar é dizer ao outro: tu não morrerás, pois és digno de ser tu mesmo, portanto, para sempre, então resignar-se à morte como aniquilação implicaria um acto de traição e infidelidade radical[141]. Aceite o "princípio antrópico", de tal modo que tudo parece convergir no sentido de que se pode afirmar que o universo é como é para ser possível o aparecimento do homem[142], não deve-

---

[139] Pedro Laín Entralgo, *o. c.*, p. 282.

[140] Id., *o. c.*, pp. 282-283.

[141] G. Marcel, *Homo viator*, Paris, 1944, p. 205: "Amar um ser é dizer-lhe: tu não morrerás"; Id., *Présence et immortalité*, Paris, 1959, p. 182: "o problema, o único problema essencial é posto pelo conflito do amor e da morte".

[142] Como é sabido, há uma formulação débil, forte e terminal do princípio antrópico. Quando os cientistas se perguntam pela origem, condições de possibilidade e finalidade da evolução cósmica, biológica e da pessoa, não deixam de espantar-se com a combinação surpreendente das constantes e leis necessárias para o seu aparecimento. Causa assombro saber que bastaria a mínima variação em certas constantes da Natureza para que a vida em geral e a existência consciente em particular pura e simplesmente não se dessem. Cf. Carlos Valverde, *Antropología Filosófica*, Valencia, 1995, pp. 102-105, com ampla bibliografia. Laín escreve: "Na sua forma mais geralmente aceite, o 'princípio antrópico débil', esse princípio afirma que o universo é como é, tem *para nós* as constantes, forças e leis básicas e universais que de facto tem, como *conditio sine qua non* para que pudesse surgir no seu seio um ser capaz de conhecê-las. Viria a propósito dizer com R. Penrose que o

ria dizer-se que todo esse trabalho de milhares de milhões de anos de evolução teria sido em vão, inútil, se, com a morte, a pessoa fosse aniquilada, tanto mais quanto é certo que, *a curto, a médio, a longo prazo, todos iremos estando mortos?* O homem é realidade "aberta", "inconclusa" e "pretensiva" (*praetensio est vita hominis*), no sentido de que o homem tende sempre para diante, para o futuro, de tal modo que todos os seres humanos morrem "*unvollendete*" (inacabados) e a morte aparece como algo de "impróprio"[143]. Então, como é que a pessoa, que é valor incondicionado, pode transformar-se pura e simplesmente em coisa que apodrece ou é reduzida a cinza? Segundo Julián Marías, na filosofia, há duas perguntas radicais: *"Quem sou eu? O que é que será de mim?"*. Se, pela morte, a resposta à segunda pergunta for: no fim, "Nada", portanto, "Ninguém", isto anula a primeira pergunta, isto é, ainda terá sentido perguntar *quem* sou eu?[144] Mas, se ser homem é ser alguém, como é que se passa de "Alguém" a "Nin-

---

universo concreto em que os homens habitamos 'foi seleccionado entre todos os universos possíveis – e talvez reais, para lá do nosso conhecimento – pelo facto de ser necessário que nós ou alguma espécie de criatura inteligente existamos nele e possamos observá-lo'": Id., *Idea del hombre*, p. 86.

[143] Pedro Laín Entralgo, *El cuerpo humano*, pp. 333-334. Por outro lado, a morte é também natural. Precisamente sobre a morte enquanto "etapa natural" da vida, com todas as consequências que daí podem derivar concretamente no que se refere à eutanásia, cf. Jacques Pohier, *La mort opportune. Les droits des vivants sur la fin de leur vie*, Paris, 1998.

[144] Julián Marías, *Antropología metafísica*, Madrid, 1998, p. 209.

guém"? Como dizia Fichte, o homem não deixará facilmente de resistir a uma vida que consista em "eu comer e beber apenas para logo voltar a ter fome e sede e poder de novo comer e beber até que se abra debaixo dos meus pés o sepulcro que me devore e seja eu próprio alimento que brota do solo"; como poderei aceitar a ideia de que tudo gira à volta de "gerar seres semelhantes a mim para que também eles comam e bebam e morram e deixem atrás de si outros seres que façam o mesmo que eu fiz? Para quê este círculo que gira sem cessar à volta de si?... Para quê este horror, que incessantemente se devora a si mesmo, para de novo poder gerar-se, gerando-se, para poder de novo devorar-se?"[145]. O homem nunca há-de "contentar-se com o cadáver"[146]. O *sum* supera sempre o *cogito:* eu sou sempre mais do que o que eu sei e os outros sabem de mim, de tal modo que é sempre legítima a pergunta: quem pode afirmar apodicticamente que, desaparecendo, com a morte, a minha visibilidade, se aniquila o que sou e quem sou?

A questão da imortalidade há-de surgir sempre de novo, e os *praeambula fidei* para a crença na ressurreição são de ordem não só ontológica, psicológica e histórica, mas também ética[147], mas de tal maneira que o argu-

---

[145] G. F. Fichte, *Werke* II, p. 266. Cit. in. Johannes Hirschberger, *Geschichte der Philosophie*. Band II: Neuzeit und Gegenwart, Friburgo//Br., Basileia, Viena, 1991[13], Sonderausgabe, p. 371.

[146] Ernst Bloch, *o. c.*, p. 1302.

[147] Pedro Laín Entralgo, *Alma, cuerpo, persona*, pp. 315-316.

mento a que talvez todos sejam mais sensíveis seja precisamente o do compromisso ético. A filosofia e a teologia que não queiram reduzir-se a um mero exercício académico repetitivo e inútil hão-de confrontar-se permanentemente com a *memoria passionis*, não poderão rejeitar a memória das vítimas inocentes[148]. Immanuel Kant, para quem, como ficou dito, a questão da esperança constitui uma pergunta fundamental da filosofia, deixou este texto verdadeiramente impressionante: "Podemos portanto supor um homem íntegro (*por exemplo Espinosa*), que está *firmemente* persuadido de que Deus não existe e (porque do ponto de vista do objecto da moralidade a consequência é a mesma) também de que não há vida futura; como jul-

---

[148] Cf., por exemplo, Walter Benjamin, "Über den Begriff der Geschichte", in: Id., *Gesammelte Schriften*. Band I.2, Frankfurt/M., 1978², pp. 691-704, onde Benjamin, depois de afirmar que o Messias não vem apenas como o salvador, mas como o vencedor do Anticristo, escreveu: "Se o inimigo vencer, nem os mortos estarão em segurança. E este inimigo não tem cessado de vencer" (695). Por issso, reportando-se ao quadro de Klee, com o título de *Angelus Novus*, diz que o anjo da história, embora o não consiga, quereria "despertar os mortos e recompor o destroçado" (697). Apesar de não acreditar na resposta bíblica da ressurreição dos mortos, Benjamin está consciente de que, para que às vítimas do passado não seja negado todo o futuro, deveria manter-se essa *"débil* força messiânica", em aliança com a teologia, mesmo que hoje a considerem "pequena e feia" (693-694); Max Horkheimer, *Die Sehnsucht nach dem ganz Anderen. Ein Interview mit Kommentar von Helmut Gumnior*, Hamburgo, 1970, pp. 56-67 sobretudo; Johann Baptist Metz in: E. Schuster/R. Boschert-Kimmig, *Trotzdem Hoffen. Mit Johann Baptist Metz und Elie Wiesel im Gespräch*, Mainz, 1993, pp. 12-55.

gará a sua própria determinação final interior mediante a lei moral, que respeita na acção? Não reclama para si nenhuma vantagem resultante da obediência à lei moral, nem neste nem no outro mundo; desinteressado, quer antes fazer apenas o bem, para o qual esta lei santa orienta todas as suas forças. Mas o seu esforço é limitado; e da natureza só pode realmente esperar, aqui e ali, uma ajuda contingente, mas nunca uma concordância harmoniosa, ordenada segundo regras constantes (como interiormente são e devem ser as suas máximas), com o fim que se sente todavia obrigado e impelido a realizar. A mentira, a violência e a inveja não deixarão de acompanhá-lo, embora ele próprio seja honesto, pacífico e benevolente; e as pessoas honestas que para lá de si encontra, apesar de serem totalmente dignas de ser felizes, serão submetidas, exactamente como os outros animais sobre esta terra, pela natureza, que não presta qualquer atenção a isso, a todos os males da miséria, das doenças e de uma morte prematura, e assim continuarão sempre, até que um vasto túmulo as devore a todas (honestas ou desonestas: neste caso, é indiferente) e as lance de novo, a elas que podiam crer ser o fim final da criação, ao abismo do caos sem fim (*zwecklos*) da matéria, donde tinham sido tiradas"[149]. Mas isto é insuportável. Como escreveu Theodor Adorno, o segredo da filosofia kantiana consiste precisamente na "impossibi-

---

[149] Immanuel Kant, *Kritik der Urteilskraft*. Werkausgabe. Band X, Frankfurt/M., 1992[12], pp. 415-416.

lidade de pensar o desespero"[150]. Por isso, Kant, que se não resigna a que a moralidade e a felicidade não venham a encontrar-se em harmonia, teve de postular "a existência de um Criador *moral* do mundo, isto é, de Deus"[151], e é significativo observar que, ao afirmar a existência de Deus, pela via moral, com "fé racional", o reconheça precisamente como Criador. Para o próprio Theodor Adorno, a existir justiça, ela deveria incluir a todos, portanto, também os mortos: "a experiência de que o pensamento que se não decapita desemboca na Transcendência: a sua meta seria a ideia de uma constituição do mundo, no qual fosse erradicado não só o sofrimento existente, mas também fosse revogado o que aconteceu irrevogavelmente"[152]. Em *Minima Moralia*, mesmo a terminar, também deixou escrito: "Face ao desespero, o único modo que ainda resta à filosofia de responsbilizar-se seria a tentativa de considerar todas as coisas como aparecem desde o ponto de vista da redenção. A única luz do

---

[150] Theodor W. Adorno, *Negative Dialektik*, Frankfurt/M., 1994[8], p. 378. Neste contexto, mas indo mais longe do que Kant, escreve P. Ricœur, *Le conflit des interprétations*, Paris, 1969, p. 341: "a fé dá que pensar ao filósofo outro objecto que não o dever: oferece-lhe a representação de uma *promessa*".
[151] I. Kant, *Kritik der Urteilskraft*, p. 416. Como escreveu Wolfdietrich Schmied-Kowarzik, "nenhuma filosofia do esperar" pode voltar atrás desta visão de Kant: Id., "'Weit hinaus zu hoffen'. Kritisches zu Blochs humanen Atheismus", in: Francesca Vidal (Hrsg.), *"Kann Hoffnung enttäuscht werden?"*, Mössingen-Talheim, 1998, p. 30.
[152] Theodor Adorno, *o. c.*, p. 395.

conhecimento é a que brilha no mundo desde a perspectiva da redenção": tudo o resto esgota-se na técnica, é apenas técnica[153]. Max Horkheimer, outro fundador da Escola de Frankfurt, pensava que a teologia exprime aquele anelo de que "o assassino não possa triunfar sobre a vítima inocente"[154]. É certo que, segundo Horkheimer, não se pode afirmar a existência de Deus, pois nem mesmo o conhecimento consciente da nossa finitude é uma prova dessa existência: esse conhecimento consciente do nosso desamparo "pode produzir apenas a *esperança* de que exista um absoluto positivo"[155]. Há aqui um paradoxo: por um lado, perante o sofrimento que desde sempre domina sobre a terra, é dificilmente crível a doutrina cristã sobre a existência de um Deus omnipotente e de bondade infinita; por outro, a teologia "está por detrás de todo o agir humano autêntico", de tal modo que "a política que não contenha teologia, mesmo que seja de uma maneira muito pouco consciente, não deixará de ser, em última instância, um negócio, por muito hábil que este seja"[156]. É "impossível salvar um sentido absoluto sem Deus"[157] e, por isso, a religião está em conexão com

---

[153] Id., *Minima Moralia. Reflexionen aus dem beschädigten Leben*, in: Id., *Gesammelte Schriften*, Band 4, Frankfurt/M., 1980, p. 281.
[154] Max Horkheimer, *Die Sehnsucht nach dem ganz Anderen. Ein Interview mit Kommentar von Helmut Gumnior*, Hamburgo, 1970, p. 62.
[155] Id., *o. c.*, p. 56.
[156] Id., *o. c.*, pp. 59-60.
[157] Id., *o. c.*, p. 69.

"o anelo de que esta existência terrena não seja absoluta", de que o sofrimento e a morte "não sejam o último"[158]. Quando se olha para a brutalidade bruta do mundo e o horror da história, parece que "a ética e a religião anseiam por uma espécie de impossível necessário"[159]. Por um lado, necessário, porque o bem e o mal não podem ser equivalentes, e a dignidade e o valor implicam eternidade, de tal modo que se impõe esperar contra a esperança. Por outro, precisamente por causa da massa incrível do mal no mundo, terá de perguntar-se sempre pelo fundamento último dessa esperança, mas de tal maneira que a pergunta interminável parece encontrar como única resposta o silêncio do mistério. No entanto, como escreve José Gómez Caffarena, concluindo o seu estudo sobre o teísmo moral de Kant, talvez seja legítimo formular, "como último acto de fé", que humanistas teístas e não teístas podem partilhar, algo do género: "no seu esforço moral secular, e apesar dos seus fracassos, a Humanidade merece que não seja frustrada a sua esperança: *merece que exista Deus*"[160].

Para o crente, nomeadamente para o crente cristão, a morte não é aniquilação da pessoa, isto é, passagem ao não-ser, mas "trânsito misterioso para um novo estado

---

[158] Id., *o. c.*, p. 67.
[159] Manuel Fraijó, "De la sobriedad ética a la esperanza religiosa", in: *Isegoría* 10 (1994) 82.
[160] José Gómez Caffarena, *El teísmo moral de Kant*, Madrid, 1983, p. 247.

também misterioso" da realidade pessoal[161]. E, se o homem se não entende senão no mundo, então o mundo também terá um fim, mas este "não consistirá na sua aniquilação, mas na sua transfiguração"[162]. De facto, em cada homem e através de cada homem, espera a humanidade inteira e "'espera' todo o cosmos"[163].

Como entender, porém, a ressurreição, se não pode já aceitar-se a doutrina tradicional da "alma separada"? A estrutura pessoal humana não pode sobreviver naturalmente à desagregação das subestruturas nela incorporadas. Laín toma para si a doutrina mais recente, segundo a qual "a morte de uma pessoa é 'morte total' e misterioso trânsito imediato, mercê de um acto gratuito da omnipotência divina de Deus, para uma vida perdurável, não menos misteriosa e inimaginável"[164]. *Omnis moriar et omnis resurgam* (todo eu morrerei e todo eu ressuscitarei) escreve Laín[165], que, com o último Zubiri, vive "dentro de si, intelectual e pateticamente reunidas, a ideia científica da 'morte total' do ser humano e a fé cristã na ressurreição dos mortos"[166].

---

[161] Pedro Laín Entralgo, *El problema de ser cristiano*, p. 16.
[162] Id., *o. c.*, p. 17.
[163] Id., *La espera y la esperanza*, p. 591; Id., "El cuerpo y la esperanza", pp. 176-177.
[164] Id., *El problema de ser cristiano*, pp. 16 17.
[165] Id., "El cuerpo y la esperanza", p. 180.
[166] Id., *Cuerpo y alma*, p. 143. A luta interminável entre o anelo vital de imortalidade humana e a impossibilidade da sua confirmação racional, também porque "o nosso espírito é também alguma espécie de

Precisamente aqui, contra Laín, surge uma objecção: se se acredita na ressurreição, não vai necessariamente erguer-se, enorme, a questão da continuidade da pessoa? De facto, se a pessoa morre total e completamente, como se poderá afirmar, com a ressurreição, a identidade da mesma pessoa? Como escreve André Torres Queiruga, a "morte total" parece pôr em questão a própria possibilidade da vida eterna, considerada como pura possibilidade. De facto, se se dá uma interrupção absoluta, isto é, "se a morte é *total*, parece desaparecer todo o suporte *intrínseco* para uma possível continuidade. Porque, se nada fica daquele que morre, quem ressuscita?"[167]

A questão é avassaladora, e constitui um verdadeiro abismo para a razão, como diria Kant. No entanto, ainda

---

matéria ou não é nada", foi vivida de modo absolutamente trágico por Unamuno: Miguel de Unamuno, *Del sentimiento trágico de la vida*, Madrid, 1999, p. 109, com uma excelente *Introdução* de Antonio M. López Molina. Essa luta agónica foi descrita de modo admirável numa novela belíssima, de fundo metafísico: *San Manuel Bueno, mártir* (1931). Um pároco de aldeia, incapaz de acreditar em Deus e na vida para lá da morte, criou tal aura de bondade e fé que todos o julgam santo e acreditam em Deus por seu intermédio. Trata-se da angústia de um padre cuja existência se debate entre o querer crer e a incapacidade racional para acreditar, de tal modo que aparece este paradoxo: é santo e mártir, porque leva ao povo a *consolação* de uma vida eterna na qual ele próprio não crê, não podendo, portanto, beneficiar dessa mesma consolação: Miguel de Unamuno, *San Manuel Bueno, mártir y tres historias más*, Madrid, 1997.

[167] André Torres Queiruga, "Muerte y inmortalidad: lógica de la semiente vs. lógica del homúnculo", in: *Isegoría*, 10 (1994) 95.

que seja de rejeitar todo o concordismo fácil e ingénuo, é necessário perguntar se um vislumbre de solução não virá precisamente da "visão emergentista *plenamente* assumida"[168]. Que é que isto quer dizer? No quadro de um mundo fixo e estável, a perfeição deveria residir no princípio. Era assim que Tertuliano, por exemplo, pensava que quanto mais anterior mais verdadeiro (*id verius quod prius*). Mas, numa visão evolutiva da história do mundo, deverá, ao contrário, afirmar-se: *id verius quod posterius*, ou seja, a salvação, a existir, está na frente, no futuro[169]. Evolução significa história, história aberta, mostrando o processo uma continuidade na descontinuidade com saltos qualitativos: partículas elementares, átomo, molécula, macromolécula, célula, organismo multicelular, ser vivo, animal, homem, sociedade humana, de tal modo que a partir das partes se constitui permanentemente um todo, portanto, dando origem a novas estruturas, novos princípios de organização, novas possibilidades e capacidades. Trata-se, por conseguinte, de um processo em constante complexificação, interiorização e unificação, no quadro de sistemas abertos[170]. E o espantoso em todo este processo é que, uma vez realizado, portanto, *ex post*, apesar de

---

[168] Id., *a. c.*, p. 95.
[169] K. Schmitz-Moormann, "Möglichkeiten und Perspektiven des Schöpfungsglaubens in einer evolutiven Welt", in: Id., *o. c.*, pp. 86-87.
[170] Jürgen Moltmann, *Gott in der Schöpfung. Ökologische Schöpfungslehre*, Munique 1987³, pp. 205-214.

faltar sempre uma explicação total e definitiva, ele é passível, até certo ponto pelo menos, de inteligibilidade interna. Mas, por outro lado, ele era, *ex ante*, indeterminável e imprevisível. De facto, emergente significa *novo*, não podendo, por isso mesmo, ser determinado e previsto. Embora se possa hoje, olhando para trás, traçar linhas de compreensão do processo, no seu começo não poderia, como vimos, prever-se que um dia surgiria a vida e essa realidade fascinante e inquietante e inquieta que é o homem. Mas, ainda hoje, se não tivéssemos contactado já com a realidade, quem poderia sequer imaginar, ao ver um simples caroço de cereja, que ele poderia desabrochar numa cerejeira em flor, ou, utilizando a imagem do Evangelho, quem poderia antever que o grão de trigo lançado à terra e apodrecendo daria origem à espiga? Quem, se o não soubesse já, poderia sequer supor, ao ver um óvulo feminino fecundado por um espermatozóide, que dali poderia resultar um ser humano, *matéria pessoal, consciente e livre*? No quadro do determinismo, entre o passado e o futuro havia similitude, de tal modo que o universo e a vida apareciam como um filme, em que tudo está previsto. Hoje, com a física quântica, sabemos que na raiz da matéria mora a probabilidade, segundo o princípio da indeterminação. O universo enquanto tal é uma história aberta, e, por isso, estando ainda a fazer-se, é constantemente novo, imprevisível, com uma estrutura narrativa, de tal modo que não é possível determinar nem prever adequadamente o que será. Não se sabe o que reside no núcleo da matéria e, consequentemente, não se pode determinar o conjunto de todas as suas possibilidades.

O nosso desconhecimento da matéria não tem então a sua razão apenas na nossa finitude e ignorância, mas na constituição aberta e narrativa da própria matéria, de tal modo que, como ficou dito, não podemos sequer dizer que o ser humano seja o estádio último da história da evolução. De qualquer modo – e é essencial sublinhar este aspecto –, a evolução do cosmos procede de um dinamismo que produz o novo emergente, que é irredutível ao que o precede, e a *continuidade* gera-se precisamente no processo, de tal maneira que só é visível a partir do novo e do futuro, e não propriamente do passado e do antecedente. Portanto, quando se pensa em encontrar um possível "suporte" para a continuidade da pessoa, em vez de procurá-lo na "alma", presente desde o começo, o olhar, no quadro de uma lógica emergentista, deve, pelo contrário, orientar-se para o futuro: "para algo *novo* que se gera e aparece no processo, possibilitando ou forçando o salto para diante". Pode pensar-se, por exemplo, na passagem da matéria para a vida: "não havia algo prévio que organizasse a mudança; pelo contrário, esta foi promovida pelo aparecimento de um *novo* meio e de uma *nova* complexidade interna; seja como for, apareceu depois, no próprio processo da evolução. E, por sua vez, a continuidade da vida assegura-se justamente pela semente, que não vem de antes, mas é produzida pelo organismo *depois* de uma necessária maturação (tanto mais delicada e complexa quanto mais elevada é a vida"). Assim, se houver imortalidade, ela tem de ser possibilitada por algo *novo*, que aparece no próprio processo, e esse "algo" tem de ser já de algum modo presente, mas ao mesmo não pode ser delineado de forma clara, já que é apenas uma semente enquanto promessa[171].

Se é assim, ninguém pode excluir, à partida, a possibilidade de que, na morte, em vez da queda no nada, se dê um salto, completamente indizível, para uma vida radicalmente nova, a que se chama ressurreição, que não pode de modo nenhum consistir na ressuscitação do cadáver para retomar a vida tal como a conhecemos, prolongando-a indefinidamente, pois "isso equivaleria no fundo à instauração de um horror infinito"[172]: pelo contrário, o que aparecerá é de tal modo novo que a Bíblia lhe chama uma nova criação, de que apenas se tem a semente como promessa e não à maneira de algo pré-formado. Por outro lado, possibilidade não significa realidade, e, como é sabido, a fé na sobrevivência após a morte sempre esteve ligada à religião: o próprio Platão, que, no *Fédon*, apresenta argumentos a favor da imortalidade, tem consciência de que eles não constituem provas propriamente ditas, de tal modo que dirá que se trata de um "belo risco" da esperança, portanto, de uma "bela espe-

---

[171] Andrés Torres, *a. c.*, p. 97.
[172] Id., *a. c.*, p. 88. Neste sentido, apesar de se tratar de uma obra a vários títulos muito frágil, deve reconhecer-se que José Saramago merece atenção, quando, em *O Evangelho segundo Jesus Cristo,* Lisboa, 1991, p. 428, para convencer Jesus a não ressuscitar Lázaro, põe na boca de Maria de Magdala estas palavras: "Ninguém na vida teve tantos pecados que mereça morrer duas vezes". Note-se que a ressurreição de Lázaro é "uma narração simbólica ou parábola em acção": A. Torres Queiruga, *a. c.*, p. 94.

rança", em contexto religioso[173]. Mesmo para os historiadores da religião, não deixa de constituir um enigma o facto de Israel durante séculos se ter relacionado com Deus, sem colocar propriamente a questão do destino último dos mortos. O mais importante era a sobrevivência do povo enquanto tal. Depois da morte, os defuntos desciam ao Sheol, onde tinham uma existência desolada de sombras, no pó e na escuridão, não faltando inclusivamente passagens do Antigo Testamento nas quais se afirma expressamente que o homem morre como gado. Foi apenas no século II a. C. que se impôs a fé na ressurreição, e isso por imperativo moral: exigia-se justiça para as vítimas (homens e mulheres) que, por fidelidade irrepreensível, tinham sacrificado a própria vida. A tirania (no caso, de Antíoco IV) não podia ter a última palavra. Javé não podia deixar abandonados na morte aqueles que, ao derramarem o seu sangue, antepuseram à vida física a fidelidade ao bem. Deste modo, a ressurreição dos mortos surge essencialmente vinculada à questão da teodiceia: perante aqueles que, apesar da ameaça da morte, ousaram continuar a fazer o bem, Deus tem de justificar-se a si próprio. Deus deve ser fiel àqueles que entre a apostasia (o bem) e a morte, preferiram morrer, tornando-se assim vítimas da injustiça. Aliás, é na tradição do profeta mártir que se situa a fé na ressurreição de Jesus, o Crucificado-Ressuscitado, fundamento da esperança dos cris-

---

[173] *Fédon* 114 d.

tãos na ressurreição dos mortos. Na Bíblia, não se fala propriamente da imortalidade da alma, mas da ressurreição dos mortos. Concretamente no Novo Testamento, a palavra imortalidade aparece apenas duas vezes: em 1 Cor. 15, 53, no capítulo consagrado à ressurreição, em que S. Paulo afirma que o nosso corpo mortal deve revestir-se da imortalidade da ressurreição, o que significa que a imortalidade é um dom, que não possuímos, mas que nos é prometido na ressurreição, e em 1 Tim. 6, 16, em que se diz que só Deus possui a imortalidade[174]. A razão está em que a Bíblia tem uma concepção unitária de homem, e, por isso, o ser humano só alcançará a salvação, se ele todo, e não uma parte dele, for salvo. Que a Bíblia não fale de imortalidade da alma, mas da ressurreição dos mortos, também significa – é necessário repeti-lo – que, por mais que o homem faça, não pode operar por si mesmo a sua salvação. Por outras palavras, a sobrevivência para lá da morte é dom gratuito de Deus. Segundo a Bíblia, nada há propriamente no homem que por natureza seja imortal. Por isso, como bem viu S. Paulo, a fé na ressurreição e a fé no Deus criador *ex nihilo* identificam-se: se é possível "esperar contra toda a esperança", é porque o Deus em quem Abraão acreditou é "o Deus que dá a vida aos mortos e chama o nada à existência"[175].

---

[174] Hans Schwarz, *Wir werden weiterleben. Die Botschaft der Bibel von der Unsterblichkeit im Licht moderner Grenzerefahrung*, Friburgo/Br., Basileia, Viena, 1984, p. 33.
[175] Rom. 4, 17-18.

Só o Deus que cria a partir do nada, como proclama o primeiro artigo do Credo, pode, segundo a confissão do último artigo do mesmo Credo, ressuscitar os mortos. Porém, quando se tenta pensar a passsagem a um modo de existência para lá do espaço e do tempo cósmicos, sem que essa esperança se apoie na existência de uma "alma imortal" e de modo a garantir a continuidade da pessoa, ser-se-á sempre confrontado com o inimaginável e insondável. No quadro do emergentismo, Hanns Cornelissen sugere uma concepção que dá que pensar. Para ele, "a realidade da vida concreta de um ser humano é preservada na dimensão da intemporalidade sob a forma de uma verdade que é possível formalizar e formular na sua fórmula do Eu". Dada a sua complexidade, esta fórmula só pode ser lida pela Transcendência. Para os cristãos, na morte, "Deus lê a fórmula do Eu e eleva-a à dimensão da eternidade. O cristão tem a esperança de que o amor de Deus elimine os défices adquiridos durante a vida"[176]. Seja como for, continua, ineliminável, a pergunta de José Gómez Caffarena: "em qualquer concepção, não terá de ser inimaginável e misteriosa a resposta com que o crente, na peculiar certeza da sua fé, se atreve a ir para lá do Cosmos?"[177]. Mas não permanece um mistério que haja algo em vez de nada, e não o é igualmente que tenha emergido

---

[176] Hanns Cornelissen, *o. c.*, pp. 183-185.
[177] José Gómez Caffarena, "Antropología integradora" (recensão crítica de. Pedro Laín Entralgo, *Qué es el hombre. Evolución y sentido de la vida*), in: *Vida Nueva*, n.º 2206, 25-X-1999, p. 42.

um espírito humano? O que é que neste mundo não transporta consigo o mistério? Como escreve Jean Tellez, "o mistério assombroso que é o fenómeno humano aparece sobre o fundo do mistério assombroso que é a vida, que aparece sobre o fundo do mistério assombroso que é o cosmos; e todos estes assombos remetem uns para os outros para reforçar-se"[178].

O corpo humano é corpo que espera e que espera ilimitadamente, de tal maneira que há sempre um desnível humanamente insuperável entre o que verdadeiramente se espera e o realmente alcançado. Assim, a realização última da esperança não pode dar-se intra-historicamente, mas apenas meta-historicamente e enquanto participação no Sumo Bem transcendente. Escreve Laín: "o bem que um homem espera é sempre o 'sumo bem'; de outro modo, esse homem não continuaria a esperar depois de ter alcançado o bem particular de uma das suas 'esperanças determinadas'. Mas o 'sumo bem' é por definição infinito, e quem espera é uma pessoa individual e finita. Como poderá então possuir esse bem infinito e total a que a sua esperança aspira? Só isto lhe cabe pensar: que o 'sumo bem' da sua pessoa individual é a participação plenária num 'Sumo Bem' transcendente à realidade humana, a posse plena de 'tudo o que ele pode ser' no seio de um Bem que é 'Sumo' porque envolve e fundamenta 'todo o ser possível'. O homem espera por natu-

---

[178] Edgar Morin, *o. c.*, p. 272.

reza algo que transcende a sua natureza: o natural no homem é abrir-se ao trans-natural"[179]. O homem, finito no agir, é, por causa da *potentia oboedientialis*, tão sublinhada por Karl Rahner, ilimitadamente aberto no receber. Assim, o corpo humano, na e pela sua própria dinâmica, é invocação da Transcendência, mas de tal modo que, se ela vem ao seu encontro, já não é "como pressuposto, nem como *deus ex machina* no final, nem em concorrência com as aspirações do corpo, mas respondendo gratuitamente como dom às suas perguntas"[180].

Entretanto, o processo do mundo continua em aberto. À pergunta: 'O que é que sou?', Laín responde: "Sou um corpo vivo que no nível de um determinado tempo histórico, este em que vive, trata de entender-se a si mesmo. (...) Fá-lo-ei, expondo clara e lealmente como vejo eu a minha chegada ao que sou, e como nesta visão razoavelmente se articulam, embora não sem problemas, as minhas ideias e as minhas crenças. Cinco momentos devem ser distinguidos nesse esforço: o que sou como resultado de um acto criador (eu e a cosmogénese); o que sou como resultado de uma evolução biológica (eu e a filogénese); o que sou como resultado de um desenvolvimento embriológico (eu e a ontogénese); o que sou como resultado de um devir

---

[179] Pedro Laín Entralgo, *La espera y la esperanza*, pp. 582-583.

[180] Juan Masiá Clavel, *El animal vulnerable. Invitación a la filosofía de lo humano*, Madrid, 1997, pp. 273-278 (cit., p. 278). Para esta dinâmica do corpo, cf. Yves Ledure, *La détermination de soi. Anthropoplogie et religion*, Paris, 1997.

histórico (eu e a história); o que sou como resultado de um processo biográfico (eu e a minha personalidade)"[181]. Mas eu ainda não sou o que serei, pois a minha história e a história do mundo ainda não estão encerradas. Por isso, e dado que "por essência o homem é um ente gerundial"[182], escreve: "Eu vou sendo o que era e o que sou, e desde o que era e o que sou movo-me para o que serei"[183]. Se é permitido esperar, com tudo o que a esperança implica de risco e de empenhamento na transformação do mundo, é precisamente porque "o processo do mundo ainda não transitou em julgado"[184]. Ainda não conhecemos "nem as possibilidades da matéria nem as do Criador"[185]. De qualquer modo, em última instância, a história do mundo, portanto, a criação, lê-se essencialmente a partir do fim. Por isso, só no final da história o debate acerca de Deus e, por conseguinte, acerca do sentido ou do sem sentido último da realidade, terá termo. A verificação última é escatológica. Entretanto, como escrevia há anos Paul Ricœur, é legítimo esperar que "todos os grandes filósofos estão na mesma verdade e que têm a mesma compreensão pré-ontológica da sua relação

---

[181] Pedro Laín Entralgo, *Cuerpo y alma*, pp. 254-255. Nas páginas seguintes, pp. 255-273, explica estes cinco momentos.
[182] Id., *El cuerpo humano*, p. 122.
[183] Id., *Alma, cuerpo, persona*, p. 245.
[184] Devo esta expressão a Miguel Baptista Pereira.
[185] Joseph Ratzinger, "Damit Gott alles in allem sei und alles Leid ein Ende habe", in: Norbert Kutschki/Jürgen Hoeren, *Kleines Credo für Verunsicherte*, Friburgo/Br., Basileia, Viena, 1993, p. 139.

com o ser. E a função dessa esperança (a esperança de que assim se chegue a ver) é manter um diálogo sempre aberto e introduzir uma intenção fraternal nos mais ásperos debates. A história continuará a ser polémica, mas fica como que iluminada por este *éskhaton* – este novíssimo – que a unifica e eterniza"[186].

---

[186] Cit. in: Pedro Laín Entralgo, *Idea del hombre*, p. 187 e Id., *Alma, cuerpo, persona*, p. 316.

II
SOBRE A QUESTÃO DO OUTRO: CONFLITO E ETICIDADE

Introdução

Segundo Emmanuel Levinas, há duas figuras paradigmáticas na relação com o outro: Ulisses e Abraão.

Ulisses, depois da guerra de Tróia, vive a aventura de encontros múltiplos, experiências várias. Travou combates, perdeu-se, enfrentou obstáculos, conheceu o diferente. Volta, coberto de glória, de conquistas e vitórias. Mas, chegado a casa, embora disfarçado, "diferente" do Ulisses que partira, é ainda o "mesmo", que o seu cão, pelo faro, e Penélope, pelo amor, reconhecem. Ulisses representa o *herói do regresso*, que contactou com o diferente apenas para, num mundo domesticado e assimilado, reduzi-lo ao mesmo.

Abraão ouviu uma voz que o chamava, e partiu da sua terra, nunca mais voltando. A sua peregrinação vai na direcção do novo, do não familiar, do diferente, do Outro. Ninguém o espera num regresso ao ponto de partida, há só a Palavra de promessa que o chama para um futuro sempre adiante. Abraão ouve, obedece, caminha, transcende. A sua identidade transfigura-se a cada passo, é histórica. Rompendo com o passado, o seu êxodo vai no sentido do futuro da Transcendência[1].

O presente estudo tenta aprofundar estes dois modelos. A primeira parte é inteiramente consagrada à análise da dialéctica coisificadora do olhar em *L'être et le néant*, de Sartre. A segunda, em diálogo crítico com Sartre, opõe ao pensamento da totalidade, que gera o totalitarismo e o niilismo, o pensamento da alteridade, que rompe o círculo da solidão narcísica e autofágica.

I. A DIALÉCTICA DA COISIFICAÇÃO

1. O olhar de Medusa

"O para-si na sua solidão é transcendente ao mundo, é o nada (rien) pelo qual *há* coisas. Ao aparecer, o outro confere ao para-si um ser-em-si-no-meio-do-mundo como coisa entre as coisas. Esta petrificação do em-si pelo olhar do outro é o sentido profundo do mito de Medusa"[2].

---

[1] Emmanuel Levinas, *En decouvrant l'existence avec Husserl et Heidegger*, Paris, 1974, pp. 167-171. 191. Cf. também Luiz Carlos Susin, "O esquecimento do 'outro' na história do Ocidente" in: *Igreja e Missão* 146 (1989) 260 ss.

[2] Jean-Paul Sartre, *L'être et le néant. Essai d'ontologie phénoménologique (1943)*, Paris, 1988, p. 481. Por uma questão de comodidade, a obra será citada com a sigla EN, seguindo-se as páginas.

Como é sabido, Medusa, com a sua cabeleira de serpentes e dentes enormes, petrificava quem a olhava. Por isso, Teseu, quando a decapitou, teve o cuidado de não olhá-la senão na imagem que formava no centro do seu escudo[3]. Para Sartre, é pelo olhar e a sua dialéctica coisificadora[4] que o outro se torna presente a mim. O homem é, antes de mais, *ser para-si*, mas o seu ser é também *ser para-outrem:* ser-para-si-para-outrem, tendo necessidade do outro para se captar em todas as estruturas do seu ser. Ao ser olhado, tenho vergonha, vergonha *de mim*, pois a vergonha tem estrutura intencional. Por isso, a vergonha remete para o meu ser; mas, ao mesmo tempo, "tenho vergonha de mim *tal como apareço* a outrem": o outro apresenta-se como mediador entre mim e mim mesmo. "Assim, a vergonha é vergonha *de si perante outrem:* estas duas estruturas são inseparáveis. Mas, ao mesmo tempo, tenho necessidade do outro para apreender plenamente todas as estruturas do meu ser, o para-si remete ao para-outrem"[5].

O outro não é apenas *outro eu*, mas *outro que não eu*, isto é, outro diferente de mim, transcendente, com um ego que não é o meu, havendo, portanto, dois problemas fundamentais: o da existência do outro e o da minha relação de *ser* com o ser do outro.

---

[3] Cf. José Luis Arriaga, *Diccionario de Mitología*, Bilbao, 1980, pp. 219-220.

[4] Para a dialéctica da coisificação em Sartre, cf. J. A. Arias Muñoz, *Jean-Paul Sartre y la dialéctica de la cosificación*, Madrid, 1987.

[5] EN, pp. 266-267.

Segundo Sartre, não só o realismo e o idealismo, mas também as tentativas de Husserl, Hegel e Heidegger não foram capazes de elucidar a questão do outro. A razão fundamental do seu insucesso reside no facto de, na relação entre mim e o outro, terem ficado numa mera negação de exterioridade e numa relação de conhecimento, quando a relação constituinte entre mim e o outro é uma relação de negação interna e uma relação de *ser*. Pela negação de exterioridade, embora se afirme, por exemplo, que Paulo é *outro eu*, o sentido ontológico da negação contida no juízo: "Eu não sou Paulo" é do mesmo tipo que o da negação contida no juízo: "A mesa não é a cadeira"[6]. E pelo conhecimento também se não supera o solipsismo, pois, na perspectiva do conhecimento, o outro é construção minha, perdendo a sua transcendência. Sartre dedica toda a terceira parte de *L'être et le néant*[7] à questão do outro, iniciando-a precisamente com uma crítica ao realismo e ao idealismo[8] bem como, apesar de considerar que seguiram melhor caminho, às posições de Husserl, Hegel e Heidegger[9], para concluir que há quatro condições necessárias e suficientes para uma teoria válida do outro:

1. Essa teoria não deve alegar uma *prova* nova da existência do outro. De facto, ninguém é verdadeiramente

---

[6] EN, p. 275.
[7] EN, pp. 263-482.
[8] EN, pp. 267-298.
[9] EN, pp. 277-298.

solipsista, o solipsismo tem de ser rejeitado, porque é impossível, transgride o bom senso. Em última análise, como Descartes não *demonstrou*, mas apenas *afirmou* a sua existência mediante o *cogito*, também "não conjecturo a existência do outro: afirmo-a. (...) Se a existência do outro não é uma mera conjectura, um puro romance, é porque há um *cogito* que lhe diz respeito"[10], consistindo a minha tarefa apenas na explicitação do fundamento da minha certeza da existência do outro.

2. Por conseguinte, o único ponto de partida possível é o *cogito* cartesiano, confundindo-se o *cogito* da existência do outro com o meu próprio *cogito*: "no mais profundo de mim mesmo, devo encontrar *não razões para crer* no outro, mas o outro mesmo como não sendo eu"[11]. O *cogito* que me revelou a minha existência deve descobrir-me também a presença concreta e indubitável de *tal* ou *tal* outro concreto.

3. O que o *cogito* deve revelar não é um outro-objecto, pois *objecto* quer dizer *provável*. Ora, o outro é certo e, portanto, se é *para nós*, é enquanto "interessa" o nosso ser, concreta e "onticamente" nas circunstâncias empíricas da nossa facticidade[12].

4. Finalmente, "o outro deve aparecer ao *cogito* como *não sendo eu*, não podendo, porém, esta negação ser pura negação externa, mas interna: "esta relação negativa será,

---

[10] EN, p. 297.
[11] EN, p. 297.
[12] EN, pp. 297-298.

portanto, recíproca e de dupla interioridade"[13], "um 'não ser eu' que seja conexão sintética e activa de dois termos – 'eu' e 'o outro' – que se constituem negando-se mútua e respectivamente: o outro deve constituir-se não sendo eu, eu devo constituir-me não sendo o outro"[14]. Isto significa, como mostrou Hegel, que a multiplicidade dos "outros" não pode ser *colecção*, mas *totalidade*, pois cada outro encontra o seu ser no outro, mas também que esta totalidade é tal que, por princípio, é impossível colocar-se "no ponto de vista do todo". Trata-se de uma totalidade destotalizada, pois, "sendo a existência-para-outrem recusa radical do outro, nenhuma síntese totalitária e unificadora dos 'outros' é possível"[15].

Sartre quer, portanto, apresentar uma teoria do outro que realize estas quatro condições.

Não há dúvida de que uma das modalidades do meu encontro com o outro é o da sua presença a mim como *objecto*. Se, por exemplo, estou só num jardim público e, pelo relvado, passa o vulto de um homem, "capto-o ao mesmo tempo como um objecto e como um homem"[16]. O que é que acontece para poder dizer que esse objecto é um homem? Sartre responde: "o aparecimento entre os objectos do *meu* universo de um elemento de desintegra-

---

[13] EN, p. 298.
[14] Pedro Laín Entralgo, *Teoría y realidad del otro*, Madrid, 1988³, pp. 290-291.
[15] EN, p. 298.
[16] EN, p. 300.

ção desse universo é o que eu chamo o aparecimento de *um* homem no meu universo", pois "o outro é primeiramente a fuga permanente das coisas para um termo que eu capto ao mesmo tempo como objecto a uma certa distância de mim e que me escapa enquanto desdobra à sua volta as suas próprias distâncias"[17]. Mediante o aparecimento do outro enquanto objecto privilegiado, "é todo um espaço que se agrupa à volta do outro e esse espaço é feito *com o meu espaço*", "é a um reagrupamento de todos os objectos que povoam o meu universo que eu assisto e que me escapa"[18]. De repente, tudo "é percorrido por uma fuga invisível e condensada para um objecto novo", dá-se "uma descentralização do mundo que mina por baixo a centralização que eu opero ao mesmo tempo", apareceu um objecto novo que "me roubou o mundo"[19]. Os objectos do *meu* mundo fogem *de mim*, ordenando-se em referência ao outro.

Mas também é claro que, se a relação do outro a mim, como no caso da mulher que se me dirige, do homem que passa na rua, do mendigo que ouço cantar da minha janela, é de pura *objectividade*, a existência do outro enquanto outro é simplesmente conjectural, *provável*. Se, como Descartes, o considero como objecto, é só provável que o homem que passa por mim na rua seja um homem e não apenas um robot aperfeiçoadíssimo[20]. O *outro* é

---

[17] EN, p. 301.
[18] EN, p. 301.
[19] EN, p. 301.
[20] EN, pp. 298-299.

ainda objecto *para mim*, pois pertence às *minhas* distâncias: "o homem está lá, a vinte passos de mim, volta-*me* as costas", "a desintegração do meu universo está contida nos limites deste universo, não se trata de uma fuga do mundo para o nada ou para fora dele mesmo, parece sobretudo que se abriu um buraco no próprio centro do seu ser e que se derrama perpetuamente por esse buraco", e "o universo, o derramamento e o buraco de escoamento, tudo é de novo recuperado, apreendido e fixado como objecto"[21].

O outro enquanto outro ou um homem é, pois, um objecto especial. De facto, se "outrem-objecto se define em ligação com o mundo como o objecto que *vê* o que eu vejo, a minha ligação fundamental com outrem-sujeito deve poder reduzir-se à minha possibilidade permanente de *ser visto* por outrem"[22]. Como para mim, que sou sujeito de que não posso duvidar, o outro é objecto provável, também só para o outro enquanto sujeito certo posso descobrir-me como objecto provável, sendo, portanto, na e pela revelação do meu ser-objecto para o outro que eu capto a certeza do seu ser-sujeito, de tal modo que, como diria Hegel, "o ser-visto-por-outrem" é a *verdade* do ser-outrem[23]: "ser visto por outro" é a própria noção do outro enquanto sujeito indubitável. Na minha objectivação por outrem, estou certo da existência do outro como

---

[21] EN, pp. 301-302.
[22] EN, p. 302.
[23] EN, p. 303.

sujeito objectivador, pois "não posso ser objecto para um objecto", nem posso ser objecto para mim próprio[24]. Por conseguinte, há "um facto irredutível": "o homem define-se em relação ao mundo e em relação a mim mesmo: ele é esse objecto do mundo que determina um escoamento interno do universo, uma hemorragia interna", e "é o sujeito que se descobre a mim nessa fuga de mim mesmo para a objectivação"[25]. Faço a cada instante a experiência de uma relação concreta e quotidiana, que revela a relação original de mim mesmo a outrem: "a cada instante, o outro *vê-me*"[26]. Ora, se o outro é aquele que, por princípio, me *olha*, qual é o sentido desse olhar? Antes de mais, se, como escreveu Antonio Machado, "*El ojo que ves/ no es ojo porque tú lo veas/ es ojo porque te ve*"[27], então o olhar não é o olho enquanto órgão sensível, pois este é apenas o suporte daquele. A essência do olhar dirigido a mim consiste em que *eu sou visto:* captar um olhar não é apreender um olhar-objecto no mundo (...), mas tomar consciência de *ser visto*[28]. De tal modo o olhar se não confunde com o órgão anatómico que o soldado, ao avançar no meio da floresta, toma precauções perante um agitar de ramos, embora seja só provável que esteja lá alguém e não se trate apenas do vento a movimentá-los. Por conseguinte,

---

[24] EN, p. 303.
[25] EN, p. 303.
[26] EN, p. 303.
[27] Cit. in: Pedro Laín Entralgo, *o. c.*, p. 293.
[28] EN, pp. 304-305.

o olhar que os *olhos* manifestam e representam "é puro reenvio a mim mesmo. O que eu apreendo imediatamente, quando ouço estalar ramos atrás de mim, não é que *há alguém*, mas que sou vulnerável, que tenho um corpo que pode ser ferido, que ocupo um lugar e que de modo nenhum posso fugir do espaço em que me encontro sem defesa, numa palavra, que *sou visto*. Assim, o olhar é primeiramente um intermediário que reenvia de mim a mim mesmo"[29]: "eu" sou remetido para mim próprio ("sou visto"). Ora, o que é que significa para mim ser visto?

Em ordem a esclarecer esta questão, Sartre dá um exemplo. Imaginemos um curioso que julga estar só e que, por vício, ciúme ou simples curiosidade, espreita pelo buraco da fechadura para dentro de um quarto de hotel. Ele não tem consciência reflexa do que faz, pois está completamente entregue ao acto de olhar. Não há nenhum "eu" que habite a sua consciência, pois "eu sou o que não sou e não sou o que sou"[30]: ele está totalmente absorvido pelos seus actos, é "bebido pelas coisas como a tinta pelo mata-borrão"[31], não tendo, por conseguinte, conhecimento dos seus actos: o curioso *é* os seus actos. Estamos no domínio da consciência irreflectida. Mas, de repente, ele ouve passos no corredor: vêem-no. Que significa isto? Subitamente, o seu ser foi atingido por modificações

---

[29] EN, p. 305.
[30] EN, p. 306.
[31] EN, p. 305.

essenciais, que é possível captar mediante o *cogito* reflexivo. O seu eu (*moi*) tornou-se presente à consciência irreflectida, mas deste modo: "a pessoa é presente à consciência *enquanto é objecto para outrem*", o que quer dizer que "de repente tenho consciência de mim enquanto o meu eu me escapa, não enquanto eu sou o fundamento do meu próprio nada (*néant*), mas enquanto tenho o meu fundamento fora de mim. Eu não sou para mim senão enquanto pura remissão para outrem"[32]. Se, na consciência e reflexão solitárias, eu sou o fundamento do meu próprio nada, e se, face ao outro-objecto, a hemorragia interna do meu mundo é recuperada, agora, pela vergonha, o meu ego "é separado de mim por um nada que eu não posso colmatar, pois capto-o *enquanto ele não é para mim e enquanto existe por princípio para o outro*"[33]. Ora, se por princípio me foge, não posso sequer ter a esperança de vir a recuperá-lo um dia. A hemorragia ou "ontorragia"[34] não é interna, mas externa: "a fuga é sem termo, perde-se no exterior, o mundo derrama-se para fora do mundo e eu derramo-me para fora de mim"[35].

Perante o olhar do outro, dão-se fundamentalmente três tipos de reacção: o medo, a vergonha e o orgulho. Sinto medo, porque, face à liberdade do outro, a minha liberdade está em perigo: é como se me espiassem e abris-

---

[32] EN, pp. 306-307.
[33] EN, p. 307.
[34] Pedro Laín Entralgo, *o. c.*, p. 294.
[35] EN, p. 307.

sem por detrás, arrancando-me a minha intimidade. Em *Os caminhos da liberdade*, perante o olhar, é medo que Daniel sente. O olhar fixo e atento de um homem faz com que a mulher "se viva" desnudada: a vergonha é vergonha *de si*, "é reconhecimento de que *sou* precisamente esse objecto que o outro olha e julga"[36]. Pela vergonha, sinto que alguém me vê, não como *para-si*, mas como *em-si*, coisa. O orgulho opera a mesma revelação. O ser que *sou*, sem poder conhecê-lo, descubro-o por estas três reacções: "é a vergonha ou o orgulho (e o medo) que me revelam o olhar do outro e a mim mesmo no termo desse olhar, que me fazem *viver*, não *conhecer*, a situação de *olhado*"[37]. Para lá de todo o conhecimento e mesmo que pela má fé procure mascará-lo, eu sou este eu (*moi*) que outro conhece[38]. E porque eu não posso conhecer o outro e sobretudo porque o outro é livre, "este ser que eu sou conserva uma certa indeterminação, uma certa imprevisibilidade", melhor, "a liberdade do outro é-me revelada através da inquietante indeterminação do ser que eu sou para ele", tudo se passando como se houvesse em mim "uma dimensão de ser de que eu estivesse separado por um nada radical, sendo esse nada a liberdade do outro"[39]. Eu *sou* este ser que a vergonha me revela, não segundo o modo do *era-o* ou do *hei-de sê-lo*, mas em-si, isto é, sou aprisionado

---

[36] EN, p. 307.
[37] EN, p. 307.
[38] EN, pp. 307-308.
[39] EN, p. 308.

num presente sem futuro, pois a minha transcendência "torna-se transcendência constatada, transcendência-dada", isto é, "tenho um fora, tenho uma *natureza*"[40]. A solidificação e alienação das minhas possibilidades são a certeza do olhar do outro. "O outro como olhar não é senão isto: a minha transcendência transcendida"[41], ou, se se quiser, "o outro é a morte oculta das minhas possibilidades enquanto eu vivo essa morte como oculta no meio do mundo"[42].

Daqui resultam várias consequências. Pela objectivação, a minha possibilidade torna-se probabilidade: a minha liberdade torna-se objecto calculável. Por outro lado, a "situação" escapa-se-me: "*já não sou senhor da situação*"[43]; pelo facto de ser olhar-olhado, sou despojado da minha transcendência: "o aparecimento do outro faz aparecer na situação um aspecto que eu não quis, de que não sou senhor e que, por princípio, me escapa, pois é *para o outro*"[44]. O olhar do outro espacializa-me: "captar-me como visto é captar-se como espacializante-espacializado", isto é, o meu espaço fica submetido à ordenação espacial do outro[45]. O olhar do outro "é também temporalizante": remetido para a vivência da simultaneidade,

---

[40] EN, p. 308-309.
[41] EN, p. 309.
[42] EN, p. 311.
[43] EN, p. 311.
[44] EN, p. 312.
[45] EN, p. 313.

que era impossível na solidão, sou privado do *meu* futuro, e, por isso, "ser olhado é captar-se como objecto desconhecido de apreciações que não posso conhecer, concretamente apreciações de valor"[46]. Por conseguinte, sendo visto, sou escravo, "um ser sem defesa para uma liberdade que não é a minha liberdade"[47]. Enquanto instrumento de possibilidades que não são as minhas possibilidades e meio para fins que ignoro, "estou *em perigo*" e "este perigo não é um acidente, mas a estrutura permanente do meu ser-para-outrem"[48]. Assim, "a minha queda original é a existência do outro"[49].

Foi, portanto, no plano do *cogito* que nos situámos e numa relação de *ser* e não de *conhecer:* "como a minha consciência apreendida pelo *cogito* dá indubitavelmente testemunho dela própria e da sua existência, certas consciências particulares, por exemplo a 'consciência-vergonha', dão testemunho ao *cogito* não só delas próprias mas também da existência do outro, de modo indubitável"[50]. Na consciência (de) vergonha do eu-objecto-para-outrem, pois eu não posso ser objecto para mim, dá-se a certeza indubitável da existência do outro como sujeito puro e liberdade total inapreensível, que não pode ser objecto de nenhum tipo de *epochê*, porque não pertence ao mundo[51]:

---

[46] EN, p. 313.
[47] EN, p. 314.
[48] EN, p. 314.
[49] EN, p. 309.
[50] EN, p. 319.
[51] EN, p. 319.

"no olhar, a morte das minhas possibilidades faz-me experienciar a liberdade do outro; ela não se realiza senão no seio dessa liberdade e eu (*je*) sou eu (*moi*), para mim mesmo inacessível e, no entanto, eu mesmo, lançado, abandonado no seio da liberdade do outro"[52]. O facto de o outro se dar a mim "como uma presença concreta e evidente" explica as "resistências inabaláveis que o bom senso sempre opôs à argumentação solipsista"[53]: "o facto do outro é incontestável e atinge-me em pleno coração. Realizo-o pelo *mal-estar;* por ele, estou perpetuamente *em perigo* num mundo que é *este* mundo e que, no entanto, só posso pressentir; e o outro não me aparece primeiro como um ser constituído para em seguida me encontrar, mas como um ser que surge numa relação original de ser comigo e cuja indubitabilidade e *necessidade de facto* são as da minha própria consciência"[54].

Levanta-se, porém, uma dificuldade. Sendo pela vergonha de ser visto que eu tenho a certeza indubitável da existência do outro, no caso de eu me ter enganado – o curioso que espreitava pelo buraco da fechadura constatou que afinal não havia ninguém no corredor, pois foi apenas uma cadeira que caiu; o soldado tomou precauções, mas tratava-se apenas do vento que agitava as árvores... –, é apenas *provável* que o outro me olhe. Assim, não se torna a minha vergonha *falsa* e a certeza do outro ape-

---

[52] EN, p. 317.
[53] EN, pp. 317-318.
[54] EN, p. 322.

nas *hipotética*?⁵⁵. Sartre responde à sua própria objecção, dizendo que se está a confundir "duas ordens distintas de conhecimento e dois tipos de ser incomparáveis"⁵⁶. De facto, o outro-objecto é só provável, como é próprio do estatuto de objecto. "O que é certo é que eu *sou visto*, o que é só provável é que o olhar esteja ligado a tal ou tal presença intramundana": o que me vê não são olhos, mas o outro como sujeito. Aquilo de que não posso duvidar é do meu ser objectivado para o outro. A prova disso está em que o curioso, depois do falso alerta, pode renunciar à sua empresa e, se continuar a espreitar, sentirá o coração a bater, ficando atento ao mínimo ruído. Por conseguinte, o que é duvidoso não é o outro-sujeito, mas apenas a sua *facticidade*, isto é, "a ligação contingente de outrem a um ser-objecto no *meu* mundo"⁵⁷. A realidade do meu ser-para-outrem é indubitável; sentindo-me olhado, não posso duvidar de que há o outro, todos os outros, "pois cada olhar nos faz experienciar concretamente – e na certeza indubitável do *cogito* – que existimos para todos os homens vivos"⁵⁸. O outro objectivador está sempre presente, isto é, eu sou sempre *para outrem*, "objecto para *todos* os outros homens vivos, lançado numa arena sob milhões de olhares e escapando-me a mim mesmo milhões de

---

⁵⁵ EN, p. 322.
⁵⁶ EN, p. 323
⁵⁷ EN, p. 324.
⁵⁸ EN, p. 328.

vezes"[59], embora me possa "enganar quanto à presença empírica de um outro-objecto que acabo de encontrar no meu caminho"[60]. É certo que, uma vez que o ser-para--outrem não é uma estrutura ontológica do para-si, "não seria impossível conceber um para-si totalmente livre de todo o para-outrem"[61]. Desse modo, porém, não haveria "homem". "O que o *cogito* nos revela aqui é simplesmente uma necessidade de facto"[62], sendo a minha relação com o outro uma relação negativa interna de reciprocidade[63]. O *cogito* não me revela apenas o facto da minha existência, mas também o facto da existência do outro e da minha existência para o outro.

2. A luta das consciências

Se o outro é aquele que me objectiva, o que é que eu posso fazer senão, por minha vez, objectivá-lo também, para, desse modo, recuperar a minha subjectividade, "pois não posso ser *objecto para um objecto*"[64]? A vergonha não é o sentimento de ser repreensível neste ou naquele ponto, mas de ser simplesmente *um* objecto: "a vergonha

---

[59] EN, p. 328.
[60] EN, p. 327.
[61] EN, p. 329.
[62] EN, p. 329.
[63] EN, p. 331.
[64] EN, p. 336.

é sentimento de *queda original*, não pelo facto de ter cometido tal ou tal falta, mas simplesmente pelo facto de ter 'caído' no mundo, no meio das coisas, e de ter necessidade da mediação do outro para ser o que sou"[65]. Daí, o pudor e o vestir-se, que é dissimulação da objectividade, "reclamar o direito de ver sem ser visto, isto é, ser sujeito puro"[66]. É este o sentido do símbolo bíblico do pecado original – Adão e Eva "conheceram que estavam nus" – bem como da vergonha perante Deus, ou seja, perante o Sujeito absoluto que não pode ser visto, apesar de todas as tentativas para lhe conferir o carácter de objecto (missas negras, profanações de hóstias, associações demoníacas, etc.)[67].

"A reacção à vergonha consistirá precisamente em apreender como objecto aquele que captava a *minha* própria objectividade"[68]. A vergonha tem o condão de motivar "a reacção que a supera e a suprime enquanto encerra nela uma compreensão implícita e não tematizada do poder-ser-objecto do sujeito para quem eu sou objecto", isto é, se sou *eu* (je) que tenho vergonha de *mim*, embora perante *outrem*, a vergonha implica "a minha ipseidade reforçada"[69]. A consciência dos meus limites provoca o projecto de recuperar-me como subjectividade

---

[65] EN, p. 336.
[66] EN, p. 336.
[67] EN, pp. 336-337.
[68] EN, p. 336.
[69] EN, pp. 336-337.

pura e ilimitada, mediante a objectivação do outro: então, as possibilidades do outro "são possibilidades que eu recuso e que eu posso simplesmente contemplar, portanto, possibilidades-mortas"[70]. "Eu reconquisto o meu ser-para-si pela minha consciência (de) mim como centro perpétuo de possibilidades infinitas"[71], e o outro torna-se transcendência transcendida. Por outro lado, como pode constatar-se por ocasião de uma conferência que faço em público, pela minha passagem de objectivado a objectivante, isto é, de objecto a sujeito, "a realidade pré-numérica de outrem, ao ser objectivada, decompôs-se e pluralizou-se"[72], tornou-se multiplicidade pluralizada ou singularidade numérica: o outro vai ser "numericamente 'este outro'"[73].

Porém, esta dialéctica de olhar e ser olhado, que faz lembrar a dialéctica do senhor e do escravo da *Fenomenologia do Espírito*, de Hegel, não alcança reconciliação. Se, em Hegel, se chega ao reconhecimento mútuo do senhor e do escravo na consciência de si geral, em Sartre a luta das consciências não pode deixar de ser constante, sem tréguas, sem possibilidade de mútuo reconhecimento, pois "só os mortos são perpetuamente objectos sem se tornar alguma vez sujeitos"[74]. É por isso que "outrem-

---

[70] EN, p. 335.
[71] EN, p. 335.
[72] EN, p. 329.
[73] Pedro Laín Entralgo, *o. c.*, p. 297.
[74] EN, p. 344.

-objecto é um instrumento explosivo que eu manejo com apreensão (...). A minha preocupação constante é, pois, manter o outro na sua objectividade e as minhas relações com outrem-objecto são feitas essencialmente de estratagemas destinados a fazê-lo permanecer objecto. Mas basta um olhar do outro para que todos esses artifícios se desmoronem e eu experiencie de novo a transfiguração do outro. Assim, sou remetido da transfiguração para a degradação e da degradação para a transfiguração, sem nunca poder formar uma visão de conjunto destes dois modos de ser do outro, pois cada um deles basta-se a si próprio e não remete senão para ele, nem poder fixar-me de modo firme num deles, pois cada um tem uma instabilidade própria e desmorona-se para que o outro surja das suas ruínas"[75]. Não é possível nenhum ponto de vista absoluto sobre a totalidade, que é "a paixão do *espírito*"[76]. Nenhuma consciência, nem mesmo a de Deus pode captar a totalidade, pois, se Deus é consciência, está referido à totalidade objectiva, estando, por isso, separado de si, e, se está fora da totalidade, não pode conhecê-la. Por isso, à pergunta: "Porque é que há consciências?" (no plural) só podemos responder: "é assim", trata-se de uma contingência fundamental[77].

Resumindo, "o outro pode existir para nós sob duas formas: se o experiencio com evidência, deixo de

---

[75] EN, p. 344.
[76] EN, p. 348.
[77] EN, pp. 348-349.

conhecê-lo; se o conheço, se ajo sobre ele, não atinjo senão o seu ser-objecto e a sua existência provável no meio do mundo; nenhuma síntese destas duas formas é possível"[78], pois, como veremos, não se pode ser sujeito e objecto ao mesmo tempo.

3. A impossibilidade do encontro

Se o para-si é fuga permanente para o em-si, em ordem a esse "futuro impossível e sempre perseguido em que o para-si seria em-si-para-si, isto é, um em-si que fosse para si mesmo o seu próprio fundamento"[79], quais são as atitudes do para-si num mundo em que há o outro, já que a relação do para-si com o em-si é *em presença do outro*?[80]. O para-si é ao mesmo tempo fuga do em-si e sua perseguição, portanto, perseguidor-perseguido, pois, se, por um lado, é relação ao em-si, por outro, não é o que é e é o que não é. Ora, mediante o aparecimento do outro, esta fuga perseguidora é fixada no em-si: "para o outro eu sou irremediavelmente o que sou e a minha própria liberdade é um carácter dado ao meu ser", a minha fuga é *fixada*, mas *fora*, isto é, como objectividade, como "uma alienação que eu não posso transcender nem conhecer"[81].

---

[78] EN, p. 349.
[79] EN, p. 411.
[80] EN, p. 410.
[81] EN, pp. 411-412.

Mas, precisamente porque eu experimento esta objectividade que eu sou para o outro, tenho de tomar *atitudes* em relação a ela. "Dado que a existência do outro me revela o ser que sou, sem que eu possa apropriar-me desse ser nem sequer conhecê-lo", pois é o outro que, olhando-me, detém o segredo do meu ser, posso, por minha vez, objectivar o outro, destruindo assim a minha objectividade para o outro, negando, portanto, o ser que o outro me confere de fora[82]. Por outro lado, uma vez que a liberdade do outro é o fundamento do meu ser-em-si, posso tentar, mantendo o meu estatuto de objecto, apoderar-me da liberdade do outro sem lhe tirar o seu carácter de liberdade. Por conseguinte, face ao outro tomo duas atitudes, sendo eu, na própria raiz do meu ser, o projecto delas: "transcender a transcendência do outro ou, pelo contrário, absorver em mim essa transcendência sem lhe tirar o carácter de transcendência"[83]. Estas duas atitudes que eu sou – objectivação do outro (indiferença, desejo, ódio, sadismo) ou assimilação do outro (amor, linguagem, masoquismo) – são opostas, "cada uma delas está na outra e gera a morte da outra", nenhuma se pode manter sem contradição e, uma vez que se geram e destroem em círculo, sem poder sair dele, é indiferente começar por uma ou pela outra[84].

---

[82] EN, p. 412.
[83] EN, p. 412.
[84] EN, pp. 412-413.

a) Amor, linguagem, masoquismo

Sartre começa pela atitude do amor, prevenindo que aqui se não trata de relações unilaterais com um objecto-em-si, mas de relações recíprocas e de *conflito*, pois "o conflito é o sentido original do ser-para-outrem"[85], isto é, enquanto eu procuro subjugar o outro, ele faz o mesmo em relação a mim.

Partindo do olhar como revelação primeira do outro, "experimentamos o nosso inapreensível ser-para-outrem sob a forma de *posse*": possuindo-me, o outro detém o segredo do que eu sou, e, na minha consciência, "o outro é para mim ao mesmo tempo o que me roubou o meu ser e o que faz 'que haja' um ser que é o meu ser"[86]. Mas eu continuo a ser o *quem* que sou e, assim, na medida em que me desvelo a mim mesmo como responsável pelo meu ser, *reivindico* este ser que sou, quero recuperá-lo, melhor, "*sou* projecto de recuperação do meu ser"[87]. O *quem* precisa de recuperar o *quê* que o outro lhe roubou. Ora, este projecto só é concebível, assimilando eu a liberdade do outro, sem que essa liberdade seja ferida no seu carácter de liberdade. "Assim, o meu projecto de recuperação de mim é fundamentalmente projecto de absorção do outro", mas deixando "intacta a natureza do outro"[88]. Como é que

---

[85] EN, p. 413.
[86] EN, p. 413.
[87] EN, pp. 413-414.
[88] EN, p. 414.

isto é possível? Ao mesmo tempo que afirmo o outro, portanto, que nego que eu sou o outro, pretendo fazer desaparecer a alteridade do outro. Por outras palavras, trata-se da tentativa de, "*enquanto* objecto, ser ao mesmo tempo o sujeito daquele que me objectiva", o que "significa pura e simplesmente que no amor eu desejo tornar-me o outro"[89], para ser o meu fundamento. Ser para si mesmo o outro – concretamente *este outro* – "é o valor primeiro das relações com outrem", e isso significa que o meu ser-para-outrem vive a obsessão de um ser absoluto que fosse, ao mesmo tempo e livremente, o mesmo e o outro, isto é, o ser mesmo da prova ontológica, Deus[90]. Mas esta unidade com o outro é irrealizável, não só de facto, mas também de direito: de facto, porque eliminaria a contingência da negação interna que faz que eu seja eu e não o outro, e o outro outro e não eu; de direito, porque "a assimilação do para-si e do outro numa única transcendência acarretaria o desaparecimento do carácter de alteridade do outro"[91]. No entanto, apesar de não poder realizar-se, este é "o ideal do amor, o seu motivo e o seu fim, o seu valor próprio", e "o amor como relação primitiva a outrem é o conjunto dos projectos pelos quais eu viso realizar este valor"[92].

---

[89] Michael Theunissen, *Der Andere. Studien zur Sozialontologie der Gegenwart*, Berlin, 1965, p. 219.
[90] EN, pp. 414-415.
[91] EN, p. 415.
[92] EN, p. 415.

Na raiz dos projectos do amor, que visam uma identificação futura, mora o conflito inevitável. Para pôr a salvo o meu ser, não é a posse física do amado que o amante visa, mas a sua liberdade: uma vez que a liberdade do outro é o fundamento do meu ser, ou seja, porque eu sou pela liberdade do outro, "não tenho nenhuma segurança, estou em perigo", e, por isso, "o meu projecto de recuperar o meu ser não pode realizar-se a não ser que me apodere dessa liberdade e que a reduza a ser liberdade submetida à minha liberdade"[93]. De facto, porque é que o amante quer ser *amado*? O que é que o amor quer senão "cativar" uma consciência?

Se é da liberdade do outro enquanto tal que o amante quer apoderar-se, não pode fazê-lo mediante a "servidão do ser do amado", "não quer possuir um automatismo", "um determinismo psicológico ou passional" nem sequer "um amor por fidelidade a um juramento"[94]. Querendo a liberdade do outro enquanto cativeira de si própria, o amante reclama não ser *causa* dessa modificação radical da liberdade do amado, mas apenas "a sua ocasião única"[95]. Enquanto objecto no qual a liberdade do outro aceite perder-se, o amante quer ser "tudo" no mundo para o amado: "não quer *agir* sobre a liberdade do outro mas existir *a priori* como o limite objectivo dessa liberdade, isto é, ser dado ao mesmo tempo que ela e no seu próprio

---

[93] EN, p. 415.
[94] EN, p. 416.
[95] EN, p. 417.

surgir como o limite que ela deve aceitar para ser livre"[96]. Pelo amor do outro, eu torno-me "o *inultrapassável*", "o fim absoluto", ficando desse modo *em segurança* na consciência do outro, sem a inquietação de poder ser utilizado ou julgado, como sucede nestas dúvidas secretas: "'Só Deus sabe o que sou para ele!' 'Só Deus sabe o que é que ele pensa de mim!', o que significa: 'Só Deus sabe o que ele me faz ser!'"[97]. Ao mesmo tempo, como limite absoluto da liberdade, sou o valor absoluto, critério de valoração moral, eliminando assim a inquietação de saber se o amado trairia os amigos, roubaria, mataria, etc., por mim: "querer ser amado é querer colocar-se para lá de todo o sistema de valores posto pelo outro como a condição de toda a valorização e como o fundamento objectivo de todos os valores"[98]. Agora, é a partir de mim que o mundo se revela e surge, eu sou de algum modo o mundo: "eu devo ser aquele cuja função é fazer existir as árvores e a água, as cidades e os campos e os outros homens para dá-los em seguida ao outro que os dispõe em mundo (...). Na intuição amorosa que eu exijo devo ser dado como uma totalidade absoluta a partir da qual todos os seres e todos os seus actos próprios devem ser compreendidos"[99]. Portanto, "o que o amante exige é que o amado faça dele uma escolha absoluta"[100]. Trata-se de cativar a liberdade

---

[96] EN, p. 417.
[97] EN, p. 418.
[98] EN, p. 418.
[99] EN, p. 419.
[100] EN, p. 420.

do outro, mas de tal modo que essa liberdade seja prisioneira dela própria, isto é, "o surgir do amado deve ser escolha livre do amante"[101]. Deste modo, sendo eu o mundo, estaria seguro e a minha própria facticidade seria *salva*. A partir desse amor, a minha facticidade, enquanto para-outrem, "já não é um facto, mas um direito. A minha existência é, porque é *chamada*. Enquanto a assumo, esta existência torna-se pura generosidade. Sou porque me prodigalizo. É por bondade que estas veias amadas existem nas minhas mãos. Sou bom tendo olhos, cabelos, pestanas (...). Em vez de nos sentirmos 'a mais', sentimos presentemente que esta existência é retomada e querida nos seus mais pequenos pormenores por uma liberdade absoluta que ela ao mesmo tempo condiciona e que nós com a nossa própria liberdade queremos. Tal é o fundo da alegria do amor, quando ela existe: sentirmo-nos justificados de existir"[102].

"Ao mesmo tempo, se o amado pode amar-nos, está totalmente pronto para ser assimilado pela nossa liberdade"[103]. Ora, este projecto do amante é irrealizável, e impossível ontologicamente, pois o amado é *olhar*, não podendo utilizar a sua transcendência para fixar-se um limite último nem a sua liberdade para se tornar prisioneira de si própria. O conflito é, pois, inevitável, já que o amado não pode deixar de ser *olhar objectivante*, isto é,

---

[101] EN, p. 420.
[102] EN, p. 420.
[103] EN, p. 420.

"o amado não pode querer amar"[104]. Por isso, o amante vai *seduzir* o amado, tornando-se *objecto fascinante:* "a sedução visa ocasionar no outro a consciência do seu nada (*néantité*) perante o objecto sedutor. Pela sedução, viso constituir-me numa plenitude de ser e fazer-me reconhecer como tal"[105]. Ora, também esta estratégia está votada ao fracasso. De facto, a sedução falseia o amor, pois, se o amante se propõe como objecto precioso e inultrapassável, o amado, por sua vez, é da subjectividade do amante que quer apoderar-se: o amado não se transformará em amante a não ser pelo projecto de ser amado, isto é, "o que ele quer conquistar não é um corpo, mas a subjectividade do outro enquanto tal. Com efeito, o único meio que ele pode conceber para realizar essa apropriação é fazer-se amar"[106]. Quer dizer, amar, na sua essência, não é senão o projecto de fazer-se amar. Daí que a contradição do amor seja esta: "cada um quer que o outro o ame, sem se dar conta de que amar é querer ser amado e que, deste modo, querendo que o outro o ame quer apenas que o outro queira que ele o ame. Assim, as relações amorosas são um sistema de reenvios indefinidos análogo ao puro 'reflexo-reflectido' da consciência sob o signo ideal do *valor* 'amor', isto é, duma fusão das consciências em que cada uma conservasse a sua alteridade para fundar a outra"[107]. Cada um exige ser ao mesmo tempo sujeito e objecto.

---

[104] EN, p. 421.
[105] EN, p. 421.
[106] EN, p. 424.
[107] EN, p. 425.

Em conclusão, o amor destrói-se por três razões: em primeiro lugar, porque, como acabamos de analisar, ele é uma ilusão e um reenvio sem fim; depois, porque o outro pode permanentemente erguer-se na sua transcendência de olhar objectivante, o que mantém o amante numa constante insegurança; a linguagem revela-me também a liberdade e a transcendência do outro, pois ele dá a cada gesto meu, a cada palavra minha o seu sentido[108]; finalmente, porque "o amor é o absoluto perpetuamente *relativizado* pelos outros": basta que apareça um terceiro (e a solidão de facto que os amantes sempre procuram não é a solidão de direito, pois existimos para todas as consciências), para que os amantes experimentem a sua objectivação[109].

A contestação do fracasso do amor pode provocar o desespero e uma nova tentativa de realizar a assimilação do outro e de mim mesmo, seguindo um processo inverso ao do amor: "em vez de projectar absorver o outro conservando a sua alteridade, projecto fazer-me absorver pelo outro e perder-me na sua subjectividade para desembaraçar-me da minha"[110]. Este é o projecto da atitude masoquista. Ora, também o masoquismo é em si mesmo um fracasso: no caso extremo do masoquista que paga a uma mulher para que ela lhe bata e o ridicularize, trata-a como instrumento, colocando-se, portanto, como trans-

---

[108] EN, p. 423.
[109] EN, pp. 426-427.
[110] EN, p. 427.

cendência em relação a ela. Obtém, por conseguinte, o contrário da sua pretensão: "quanto mais tentar fruir a sua objectividade, mais será submerso pela consciência da sua subjectividade, até à angústia"[111].

b) Indiferença, desejo, sadismo e ódio

Perante a impossibilidade da assimilação da consciência do outro mediante a minha objectividade para ele, sou levado a enfrentá-la com o meu *olhar*. Vou tentar, a partir da minha liberdade, lutar com a liberdade do outro, *objectivando-o*. Evidentemente, esta atitude fracassa também, pois, olhando o olhar do outro, já não tenho diante de mim um olhar, já não vejo senão olhos, que não são o olhar, "faço do outro uma transcendência-transcendida, isto é, um objecto"[112]. A minha decepção é total, pois o que eu procurava era a apropriação da liberdade do outro e o que me fica nas mãos não passa de um outro-objecto. Ao olhar o olhar do outro, pretendo construir a minha liberdade sobre a destruição da liberdade alheia, sendo esta atitude *"a indiferença perante outrem"* ou "uma cegueira em relação aos outros"[113]. Pratico uma espécie de solipsismo, ajo como se estivesse sozinho no mundo, não imagino sequer que os outros me possam olhar, os outros são

---

[111] EN, p. 428.
[112] EN, p. 429.
[113] EN, p. 430.

funções. Assim, fico tranquilo, pois já não me sinto olhado. No entanto, esta tranquilidade não passa de aparência, pois tanto o outro enquanto liberdade como a minha objectividade enquanto eu alienado *estão* aí, ainda que não tematizados. A *cegueira* perante o outro implica uma compreensão implícita da sua liberdade, que me atira para o grau máximo da objectividade, "pois sou visto sem sequer poder experimentar que sou visto, não podendo, portanto, defender-me contra o meu 'ser-visto'"[114]. Agora, vivo, por conseguinte, uma atitude irritante e contraditória, pois, "a minha *cegueira* é inquietante, já que é acompanhada da consciência de um 'olhar errante' e inapreensível que pode alienar-me sem eu saber"[115].

Como reacção a este fracasso, ergue-se outra tentativa original para captar a subjectividade livre do outro, mediante a sua objectividade-para-mim: é o *desejo sexual*[116]. Para Sartre, a sexualidade não pode ser compreendida apenas pela nossa natureza fisiológica, pois "é uma estrutura necessária do ser-para-si-para-outrem"[117]. Assim, o seu sentido é o desejo. "Um corpo vivo como totalidade orgânica em situação com a consciência no horizonte: eis o objecto a que o desejo *se dirige*[118], "e o ser

---

[114] EN, p. 431.
[115] EN, p. 432.
[116] EN, p. 432.
[117] EN, p. 434.
[118] EN, p. 436.

que deseja é a consciência *fazendo-se corpo*"[119]. Quero tocar o corpo de outrem, atingindo desse modo a sua subjectividade livre. O ideal impossível do desejo é este: "possuir a transcendência do outro como pura transcendência e, no entanto, como corpo"[120]. Para isso, "eu encarno-me a mim, porque eu não posso nem querer nem mesmo conceber a encarnação do outro a não ser na e pela minha encarnação"[121]. Se me encarno, é para fascinar o outro, provocando nele o desejo da minha própria carne: "assim, o desejo é um convite ao desejo"[122], isto é, o desejo é desejo do desejo. Ora, o desejo está votado ao fracasso, pois morre na sua própria realização, não só porque no êxtase do prazer encontra "o seu cumprimento, o seu termo e fim"[123], mas também porque "o aparecimento de uma consciência reflexiva *de* prazer", ou seja, "a atenção à encarnação do para-si reflexivo" é "ao mesmo tempo esquecimento da encarnação do outro"[124]. O "perigo permanente" do desejo "é que a consciência, encarnando-se, perde de vista a encarnação do outro, e a sua própria encarnação absorve-o a ponto de tornar-se o seu fim último"[125]. Ao falhar o desejo a sua finalidade, de tal modo há ruptura no contacto com o outro que este

---

[119] EN, p. 439.
[120] EN, p. 444.
[121] EN, pp. 445-446.
[122] EN, pp. 447-448.
[123] EN, pp. 447-448.
[124] EN, p. 447.
[125] EN, p. 448.

fracasso motiva muitas vezes uma passagem ao masoquismo. Por outro lado, se a carícia tem por finalidade impregnar de consciência o corpo do outro – "a carícia é o conjunto das cerimónias que *encarnam* o outro"[126] –, o que é o desejo senão desejo de *apropriar-se* da encarnação do outro, isto é, da sua consciência encarnada? Ora, nesta apropriação, o outro desaparece como encarnação: o eu converte-se em instrumento da captação física do outro, que é reduzido a objecto[127]. O desejo escapa-se-me, pois o outro é totalmente objecto, com *toda* a sua transcendência que me foge. É esta situação que está na origem do *sadismo*.

"O sadismo é paixão, secura e encarniçamento", escreve Sartre. Afirmando-se como pura transcendência e fugindo à sua facticidade, o sádico quer apropriar-se instrumentalmente do outro. "O sadismo é simultaneamente recusa de encarnar-se e fuga a toda a facticidade e, simultaneamente, esforço para apoderar-se da facticidade do outro"[128], encarnando-o pela violência e "à força" e *querendo* a não reciprocidade das relações sexuais. À semelhança do amante, o sádico "não procura suprimir a liberdade daquele que ele tortura, mas constranger essa liberdade a identificar-se livremente com a carne torturada"[129]. É por isso que o momento máximo do prazer

---

[126] EN, p. 440.
[127] EN, p. 448.
[128] EN, p. 449
[129] EN, p. 454.

do sádico é aquele em que a vítima renega o que lhe é mais querido ou se humilha: "a vítima permanece livre para autonegar-se ou não, podendo, pelo menos, decidir o momento em que a dor se torna insuportável, mas, ao mesmo tempo, o sádico considera-se, pela tortura e violência infligidas, causa dessa liberdade"[130]. Estamos no domínio do *obsceno*[131], e Sartre esclarece que é no próprio desejo, na sua inconsistência e perpétua oscilação – ser objectivado-objectivar – que radicam os gérmens do masoquismo e do sadismo, sendo "costume chamar a sexualidade 'normal' com o nome de 'sado-masoquista'"[132]. Mais uma vez, porém, o sadismo, como a indiferença "cega" e o desejo, transporta consigo, por princípio, o seu próprio fracasso. De facto, a apreensão do outro como transcendência e a sua apreensão instrumental são incompatíveis. O que é que o sádico pretende senão apropriar-se da liberdade transcendente da vítima? Ora, "quanto mais o sádico se esforça por tratar o outro como instrumento tanto mais essa liberdade lhe escapa"[133]. Concretamente, o *olhar* da vítima faz descobrir ao sádico o seu erro total, pois fá-lo experienciar "a alienação absoluta do seu ser na liberdade do outro: compreende então não só que não recuperou o seu 'ser-fora', mas também que a actividade pela qual procura recu-

---

[130] EN, p. 454.
[131] EN, p. 453.
[132] EN, p. 455.
[133] EN, p. 456.

perá-lo é ela própria transcendida e fixada em 'sadismo' como *habitus* e propriedade com o seu cortejo de possibilidades mortas e que essa transformação teve lugar pelo e para o outro, que ele quer subjugar. Descobre então que não pode agir sobre a liberdade do outro, mesmo constrangendo o outro a humilhar-se e a pedir misericórdia, pois é precisamente na e pela liberdade absoluta do outro que um mundo vem à existência, onde há um sádico e instrumentos de tortura e cem pretextos para humilhar-se e autonegar-se. (...) Assim, esta explosão do olhar do outro no mundo do sádico faz afundar o sentido e a finalidade do sadismo. O sadismo descobre simultaneamente que era *essa liberdade-aí* que queria subjugar e, ao mesmo tempo, dá-se conta da inutilidade dos seus esforços. Eis--nos, mais uma vez, reenviados do *ser-que-vê* para o *ser-visto*, não saímos do círculo"[134]. Podemos perguntar: será porque o olhar da vítima é intolerável que, antes do fuzilamento, lhe vendam os olhos?

Nenhuma das atitudes analisadas se pode manter, sendo "reenviados indefinidamente do outro-objecto para o outro-sujeito e vice-versa"[135]. A nossa atitude para com outrem só poderia ser consistente, se o outro "nos pudesse ser revelado *ao mesmo tempo* como sujeito e como objecto, como transcendência-transcendente e como transcendência-transcendida, o que, por princípio, é impossível"[136].

---

[134] EN, pp. 456-457.
[135] EN, p. 459.
[136] EN, p. 459.

Passamos continuamente do ser-olhar para o ser-olhado, e reciprocamente, numa instabilidade imparável, sem possibilidade de reconciliação, já que nenhuma das atitudes se basta a si própria. Não é possível colocarmo-nos num plano de igualdade, "em que o reconhecimento da liberdade do outro arrastasse consigo o reconhecimento da nossa liberdade pelo outro. Por princípio, o outro é o inapreensível: foge-me quando o procuro e possui-me quando lhe fujo"[137]. A própria educação naufraga neste beco sem saída, pois "uma educação severa trata a criança como instrumento", e uma educação liberal também não deixa de ser "escolha *a priori* dos princípios e valores em nome dos quais a criança será tratada"[138]. É desta situação inultrapassável que arranca a noção de culpabilidade e de pecado, concretizando-se o sentido da afirmação da Escritura: Adão e Eva "conheceram que estavam nus". Em presença do olhar do outro sou culpado, experienciando "a minha alienação e nudez como uma queda que devo assumir", e essa culpabilidade irreparável prolonga-se, quando, por minha vez, olho o outro e o reduzo a instrumento e objecto. "Assim, o pecado original é o meu surgir num mundo em que há o outro e, sejam quais forem as minhas relações posteriores com o outro, não passarão de variações sobre o tema original da minha culpabilidade"[139].

---

[137] EN, p. 459.
[138] EN, p. 460.
[139] EN, pp. 460-461.

Perante a inutilidade dos esforços desenvolvidos, "o para-si abandona a pretensão de realizar uma união com o outro"[140], querendo, pelo ódio até à morte do outro, libertar-se totalmente do seu ser-para-outrem, escapar à sua alienação e alcançar uma liberdade pura e ilimitada. Para reconquistar a sua liberdade não-substancial, o para-si projecta destruir o outro em geral, isto é, "o que eu odeio é toda a totalidade-psíquica enquanto ela me refere à transcendência do outro"[141]. Mas também o ódio contém em si o seu próprio fracassso, pois "a abolição do outro, para ser vivida como triunfo do ódio, implica o reconhecimento implícito de que o outro *existiu*"[142]. A minha destruição do outro no presente não pode fazer com que o outro não tenha existido nem anular o meu *ter--sido* para ele, que me acompanhará para sempre, com a agravante irremediável de não poder sequer tentar recuperar a minha alienação, agindo sobre ela, pois o outro destruído levou consigo a chave dessa alienação. "A morte do outro constitui-me como objecto irremediável, exactamente como a minha própria morte. (...) O ódio não permite sair do círculo, representa apenas a última tentativa, a tentativa do desespero"[143], pois a solidão ideal projectada, mas que gera o seu próprio fracasso, faz com que

---

[140] EN, p. 461.
[141] EN, p. 462.
[142] EN, p. 463.
[143] EN, p. 463.

o para-si reentre no círculo do reenvio interminável de uma para a outra das duas atitudes fundamentais.

Como se diz em *Huis-Clos*, "l'enfer c'est les autres", não restando senão solidões em luta.

II. PENSAMENTO DA TOTALIDADE E PENSAMENTO DA ALTERIDADE

1. A paixão da identidade

Desde que o pensamento filosófico levantou voo na Grécia, a questão radical foi a pergunta pelo constituinte último de todas as coisas, e Parménides, com a sua definição do ser, impôs-se como determinante para todo o pensamento ulterior e a história do Ocidente.

Para Parménides, o ser é e o não ser não é. A mudança, o múltiplo, a história, a liberdade, a alteridade não são pensáveis, pois "ser" e "ser idêntico a si mesmo" coincidem. O ser é uno e eterno. "Ele é o *todo* eternamente presente a si mesmo"[144]. Ao mesmo tempo, os atributos do ser são as condições de possibilidade do pensamento (*logos*) e, por isso, "se pensar é pensar o ser, pensar é sempre pensar a identidade, o uno, o todo, o imutável, o eterno"[145]. O existente múltiplo, a mudança, a alteri-

---

[144] Carlos Bazan, "Pensée de la totalité, pensée d'altérité", in: VV., *L'altérité. Vivre ensemble différents*, Montréal/Paris, 1986, p. 50.
[145] Id., *ibid*.

dade, a diferença são remetidos para o domínio da opinião, pois pensar a verdade é assimilar o diferente, reduzindo-o ao mesmo: "é tudo para mim o mesmo, onde quer que comece"[146].

Esta metafísica do uno e do mesmo é herdada por Platão, que faz, no entanto, um avanço, ao admitir a multiplicidade das essências como unidades inteligíveis. Mas trata-se, de facto, mais da multiplicidade ao nível dos géneros do que dos indivíduos, com todas as consequências conhecidas na concepção platónica da política.

Para Plotino, que parte da intuição platónica do Uno absoluto e idêntico "para lá da essência", com a alteridade inaugura-se o mal, pois sair do Uno significa queda ontológica, numa degradação contínua descendente até ao grau máximo na matéria prima. Daí, a necessidade do regresso ao Uno enquanto coincidência com o Bem e a Identidade, e a recusa da Diferença.

A ontologia de Aristóteles, que traz as essências para o mundo sensível, está ferida, segundo É. Gilson, de uma "ambiguidade fundamental", pois nela manifestam-se duas tendências opostas: por um lado, "uma totalmente espontânea", que coloca o acento no indivíduo concreto, e a outra, "herdada de Platão" e centrada na essência una enquanto princípio de inteligibilidade[147]. Esta ambiguidade deriva essencialmente do facto de o conhecimento

---

[146] Parménides, Fr. 5, Proclo, *in Parm.*, 1,708, 16, cit. in: G. S, Kirk e J. E. Raven, *Os filósofos pré-socráticos*, Lisboa 1979, p. 275.

[147] Étienne Gilson, *L'être et l'essence*, Paris 1948, p. 54.

se dirigir à quididade, pois "só da substância há definição"[148], e esta substância não ser a substância individual, já que o indivíduo não pode ter nem definição nem demonstração[149] e, por isso, não se afirma mais ao dizer *um homem* do que ao dizer *homem*, "pois *um homem, ser homem* e *homem* significam a mesma coisa"[150].

Deste modo, e dentro do pensamento da identidade, no encontro entre dois amigos, por exemplo, que desejam conhecer-se, chegaríamos a esta conclusão dramática: "conhecer o que tu és é conhecer a tua substância tal como pode ser expressa na definição geral do ser humano. Por outras palavras, conhecer é reduzir-te ao que tens de comum e de idêntico com todos os outros. Só como diferença do mesmo te posso apreender, mas devendo o acento ser colocado sobre o 'mesmo' e não sobre a 'diferença'"[151]. Mas, então, se toda a particularidade deve ser reduzida à universalidade, isto é, a um caso dentro da essência, não se chegará, mediante este processo, não só à anulação do tu, mas também do eu, para alcançar um *logos* plenamente idêntico a si mesmo, numa transparência plena de pensar e ser, em que "o *logos* acabará assim por impor-se ao ser? Tal foi a intuição central da filosofia de Hegel, talvez o maior pensador da Totalidade"[152].

---

[148] *Metafísica* Z, 5,1031 a 1-2.
[149] *Met.* Z, 15,1040 a 1-3.
[150] *Met* G, 2, 1003 b 26-27.
[151] Carlos Bazan, *o. c.*, p. 60.
[152] Id., *o. c.*, pp. 61-62.

Hegel explicita o seu pensamento concretamente em *A Razão na História*[153]. Para ele, "o imenso conteúdo da história universal é racional e deve ser racional", pois "uma vontade divina omnipotente reina no mundo"[154]. Se considerarmos a história universal, elevando-a a conceito, só podemos concluir que ela é autoprocesso racional e necessário do Espírito do Mundo, "Espírito que constitui a substância da história, que é sempre uno e idêntico a si mesmo e que explicita o seu ser único na vida do universo (o Espírito do Mundo é o Espírito em geral)"[155]. Certamente o Espírito universal manifesta-se e realiza-se mediante os espíritos particulares, mas "os indivíduos desaparecem perante a substancialidade do conjunto e este forma os indivíduos de que precisa", e também o Espírito de um povo, embora particular, "não é senão o Espírito universal absoluto, pois este é Único"[156]. Os Espíritos dos povos, "na série necessária da sua sucessão, não passam de momentos do único Espírito universal: graças a eles, ele eleva-se na história a uma totalidade transparente a ela mesma e conclui-se"[157]. Os indivíduos têm por vezes por si mesmos excessiva consideração,

---

[153] G. W. F. Hegel, *La raison dans l'histoire. Introduction à la philosophie de l'histoire*, Traduction nouvelle, introduction et notes par Kostas Papaioannou, Paris, 1965.
[154] Id., *o.c.*, p. 51.
[155] Id., o. *c.*, p.50.
[156] Id., o. *c.*, p. 81.
[157] Id., *o.* c., p. 98.

esquecendo que são apenas "os servidores, os instrumentos" da história universal[158]. "A astúcia da Razão" serve-se dos interesses dos indivíduos para os seus próprios fins: "esta massa imensa de desejos, interesses e actividades constitui os *instrumentos* e os meios de que o Espírito do Mundo *(Weltgeist)* se serve para chegar ao seu fim, elevá-lo à consciência e realizá-lo. Porque a sua única finalidade é encontrar-se, vir a si, contemplar-se na realidade. É o seu *bem-próprio (das Ihrige)* que povos e indivíduos procuram e obtêm na sua vitalidade activa, mas ao mesmo tempo são os *meios* e os *instrumentos* duma coisa *mais elevada, mais vasta* que ignoram e realizam inconscientemente"[159]. Face à Razão imanente à realidade histórica são desprezíveis os próprios sofrimentos e injustiças de que foram vítimas os indivíduos, concretamente os homens históricos: "é uma consolação terrível saber que os homens históricos não foram o que chamamos felizes"[160]. Que importa o particular (a alteridade viva e concreta) perante o Universal, que é o verdadeiro, pois "Das Wahre ist das Ganze"? Mas então podemos e devemos perguntar: não se entra deste modo na lógica inexorável da eliminação de toda a alteridade, mediante a justificação da dominação e da exaltação da própria guerra?

Com razão, escreve Leonardo Boff que "atrás de todos os grandes problemas humanos há sempre uma questão

---

[158] Id., *ibid.*
[159] Id., *o. c.*, p. 110.
[160] Id., *o. c.*, p. 124.

teológica"[161]. Instalados em plena "crise que desaba sobre o Ocidente desde os anos 70 como resultado de um desequilíbrio sem precedentes nas relações entre biologia, cultura e técnica"[162], constatamos que as suas raízes mais fundas mergulham na concepção de Deus como *sujeito absoluto* de que o mundo é *objecto*. "Quanto mais Deus foi pensado como transcendente, mais o seu mundo foi entendido como imanente. Pelo monoteísmo do sujeito absoluto, Deus foi cada vez mais desmundanizado, enquanto o mundo se tornou cada vez mais secularizado"[163]. Quer dizer, pelo processo da secularização, o homem como imagem de Deus na terra foi-se compreendendo como *sujeito* de conhecimento e de vontade, contrapondo o mundo como *objecto*. Quando comparamos as culturas pré-modernas e as modernas civilizações científico-técnicas, compreendemos que a sua diferença decisiva "é a diferença entre sociedades de equilíbrio e sociedades de crescimento". A modernidade está "programada para o desenvolvimento, a expansão e a conquista. A *obtenção do poder, o incremento do poder, o assegurar do poder e a caça da felicidade* ('Life, Liberty and the Persuit of Happiness' formam parte, segundo a Declaração da independência norte-americana de 1776, dos direitos fundamentais e inalienáveis do homem) são os valores vigentes nas civili-

---

[161] Leonardo Boff, *A Santíssima Trindade é a melhor comunidade*, São Paulo, 1988, p. 13.

[162] Jacques Robin, *Changer d'ère*, Paris, 1989, p. 143.

[163] Jürgen Moltmann, *Gott in der Schöpfung. Oekologische Schöpfungslehre*, Munique, 1987³, p. 16.

zações modernas"[164]. Ora, embora não faltem pensadores que pretendem atribuir a responsabilidade da desmesurada vontade de poder do homem moderno à tradição judeo-cristã, pela desdivinização do mundo e ordem de dominá-lo, segundo o *Génesis*[165], querendo inclusivamente Anton Meyer ver as raízes do capitalismo e da exploração do homem ocidental nos compromissos operados já no Novo Testamento contra a vontade e o projecto de Jesus[166], para lá, portanto, da tese famosa de M. Weber, que as descobria no calvinismo, tem de reconhecer-se, no entanto, que, se a concepção antropocêntrica atribuída à Bíblia tem mais de três mil anos, o desenvolvimento da moderna civilização científico-técnica começa apenas há cerca de 400 anos, sendo, por conseguinte, necessário procurar, em ordem à sua explicação, também outros factores distintos dos bíblicos. Assim, "independentemente das circunstâncias económicas, sociais e políticas que também devem ser mencionadas, para a autocompreensão dos homens de há 400 anos foi mais

---

[164] Id., *o. c.*, p. 40. Inserimos no texto a referência à Declaração da independência norteamericana, que, em Moltmann, aparece em nota.

[165] Cf., por exemplo, C. Amery, *Das Ende der Vorsehung. Die gnadenlosen Folgen des Christentums*, Hamburgo, 1972, e J. W. Forrester, *World Dynamics*, Cambridge, 1971, que afirma categoricamente: "O cristianismo é a religião do crescimento exponencial", cit. in: Juan L. Ruiz De La Peña, *Teología de la creación*, Santander, 1986, p. 178.

[166] Anton Meyer, *Der zensierte Jesus. Soziologie des Neuen Testamentes*, Gütersloh, 1985, concretamente pp. 261-289.

decisiva a nova imagem de Deus do Renascimento e do Nominalismo: *Deus* é o todo-poderoso e a *potentia absoluta* é a propriedade mais excelente da sua divindade. Por conseguinte, a sua *imagem* na terra, o homem – na prática, o varão – deve esforçar-se por conseguir o domínio, a prepotência, em ordem a alcançar a sua divindade"[167].

Na base da modernidade, está o saber enquanto poder, segundo a expressão famosa de Francis Bacon: *scientia est potentia*. E também Descartes se convenceu de que deveria transmitir os seus conhecimentos da Física, em ordem a contribuir para o bem geral, porque esses conhecimentos nos tornam "assim como que senhores e possuidores da natureza"[168]. Com Galileu, Descartes, Bacon, instala-se no coração do empreendimento ocidental "o mito da grande máquina e o pentágono do poder"[169]. O homem agora é sujeito, senhor e proprietário do mundo. A cisão entre *res cogitans* e *res extensa*, que reduz a realidade humana à alma pensante, faz com que o espírito deva dominar o corpo, que, em última instância, não passa de máquina. A medicina já se não concebe como um pacto entre duas pessoas humanas, assente no cuidado pelo doente, mas como mero encontro entre um técnico (o médico e os seus

---

[167] J. Moltmann, *o. c.*, p. 40.
[168] Renato Descartes, *Discurso do método e Tratado das paixões da alma*, Tradução, prefácio e notas pelo Prof. Newton de Macedo, Lisboa, 1968, p. 73.
[169] L. Mumford, *Le mythe de la machine*, cit. in: J. Robin, *o. c.*, p. 132.

aparelhos sofisticados) e uma máquina desarranjada (o doente). A dominação da Natureza arrasta consigo a prepotência do varão sobre a mulher: "I am come in very truth leading to you Nature with all her children to bind her to your service and make her your slave", escreveu Bacon[170]. Se o homem já não é unidade espiritual-corpórea, também não é possível reconhecer o outro imediatamente: o conhecimento da existência do outro como homem é inferido por analogia, como reconheceu Descartes[171]. Por outro lado, o homem europeu, habitado pelo "complexo de Deus", segundo a obra famosa de Richter[172], andará pelo mundo, anulando o diferente, pois há a "raça superior" e "raças-inferiores" – aquela é a raça branca e estas são todas as outras, com os negros no escalão mais baixo da hierarquia, segundo Renan –, a ponto de Buffon poder escrever que, se não existisse para o branco e para o negro a possibilidade de procriar em comum, "haveria duas espécies bem distintas (...); se o branco fosse o homem, o negro já não seria um homem, seria um animal à parte como o macaco", devendo admitir-se, para explicar a "animalidade" dos africanos, que

---

[170] Cit. in: J. Moltmann, *o. c.*, p. 41, com o respectivo comentário sobre a subordinação da mulher ao homem. Para a ligação entre a imagem masculina de Deus e a exploração da mulher pelo homem, cf. Marga Buehring, *Donne invisibili e Dio patriarcale. Introduzione alla teologia femminista*, Trad., Turim, 1989.

[171] Cf. R. Descartes, *o. c.*, pp. 67-70.

[172] Horst E. Richter, *Der Gotteskomplex. Die Geburt und die Krise des Glaubens an die Allmacht des Menschen*, Frankfurt/M., 1979.

"não é improvável que nos países quentes macacos tenham subjugado raparigas"[173]. Embora seja difícil fazer um cálculo da população pré-colombiana, não há dúvida de que a queda demográfica entre os índios nos 70 ou 80 anos seguintes à chegada dos europeus "não pode deixar de ser considerada um verdadeiro colapso. A isso junta-se a destruição das culturas que por uma razão ou outra não puderam resistir aos invasores, o trabalho forçado e a opressão a que foram submetidos os povos autóctones, assim como a imposição violenta de estilos de vida que lhes eram estranhos"[174]. O ouro foi apresentado como verdadeiro *mediador* do Evangelho, como pode ler-se no "Parecer de Yucay", da autoria do dominicano Garcia de Toledo, primo do Vice-Rei do Peru: atacando Bartolomeu de las Casas, o Autor pergunta: "qué quiere decir el haber puesto Dios a estos indios tan miserables en

---

[173] Cit. in: Tzvetan Todorov, *Nous et les autres. La réflexion française sur la diversité humaine*, Paris, 1989, p. 123.

[174] Gustavo Gutiérrez, *Dios o el oro en las Indias (S. XVI)*, Lima, 1989, p. 10, onde, citando W. Denevan, *Native Population of the Americas in 1492*, Madison, 1976, considera que, antes da chegada dos europeus, no conjunto destas terras, haveria uns 57.300.00 de pessoas, existindo certo consenso na afirmação de que por volta de 1570 os índios da chamada América espanhola não iam além de 8.907.150. (Cf. L. N. McAlyster, *Spain and Portugal*, Minneapolis, 1984, e N. Sánchez Albornoz, "The Population of Colonial Spain", in L. Bethel (ed.),*The Cambridge History of Latin America*, Cambridge, 1984). Quanto ao Peru, N. D. Cook concluiu que a população caiu de 9.000.000 (1520) para 1.000.000 (1570) *(Demographic Collapse, Indian Peru, 1520-1570*, Cambridge, 1981).

las almas, y tan desamparados de Dios, tan inhábiles e bestias en unos Reynos tan grandes, y valles y tierras tan deleitosas y tan llenas de riquezas de minas de oro y plata y otros muchos metales?", para responder que "lo mismo hizo Dios *con estos y con nosotros*. Todos éramos infieles, esa Europa, esa Asia, mas en lo natural gran hermosura, muchas ciencias, discreción" e, por isso, "poco fue menester para que los apóstoles y varones apostólicos desposasen estas almas con Jesucristo por la fe del bautismo. Mas estas naciones criaturas eran de Dios, y para la bienaventuranza, capaces de este matrimonio con Jesucristo, mas eran feos, rústicos, tontos, inhábiles, legañosos, y era menester gran dote". Por conseguinte, as minas de ouro e prata, objecto da cobiça dos invasores, foram um dom providencial de Deus para a salvação dos índios bárbaros, gente próxima da animalidade. "Así digo de estos indios que uno de los medios de su predestinación y salvación fueran estas minas, tesoros y riquezas, porque vemos claramente que donde las hay *va el Evangelio volando y en competencia*, y a donde no las hay, sino pobres, *es medio de reprobación*, porque jamás llega allí el Evangelio, como por gran experiencia se ve, que la tierra donde no hay este dote de oro y plata, ni hay soldado ni capitán que quiera ir, ni aún ministro del Evangelio". Impõe-se, pois, a conclusão: "Luego, buenas son las minas entre estos bárbaros, pues Dios se las dio para que les llevasen la fe y la cristiandad, y conservación en ella, y para su salvación"[175].

---

[175] Cit. in: Id., *o. c.*, pp. 112. 113-114. 115. 120.

No Ocidente, dominou "o masculino, o adulto e o homem de raça branca"[176]. O pensamento da identidade do mesmo, orientado para a totalidade, repercute-se ao nível das relações eróticas, ao nível pedagógico, ao nível religioso, ao nível político, ao nível das relações interculturais. Para o *logos* da identidade, as relações de dominação correspondem à própria natureza das coisas, toda a alteridade deve ser anulada, mediante a sua redução ao ser verdadeiro que é o Mesmo: "a tarefa final do *logos* é instaurar um sentido unívoco em que a posição do dominador seja finalmente justificada e garantida"[177]. Mas pela redução de toda a particularidade à universalidade totalizante e pela dialéctica total da subjectivação-objectivação, não nos tornamos todos reféns do jogo infernal do totalitarismo e do niilismo?

2. A paixão inútil de ser Deus

Embora cartesiano, Sartre separa-se de Descartes, pois, se para este o ponto de partida é a consciência reflexa, pela qual o eu é constituído como objecto, para Sartre o dado originário é a consciência pré-reflexiva. A redução da consciência ao conhecimento, implicando a dualidade sujeito-objecto, obrigaria a um regresso até ao infinito ou a uma paragem num termo da série. "Se quisermos evi-

---

[176] J. Robin, *o. c.*, p. 74.
[177] C. Bazan, *o. c.*, p. 64.

tar o regresso até ao infinito, é necessário que a consciência seja relação imediata e não cognitiva de si a si", isto é, para não ficarmos numa consciência inconsciente, temos de admitir que "toda a consciência posicional de objecto é ao mesmo tempo consciência não posicional dela mesma"[178]. Sartre radicaliza a intencionalidade de Husserl, pela supressão do ego transcendental: a consciência é consciência *de* alguma coisa, o que significa precisamente que a consciência não é coisa, que "a consciência não tem conteúdo"[179], que "uma mesa não está *na* consciência, mesmo a título de representação"[180], que a consciência "é um absoluto não substancial", consistindo o erro ontológico do racionalismo cartesiano em "não ter visto que, se o absoluto se define pelo primado da existência sobre a essência, não pode ser concebido como uma substância"[181]. A consciência é pura remissão ao para fora de si e, assim, "revelante-revelada", não havendo nenhum eu que a habite à maneira de objecto. "Há um *cogito* pré-reflexivo que é a condição do *cogito* cartesiano"[182]: "dizer que a consciência é consciência *de* alguma coisa é dizer que ela deve produzir-se como revelação-revelada de um ser que não é ela e que se dá como existindo já quando ela o revela"[183]. Por outras palavras e em síntese: "*a cons-*

---

[178] EN, p. 19.
[179] EN, p. 17.
[180] EN, p. 18.
[181] EN, p. 23.
[182] EN, p. 20.
[183] EN, p. 29.

ciência é um ser para o qual é no seu ser questão do seu ser enquanto este ser implica um ser outro que não é ele"[184].

Há, pois, para Sartre, duas regiões de ser absolutamente separadas: de um lado, o para-si enquanto subjectividade pura e, do outro, o em-si objecto. Se é à consciência que o mundo aparece, o ser em si mesmo é indiferenciado, opaco, maciço, sem relação, para lá da actividade e da passividade, absolutamente idêntico, nem possível nem impossível, sem segredo, incriado, contingência e gratuidade puras, perante cuja viscosidade Roquentin só pode sentir náusea[185]. "Incriado, sem razão de ser, sem nenhuma relação com um outro ser, o ser-em-si é *de trop* eternamente". À maneira parmenídea ou lembrando a *res extensa* cartesiana, Sartre, pode escrever: "O ser é. O ser é em si. O ser é o que é"[186]. Mas, se o ser é o que é, total coincidência consigo, absolutamente cheio de si, sem o mínimo esboço de dualidade, em densidade infinita, plenitude total, sem o menor vazio ou "a mínima fissura por onde pudesse deslizar o nada", "a característica da consciência, pelo contrário, é que ela é uma descompressão de ser"[187]. Se a consciência é consciência *de* alguma coisa e o ser é pura opacidade, então o ser da consciência surge pela nadificação do ser: ela é separação, negação do ser, processo de nadificação, e à pergunta por

---

[184] EN, p. 29.
[185] Cf. J.-P. Sartre, *La nausée*, Paris, 1938.
[186] EN, pp. 33-34.
[187] EN, p. 112.

aquilo que a separa do ser só se pode responder que é o nada. Assim, "o ser pelo qual o nada vem ao mundo é um ser em que, no seu ser, é questão do seu ser: *o ser pelo qual o nada vem ao mundo deve ser o seu próprio nada*[188], e esse ser é o homem[189]. "A sua realidade é puramente *interrogativa*. Se pode pôr perguntas, é porque ele mesmo está sempre *em questão;* o seu ser nunca é *dado,* mas *interrogado,* pois está sempre separado dele mesmo pelo nada da alteridade; o para-si é sempre em suspenso, porque o seu ser é um perpétuo adiamento. Se pudesse alguma vez alcançá-lo, a alteridade desapareceria ao mesmo tempo e, com ela, os possíveis, o conhecimento, o mundo"[190].

A interrogação é condicionada por um tríplice não-ser: se pergunto, é porque *não* sei; a resposta pode ser afirmativa ou *negativa;* em terceiro lugar, se a resposta é afirmativa, é porque algo é assim e *não* de outro modo. "Este tríplice não-ser condiciona toda a interrogação e, em particular, a interrogação metafísica – que é a *nossa* interrogação"[191]. Portanto, o nada existe, "no próprio seio do ser, no seu coração, como um verme"[192]. Se o ser-em-si é positividade sem fissura, só o para-si é o "*ser pelo qual o nada vem às coisas*"[193], e "a esta possibilidade para a realidade

---

[188] EN, p. 58.
[189] EN, p. 59.
[190] EN, p. 683.
[191] EN, p. 39.
[192] EN, p. 56.
[193] EN, p. 57.

humana de segregar um nada que a isola, Descartes, depois dos estóicos, deu-lhe um nome: é a liberdade"[194]. O homem é o ser que está sempre em questão. É da liberdade que surge o nada, pois o que é a liberdade senão permanente nadificação, já que o para-si ainda *não* é, embora num constante projecto de ser? A liberdade, cuja manifestação primeira é a interrogação, não é, portanto, simplesmente uma propriedade entre outras do ser humano; pelo contrário, "a liberdade humana precede a essência do homem e torna-a possível, a essência do ser humano está em suspenso na sua liberdade"[195]. Por conseguinte, o homem é presença a si, sem nunca poder coincidir consigo, pois, como Sartre repete à saciedade, a consciência *é* o que ela não é e *não é* o que ela é: remetendo para fora de si pela sua excentricidade, revelando um ser que não é ela, ela é o que ela não é, mas, por outro lado, ela não é nenhuma das coisas que ela visa e, portanto, é nada. O homem está, por conseguinte, sempre separado tanto do seu passado como do seu futuro pelo nada e essa vivência terrível da liberdade, que capto pela reflexão, é a experiência irredutível da angústia: "a angústia é efectivamente o reconhecimento de uma possibilidade como *minha* possibilidade, isto é, ela constitui-se quando a consciência se vê cortada de uma essência pelo nada ou separada de futuro pela sua liberdade mesma"[196].

---

[194] EN, p. 59.
[195] EN, p. 60.
[196] EN, p. 71.

Ao mesmo tempo o homem é o seu projecto, desejo ontológico de coincidência consigo, enquanto projecto do em-si-para-si, isto é, eu quereria ser-para-mim, mas na forma imutável e sólida do em-si. O homem lúcido, porém, não pode deixar de perceber que o termo do seu desejo é sempre um fracasso, como, em termos psicológicos, quem tem sede não pretende propriamente deixar de ter sede, mas fazer coincidir ao mesmo tempo a saciedade e a consciência de continuar a ter sede e beber, o que é irrealizável. O homem, "se é permitido usar uma imagem vulgar", está na situação do "burro que puxa uma carroça e que tenta alcançar uma cenoura que foi fixada à sua frente num pau, também ele preso nos varais. Todo o esforço do burro para apanhar a cenoura não faz senão deslocar a atrelagem toda e também a cenoura que permanece sempre à mesma distância do burro. Assim, corremos atrás de um possível que a nossa própria corrida faz aparecer, que não é senão a nossa própria corrida e que se define por isso como inatingível. Corremos em direcção a nós mesmos e somos, por isso, o ser que não pode alcançar-se"[197].

A ideia de Deus é essa síntese do para-si e do em-si, e "o projecto fundamental da realidade humana é que o homem é o ser que projecta ser Deus. (...) Ser homem é tender a ser Deus ou, se se preferir, o homem é fundamentalmente desejo de ser Deus"[198]. Deus é ao mesmo

---

[197] EN, p. 244.
[198] EN, p. 626.

tempo necessidade psicológica, já que o homem não suporta não ter fundamento, melhor, ser fundamento sem fundamento, e ideia contraditória, ligada à constitutiva *má fé* do homem. Não é possível a síntese ideal e hipostasiada do para-si e do em-si, pois, se Deus é em-si, falta-lhe a consciência e a liberdade, e, se é para-si, é atravessado pelo nada, já que não pode ser coincidência de si consigo. Por conseguinte, "cada realidade humana é ao mesmo tempo projecto directo de metamorfosear o seu próprio para-si em em-si-para-si e projecto de apropriação do mundo como totalidade de ser-em-si, sob as espécies de uma qualidade fundamental. Toda a realidade humana é uma paixão, na medida em que projecta perder-se para fundar o ser e constituir ao mesmo tempo o em-si que escape à contingência sendo o seu próprio fundamento, o *Ens causa sui* que as religiões chamam Deus. Assim a paixão do homem é o inverso da de Cristo, porque o homem perde-se enquanto homem para que Deus nasça. Mas a ideia de Deus é contraditória e perdemo-nos em vão; o homem é uma paixão inútil"[199].

Percebe-se então que as relações humanas são igualmente animadas por este sonho ilusório da totalidade absoluta. No confronto com o outro, cada consciência persegue o ideal de um ser que olhe sem nunca poder ele próprio ser visto. Deus não é senão "esse projecto abstracto e irrealizável do para-si em direcção a uma totali-

---

[199] EN, pp. 677-678.

zação absoluta dele mesmo e de *todos* os outros"[200]. Mas, como vimos, nenhuma consciência, nem sequer a de Deus, pode apreender a totalidade.

Concluímos, pois, que o projecto sartriano é ainda transportado pelo ideal da totalidade, embora irrealizável. "A pretensão sartriana de ser Deus é a laicização de uma Teologia nominalista pura dentro do esquema essência-existência"[201]. O projecto falhado de ser o mundo como totalidade abandona o *eu* da consciência enquanto liberdade ilimitada, ao niilismo.

3. Ética e sentido da liberdade

Oposta ao conceito d*e geração,* que implica um processo necessitante, da filosofia grega, está a *criação ex nihilo,* da tradição judeo-cristã, fundamento da aliança eterna do Deus Liberdade com homens e mulheres livres. Esta *diferença teológica,* onde mora a divindade de Deus, funda a mundanidade do mundo e a humanidade do homem, autónomos. A modernidade, ao reivindicar, pelo processo da secularização, a diferença autónoma das criaturas, realizou intuições originariamente bíblicas, sem as quais, aliás, não se pode entender a liberdade nem a Encarnação; só quando a modernidade, pelo secularismo, absolu-

---

[200] EN, p. 474.
[201] Miguel Baptista Pereira, *Ser e pessoa. Pedro da Fonseca. I – O método da filosofia,* Coimbra, 1967, p. 36.

tizou a diferença, como se autonomia e relação se excluíssem em vez de se autoimplicarem, mostrou os seus limites, revelados concretamente na experiência do niilismo europeu, em cujo contexto e termo se insere o pensamento sartriano[202]. Paradoxalmente, a obra de Sartre tem como seu núcleo a questão de Deus, mas um Deus que só pode ser pensado como o eternamente ausente. Em *L'être et le néant*, onde convergem a liberdade nominalista criadora e aniquiladora das essências e o eu romântico que nunca pode objectivar-se e gerador dos possíveis e dos valores do activismo prático[203], e cujo quadro categorial se reduz ao em-si coisista e ao para-si como liberdade ilimitada de cada um e, por isso, em essencial e permanente conflito com as outras liberdades, o nada só pode conceber-se como nada negativo, sem qualquer possibilidade para a abertura ao nada positivo, isto é, nada como ocultação e revelação do mistério do Totalmente Outro, concretamente na morte[204].

O homem sartriano, pela inversão da teologia em antropologia operada por Feuerbach, assume o lugar de Deus, mas a sua liberdade divina só pode ser egóide e niilista. Para Sartre, a pergunta metafísica não tem sentido.

---

[202] Para a compreensão de *L'être et le néant* no contexto do niilismo europeu, cf. Id., "O *Ser e o Nada*" de *J.-P. Sartre no niilismo europeu*, Separata, Coimbra, 1984.
[203] Id., *o. c.* p. 518.
[204] Bernhard Welte, *Religionsphilosophie*, Friburgo/Basileia/Viena, 1978, p. 48.

No entanto, a afirmação paradoxal de que "a ontologia limitar-se-á a declarar que *tudo se passa como se* o em-si, num projecto para fundar-se a si mesmo, se desse a modificação do para-si"[205], mostra, na justa crítica de Laín Entralgo, "ligeireza e inconsistência intelectual", tornando-se imediata a objecção: "se o em-si procede 'como se' fosse capaz de conceber projectos, não terá a descrição sartriana de ser completamente revista? (...) Mais que uma lógica *coincidentia oppositorum*, não será Deus o seu fundamento criador, o fundamento sobreontológico dessa problemática coincidência? (...) Porventura um acto criador, isto é, uma interrogação criadora não é, tanto como uma 'secreção de nada', uma genuína produção de ser?", pois a pergunta "Porque há ser e não antes nada?" não pode ser satisfeita com "a afirmação taxativa e dogmática do carácter originário do ser e a concepção desse ser primeiro como um em-si material"[206].

A ontologia de Sartre é atravessada pela crise da filosofia da identidade e pela questão essencial da diferença, que, no quadro estreito das suas categorias não pôde pensar. Na raiz, o ser difere, a diferença não significa empobrecimento, mas riqueza da identidade (diferença e identidade coimplicam-se) e, por isso, é necessário superar "uma teodiceia do Objecto infinito ou mesmo uma teodi-

---

[205] EN, 685.
[206] Pedro Laín Entralgo, *La espera y la esperanza. História y teoría del esperar humano*, Madrid, 1984³, p. 329.

ceia do Sujeito solitário"[207]. Deus como Objecto infinito não passa da projecção da plenitude coisista do em-si, e o Sujeito infinito solitário totalizaria o sentido, impedindo a possibilidade de outras liberdades. Ora, o Deus da criação ex nihilo põe liberdades para o diálogo da aliança. Se a pergunta "Porque é que existe em geral alguma coisa e não pura e simplesmente nada?" *("Warum ist überhaupt etwas und nicht nichts?"),* formulada por Leibniz e Schelling e, mais recentemente, retomada por Eugen Fink e Martin Heidegger, tem sentido (a prova do seu sentido está, por exemplo, em que nós que agora somos nem sempre existimos e não existiremos sempre, e a perguntabilidade radical e in-finita não deixará alguma vez de provocar--nos), então é possível afirmar que a Origem é Liberdade absoluta, puro Dar, que põe o mundo a partir do nada e possibilita liberdades finitas por um acto de pura liberdade e gratuidade.

"O ponto de arranque e acicate do pensamento moderno é a liberdade. Entendida em chave moderna, a liberdade não é só uma propriedade ou uma capacidade do homem, mas a disposição transcendental do homem, isto é, a condição indispensável para ser homem"[208]. 1989, o ano da Grande Revolução Europeia, 200 anos

---

[207] Henry Duméry, *Foi et Interrogation,* Paris, 1963, p. 94, cit. in: Marcel Neusch, *Aux sources de l'athéisme contemporain. Cent ans de débats sur Dieu,* Paris, 1977, p. 195.

[208] Walter Kasper, *Teología e Iglesia,* Trad., Barcelona, 1989, pp. 253-254.

após a Revolução Francesa, veio mostrar que a história não é determinística nem fatal, mas tem como seu núcleo a liberdade e o seu sentido só pode ser o da liberdade, como se manifesta até, por paradoxal que pareça, já no domínio da Física[209]. No seu fundamento último, a realidade é cada vez mais experienciada como liberdade. Ora, é da essência da liberdade transcender-se, pois a condição da sua possibilidade é o horizonte do infinito. Por isso, dada a sua abertura infinita, em nada de finito alcança a sua realização adequada. "Daí, a permanente intranquilidade e desassossego da liberdade humana. Mas devido à precisão finita da liberdade, esta não pode satisfazer-se a si mesma. Para poder chegar à sua satisfação interior, só tem um caminho: encontrar-se com uma liberdade que seja infinita não só segundo a sua abertura formal, mas também segundo a sua realização material. (...) Por conseguinte, haveria que conceber Deus não como ser absoluto, como substância absoluta e termos semelhantes utilizados pela metafísica clássica, mas como liberdade perfeita"[210].

---

[209] Cf., por exemplo, Hans-Peter Dürr, *Physik und Transzendenz. Die grossen Physiker unseres Jahrhunderts über ihre Begegnung mit dem Wunderbaren*, Berna, Munique, Viena, 1988[2]; Fritjof Capra, *Das Tao der Physik*, Trad., Berna, Munique, Viena, 1987[9]; Id., *Wendezeit*, Trad. Berna, Munique, 1987[14]; Id., *Das neue Denken*, Trad., Berna, Munique, Viena 1990[2]; Friedrich Cramer, *Chaos und Ordnung. Die komplexe Struktur des Lebendigen*, Estugarda, 1989[3].

[210] W. Kasper, o. c., p. 255.

Assim, em contraposição a certa religiosidade asiática, às filosofias panteístas ou às objecções de Fichte na disputa sobre o ateísmo em 1798 ou de Jaspers, que recusam a aplicação do conceito de pessoa a Deus, para não lhe introduzir a finitude, já que "a personalidade, diz-se, inclui individualidade e, por conseguinte, significa delimitação"[211], a Bíblia é incompreensível sem o carácter pessoal de Deus, que se revela como um eu e quer que os homens se lhe dirijam como a um tu. Mas é evidente que o conceito de pessoa só analogicamente se pode aplicar a Deus, o que significa que "toda a semelhança inclui uma dissemelhança ainda maior. (...) Neste sentido analógico, personalidade de Deus significa que o todo da realidade está presente nele de uma forma absolutamente única. Portanto, a aplicação do conceito de pessoa a Deus não pretende delimitar o ser supremo, mas salvaguardar a infinitude, afirmando simultaneamente que a infinitude de Deus não coincide com a infinitude – suposta ou real – do mundo e do espírito humano, que Deus se diferencia também infinitamente da infinitude do espírito humano e do mundo, que ele é único por antonomásia"[212]. Por conseguinte, Deus, que não é um objecto nem um predicado do mundo ou do homem, é ao mesmo tempo *"a realidade que determina todas as coisas* (...), ele está em todas as coisas, encontramo-lo em todas as coisas, mas, sobretudo, podemos encontrá-lo em todas as pessoas

---

[211] Id., *o.c.*, p. 198.
[212] Id., *o. c.*, p. 199.

humanas. Mas isto não é tudo. Ao definir pessoalmente Deus como a realidade que tudo determina, define-se também pessoalmente o ser no todo. E com isso produz-se uma revolução na compreensão do ser. O último e supremo não é a substância, mas a relação. Dito de forma mais concreta: o *amor é a realidade que tudo determina*, é o sentido do ser"[213]. Por outro lado, se Deus é pessoa e a pessoa só na relação a outro se compreende, "quem é então o interlocutor de Deus? Por outras palavras: se Deus é amor, quem é então o tu eterno desse amor? Se fosse o homem, então a revelação do amor de Deus deixaria de ser livre, passaria a ser necessária para Deus; então Deus deixaria de ser concebível sem o homem e sem o mundo, Deus e mundo estariam então numa conexão necessária"[214]. Quer dizer, o mundo não seria criação livre de Deus, estaríamos na ordem da necessidade e não da liberdade absolutamente gratuita. Assim, a fé cristã confessa o Deus uno e trino, a Triunidade em Deus. O cristianismo fala do Deus trinitário, isto é, um Deus que não é um solitário nem totalitário, mas relacional em si mesmo: ser e ser-em-relação identificam-se. Segundo a fé cristã, Deus não é a *res infinita* cartesiana ou um Solitário narcisista, que não deixa espaço para outras liberdades, mas Comunhão de Diferentes, Mistério de Comunicação em si mesmo, e, assim, Amor Originário, o que mostra o primado da super-categoria da relação em contraposição

---

[213] Id., o.c., p. 201.
[214] Id., *o.c.*, p. 202.

à antiga substância ou ao sujeito moderno: "nem a antiga substância nem o sujeito moderno representam a realidade última, pois só a relação é a categoria originária do real", e o homem também não é "nem um ser-em-si (substância) autárquico nem um ser-para-si (sujeito) individual, mas ser a partir de Deus e na relação a Deus, a partir de outros homens e em referência a eles: ele só vive de modo humano nas relações de Eu-Tu-Nós"[215]. O espanto originário que o ser provoca não encontra a sua luz precisamente no amor? De tal modo que "ser e amor são coextensivos. Na sua in-necessidade, o amor é a maravilha originária do ser. É a resposta à pergunta do porquê existe um mundo e não antes nenhum"[216]. Por isso, a saudade tem uma dimensão ontológica e é a experiência de uma intencionalidade privativa: o outro que devia estar presente, para sermos realmente, faz-nos falta, porque está ausente.

No termo da sua reflexão sobre as atitudes concretas em relação ao outro, Sartre escreve em nota: "Estas considerações não excluem a possibilidade de uma moral da libertação (délivrance) e da salvação"[217], e conclui *L'être et le néant* com estas palavras: "Todas estas questões, que nos remetem para a reflexão pura e não cúmplice só no

---

[215] Id., *Il Dio di Gesù Cristo*, Trad., Brescia, 1984, p. 387.

[216] Id., *Il Dio*, p. 83, remetendo para: H. U. von Balthasar, *Herrlichheit. Eine theologische Ästetik*, vol. III/1, Einsiedeln, 1965, pp. 943-983.

[217] EN, p. 463.

campo moral podem encontrar a sua resposta"[218]. É, pois, para o domínio da ética que somos remetidos, impondo-se, no diálogo com Sartre, as perguntas críticas: Como é possível a ética dentro do seu quadro categorial? É ainda verdadeiramente humanista um humanismo que reduz o outro a objecto de posse e o amor ao projecto de fazer-se amar? Como fundamentar o combate pela justiça, em que Sartre se empenhou ao longo da sua vida, se o sentido do encontro com o outro for o conflito?[219]

A fenomenologia sartriana do outro é unilateral. Não há dúvida de que a experiência do encontro com o outro é também a experiência do conflito, como revela a própria etimologia da palavra encontro em várias línguas, onde o contra da luta está presente: *en-contro, en-cuentro, rencontre, in-contro, en-counter, Be-gegnung*. Mas a negatividade deste encontro, em que *homo homini lupus(est)*, como quer Sartre, na continuidade de Hobbes, é já a perversão do encontro originário, em que a presença do outro é fonte das possibilidades humanas, desde o sorriso mútuo da mãe e do filho ao olhar enamorado e transcendente-envolvente daqueles que verdadeiramente se amam. A realidade da linguagem, que não pode reduzir-se à mera transmissão de conteúdos objectivos nem a uma relação de sujeito-objecto, pois ela é sobretudo comunicação de mim mesmo como unidade interior-corpórea ao outro

---

[218] EN, p. 692.
[219] Cf. Juan Alfaro, *Dalla questione dell'uomo alla questione di Dio*, Roma, 1985, pp. 167.

como pessoa, numa dinâmica de diálogo interpessoal, em que mutuamente nos comunicamos, mas em que começo por ser chamado, implica por si mesma a alteridade do outro, como bem viu Lévinas: "a essência da linguagem é a relação com Outrem"[220]. O pensamento dialógico, que colocou em crise a egologia, distinguindo as relações eu--tu e eu-isso, sublinhou precisamente esta dimensão da linguagem, onde se manifesta o primado da relação e a realidade inter-humana, que só na diferença acontece[221].

A liberdade sartriana, ilimitada e absoluta, gera o absurdo de um projecto de dar sentido a uma existência que nunca pode tê-lo. Ora, o que é que no frente a frente de mim com o outro se revela senão a liberdade transcendente do outro, interpelando incondicionalmente a minha liberdade? O outro, que eu não constituo, como justamente viu Sartre, manifesta-se directa e imediatamente, sem intermediários, não apenas nem fundamentalmente na vergonha que sou perante ele, mas na minha responsabilidade ética perante o apelo incondicional da sua liberdade. "Sem o reconhecimento da pessoa do outro, como valor que interpela a minha liberdade, não se pode fundamentar nenhuma ética, ateia ou teísta. (...) O valor da liberdade do outro, que interpela incondicional-

---

[220] Emmanuel Levinas, *Totalidade e Infinito*, Trad., Lisboa, 1988, p. 185.
[221] Cf. Miguel Baptista Pereira, *Filosofia e crise actual de sentido – 1*, Separata, Coimbra, 1986, pp. 81 ss, com indicação de ampla bibliografia.

mente a minha, é ontologicamente prévio às minhas decisões"[222]. Mesmo que Deus não existisse, não poderia afirmar a minha liberdade como absoluta e ilimitada, pois há a experiência irredutível da liberdade da pessoa do outro, que exige respeito incondicionado, já que, valor e fim em si mesma, não posso dispor dela. Para Sartre, a liberdade é injustificável. Mas a liberdade tem de justificar-se, pois, "reduzida a ela própria, realiza-se, não na soberania, mas no arbitrário. (...) A liberdade não se justifica pela liberdade. Explicar a razão do ser ou ser em verdade não é compreender nem apoderar-se de..., mas, pelo contrário, encontrar outrem sem alergia, ou seja, na justiça"[223]. A liberdade solitária giraria sobre o vazio. Então, o que é que pode querer a liberdade senão liberdades, como justamente viu Fichte?[224] A certeza da minha liberdade é-me presente no apelo incondicional da liberdade do outro. A minha liberdade está essencialmente vinculada à liberdade do outro enquanto valor absoluto. Sartre desconhece o amor oblativo e "evidentemente só pode ver a autovinculação da fidelidade como perda da liberdade no amor e não como sua realização"[225].

A liberdade do outro como valor inviolável invalida a tese sartriana da liberdade ilimitada e criadora de todos

---

[222] Juan Alfaro, *o. c.*, p. 167.
[223] E. Levinas, *o. c.*, p. p. 283.
[224] Cf. Manuel Riobó González, *Fichte, filósofo de la intersubjectividad*, Barcelona, 1988.
[225] Wolfhart Pannenberg, *Anthropologie in theologiscer Perspektive*, Göttingen, 1983, p. 224.

os valores. A liberdade do outro apresenta-se como valor incondicionado *que eu não criei* e que, por isso, tenho de respeitar. Aliás, faço a experiência de que também não criei a minha liberdade e, assim, a liberdade como tarefa é, antes de mais, liberdade acolhida e oferecida.

Certamente o outro constitui para mim ameaça permanente. Mas não é precisamente a resistência das coisas e do outro, que se me opõem, a prova da sua alteridade? Perante a ameaça do outro, tento objectivá-lo. Porém, objectivando-o, não o destruo apenas a ele, mas também a mim próprio. Em contraposição à intenção objectivadora, que faz do outro "um ente abarcável, acabado, patente, numerável, quantificado, distante, provável e indiferente"[226], na relação interpessoal, o outro, como eu para ele, apresenta as características da inabarcabilidade, do inacabamento, da inacessibilidade, da inumerabilidade, da não susceptibilidade de quantificação, da não exterioridade, da não probabilidade, da não indiferença[227]. Face ao outro como pessoa, estou perante um *tu* e não um *ele,* sendo, por minha vez, o seu *tu*.

Em *La esfinge*, de Unamuno, diz Angel a Eufemia: "Mira-me a la mirada y no a mí"[228]. O outro é um centro em si mesmo, em cujo Olhar mora um abismo que eu não posso objectivar. O Olhar ou Rosto *(Visage,* diz Levinas) é a própria epifania do outro, não redutível ao em-si

---

[226] P. Laín Entralgo, *Teoría y realidad del otro,* p. 551.
[227] Id., *o. c.*, pp. 581-582.
[228] Cit. in Id., *o. c.*, p. 296.

coisista. O outro é outro eu e um eu outro, um outro que não sou eu e que se impõe a mim, que eu de modo nenhum domino. O Olhar do outro é o que eu não posso ver, pois remete-me para uma Transcendência que está para lá de todo o saber e que me interpela eticamente: no apelo ético tenho a certeza indubitável da existência do outro. Face ao Olhar do outro, não "é o infinito (que) vem à ideia na ambiguidade de verdade e de mistério?"[229]. É fundamentalmente a partir desse encontro ético com o outro que a filosofia é convocada com sentido para a questão de Deus: "na obrigação em relação ao outro há um sentido", e é a partir desse sentido que o racional pode ser pensado de outro modo, consistindo a tentativa filosófica em dizer que é na relação com o outro que "Deus vem à ideia"[230].

A presença do outro, que me convoca eticamente na novidade transcendente da nudez do Rosto, que não faz parte do mundo, abala na raiz todo o trabalho da razão ocidental como doutrina do saber absoluto, que encontra o seu cume no hegelianismo e na fenomenologia husserliana da subjectividade transcendental, mediante a "promoção de um pensamento que, na plenitude das suas ambições, se destinteressa pelo outro enquanto outro que não se aloja no noema de uma noese[231]. O outro que me

---

[229] Emmanuel Levinas, *Transcendance et intelligibilité*, Genebra, 1984, p. 22.
[230] Id., *o. c.*, pp. 38-39.
[231] Id., *o. c.*, p. 16.

visita a partir de um "Além" que eu não controlo nem domino é "a afecção do finito pelo infinito", não redutível[232]. Tocados, enquanto finitos, pelo infinito, somos postos a caminho de uma inteligibilidade que não tem o seu termo na coincidência da unidade, da redução do outro ao mesmo ou da transcendência à imanência, mas que é a excelência da socialidade no amor como relação com o outro enquanto tal, traduzida na responsabilidade sem limites por ele. A angústia já não se refere à *minha* morte, o que se torna intolerável é que o outro amado morra. Como disse Max Horkheimer, há uma solidariedade que ultrapassa a de uma classe determinada e que vincula todos os homens, pelo facto de "terem de sofrer, serem mortais e finitos"[233].

A alteridade pessoal impede todo o monismo, tanto espiritualista como materialista. A pluralidade das pessoas não pode ter a sua origem no Neutro, seja ele o Espírito ou a Matéria. Por isso, Tomás de Aquino, para quem "persona significat id quod est perfectissimum in tota natura"[234], para explicar a dignidade inviolável de cada homem teve de admitir que a alma humana tem a sua origem num acto criador especial de Deus e não na geração natural, pois, sem a doação criadora do *actus essendi* à alma de cada homem, os indivíduos humanos não passariam

---

[232] Id., *o. c.*, p. 26.
[233] Max Horkheimer, *Die Sehnsucht nach dem ganz Anderen. Ein Interview mit Kommentar von Helmut Gumnior*, Hamburgo, 1970, p. 55.
[234] *Summa Theologica*, 1,29,3.

de "casos" da espécie. É a intervenção criadora de Deus em relação a cada alma humana que confere um estatuto ontológico de dignidade à alteridade: cada homem é querido pelo Ser infinito por um acto de amor particular, "a sua alteridade é obra de uma intervenção criadora do Ser infinito"[235]. Tomás de Aquino, ao afirmar que a alma humana é "uma forma-substancial-subsistente"[236], revolucionou completamente, neste domínio, a concepção aristotélica: por um lado, a alma humana, enquanto termo de um acto criador particular de Deus, é irredutível à matéria; por outro, Deus cria-a como forma e, portanto, como co-princípio do composto humano, isto é, ordenada essencialmente à matéria, de tal modo que só o composto de alma e corpo é o homem enquanto pessoa. Para Tomás de Aquino, a alma separada não é a pessoa[237] e, por isso, a imortalidade só é inteligível como ressurreição da carne, isto é, como nova criação de Deus. Portanto, "mesmo a corporalidade acidental, a da extensão do corpo do ser humano, é revestida duma dignidade ontológica sem comparação com a dos outros compostos hilemórficos", e "o acto criador, esse 'deixar ser' ou posição absoluta do ser de cada homem, é o paradigma de toda a relação entre os seres humanos. O ser infinito, longe de totalizar-se, pôs ser, e ser distinto. Fundou a alteridade antropológica por um acto que subtrai o existente

---

[235] C. Bazan, *o. c.*, p. 73.
[236] Id., *o. c.*, p. 72.
[237] Anima separata... non est persona", in: *De pot.* 9,2 ad 14.

humano à totalização da espécie, em que os indivíduos têm um valor desprezível"[238]. A criação opõe-se à ideia de totalidade: "O desnivelamento absoluto da separação, que a transcendência supõe, não pode exprimir-se melhor do que pelo termo de criação, em que ao mesmo tempo se afirma o parentesco de todos os seres entre si, mas também a sua heterogeneidade radical, a sua exterioridade recíproca a partir do nada. Pode falar-se de criatura para caracterizar os entes situados na transcendência que não se encerra em totalidade"[239].

É precisamente a partir do homem, na sua irredutibilidade pessoal, que melhor se pode compreender o que significa criação. De facto, quando se pensa *pessoalmente* a geração humana, vê-se que "a realidade psico-física do filho – corpo, funções biológicas, psiquismo, carácter, etc. – 'deriva' da dos pais, e neste sentido é 'redutível' a ela. Isto é, 'o que' o filho é, o seu 'quê'; porém, não 'quem' é. O filho que é e diz 'eu' é absolutamente irredutível ao eu do pai bem como ao da mãe, igualmente irredutíveis, é claro, entre si. Não tem o menor sentido controlável dizer que 'vem' deles, porque eu não posso vir de outro eu, já que este é um 'tu' irredutível. Dizer 'eu' é formar uma oposição polar com toda a outra realidade possível ou imaginável, e esta polaridade, de forma bilateralmente pessoal, é precisamente a dualidade eu-tu. Neste sentido puramente 'descritivo e fenomenológico', a *criação pessoal*

---

[238] C. Bazan *o. c.*, p. 75.
[239] E. Levinas, *Totalidade e Infinito*, p. 273.

é evidente. Isto é, o aparecimento da pessoa – de *uma* pessoa – enquanto tal, é o modelo daquilo que realmente entendemos por criação: a iluminação de uma realidade nova e intrinsecamente irredutível". Assim, em ordem à intelecção filosófica da criação, não se deve partir de Deus, mas de que "cada pessoa significa uma radical *novidade*, impossível de reduzir-se a qualquer outra realidade dada; e isto é o que nós nos veríamos obrigados a chamar 'criação'. (...) a criação impõe-se como maneira adequada de descrição da origem das realidades pessoais. A pessoa como tal deriva do 'nada' de toda a outra realidade, já que a nenhuma delas se pode reduzir. Se não a vemos como 'criada', torna-se-nos literalmente inexplicável, ou aparece violentamente reduzida ao que não pode ser: uma coisa"[240]. Mas, por outro lado, em termos modernos, a *intervenção criadora* de Deus, exigida para compreender a novidade *radical* do homem e de cada homem "não tem que ser entendida como uma intervenção acrescentada de fora, que junta um novo a um pré-dado no seu comportamento puramente passivo, pois pode entender-se como consecução da autotranscendência da origem intramundana do novo, também da alma 'espiritual' do homem"[241]. Assim, pressupondo a criação ex nihilo, pode afirmar-se que "a antropogénese, filogenética e ontogené-

---

[240] Julián Marías, *Antropologia metafísica*, Trad., São Paulo, 1971, pp. 30-31.
[241] Karl Rahner e Herbert Vorgrimler, *Kleines Theologisches Wörterbuch*, Friburgo/Br., Basileia, Viena, 1988[16], p. 113.

tica, é realmente um processo de estruturação evolutiva da matéria cósmica", a ponto de poder perguntar-se: "porque não admitir, embora não sejamos capazes de dizer como, que o pensar, o decidir livremente e o inventar símbolos são propriedades estruturais do cérebro humano? Talvez a realidade física dessa suprema actividade do cérebro seja em si mesma um mistério (...). Mas, de qualquer forma, o mistério subjacente à visão do corpo humano como a estrutura de uma matéria somática ou pessoal sempre será mais razoável e mais próximo do saber científico do que o mistério inerente à concepção da realidade humana como o conúbio e a interacção de um espírito imaterial e um corpo material, ou de uma 'forma substancial' e uma 'matéria prima'", o que não é materialismo, mas *materismo*[242]. Se "a autoorganização é o potencial criativo da matéria evolutiva, e isto é válido para a matéria total", se, mesmo do ponto de vista do cientista, criação e evolução não são inconciliáveis[243], poderá dizer-se que a matéria que transcende se tornou, no homem, *matéria pessoal*, de tal modo que o homem se autocompreende não como coisa, mas como pessoa, como *alguém corporal*, referido a si e aberto aos outros, ao mundo e à Transcendência. De facto, na produção do *novo*, "*a superação de si mesmo deixa de ser uma contradição, por-*

---

[242] Pedro Laín Entralgo, *El cuerpo humano. Teoría actual*, Madrid 1989, pp. 326. 324-325. 318.
[243] Friedrich Cramer, *Chaos und Ordnung*, pp. 231. 235 ss.

que na criatura que se autosupera está operando a causalidade criadora de Deus, que produz a autonomia"[244].
Como se vê, a afirmação de S. Tomás pode ser reformulada em termos modernos. Mas o que se quer essencialmente sublinhar é que metafísica criacionista e ética se encontram e implicam, pois a justiça, que é relação ao outro *(justitia est ad alterum)*, só pode significar respeito e promoção da alteridade do outro enquanto tal, que é perfeição querida por si mesma, não totalizável com a abstracção da espécie ou da essência. "A justiça, como respeito da alteridade, é superação da consciência, crise da liberdade como fonte única do sentido, resposta ao apelo que vem de um Além da totalidade instaurada pelo pensamento"[245]. É neste sentido que Levinas pode escrever com alguma razão que "a moral não é um ramo da filosofia, mas a filosofia primeira"[246].

Deus vem de novo à ideia, mediante a relação entre ética e esperança. É, por exemplo, possível responder à pergunta implicitamente formulada por Freud quando confessou: "Quando eu me pergunto por que é que sempre procurei com seriedade ser solícito e, quanto possível, ser bondoso para com os outros e porque é que o não deixei de ser quando verifiquei que se é prejudicado por isso e massacrado, porque os outros são brutos e infiéis, não

---

[244] Bela Weissmahr, *Teología natural*, Trad., Barcelona, 1986, pp. 165-166.
[245] C. Bazan, *o. c.*, p. 78.
[246] E. Levinas, *o. c.*, p. 248.

conheço qualquer resposta"?[247] A autonomia da razão prática, para a qual Kant deu um contributo decisivo, é uma conquista definitiva da humanidade: a moral é uma forma de autoobrigação, e Levinas tem alguma razão quando afirma "a assimetria do interpessoal"[248], pois o outro não é simplesmente um elemento da totalidade ou um alter ego, mas uma transcendência única com quem tenho uma relação assimétrica, no sentido de que as suas exigências em relação a mim não são consequência das minhas exigências em relação a ele. O outro impõe-se por si mesmo à minha liberdade. Vê-se melhor esta assimetria, quando se trata do outro frágil, pobre, esfomeado, estrangeiro e desvalido, que, sem o meu apoio, morreria: em tal situação, a responsabilidade face ao outro impõe-se, sem possibilidade de iludi-la. Nesta condição, o outro toma-me como "refém"[249]. No entanto, Levinas não

---

[247] S. Freud, Brief an J. J. Putnam vom 8. Juli 1915, cit in: Hans Küng, *Freud und die Zukunft der Religion*, Munique, 1987, p. 107.

[248] E. Levinas, *o. c.*, p. 192.

[249] E. Levinas, *De otro modo que ser, o más allá de la esencia*, Salamanca, 1987, p. 180. Hans Jonas parte do dever para com a prole como dever natural de responsabilidade sem reciprocidade: "Na moral tradicional, encontramos um caso (...) de uma responsabilidade e um dever elementares não recíprocos, que se reconhecem e praticam espontaneamente: a responsabilidade e o dever para com os filhos que gerámos e que, sem os cuidados de que a seguir precisam, pereceriam": H. Jonas, *El principio de la responsabilidad*, Barcelona, 1994, p. 83, cit. in Gabriel Amengual, *Antropología filosófica*, Madrid, 2007, p. 427.

pode esquecer que o outro não é apenas graça e fonte de obrigação ética para mim, mas também frequentemente de violência e injustiça, como aliás eu para ele. A assimetria deve, pois, tender para a reciprocidade.

Que pensar, por exemplo, dos soldados que, em 1989, na Praça Tiananmen de Pequim, se suicidaram, para não terem de executar a ordem de matar os estudantes que reclamavam liberdade? Edward Schillebeeckx apresenta precisamente o exemplo dramático do soldado que, numa ditaduta e sob pena de morte, recebe a ordem de matar um refém inocente, só porque ele é judeu, comunista ou cristão[250]. Por motivos de consciência, o soldado recusa executar a ordem, ficando assim numa situação que toca as raias do absurdo: de facto, ele próprio será morto e outro fuzilará o refém. Aparentemente, ninguém beneficiará desta acção ética inútil. Perante uma situação como esta, percebemos que a exigência ética do outro nos coloca perante uma aporia: por um lado, somos incondicionalmente apelados pelo respeito para com o outro, por outro lado, não há qualquer garantia de que o mal – a violência e a injustiça, a tortura e a morte – não seja a última palavra sobre as nossas existências finitas no mundo. A pergunta torna-se, pois, inevitável: Porque é que devo continuar a respeitar incondicionalmente o

---

[250] Edward Schillebeeckx, *Weil Politik nicht alles ist. Von Gott reden in einer gefährdeten Welt*, Friburgo, Basileia, Viena, 1987, pp. 79-91, onde se reflecte precisamente sobre a ética autónoma e o meta--ético, a ética e a esperança, em confronto crítico com Levinas.

outro, embora ele seja também fonte de injustiça e violência? Como responder no caso dramático do soldado que, apelado pelo horror da condenação do refém, recusou matá-lo, para, dessa forma, embora sob a ameaça da sua própria destruição física, pois ele próprio será morto, manter intacta a sua integridade moral, sabendo ao mesmo tempo que também o refém será liquidado? Há apenas dois caminhos de resposta eticamente responsável: a resposta religiosa e a resposta que se reclama de uma acção heróica a favor do *Humanum*. Ambas se apoiam na esperança de que, contra todas as aparências fácticas, a justiça triunfará sobre a injustiça, o *Humanum* contra a desumanidade. Jean-Paul Sartre, no seu leito de morte, dizia: "Eu ainda continuo a confiar na humanidade do homem..."[251]. No entanto, o humanista ateu/agnóstico não pode dar nenhum tipo de garantia de que a sua esperança, exclusivamente fundada ético-autonomamente, se concretize. De qualquer forma, para as vítimas que já caíram e para aquelas que no futuro continuarão a tombar, não há salvação. "Toda a resposta às questões da justiça e da liberdade, que deixe de fora o problema da morte, é insuficiente. Se só um futuro não previsível há-de trazer a justiça, então todos os mortos da história foram enganados. Não basta dizer-lhes que cooperaram na preparação da libertação e que, desse modo, entraram nela. De facto, não entraram nela; pelo contrário, saíram da história sem receber justiça (...). Uma libertação que encontre na

---

[251] Cit. in: Id., *o. c.*, p. 86.

morte a sua fronteira definitiva não é libertação autêntica. Sem solução para a questão da morte, tudo o resto se torna irreal e contraditório"[252]. O homem não pode por si mesmo operar a sua salvação: a uma total autolibertação emancipatória, à maneira, por exemplo, da situação ideal de fala contrafáctica, de J. Habermas, opõe-se o facto de o homem ser para os outros não só graça, mas também violência e aniquilação, numa história de maldade que parece não ter fim: *mysterium iniquitatis*, dizia S. Paulo. Por isso, Th. Adorno escreveu que a esperança tem de incluir a todos e que, a haver justiça, ela teria de ser justiça também para os mortos[253]. Neste sentido, o seu amigo Max Horkheimer, outro fundador da Escola de Frankfurt, disse: "Toda a pretensão de fundamentar a moral na inteligência terrena e não num Além (...) constrói sobre ilusões harmonizadoras. Em última análise, tudo o que se relaciona com a moral tem a ver com a teologia"[254]. A consciência moral revolta-se contra a perspectiva de que os algozes possam para sempre ter razão contra as vítimas inocentes. Por isso, Max Horkheimer escreveu também: "Se tivesse que explicar porque é que Kant perseverou na crença em Deus, não encontraria melhor referência que uma passagem de Vítor Hugo.

---

[252] Joseph Ratzinger, *Kirche, Oekumene und Politik*, Basileia, 1987, p. 242.
[253] Th. W. Adorno, *Negative Dialektik*, Frankfurt/ M., 1966, p. 205.
[254] Max Horkheimer, *Die Sehnsucht nach dem ganz Anderen*, p. 61.

Citá-la-ei tal como me ficou gravada na memória: uma anciã cruza a rua, educou filhos e colheu ingratidão, trabalhou e vive na miséria, amou e ficou só. Mas o seu coração está longe de qualquer ódio e presta ajuda quando pode fazê-lo. Alguém vê-a seguir o seu caminho e exclama: 'ça doit avoir un lendemain', isto tem que ter um amanhã. Porque não eram capazes de pensar que a injustiça que domina a história fosse definitiva, Voltaire e Kant exigiram um Deus, e não para si próprios"[255].

Então, "teologia é – exprimo-me conscientemente com precaução – a esperança de que, não obstante a injustiça que caracteriza o mundo, não acontecerá que ela, a injustiça, seja a última palavra"[256]. O crente também é obrigado a empenhar-se incondicionalmente pelos outros, em caso-limite até ao martírio, e não precisa de Deus como fundamento directo do seu agir ético. A entrega incondicionada do mártir não tem como motivo a conquista da recompensa eterna: na fundamentação autónoma da ética, trata-se do *Humanum* absolutamente digno e da esperança da justiça sobre a injustiça – *etsi Deus non daretur*. No entanto, o crente sabe que a sua acção é mais forte do que a morte e, acreditando em Deus, considera a fé no triunfo do bem sobre o mal, da justiça sobre a injustiça como experiência do meta-humano e do meta-ético, que os homens na sua história intramundana não podem rea-

---

[255] Id., "En torno a la libertad", cit. in : Adela Cortina, *Crítica y utopia: La Escuela de Frankfurt*, Madrid, 1986, p. 183.
[256] Id., *Die Sehnsucht nach dem ganz Anderen*, p. 61.

lizar. Desta forma, o mal e o absurdo não são anulados nem sequer racionalmente compreendidos, mas, para o crente, não têm a última palavra: sendo Deus a fonte e o fundamento transcendente da ética, há esperança para as vítimas e para os mortos, que, fora desta perspectiva, ficam definitivamente riscados da história. Por conseguinte, o apelo a Deus não desvaloriza o homem nem a sua dignidade (é necessário dar razão a Sartre: seria preferível não acreditar em Deus a aceitar um deus que diminui ou escraviza o homem). Não se trata de fazer apelo a um Deus estranho ao compromisso ético autónomo; pelo contrário, o apelo a Deus é mediatizado precisamente por este empenho ético e pela convicção de que a justiça é mais forte do que a injustiça.

Como bem viu Kant, a forma moderna de introduzir de modo relevante e filosoficamente significativo a questão de Deus é ética. Escreve com razão Edward Schillebeeckx: "O caminho mais óbvio e moderno para Deus é optar afirmativamente pelos semelhantes, de forma interpessoal e transformando as estruturas que os escravizam. Não se trata de um acesso meramente especulativo ou puramente teórico a Deus (fundamentações ontológicas ou proclamações decisionistas da subjectividade livre), mas de uma interpretação meta-ética, isto é, religiosa ou teologal de uma possibilidade humana micro e macroética. Não se trata da metafísica do ser ou da subjectividade livre, mas de uma reflexão de fé sobre a praxis da justiça e do amor"[257].

---

[257] Edward Schillebeeckx, *o. c.*, p. 89.

Assim, contra a afirmação de Sartre: "é absurdo que tenhamos nascido, é absurdo que morramos"[258], há a esperança fundada da salvação, por fidelidade gratuita do Outro de todos os outros.

Conclusão

A é A, que traduz o princípio de identidade, é o primeiro princípio da lógica. Não se trata, porém, de uma tautologia inocente, pois, na dialéctica da identidade, A sai fora de si, ao encontro do diferente, para, mediante a conquista da alteridade, regressar vitorioso a si próprio, no reencontro da posse plena. "Levinas resume a questão da identidade lembrando o *Timeu* de Platão: 'O círculo do Mesmo engloba ou compreende o círculo do Outro'. Trata-se, de facto, do decisivo confronto entre o 'autón' e o 'héteron' e a vitória do primeiro sobre o segundo. A autonomia conquistada como identidade supõe este clima de guerra, esta luta e ansiedade, este ardor pela vitória sobre toda a diferença e alteridade"[259].

Pelos círculos da identidade – saber omnipotente, domínio da Natureza, vontade de poder, posse satisfeita –, o homem ocidental julgou encontrar a salvação. Mas a dialéctica do mesmo para a conquista de uma egologia

---

[258] EN, p. 605.
[259] Luiz Carlos Susin, "*O esquecimento do 'outro' na história do Ocidente*", pp. 264-265.

soberana, em que se tem jogado o destino da razão, desembocou no niilismo do deserto de sentido. Para a identidade, onde tudo se consuma no *nunc stans* terminal e eterno da dialéctica do Espírito, do materialismo dialéctico ou do maquinismo social, não há futuro nem o novo. Mergulhados na crise, assolados pelo perigo da catástrofe ecológica e da destruição nuclear, mergulhados na noite do sem sentido, somos visitados pela angústia, experiência-limite do Outro pela ausência. No extremo perigo, surge a esperança. *Wo aber Gefahr ist, wächst das Rettende auch* – Mas onde está o perigo, cresce também o que salva – (Hölderlin). No nada negativo, pode operar-se a conversão ao Nada positivo enquanto ocultação e revelação do mistério do Outro que nos apela. Esse apelo da alteridade salvadora torna-se vivo na história dos vencidos: o pobre, o órfão, a viúva, o estrangeiro, todas as vítimas do passado e do presente, que são também o corpo, a mulher e a Natureza[260]. Se a metafísica da subjectivi-

---

[260] Neste sentido, e a propósito das celebrações do V Centenário dos Descobrimentos e da Primeira Evangelização da América, não se pode deixar de meditar no *Manifesto dos Povos Indígenas*, de que se reproduzem alguns passos: "Nós, indígenas representantes de 30 nacionalidades de 15 países da América Latina, reunidos por ocasião da II CONSULTA ECUMÉNICA DE PASTORAL INDIGENISTA DA AMÉRICA LATINA, de 30 de Junho a 6 de Julho de 1986, em vista da proximidade das celebrações do V Centenário do chamado Descobrimento e da suposta primeira evangelização da América, manifestamos: 1. Nosso repúdio total a estas celebrações triunfalistas, pelas seguintes razões: 1.1. Que não houve tal descobrimento

dade moderna, que substituiu a antiga substância, erguendo-se a norma absoluta da verdade pela objectivação de tudo na imanência universal e omnipotente de um deus, se apresentou como a vitória da identidade, mas, de facto, constitui a nossa real derrota, então a salvação só pode vir do acolhimento generoso da alteridade que se nos oferece em apelo radical. A nossa identidade é ex--cêntrica, mora na abertura à re-sponsabilidade ética, como diz a origem etimológica grega de *êthos*, morada, havendo vinculação entre ética, ecologia (de *óikos*, casa),

---

e evangelização autêntica, como se quis colocar, mas uma invasão com as seguintes implicações: a) *Genocídio* pela guerra e ocupação, contágio de doenças europeias, morte por superexploração e separação de pais e filhos, provocando a extinção de mais de 75 milhões de irmãos nossos; b) *Usurpação* violenta de nossos domínios territoriais; c) *Desintegração* de nossas organizações sócio-políticas e culturais; d) *Subjugação ideológica e religiosa*, em detrimento da lógica interna de nossas crenças religiosas. 1.3. Em todo este processo de destruição e aniquilamento, em aliança com o poder temporal, a Igreja Católica e outras Igrejas – e, mais recentemente, as seitas e corporações religiosas – têm sido e são um instrumento de submissão ideológica e religiosa de nossos povos". Cit. in *Revista Eclesiástica Brasileira* 185 (1987) 182-183, onde é apresentado todo o documento. Por isso, a teologia tem também de ser vista "a partir do reverso da história", isto é, trata-se de compreender o trabalho, o decurso da história, a partir dos últimos e mais pobres da humanidade": Gustavo Gutiérrez, "Wenn wir Indianer wären...", in: Edward Schillebeeckx (Hrsg.), *Mystik und Politik. Theologie im Ringen um Geschichte und Gesellschaft. Johann Baptist Metz zu Ehren*, Mainz, 1988, p. 37.

economia (de *óikos* e *nómos*, lei) e Transcendência ex-cendente.

A filosofia hoje, se não quiser circunscrever-se a mero exercício académico repetitivo e inútil, tem de mergulhar na tarefa irrenunciável de pensar a diferença na identidade e a identidade na diferença, para lá do monolitismo in-diferente[261] e do niilismo estético[262]. E, por paradoxal que pareça, essa tarefa concentra-se na urgência de uma filosofia do corpo, pois foi pela redução do homem a pura subjectividade pensante, esquecendo o corpo reduzido a máquina ou prisão da alma, que a própria existência do outro se tornou duvidosa e problemática[263]. Reconciliar-se com o corpo é, para o pensamento ocidental, condição de possibilidade para o acolhimento de toda a alteridade, que rompe o círculo da solidão e abre à solidariedade in-finitizante, pois o encontro com o mistério do Outro é irrupção permanente da surpresa do inesperado, que funda o tempo cairológico bíblico, contra Cronos devorador dos seus próprios filhos e onde tudo é eterna repetição circular do mesmo. Pelo corpo, estamos inseridos na história do ser, iniciada com o *Big Bang* e ainda aberta e que a filosofia tem como missão interpretar, mas cuja resposta última só a teologia pode dar.

---

[261] Cf. John Macquarrie, *Principles of Christian Theology*, Londres, 1984, pp. 190 ss.
[262] Cf. Gilles Lipovetsky, *A era do vazio. Ensaio sobre o individualismo contemporâneo*, Trad., Lisboa, 1988.
[263] Pedro Laín Entralgo, *El cuerpo humano, passim*.

III
O HOMEM: UM CORPO-PESSOA-NO-MUNDO--COM-OS-OUTROS

O CRIME ECONÓMICO
NA PERSPECTIVA FILOSÓFICO-TEOLÓGICA

Introdução: O Reino de Deus e a Teologia na Universidade

Como preâmbulo a esta reflexão, talvez devamos começar por tentar justificar a abordagem teológica da nossa problemática no âmbito da Universidade. De facto, se não há dúvidas quanto ao estatuto público e universitário da Filosofia, já no que se refere à Teologia, apesar de Aristóteles ter mostrado que para ele a filosofia primeira ou metafísica é "ciência do ente enquanto ente" e também *theologikè epistéme* (ciência teológica ou ciência de Deus), poder-se-ia argumentar que concretamente a teologia cristã se não justifica na Universidade actual, uma vez que se não dirige a todos os que querem e podem estudar, mas apenas aos cristãos. A pergunta é, portanto, a seguinte: tem a teologia um estatuto público e universitário?

É conhecida a afirmação célebre de Alfred Loisy, em *O Evangelho e a Igreja* (1902), talvez a obra de teologia que mais polémica levantou no século XX: "Jesus anunciou o Reino, e o que veio foi a Igreja[1]". Deste modo, o famoso teólogo modernista católico exprimia, por um lado, uma certa decepção, pois a Igreja não se identifica com o Reino de Deus, por outro, queria dizer que a Igreja é *uma* forma histórica do Reino de Deus que vem, e está ao seu serviço. Isto significa que a teologia não pode então de modo nenhum ser apenas uma função da Igreja ou limitar-se a isso. Se se tomar a sério, a teologia tem de ser uma função do Reino de Deus no mundo. Ora, "enquanto função do Reino de Deus a teologia pertence também aos domínios da vida política, cultural, económica e ecológica de uma sociedade" e refere-se ao futuro dos povos, da humanidade e da terrra. Em cada um destes campos a teologia do Reino de Deus é "*teologia pública*", que participa da *res publica* da sociedade, intervindo de modo crítico e profético nos problemas públicos na perspectiva da vinda do Reino de Deus, Reino de Deus que é o reino de uma humanidade boa, justa e feliz, numa terra que é pertença de todos, incluindo as gerações vindouras.

Os interesses da teologia são, pois, universais. Aliás, o fundador do cristianismo foi condenado por causa da sua intervenção pública sobre a coisa pública, ainda que a partir da sua compreensão de Deus. Mas então – e será necessário sublinhar este aspecto –, torna-se claro que,

---

[1] A. Loisy, *Il Vangelo e la Chiesa*, Roma, 1975, p. 141.

neste contexto, a teologia universitária terá de ter autonomia face à Igreja institucional. Temos assim que, se a Universidade quiser ser verdadeira Universidade, até no sentido etimológico da palavra, isto é, se não se quiser tornar mera *diversidade* ou um aglomerado de diversas escolas profissionais, deverá manter o diálogo inter-Faculdades, e é aqui que se insere também o discurso teológico, que, então, tem de ver para lá do horizonte das Igrejas, para percepcionar e iluminar de modo crítico (ao mesmo tempo que ele próprio se expõe à crítica) os problemas da sociedade, de uma determinada sociedade, hoje mais do que nunca inserida no conjunto da humanidade toda e da terra. Fá-lo, certamente, à luz do reinado e da justiça de Deus, mas, como se vê, o seu interesse é universal. Na perspectiva cristã, a fé em Deus não é desvinculável do Reino de Deus, pois Deus não existe sem o seu Reino, e este Reino é o futuro de Deus enquanto "o horizonte mais abrangente de esperança" para o mundo em todos os domínios da vida, incluindo, portanto, a religião/religiões, a política, a cultura, a economia, a ecologia[2].

Antes de entrar na exposição propriamente dita, é necessário ainda deixar uma precaução. O Código Penal Português, no seu artigo 1.º, diz: "Só pode ser punido cri-

---

[2] Jürgen Moltmann, "Theologie für Kirche und Reich Gottes in der modernen Universität", in: Id.,*Gott im Projekt der modernen Welt. Beiträge zur öffentlichen Relevanz der Theologie*, Gütersloh, 1997, pp. 219-230. Ver também: Manuel Fraijó, "La teología entre la ciencia y la utopía", in: Id., *Jesús y los marginados. Utopía y esperanza cristiana*, Madrid, 1985, pp. 257-273.

minalmente o facto descrito e declarado passível de pena por lei anterior à sua prática". É o célebre princípio: *Nullum crimen sine lege*. Ora, é claro que, do ponto de vista filosófico-teológico, uma vez que nos colocamos essencialmente no horizonte ético-moral, o "crime" é muito mais vasto e abrangente do que o crime jurídico considerado na lei positiva. Impõe-se igualmente prevenir que, para não alongar o texto, não se poderá estar constantemente a distinguir a perspectiva filosófica e a perspectiva teológica.

Começando a entrar propriamente na nossa questão, é necessário sublinhar que, na sua abordagem, o problema reside essencialmente na dificuldade, talvez insuperável, de uma teoria da praxis, e, concretamente no domínio da economia, de encontrar um modelo social, que articule adequadamente Justiça e Liberdade. Acentuando a liberdade, esquece-se frequentemente a justiça, ou, então, para impor a justiça, de tal modo se destrói a liberdade que só resta uma sociedade opressiva, sem liberdade nem justiça.

Fui reler o Evangelho segundo S. Mateus: 25, 14-30 e 25, 31-46. Na primeira passagem, aparece a parábola dos talentos, que conclui: a quem tem algo ainda mais se dará e terá mais do que o suficiente, mas a quem nada tem mesmo o pouco que tem lhe será tirado. De tal modo esta passagem parece confirmar a lógica do nosso mundo que a sociologia deu a designação de "efeito de Mateus" à situação em que os ricos são cada vez mais ricos e os pobres cada vez mais pobres. Mas a segunda passagem refere-se ao Juízo Final, isto é, à revelação do que constitui o núcleo da História, da realidade na sua ultimidade. Ora, esse núcleo consiste em dar de comer aos esfomeados, de beber aos que têm sede, vestir os nus, visitar os presos. O determinante da salvação consiste, portanto, no exercício da justiça e da dignificação humana. E o que se fez ao outro ser humano foi feito ao próprio Cristo: Cristo identifica-se até com o preso (e, evidentemente, supõe-se que o preso está na cadeia justamente condenado...). O leitor fica verdadeiramente perplexo: a salvação não depende de actos de culto, mas do compromisso com o outro homem necessitado. Neste sentido, podemos então dizer que o cristianismo é a religião verdadeiramente universal, na medida em que, sendo a revelação do amor incondicional de Deus para com todos os homens e mulheres, apresenta como único critério de salvação o da *humanitariedade*, da justiça e do amor reais entre os homens na sua história concreta, sem exigir a adesão a uma Igreja ou confissão cristãs. De facto, segundo a narrativa evangélica, os salvos ficam realmente admirados, pois ignoravam que o bem que tinham feito aos mais pobres e abandonados o fora ao próprio Cristo. Diga-se entre parêntesis que precisamente esta identificação de Cristo com o homem levou Ernst Bloch à tese de que o ateísmo, tal como ele o entendia, já está presente no cristianismo[3].

Assim, logo desde o começo e partindo do Evangelho, somos confrontados com os critérios da eficácia económica, diria até, da concorrência na lógica capitalista, e da generosidade sem limites, enquanto determinante do ser

---

[3] Ernst Bloch, *Atheismus im Christentum. Zur Religion des Exodus und des Reichs*, in: Id., Werkausgabe. Band 14, Frankfurt/M., 1985.

verdadeiramente homem. Como articular então a lógica da eficácia e a generosidade, sem cair, portanto, nem no miserabilismo nem numa lógica arrasadora do *Humanum*? As presentes reflexões, necessariamente fragmentárias e aparentemente vagas e abstractas, terão dois momentos: no primeiro, reflecte-se sobre a razão moderna e as suas consequências neste domínio; no segundo, aponta-se para a urgência da sua superação, no sentido hegeliano do termo *Aufhebung*. Termina-se com uma conclusão, em que é referido mais concretamente o tema do crime económico.

A razão instrumental e o *homo oeconomicus*

Refiro alguns números, que, embora desactualizados, como aliás outros que se seguirão nesta apresentação[4], são bem indicativos das injustiças gritantes deste nosso mundo. Em cada minuto, as nações da terra gastam 1,8 milhões de dólares em armamento militar; em cada hora morrem de fome ou devido a doenças causadas pela fome 1500 crianças; em cada dia desaparece uma espécie vegetal ou animal ou mais; em cada mês acrescentam-se 7,5 mil milhões aos 1500 mil milhões de dólares de dívidas, que já hoje constituem um fardo insuportável para as pes-

---

[4] De facto, como o leitor poderá constatar, nem sempre foi possível actualizar os números, que vêm da primeira edição desta obra, em 2003. Isso não invalida a tese que aqui se desenvolve.

soas do Terceiro Mundo; em cada ano é destruída para sempre uma superfície de floresta correspondente a 3/4 do território da Coreia. Estes dados provêm do documento preparatório da Assembleia Geral das Igrejas cristãs em Seul em 1990[5]. Pergunta-se: depois desta data até agora, a situação melhorou? Sim e não. Nalguns aspectos houve melhorias – por exemplo, segundo o Banco Mundial, depois de 2000, na China, saíram da miséria 400 milhões de pessoas, 200 milhões na Índia, 50 milhões no Brasil –, mas o índice dos preços alimentares duplicou, a crise dos alimentos pode tornar-se permanente e o consumo dos recursos, insustentável. De qualquer forma, continua a ser terrível que se produzam alimentos para 10.000 milhões de seres humanos e que 1.000 milhões passem fome.

Desgraçadamente, a globalização está a ser sobretudo mundialização do mercado, no quadro ideológico do neoliberalismo, que cava cada vez mais fundo o fosso entre ricos e pobres: o Relatório do Desenvolvimento Humano de 1999 do PNUD (Programa das Nações Unidas para o Desenvolvimento) mostra que 80 países têm hoje rendimentos *per capita* mais baixos do que há uma década e os bens de três multimilionários são superiores ao conjunto do PNB dos países menos desenvolvidos e dos seus 600 milhões de habitantes. Rubens Ricupero, secretário-geral da UNCTAD, instituição das Nações Unidas para o Comércio e Desenvolvimento, disse em Lisboa que consi-

---

[5] Hans Küng, *Projekt Weltethos*, Munique, Zurique, 1990, p. 20.

derava "obsceno" que três indivíduos no mundo tenham uma fortuna somada que é maior do que a dos 48 países mais pobres. E o Relatório anual "State of the World 2000" do prestigiado Worldwatch Institut, um documento de 276 páginas, mostra que é um erro confundir a vitalidade do mundo virtual com o estado cada vez mais decrépito do mundo real; ele aponta o aquecimento global como uma das ameaças mais graves para o planeta e alerta para a pressão que o crescimento económico e populacional desregulado exerce sobre os sistemas naturais. É uma vergonha para a humanidade que hoje 20 por cento das pessoas nos países mais ricos sejam responsáveis por 86 por cento do consumo mundial, que mais de 2,8 mil milhões de pessoas tenham de sobreviver diariamente com apenas um a dois dólares, enquanto 1,2 mil milhões de seres humanos podem não chegar sequer a um dólar por dia. Entretanto, o abismo das desigualdades é cada vez mais fundo: o rendimento médio dos vinte países mais ricos é 37 vezes superior ao dos vinte países mais pobres, aliás, uma diferença que, segundo o Relatório sobre o Desenvolvimento Mundial 2000/2001 divulgado em Setembro de 2000 pelo Banco Mundial, duplicou nos últimos 40 anos. Não era preciso tanto como aquilo que os norte-americanos gastam anualmente em cosméticos e os europeus em gelados para dar educação de base, água potável e saneamento a dois mil milhões de pessoas. Os Estados Unidos continuam a ser o maior exportador de armas do mundo (metade das exportações mundiais em 2000, cerca de 20 mil milhões de euros, 68 por cento dos quais pagos por países pobres), seguidos pela Rússia,

França, Alemanha e Inglaterra, e encontrando-se igualmente bem posicionados nesta hierarquia outros países ricos: Suécia, Espanha, Itália. O mais dramático nesta situação é que os pagadores sejam países em vias de desenvolvimento.

Chegados aqui, é necessário perguntar: Que tipo de razão preside a esta situação do mundo? Qual é a lógica subjacente a este intolerável estado de coisas?

A filosofia – é sobretudo nesse ângulo de visão que neste momento vamos colocar-nos – não pode perder de vista o homem enquanto pessoa concreta e viva. A não ser quando se pretende sofística ou puro academismo repetitivo e, por isso, inútil, lógica abstracta e reificada ou pura armação nocional enquanto sistema petrificado de conceitos, sem ligação à existência concreta. E, de facto, desgraçadamente, tal foi muitas vezes o seu destino, na medida em que, ignorando o seu enraizamento na existência humana e o seu fim próprio, que é compreendê-la e guiá-la, mediante a elaboração de um saber criticamente fundado e universalmente válido sobre a relação enigmática entre o homem e o universo, para responder à pergunta decisivamente importante, porque radical: a vida vale ou não a pena ser vivida?, ela degenerou no perigo sempre à espreita de transformar-se nessa armadura de pura conceptualização sistemática, com a pretensão de identificação plena entre a objectividade científica e a realidade humana total. Simplificando, poder-se-ia dizer, com Merleau-Ponty, que a filosofia frequentemente tem balançado entre estas duas concepções: o naturalismo e o idealismo. Mas, por paradoxal que pareça, também não será difícil mostrar o parentesco estreito entre estas duas concepções. Numa e noutra, o papel decisivo é desempenhado pela objectividade científica ou o *Gegenstand*, que é a objectivação no sentido kantiano, em que, mediante as formas da sensibilidade e as categorias a priori do entendimento, a *blosse Mannigfaltigkeit*, isto é, a diversidade das impressões sensíveis, empíricas e subjectivas, é subsumida e transformada em objectividade científica, ou seja, num sistema de leis, caracterizado pela *Allgemeingültigkeit* ou validade universal e que constitui a *Gegenständlichkeit* ou objectividade, de tal modo que *Gegenständlichkeit* e *Allgemeingültigkeit* se identificam. Este momento da objectivação ou do saber científico é uma etapa essencial na longa e difícil odisseia do espírito na sua dialéctica viva até alcançar o saber absoluto, odisseia que Hegel descreve genialmente na *Fenomenologia do Espírito*. Se o objectivo final da dialéctica é revelar o espírito a si mesmo enquanto plena coincidência consigo e a total transparência e identidade de pensar e ser, desse processo resulta que o *Gegenstand* é um nó ou enlace de leis universais e necessárias e que "o sujeito se revela a si mesmo como uma consciência universal, intemporal e impessoal, como origem do sistema de leis que a ciência descobre". Ora, embora no positivismo não se encontre nenhuma simpatia para com a ontologia idealista, encontramos, no entanto, a mesma concepção de objectividade: "também para o positivismo a objectividade é sinónimo de conformidade às leis, conformidade que, em última análise, se reduz a um sistema de relações lógicas que têm a sua origem na estrutura do entendimento". E, como no idealismo, "o sujeito do conhecimento é uma consciência anónima e permutável, uma espécie de estrutura lógica universal, comum a todos os homens", de tal modo que a consciência humana enquanto tal fica submersa nos mecanismos deterministas cósmicos, pois é "uma parte da equação que é o universo". Paradoxalmene, "passámos de um espiritualismo sem limites ao materialismo mais radical". Esta maneira de ver é de algum modo natural e pode exercer fascínio sobre o espírito, pois compreender (de *cum-prehendere*) é apreender em conjunto e, portanto, de algum modo, reduzir a diversidade à unidade. Mas, com a pretensão de tudo dominar, tanto o naturalismo como o racionalismo de tipo idealista são reducionistas, acabam por não dar conta do que não pode ignorar-se: a experiência viva do pré-reflexivo, portanto, a passividade originária, o sempre-já-aí-anterior à filosofia ("un *toujours-déjà-là-par-avance*"[6]), a consciência encarnada, a liberdade que se realiza no mundo, o facto paradoxal da intersubjectividade, o plano ético e religioso, a consciência da inevitabilidade de morrer, a questão do sentido último da pessoa e da história. Ignorando o mundo do concreto, "o saber impessoal, objectivo, sistemático, deixa escapar o essencial"[7].

Esta é a razão técnico-instrumental moderna. Ora, quem de nós não reconhecerá os benefícios que a tecnociência permitiu? Mas, por outro lado, estamos cada vez

---

[6] Yves Cattin, *Aborder la philosophie*, Paris, 1997, p. 34.

[7] Albert Dondeyne, *Fe cristiana y pensamiento contemporáneo*, Madrid, 1963, p. 178 ss.

mais conscientes dos perigos e ameaças que desabam sobre a humanidade. A própria sobrevivência do planeta foi posta em perigo. Extremamente poderosa no domínio dos meios, a razão instrumental é de uma penúria extrema na ordem e no reino dos fins humanos.

Em ordem a uma clarificação, concretizemos: trata-se da razão instrumental de domínio, de uma razão eurocêntrica e da racionalidade do *homo oeconomicus*. É sobre esta racionalidade que é preciso reflectir, pois, com a deslocação do poder do Ocidente para o Oriente e a nova situação mundial levantada com os chamados países emergentes, assistimos também, de algum modo, paradoxalmente, à sua universalização.

1. Talvez nem sempre nos demos conta de que, por detrás dos grandes problemas humanos, incluindo os políticos, sociais e económicos, talvez esteja também uma questão teológica. Assim, Jürgen Moltmann faz notar que, independentemente dos factores económicos, sociais e políticos, que também não podem ser esquecidos, em ordem à compreensão do homem tal qual nos aparece nos últimos 400 anos foi decisiva a nova imagem de Deus do Nominalismo e do Renascimento: aí, Deus é essencialmente compreendido como todo-poderoso, e a *potentia absoluta* é o atributo mais excelente da divindade. Deste modo, o homem (na prática, o varão), que é a sua imagem na terra, na medida em que queira ser e tornar-se a imagem de Deus no mundo, deve esforçar-se por alcançar o domínio, o hiperpoder. Será assim que alcançará a divindade. Ora, é claro que face a um Deus concebido como

sujeito absoluto só fica o mundo como *objecto*. Quando, mediante o processo da modernidade com a secularização e a metafísica da subjectividade, o homem transpuser para si este atributo da *potentia absoluta*, está em marcha a razão dominadora, objectivadora e coisificante[8].

Na base da modernidade, está o saber enquanto poder, segundo a expressão famosa de Francis Bacon: *scientia est propter potentiam*. O saber já não é contemplativo, já não procura a verdade, mas a maximização da utilidade através do poder e do domínio sobre a natureza, de tal maneira que escreverá também que "a investigação dos processos naturais sob o aspecto da sua finalidade é estéril, e, como uma virgem consagrada a Deus, nada dá à luz"[9]. E também Descartes se convenceu de que deveria transmitir os seus conhecimentos da física, em ordem a contribuir para o bem geral, porque, como diz no *Discurso do método*, esses conhecimentos nos tornam "assim como que senhores e possuidores da natureza"[10], de tal modo que não seria de excluir que no futuro se eliminassem não só as doenças, mas até a morte. Com Galileu, Descartes,

---

[8] Jürgen Moltmann, *Gott in der Schöpfung. Ökologische Schöpfungslehre*, Munique, 1987[3], p. 16 ss.

[9] F. Bacon, De dignitate et augmentis scientiarum III, 5. In:*The Works of Lord Bacon*, vol. II, Londres, 1841, p. 340: "nam causarum finalium inquisitio sterilis est, et, tanquam virgo Deo consecrata, nihil parit". Cit. in: R. Spaemann/R. Löw, *Die Frage Wozu? Geschichte und Wiederentdeckung des teleologischen Denkens*, Munique, Zurique, 1991[3], p. 13.

[10] R. Descartes, *Discurso do método e Tratado das paixões da alma*, Lisboa, 1968, p. 73.

Bacon, instala-se no coração do empreendimento ocidental "o mito da grande máquina e o pentágono do poder" (L. Mumford). O homem agora é sujeito, senhor e proprietário absoluto do mundo. Instalou-se deste modo a razão técnico-instrumental coisificadora, orientada essencialmente pelo interesse de domínio. O dualismo da *res cogitans* e da *res extensa*, unilateralizando a razão, não só perdeu o corpo, mas também o laço de familiaridade com a natureza, que se transformou em mero objecto e instrumento, reservatório de energias ao serviço de uma subjectividade omnipotente. A lógica do domínio, que é uma *lógica dos meios sem fins* (*Zweckrationalität*, segundo Max Weber), desemboca numa sociedade cibernética e burocratizada, com a ameaça da coisificação e administração total dos próprios sujeitos humanos, como analisaram Max Horkheimer e Theodor Adorno, fundadores da Escola de Frankfurt. Escreveu concretamente Max Horkheimer: "Se quiséssemos falar de uma doença que se apodera da razão, não deveria entender-se essa doença como se tivesse atacado a razão em algum momento histórico, mas como algo inseparável da essência da razão dentro da civilização tal como até agora a temos conhecido. A doença da razão tem as suas raízes na sua origem: na ânsia do homem em dominar a natureza (...). A verdadeira crítica da razão descobrirá necessariamente as camadas mais profundas da civilização e investigará a sua história mais longínqua. Desde os tempos em que a razão se converteu em instrumento do domínio da natureza humana e extra-humana pelo homem – isto é, desde os seus alvores –, a sua própria intenção de descobrir a verdade viu-se frustrada. Isto deve atribuir-se precisamente ao facto de que transformou a natureza em mero objecto (...). Poderia dizer-se que a loucura colectiva que hoje vai ganhando terreno, desde os campos de concentração até aos efeitos aparentemente inócuos da cultura de massas, já estava contida como gérmen na objectivação originária, na visão calculadora do mundo como presa pelo homem"[11].

Como é sabido, segundo Martin Heidegger, a tecnificação do mundo realiza a ideia de que o ser das coisas depende da subjectividade objectivante. A vontade de poder, que caracteriza a técnica, é também a caracterísica da metafísica desde Platão (embora, note-se, seja discutível que Heidegger tenha interpretado correctamente Platão). No pensamento calculador, que se orienta exclusivamente para o ente e esquece o ser, está não só a essência da técnica como também da metafísica ocidental. No termo da eliminação da diferença entre o ser e o ente ou entre a verdade como desvelamento e a verdade como puro cálculo está o niilismo, de tal modo que o nosso tempo é um "tempo de penúria" e de "noite do mundo". O homem é o ser que pensa, portanto, que medita. Mas agora, pela perda do enraizamento, corre o risco de ficar preso nas tenazes do planeamento e do cálculo, da organização e da automatização. Sem uma nova abertura ao

---

[11] M. Horkheimer, "Zur Kritik der instrumentellen Vernunft", in: Id., *Gesammelte Schriften*. Band 6: *'Zur Kritik der instrumentellen Vernunft' und 'Notizen 1949-1969'*, Frankfurt/M., 1991, pp. 176-177.

mistério, o homem encontra-se sobre esta terra numa situação terrivelmente perigosa. É que a revolução da técnica "poderia prender, enfeitiçar, ofuscar e deslumbrar o homem de tal modo que, um dia, o pensamento que calcula viesse a ser o único pensamento admitido e exercido. (...) Então o homem teria renegado e rejeitado aquilo que tem de mais próprio, ou seja, o facto de ser um ser que reflecte. Por isso, o importante é salvar essa essência do homem. Por isso o importante é manter desperta a reflexão"[12].

2. A razão técnico-instrumental, que também pode chamar-se razão fáustica[13], é uma razão imperialista e eurocêntrica. Houve as celebrações dos Descobrimentos. Ora, ao contrário do que pensa inclusivamente Jürgen Habermas, para quem os acontecimentos históricos fundamentais do princípio da subjectividade são a Reforma, o Século das Luzes e a Revolução Francesa, Enrique Dussel, numa série de conferências na Universidade Johann

---

[12] M. Heidegger, *Serenidade*, Lisboa, 2000, p. 26.

[13] É célebre a passagem de *Fausto*, de Goethe: "'No princípio era o verbo', vejo escrito,/E aqui já tropeço! Quem me ajuda?/Tão alto sublimar não posso o verbo,/Devo doutra maneira traduzi-lo,/Se me inspira o espírito. Está escrito/Que 'No princípio era o *Pensamento*'. – Medita bem sobre a primeira linha,/Apressada não seja a pena tua!/Anima, cria tudo o pensamento?/Devera estar – 'Era ao princípio a *Força!*' – /No momento porém em que isto escrevo/Diz-me uma voz que aqui não pare. Inspira-me/Afinal o espírito! alvitre,/Solução enfim acho: satisfeito,/'No princípio era a *Acção!*' – escrever devo": JOHANN W. GOETHE, *Fausto*, Lisboa, 1987, pp. 74-75.

Wolfgang Goethe de Frankfurt, a que deu o título geral *1492, a ocultação do outro*, tentou mostrar que a experiência não só das "descobertas", mas mais especialmente da "conquista", foi essencial para a constituição do *ego* moderno, não só como subjectividade, mas também como subjectividade europeia enquanto centro e fim da História. O *ego conquiro* de 1492 é decisivo para a constituição da subjectividade moderna, que Descartes exprimiu definitivamente como *ego cogito* no século XVII[14].

A razão moderna é assim anuladora do outro como diferença ineliminável, e eurocêntrica, como podemos ler nas *Vorlesungen über die Philosophie der Geschichte*, de Hegel. O que Hegel quer mostrar é que a História mundial é a auto-realização de Deus, da Razão, portanto, uma teodiceia enquanto logodiceia e historiodiceia. Daí, o conceito de desenvolviemento enquanto *Entwicklung* desempenhar um papel central, pois exprime o próprio movimento do conceito até à sua culminação na Ideia, desde o ser indeterminado e da sensibilidade empírica até ao saber absoluto. Ora, esse desenvolvimento é também orientado no espaço: "a história universal vai do Oriente para o Ocidente, pois a Europa é absolutamente o fim da história universal. A Ásia é o seu começo"[15]. Se a Ásia representa o estádio da infância (*Kindheit*), a América e sobretudo a África parecem não ter lugar neste movimento. Refe-

---

[14] Enrique Dussel, *1492. L'occultation de l'autre*, Paris, 1992, p. 11 ss.

[15] G. W. F. Hegel, *Vorlesungen über die Philosophie der Geschichte*, in: Id., *Werke: in 20 Bänden*. Band 12, Frankfurt/M., 1995⁴, p. 134.

rindo-se concretamente à África, dirá: "É com efeito uma característica dos negros que a sua consciência não tenha chegado ainda à intuição de uma objectividade – como por exemplo Deus – a lei pela qual o homem está em relação com a sua vontade e tem a intuição da sua essência. (...) O negro representa o homem natural, com tudo o que tem de indómito e selvagem. (...) Neste carácter nada há que faça lembrar o humano"[16]. A África "não é uma parte do mundo histórico"[17]. A Europa, concretamente a Europa do Norte, surge como o centro e o fim (*das Zentrum und das Ende*) do mundo antigo e do Ocidente: "o espírito germânico (*der germanische Geist*) é o espírito do novo mundo, cujo fim é a realização da verdade absoluta enquanto autodeterminação infinita da liberdade"[18]. Hegel não nega a possibilidade de os outros povos e continentes terem sido ou virem a ser portadores do Espírito (reserva inclusivamente um papel relevante à América do futuro), mas é evidente o predomínio concedido à Europa. Na filosofia hegeliana, que é uma filosofia da identidade, o outro é reduzido ao mesmo.

Como ficou dito atrás, no Ocidente, dominou "o masculino, o adulto e o homem de raça branca"[19]. O homem europeu, habitado pelo "complexo de Deus"[20], andará

---

[16] Id., *o. c.*, p. 122.
[17] Id., *o. c.*, p. 129.
[18] Id., *o. c.*, p. 413.
[19] Jacques Robin, *Changer d'ère*, Paris, 1989, p. 74.
[20] Horst E. Richter, *Der Gotteskomplex. Die Geburt und die Krise des Glaubens an die Allmacht des Menschen*, Frankfurt/M., 1979.

pelo mundo, anulando o diferente, pois há a "raça superior" e as "raças inferiores" – aquela é a raça branca e estas são todas as outras, com os negros no escalão mais baixo, segundo Renan –, a ponto de Buffon poder escrever que, se não existisse para o branco e para o negro a possibilidade de procriar em comum, "haveria duas espécies bem distintas (...); se o branco fosse o homem, o negro já não seria um homem, seria um animal à parte como o macaco", devendo admitir-se, para explicar a "animalidade" dos africanos, que "não é improvável que, nos países quentes, macacos tenham subjugado raparigas"[21].

A própria actividade missionária é uma história enquanto misto de grandeza, generosidade e muita miséria. Até o ouro foi apresentado como verdadeiro *mediador* do Evangelho, como pode ler-se no "Parecer de Yucay", já citado, da autoria do dominicano Garcia de Toledo, primo do Vice-Rei do Peru. Atacando Bartolomeu de las Casas, o autor pergunta: Como é que se explica que Deus tenha colocado estes índios "tan miserables en las almas, e tan desamparados de Dios, tan inhábiles e bestias" nestes Reinos tão grandes, com vales e terras tão belas com tantas riquezas de minas de ouro e prata e outros metais preciosos? A resposta é simples: Todos nós, tanto na Ásia como na Europa éramos infiéis, mas éramos belos, com muita inteligência e ciência, de tal modo que pouco foi preciso para que os apóstolos chegassem para a evangeli-

---

[21] Cit. in: Tzvetan Todorov, *Nous et les autres. La réflexion française sur la diversité humaine*, Paris 1989, p. 123.

zação. Os índios, porém, são "feos, rústicos, tontos, inhábiles, legañosos", sendo, por isso, necessário um grande dote. Assim, as minas de ouro e prata, objecto da cobiça dos invasores, foram um dom providencial de Deus para a salvação dos índios bárbaros, gente próxima da animalidade. Sem essas minas, tesouros e riquezas, o Evangelho não teria chegado até eles. Onde não existe esse dote de ouro e prata, "ni hay soldado ni capitán que quiera ir, ni aún ministro del Evangelio". A conclusão é simples: "Luego, buenas son las minas entre estos bárbaros, pues Dios se las dio para que les llevasen la fe y la cristiandad, y conservación en ella, y para su salvación"[22].

Apesar de estarmos a assistir, como já ficou dito, à deslocação do poder do Ocidente para a Ásia e à força dos chamados BRICs (Brasil, Rússia, Índia e China) e outros países emergentes, a assimetria entre o Norte e o Sul continua, e a base da dependência deriva de factores económicos e tecnológicos, sendo aqui de realçar a dependência audiovisual e electrónica planetária. Sob a expressão famosa *aldeia global*, que provém de McLuhan nos anos 60 do século XX, esconde-se uma falácia, que consiste em pensar que os fluxos de comunicação são (omni)multidireccionais, quando, na realidade, "na aldeia global configurada pelas actuais redes mediáticas a comunicação tende a ser monodireccional, do norte para o sul e para este, criando efeitos de dependência económica e cultural, porque a informação é mercadoria e ideologia ao

---

[22] G. Gutiérrez, *Dios o el oro en las Indias*, Lima, 1989, pp. 112-120.

mesmo tempo"[23]. Os efeitos perversos do domínio mediático são amplos, estendendo-se a múltiplos campos. Um dos mais subtis consiste em que a própria auto-imagem e interpretação de conflitos no Sul e no Este são o resultado da interiorização do que os *media* do Norte lhes transmite e incute. Por outras palavras, "o Sul contempla e interpreta os seus próprios dramas colectivos através das versões que o Norte construiu e difundiu. Assim, o Sul vê-se a si mesmo com os olhos do Norte"[24].

Não é verdade que os do Norte e concretamente os Europeus sejam os responsáveis por todos os males dos povos. No que se refere concretamente à África – esse "buraco negro", um continente à deriva –, é necessário denunciar do modo mais veemente o excesso de corrupção e de loucura assassina de muitos dos seus dirigentes. Como é urgente rever as "ajudas" enviadas: frequentemente, não atingem os seus destinos, aumentam a dependência e até a infantilização. Como mostrou David S. Landes, numa obra polémica, a miséria dos pobres pode não ter como única causa a riqueza e a exploração dos ricos[25]. De qualquer modo, quando se olha para a situação dramática do nosso mundo, não nos vem propriamente à ideia que tenhamos chegado ao "fim da história",

---

[23] Román Gubern, *O eros electrónico. Viagem pelos sistemas de representação e do desejo*, Lisboa, 2001, p. 54.
[24] Id., *o. c.*, p. 55.
[25] David S. Landes, *A riqueza e a pobreza das nações. Por que são algumas tão ricas e outras tão pobres*, Lisboa, 2001.

como pretendeu Francis Fukuyama[26]. Encontramo-nos todos num só mundo e, de facto, enquanto mais de mil milhões de pessoas tiverem de viver com menos de um dólar por dia, portanto, permanentemente com fome e sem água potável, e mais de dois mil milhões com pouco mais, é evidente que é preciso ter consciência de que estamos num mundo inevitavelmente inseguro. Quando é que a uma coligação contra o terrorismo se vai juntar uma coligação contra a fome e o subdesenvolvimento? Os conflitos mundiais não têm a sua explicação monocausal nos desequilíbrios económicos, mas também é claro que a miséria, a ignorância e a humilhação não contribuirão propriamente para evitar "o choque das civilizações"[27].

3. A ligação ao ouro alude já à razão que desembocou no culto fetichista dos valores económicos, do individualismo consumista e da concorrência selvagem. O *homo oeconomicus*, dominado pela sede da posse crescente de bens, tomou o predomínio. A ciência e a tecnologia, que davam os meios e a força de transformação do mundo e da produção gigantesca de bens, geraram as condições do sistema economicista do capitalismo. Filho da razão instrumental na sua versão socioeconómica, o espírito do

---

[26] Francis Fukuyama, *O fim da história e o último homem*, Lisboa, 1999².

[27] Samuel P. Huntington, *O choque das civilizações e a mudança na ordem mundial*, Lisboa, 2001².

capitalismo mergulha as suas raízes na exaltação do indivíduo e na crença de que a chave que abre as portas do paraíso pode encontrar-se na actividade económica[28].

É também conhecida a tese de Max Weber, que quis mostrar a ligação estreita entre a ética do protestantismo puritano do século XVII, referente ao trabalho e à profissão, e o aparecimento do capitalismo burguês moderno[29]. Paradoxalmente, a transformação dos valores, que no início da modernidade desvinculou moralmente o êxito pessoal e a persecução da vantagem própria de outros valores que antes detinham o primado, tem uma das suas raízes na tradição religiosa cristã de orientação calvinista e zuingliana. Arrancando de Genebra e Zurique, espalhou-se rapidamente pelos Países Baixos, Escócia, Inglaterra e Nova Inglaterra (Estados Unidos), difundindo-se, com o alargamento dos mercados, por todos os países economicamente desenvolvidos. O que antes era desaprovado, concretamente a persecução desenfreada de interesses comerciais e de negócios, transforma-se, "com base no ethos económico capitalista-calvinista", num modelo de forma de vida que agrada a Deus, de tal modo que o aumento da riqueza económica é quase sinónimo

---

[28] J. L. Coêlho Pires, *Nuestro tiempo y su esperanza,* Madrid, 1992, p 74 ss.

[29] Max Weber, *Die protestantische Ethik und der Geist des Kapitalismus* (1904-1906), reeditada por J. Winckelmann, Berlim, Munique, 1969. Tradução portuguesa: Max Weber, *A ética protestante e o espírito do capitalismo,* Lisboa, 1996[4].

de aumento da glória de Deus[30]. Por causa da doutrina calvinista da predestinação, abatia-se sobre as pessoas a angústia da incerteza da salvação. Como meio mais eficaz para atingir essa certeza, "recomendava-se o trabalho profissional incessante, pois este e só este afastaria as dúvidas religiosas e daria a certeza da condição de eleito"[31]. A fé comprova-se na vida profissional secular. Em ordem à certificação da sua própria salvação, era preciso levar uma vida ascética, não já fora do mundo, em comunidades monásticas, mas dentro dele e nas suas instituições. "Esta racionalização da conduta no mundo com vista ao futuro extraterreno foi o efeito da concepção da profissão como vocação, que o protestantismo ascético tinha"[32]. O que Deus pede e exige não é o trabalho em si, mas o trabalho profissional racionalizado. A riqueza aparece, portanto, como sinal de que se é eleito para a salvação. "A riqueza só é condenável enquanto tentação do ócio e do gozo pecaminoso da vida. Só é perigoso atingi-la quando o fim é viver sem preocupações e com alegria. Enquanto exercício do dever profissional, ela é não só moralmente permitida como até aconselhada"[33]. O "espírito do capitalismo" nasce da conjunção do desejo de

---

[30] Peter Ulrich, "Weltethos und Weltwirtschaft", in: Hans Küng und Karl-Josef Kuschel (Hrsg.), *Wissenschaft und Weltethos*, Munique, Zurique 2001, p. 47.
[31] Max Weber, *A ética protestante e o espírito do capitalismo*, Lisboa 1996[4], p. 98.
[32] Id., *o. c.*, p. 123.
[33] Id., *o. c.*, p. 128.

lucro e da limitação do consumo: a inibição de bens de consumo "favorecia a sua aplicação produtiva enquanto capital de investimento"[34].

Nesta nova mentalidade, o valor da pessoa já não se mostra pelo que se é, mas pelo que se tem. Com o tempo, as novas catedrais parecem ser os hipermercados, e a prova maior da existência também parece ser o hedonismo consumista: *consumo, logo existo*.

Por outro lado, não se pode esquecer que, embora isso não estivesse propriamente nas premissas nem nas intenções de Darwin, a doutrina da evolução, com a sua teoria da selecção natural e a sua expressão em "the survival of the fittest", que já vinha aliás do filósofo Herbert Spencer, foi aplicada ao processo social, surgindo o que se denominou como "darwinismo social". A concorrência capitalista, o colonialismo europeu, o racismo do homem branco e o próprio patriarcalismo (não se esqueça que a razão moderna é essencialmente masculina: o domínio da natureza é ao mesmo tempo domínio da mulher) quiseram encontrar a sua justificação científica na selecção natural. A "luta pela existência" e a "sobrevivência do mais forte ou melhor adaptado" passaram a legitimar a concorrência feroz da sociedade capitalista moderna: com o "darwinismo social", a "luta pela existência" foi interpretada à maneira de Hobbes como "luta de todos contra todos", como se o homem fosse pura e simplesmente o lobo do outro homem (*homo homini lupus*).

---

[34] Id., *o. c.*, p. 134.

Surgiu mesmo o mito do progresso ilimitado, que estava à prova inclusivamente do mal. Nese sentido ficou célebre a fábula das abelhas, de Bernard Mandeville (1714), um dos escritos mais inteligentes e cínicos da modernidade. Havia uma colmeia semelhante à sociedade humana, também nos seus vícios. Cada abelha procurava o seu interesse. Não faltavam os preguiçosos, os maus médicos, os maus soldados, os maus ministros. A fraude e a corrupção também abundavam. A própria justiça não fugia à regra. E, paradoxalmene, a colmeia era próspera. Um dia, porém, operou-se uma conversão na colmeia, de tal modo que daí para diante cada abelha se deixou guiar apenas pela honradez e virtude. Então, eliminados os vícios e excessos, já não eram necessários os médicos nem os enfermeiros nem as farmácias nem os hospitais. Terminadas as contendas, também desapareceram os polícias, os juízes, os advogados, o exército. Uma vez que as abelhas se guiavam pelo princípio da moderação e sobriedade, acabou o luxo, a arte, o comércio, e tudo aquilo que a eles está ligado. Conclusão: "Fraude, luxo e orgulho devem viver, se queremos fruir dos seus doces benefícios"![35] O paradoxo de que o bem comum resultaria da convergência dos egoísmos foi também expresso pelo conceito de "astúcia da razão", de Hegel, e pela teoria da "mão invisível", de Adam Smith, que vinham substituir a crença na Providência divina. Os

---

[35] B. Mandeville, *La fábula de las abejas, o los vicios privados hacen la prosperidad pública*, México, 1982, p. 21.

homens egoístas, procurando o seu benefício individual, acabariam, mesmo sem a sua vontade e até contra ela, por promover o progresso e bem-estar geral. Os vícios dos indivíduos contribuiriam para a felicidade pública e a prosperidade das nações e da humanidade em geral. A razão moderna instituiu assim a ideia do progresso ilimitado como artigo de fé para a humanidade. Essa crença, que é a secularização da doutrina da salvação escatológica cristã, resistia à própria prova do egoísmo e do mal em geral.

Neste contexto, não poderemos deixar de lembrar que, nos anos 80 do século XX, em contraposição ao socialismo democrático e à teologia da libertação, se assistiu ao aparecimento e revitalização de uma nova teologia política: a neoconservadora. Os seus representantes mais conhecidos são sociólogos e politólogos, provenientes de destacadas Universidades americanas: M. Novak (católico), R. Neuhaus e R. Benne (luteranos), etc. O seu objectivo fundamental é o de apresentar o capitalismo democrático, tal como eles o entendem, enquanto o sistema mais humano, racional e justo, sublinhando a afinidade que existe entre esse sistema e a tradição judeo-cristã[36]. Embora os indivíduos persigam os seus interesses próprios, no final, mediante um secreto desígnio divino e uma espécie de harmonia preestabelecida, precisamente do livre jogo de interesses individuais resulta a ordem

---

[36] José M. Mardones, *Capitalismo y Religión. La religión política neoconservadora*, Santander, 1991.

social. E o mercado aparece com uma missão quase divina. O mercado é um pouco como Deus: Providência para todos. Se para alguns é causa de dor ou morte, Ele saberá a razão pela qual isso acontece: será uma provação ou um castigo; de qualquer modo, um sofrimento passageiro, que terá uma redenção final. Temos aqui uma espécie de "mercadodiceia", como quase substituto da antiga teodiceia[37], portanto, o mercado como chave de solução dos problemas humanos e da felicidade.

Os limites da modernidade e o *ethos* mundial

O objectivo essencial desta segunda parte é apresentar os limites da razão moderna. De facto, sem esquecer o legado inultrapassável da modernidade, é urgente mostrar as suas ambiguidades e fronteiras.

Se estivermos atentos, por exemplo, ao presente perigo ameaçador dos fundamentalismos, rapidamente nos apercebemos de que há conquistas da modernidade em relação às quais não se pode voltar atrás: direitos humanos, secularização, separação da Igreja e do Estado, razão crítica... A modernidade tem de ser ultrapassada, mas no sentido da *Aufhebung* hegeliana: afirmada, negada, superada (suprassumida). A relação com a natureza constitui um exemplo típico. É evidente que se impõe com urgên-

---

[37] J. I. González Faus, "Economía y Teología", in: *Actualidad Bibliográfica* 58 (1992) 165-169.

cia – em ordem à própria sobrevivência da humanidade – uma reconciliação com a natureza, mas isso não pode significar uma nova remitização. O reconhecimento da subjectividade da natureza não pode equivaler a considerá-la uma deusa. Impede-o a secularização, que é certamente um legado irrenunciável da modernidade, mas cujas raízes – é bom não esquecê-lo – são bíblicas.

Onde está o calcanhar de Aquiles, qual é o "pecado original" da modernidade?

1. A modernidade, na medida em que repousa no conceito de autonomia como activismo absoluto da razão humana, dentro do princípio: *verum est factum*, quis ser "a eliminação da passividade constituinte da razão activa do homem finito, do seu poder radical de audição e de recepção (...)". Ora, a razão, como escreve Miguel Baptista Pereira, se não quiser interromper dogmaticamente o caminho para a sua maioridade, tem de reconhecer-se como "heterocêntrica, extática e acolhedora" e, portanto, como "ininteligível sem o *a priori* de uma passividade originária", sendo esta passividade "o limite interno de toda a secularização". Assim, "reconhecer o outro passa no homem pela porta de recepção dos seus limites", e "a história natural do homem, como reverso do espelho da consciência, é o primeiro grande livro da nossa passividade receptiva"[38].

---

[38] Miguel Baptista Pereira, "Modernidade, Fundamentalismo e Pós-modernidade", in: *Revista Filosófica de Coimbra* 1/2 (1992) 214.

Evidentemente, a experiência do sujeito não é eliminável, mas não é do sujeito absoluto da metafísica da subjectividade que se trata, pois não somos donos do ser. Quando damos por nós, encontramo-nos já existindo, e não somos a nossa origem. Relacionamo-nos connosco e realizamo-nos e damo-nos a nós mesmos, mas a partir de uma dádiva originária. Pela cegueira ontológica, isto é, substituindo o transcendental ontológico pelo transcendental gnoseológico, para dominar o mundo pela tecnociência, o homem moderno teve de negar as situações-limite e, concretamente, fazer da morte tabu, talvez o último tabu. A sociedade europeia e a norte-americana actuais são as primeiras da história da humanidade a colocar os seus fundamentos sobre a negação da morte. É que, face à pretensa omnipotência do homem moderno, a morte revela-lhe a sua total impotência. Ela é a nossa alteridade, sobre a qual não temos qualquer domínio. Somos finitos, e é precisamente no extremo limite da morte, ao sermos radicalmente subtraídos ao poder sobre nós próprios, que se revela essa nossa passividade originária. Porque na morte o nosso activismo entra em colapso, a modernidade teve de tentar esquecê-la e reprimi-la. Sabemos, no entanto, que, mesmo que tentemos esquecê-la, ela não se esquecerá de nós. Afinal, ao contrário do que se julga, a modernidde não ignorou a morte por ela já não ser problema; pelo contrário, de tal modo ela é problema, o problema para o qual o homem moderno, que se julgou omnipotente, não tem solução que a única solução seria não pensar nela. A morte, porém, não é eliminável e está sempre presente no núcleo da nossa existência, interrogando e forçando-nos a perguntar incessantemente por nós e pelo ser, de tal modo que, se interrogamos é porque somos interrogados, e precisamente a morte, que é o que não dominamos, é que nos torna interrogadores sem limites.

Afinal, a sociedade que quer ignorar a morte torna-se tanatolátrica. É certo que a consciência da inevitabilidade de morrer nos pode atirar para o abismo da dissolução nos prazeres imediatos: "Comamos e bebamos, porque amanhã morreremos." Mas é igualmente verdade que, na antecipação de todos os rostos mortos, se encontra talvez o único lugar autêntico da compaixão, da paz e da fraternidade, que, entretanto, se torna imperativo construir, evitando a catástrofe. *Somos mortais; logo, somos irmãos.* Isso foi visto até por Herbert Marcuse, que, dois dias antes da sua morte, já no hospital, confessou a Jürgen Habermas: "Vês? Agora sei em que é que se fundamentam os nossos juízos de valor mais elementares: na compaixão, no nosso sentimento pela dor dos outros"[39].

2. A modernidade, partindo da cisão sujeito-objecto, viveu do projecto da objectivação total e da plena transparência de pensar e ser. Ora, é esse projecto que se mostra irrealizável. É que não há sujeito puro nem objecto puro. A consciência humana é, na raiz, ser-com, ser-

---

[39] J. Habermas, *Perfiles filosófico-políticos*, Madrid, 1984, p. 296. Cit. in: Adela Cortina, *Crítica y Utopía: La Escuela de Frankfurt*, Madrid, 1985, p. 69.

-junto-de, experiência vivida de presenças, não havendo à partida separação de sujeito e objecto. Todo o saber humano é, portanto, finito, não sendo possível instalar-se no Absoluto. Mesmo as ciências ditas exactas são ciências hermenêuticas.

O determinismo mecanicista, cujo pressuposto metateórico é uma Natureza fixa e estável, mundo-máquina, dominou e transformou o mundo, colocando nas mãos do homem poderes antes inimaginados. Perdeu, porém, o essencial: o mundo do homem. Quase omnipotente no domínio dos meios, a racionalidde instrumental desembocou na extrema penúria dos fins e na crise de valores e no deserto de sentido. Mas lá estão os versos famosos do poema *Patmos*, de Hölderlin: "*Wo aber Gefahr ist, wächst / das Rettende auch*". Onde está o perigo, não acontece fatalmente a resignação, pois cresce também a esperança do que salva. À volta dos mitos da modernidade ergueu-se a suspeita. A própria epistemologia colocou em crise o paradigma dominante, presidido pelo ideal de uma racionalidade simultaneamente coerente e total. No século XIX, como reacção ao positivismo, mas, em última instância, ainda dominados por ele, a Escola Histórica (Droysen, Ranke, etc.) e depois Dilthey, em oposição à explicação (*erklären*) para as Ciências da Natureza, reivindicaram a compreensão (*verstehen*) para as Ciências do Espírito, também chamadas ciências morais e ciências humanas[40].

---

[40] Theodor Bodamer, *Philosophie der Geisteswissenschaften*, Friburgo, Munique, 1987, pp. 15-65.

Mas as ciências epistemológicas vieram mostrar que as fronteiras entre as Ciências da Natureza e as Ciências do Espírito não são tão nítidas como se pensava. De facto, também nas ciências ditas "exactas" e "objectivas", as condições e pressupostos subjectivos não podem ser eliminados. Novas hipóteses e teorias, mesmo nas Ciências Naturais, não surgem pura e simplesmente através da *verificação*, como pensou o Positivismo Lógico do "Círculo de Viena", nem através da *falsificação*, como propôs Karl Popper, mas sobretudo através da substituição de paradigmas (um paradigma válido até agora é substituído por um novo), como mostrou Thomas Kuhn, numa obra que se tornou clássica, *The Structure of Scientific Revolutions*[41], onde paradigma é definido como "an entire constellation of beliefs, values, techniques and so on shared by the members of a given community" (uma constelação total de crenças, valores, técnicas, etc., partilhados pelos membros de uma dada comunidade). Quer dizer, também as Ciências da Natureza têm uma pré-compreensão, nelas intervindo factores não lógicos, não sendo possível eliminar o sujeito humano, o próprio investigador, com todos os seus pressupostos, a favor de uma objectividade absoluta e neutra. As "crises" da ciência e as "revoluções" científicas mostram que nas próprias Ciências da Natureza intervêm factores históricos, valorativos, culturais, psicológicos, sociais, tornando-se, portanto, os seus problemas problemas hermenêuticos. As pretensões, por

---

[41] Thomas Kuhn, *The Structure of Scientific Revolutions*, Chicago, 1962.

parte da ciência, de tudo prever, tudo dominar, tudo classificar, tudo explicar, tudo demonstrar, resolver os eternos problemas do homem ruíram. A ciência actual é mais modesta, pois deu-se conta de que a realidade é excesso, e, dada a nossa finitude, só mediante a multiplicidade de paradigmas nos aproximamos dela, sem esgotá-la. A teoria quântica é, neste domínio, a revelação mais clara do nosso não saber. A mecânica quântica pôs termo ao ideal da objectividade e saber totais, pretensão da física clássica.

Então, se as próprias Ciências da Natureza tomaram consciência da sua dimensão hermenêutica, isto significa que muito menos as Ciências Humanas, em que o homem observado e o homem observante não fazem senão um, podem alcançar uma plena objectividade neutra. Não há filosofia sem pressupostos, não há ciência sem pressupostos. Por isso, não há ciência económica sem pressupostos. F. Perroux mostrou que não pode haver ciência económica sem um projecto de homem[42]. Por outras palavras, não há nem pode haver ciência económica neutra do ponto de vista antropológico-axiológico. Pelo contrário, a todo o sistema económico, por mais objectivo e neutro que se considere, está sempre subjacente uma determinada concepção de homem e um sistema de valores. Mesmo de um ponto de vista exclusivamente epistemológico, é insustentável afirmar que a tese dos economistas é que a economia é uma ciência amoral,

---

[42] Cf. François Perroux, *Pouvoir et économie généralisée*, Grenoble, 1963.

que oferece os mecanismos que depois podem ser utilizados em qualquer política económica e social.

3. A razão é não só ecuménica como tem de superar a sua fragmentação moderna, que apresentou como único critério de verdade a ciência experimental. De facto, a razão é holística, pois antes da reflexão, existe a vida. Assim, a razão é certamente científica, mas não pode desligar-se da razão ética, da razão estética, da razão festiva, da razão religiosa...

Por isso, a economia terá de articular a sua lógica própria, guiando-se por estes três ideais: *a vida, a dignidade da pessoa humana e a solidariedade*. Esta tríade – vida, dignidade da pessoa e participação – forma os traços de um sistema valorativo, sobre o qual os homens e as mulheres de hoje, perante os desafios ecológicos, técnicos e sociais, têm de realizar um consenso socioeconómico-ético[43].

Como bem viu Albert Schweitzer, a acção humana tem de orientar-se pelo novo princípio ético da "veneração da vida". Todos os seres vivos são formas de uma única vontade de viver. O que constitui o "facto mais imediato e abrangente da consciência" não é o pensamento, mas o fazer parte de tudo o que vive. O próprio homem também é natureza humanizada. Por isso, não tem apenas corpo, mas é corpo, existência corpórea. Uma ética da vida transforma o imperativo ético de Kant neste novo

---

[43] Friedhelm Hengsbach, *Wirtschaftsethik. Aufbruch, Konflikte, Perspektiven*, Friburgo/Br., Basikleia, Viena, 1991, p. 82 ss.

imperativo: "age de tal maneira que trates a vida tanto em ti como nos outros seres vivos sempre como fim, nunca como simples meio."

Mas é evidente que, se não quisermos pura e simplesmente ressacralizar a natureza, o que, como foi referido, é impedido pela secularização (a natureza não é simples coisa, é sujeito, mas não é divina), teremos de perguntar-nos, dentro da luta pela vida, qual é o critério segundo o qual uma forma de vida será preferida a outra. Esse critério é a dignidade da pessoa humana. Com razão, Tomás de Aquino escreveu que a pessoa é o que é perfeitíssimo em toda a natureza: "id quod est perfectissimum in tota natura"[44].

Três características essenciais pertencem à sua definição: a unicidade, a racionalidade-liberdade e a relação. As duas primeiras foram postas a claro pelas definições clássicas de Boécio e Ricardo de S. Victor, ao defini-la, respectivamente, como: "naturae rationalis individua substantia" (uma substância individual de natureza racional) e "naturae intellectualis incommunicabilis existentia" (uma existência incomunicável de natureza intelectual). Na pessoa, encontramos esta tensão: na concretude máxima, a abertura à totalidade do ser. Nesta abertura à totalidade do ser e à transcendência é que sou dado a mim mesmo como eu único. A experiência da pessoa é precisamente essa experiência de, *no mesmo acto*, nos afirmarmos coextensivos à totalidade do ser e como identi-

---

[44] *Summa Theologica* I, q. 29 a. 3 c.

dade. Portanto, por um lado, a pessoa é única, individual, concreta, incomunicável; por outro, dada a sua racionalidade-liberdade, está aberta ao Infinito. Na pessoa, dá-se de modo único a presença da totalidade do real: ela é *o aí do ser*. De modo intencional, a pessoa humana finita é a subsistência do ser e, por conseguinte, "o ser subsistente intencional"[45]. Precisamente porque é, de modo intencional, esta presença do ser na sua totalidade, a pessoa humana é fim em si mesma, dignidade incondicionada, não podendo, pois, como bem viu Kant, ser sacrificada como meio. Por outro lado ainda, porque à sua natureza espiritual pertence a ex-istência, o sair de si, o transcender permanente, a pessoa é atravessada por uma constante inquietação, por um permanente estar a caminho, num movimento inesgotável de transcendência, de tal modo que não poderá encontrar a sua plena realização a não ser no encontro com uma pessoa infinita, não no sentido de uma infinitude meramente formal, como horizonte assimptótico, mas real, portanto, com a pessoa de Deus. A pessoa apresenta-se assim como *capax Infiniti, capax Dei* (capaz do Infinito, aberta a Deus). Aliás, já os gregos tinham visto que o homem é um microcosmos, uma espécie de universo em pequeno. A autoposse, a autoconsciência, a liberdade e a responsabilidade, a sua abertura ao Infinito, caracterizam inequivocamente a pessoa e exprimem a sua dignidade inviolável. Assim, a realização da pessoa em todos os seus domínios, a saúde psicossomá-

---

[45] Walter Kasper, *Der Gott Jesu Christi*, Mainz, 1983[2], p. 360.

tica, uma habitação condigna, uma técnica que se ajuste ao biorritmo humano, um tempo laboral que tenha em conta a vida familiar devem constituir a base, o centro e o fim de toda a actividade e análise económica. O que é necessário decidir é se queremos uma sociedade assente no valor do mercado ou na dignidade do ser humano.

A filosofia moderna da consciência, fechada sobre si mesma, tinha extrema dificuldade em compreender a intersubjectividade. Ora, o homem só é homem com outros homens, como dizia Fichte. Para vermos que é assim, basta lembrar o caso dos "meninos selvagens": sem contacto com outros homens, não se tornaram homens. Se a linguagem é constituinte do ser humano, então compreendemos que só somos homens com outros homens. Para lá da unicidade e da racionalidade, a outra característica essencial à definição de pessoa é, portanto, como ficou dito, a relação. A pessoa não se compreende sem a relação. É mérito do chamado "pensamento dialógico", de L. Feuerbach, M. Buber, F. Ebner, F. Rosenzweig, G. Marcel e outros, ter mostrado que a pessoa só existe na relação de eu-tu-nós[46]. Só há pessoa na interpessoalidade. A pessoa vem de e dá-se a outras pessoas: recebe-se a si mesma, sendo reconhecida e amada por outros, e amando-os e reconhecendo-os. Os cristãos deveriam sabê-lo mais do que ninguém, pois confessam Deus como unitrino, sendo reconhecido que o próprio conceito de pessoa é uma

---

[46] B. Caspar, *Das dialogische Denken*, Friburgo/Br., Basileia, Viena, 1967; Miguel Baptista Pereira, "Filosofia e crise actual de sentido", in: VV., *Tradição e Crise-I*, Coimbra, 1986, p. 81 ss.

herança proveniente dos debates teológicos à volta da compreensão de Cristo e do mistério do Deus cristão.

A dignidade pessoal não se compreende sem a comunicação inter-humana. Por isso, a problemática económica não pode de modo nenhum esgotar-se no individualismo do neoliberalismo.

Assim, a comunidade ilimitada ideal de comunicação, segundo Jürgen Habermas e Karl-Otto Apel, ou o reino dos fins, no sentido de Kant, são ideias reguladoras da acção. Mas, numa situação concreta de contraste, em que há os fracos, essa comunidade ideal tem de passar de um estatuto meramente lógico e formal a um ideal real de cooperação eficaz de pessoas autónomas. *De facto*, a sociedade em que vivemos não está em situação de realizar o ideal dessa sociedade de comunicação ideal e de respeitar a dignidade da pessoa humana. É aqui que tem lugar a *opção preferencial pelos pobres*, tematizada pela Teologia da Libertação, ou seja, uma economia a partir de baixo enquanto discriminação positiva, e o princípio da generosidade[47]. Na raiz do ser está o Dar originário, também no

---

[47] Escreve, com razão, Leonardo Boff, *Ética planetaria desde el Gran Sur*, Madrid, 2001, p. 60: "os excluídos são depositários de um privilégio epistemológico. A partir deles pode fazer-se um juízo ético-crítico de todos os sistemas dominantes de poder. O excluído grita." Um discurso ético só é verdadeiramente universalizável, englobando realmente a todos, sem distinção, se, como exige Enrique Dussel, *Ética de la liberación en la Edad de la Globalización y de la Exclusión*, 2000[3], "partirmos de uma parcialidade, dos últimos, dos que estão fora, dos que vêem o seu ser negado. (...) Se esquecermos os de fora, elaboraremos discursos éticos selectivos, encobridores, não universalizáveis e abstractos".

sentido do *es gibt Sein* heideggeriano. Parece que era Bismarck que dizia que simplesmente com as Bem-aventuranças do Sermão da Montanha, de Jesus, não podia governar a Prússia. Poderemos estar de acordo, desde que se acrescente que, sem o princípio da solidariedade universal, não haverá paz nem futuro. É que a miséria dos pobres minará, pelo fundamentalismo, pela guerra, pela criminalidade ou pela droga, o sabor doce do espavento dos ricos. O aparente triunfo tranquilo do liberalismo, após a queda do muro de Berlim em 1989, não significa de maneira nenhuma que pode contar com a exclusão de qualquer revolução no futuro. Pelo contrário, na presente situação do mundo, é preciso advertir para o risco do pior. A racionalidade da eficácia económica tem, pois, de aliar-se à ética do *Humanum* de todos os homens e mulheres.

Não podemos deixar de reconhecer que tudo parece encaminhar-se no sentido de uma economia de mercado, mas que tem de ser economia social de mercado, melhor, de *economia ecológico-social de mercado*. Todo o problema consiste em saber como estabelecer mecanismos capazes de fundar um sistema de mercado mundial que seja ao mesmo tempo livre e social. Como escreveu o grande teólogo Bernhard Häring, renovador da moral católica, "o sistema de mercado livre orientado e dirigido socialmente só pode funcionar quando existem confiança mútua, ideais e valores compartilhados e uma ética social comummente aceite. Quando não existe um consenso básico, é impossível obter preços e salários justos – elementos essenciais para um sistema de mercado social. (...) Um sistema de mercado não pode ser *livre* nem *social* quando as desigualdades em questão de propriedade e de poder económico são tão grandes a ponto de perturbar continuamente a justiça do mercado e de impedir uma legislação social que possa traduzi-la na prática. Tal problema parece insolúvel, a nível de mercado mundial, quando os princípios da livre troca não são integrados na ordem económica de nível internacional, onde a justiça social tenha a mais alta prioridade". Aliás, a encíclica papal *Populorum Progressio* (Paulo VI), como mais recentemente, a *Centesimus Annus* (João Paulo II), reconhece que as vantagens da regra da livre troca "são certamente evidentes, quando as partes em causa se encontram em condições de poder económico não excessivamente desiguais: então a livre troca é um estímulo ao progresso e compensa os esforços despendidos. Assim se explica que os países industrialmente desenvolvidos tendam a ver na livre troca uma lei de justiça. A coisa muda, porém, quando as condições de poder económico são por demais desiguais de país para país; os preços que se estabelecem 'livremente' no mercado podem levar a resultados iníquos" (*Populorum Progressio*, 58). Por outras palavras: "as regras do capitalismo do *laissez-faire* não podem servir a justiça social internacional. Como o sistema do mercado livre dentro de uma economia nacional pode e deve ser moderado por recursos sociopolíticos, ele precisa de encontrar caminhos análogos para conseguir algo de semelhante ao sistema de mercado social a nível internacional, sem dúvida alguma, uma tarefa nada fácil"[48].

---

[48] B. Häring, *Livres e fiéis em Cristo*, III, São Paulo, 1984, pp. 273-274.

Quer dizer: ao nível de alguns Estados nacionais, encontrou-se um consenso mínimo no sentido de estabelecer mecanismos e regras de tipo social e político que permitem o funcionamento minimamente justo do sistema de economia de mercado. A nível mundial, impõe-se a tarefa de estabelecer regras semelhantes.

Dada a globalização e a interdependência mundial dos problemas, é necessário retomar velhas ideias cosmopolitas, que já vêm dos estóicos, e ter no horizonte algo que não será propriamente um Governo Mundial, mas, de qualquer forma, instâncias políticas de tipo mundial. Immanuel Kant alentava "a esperança de que, após muitas revoluções transformadoras, virá por fim a realizar-se o que a Natureza apresenta como propósito supremo: um estado de *cidadania mundial* como o seio em que se desenvolverão todas as disposições originárias do género humano"[49]. Kant, que criticou violentamente todo o imperialismo, nomeadamente quando exercido por "potências que querem fazer muitas coisas por piedade e pretendem considerar-se como eleitas dentro da ortodoxia, enquanto bebem a injustiça como água" – "a América, os países negros, as ilhas das especiarias, o Cabo, etc., eram para eles, na sua descoberta, países que não pertenciam a ninguém, pois os habitantes nada contavam para eles" –, queria aproximar cada vez mais o género humano de uma constituição cosmopolita, defendia o

---

[49] I. Kant, "Ideia de uma história universal com um propósito cosmopolita", in: Id., *A Paz Perpétua e outros Opúsculos,* Lisboa, 1988, p. 35.

direito de hospitalidade enquanto um *direito de visita*, que assiste todos os homens para se apresentar à sociedade, em virtude do direito da propriedade comum da superfície da Terra, sobre a qual, enquanto superfície esférica, os homens não podem estender-se até ao infinito, mas devem finalmente suportar-se uns aos outros, pois originariamente ninguém tem mais direito do que outro a estar num determinado lugar da Terra", e, em ordem à paz perpétua, propugnava "um *Estado de povos (civitas gentium)*, que (sempre, é claro, em aumento) englobaria por fim todos os povos da Terra"[50]. Serão necessárias, portanto, instâncias políticas de tipo mundial com capacidade real de assegurar a paz e intervir na solução de questões que já não podem resolver-se a nível nacional nem sequer regional. Lembre-se, neste domínio, também, por exemplo, a problemática da droga. Aliás, o Relatório mundial sobre o desenvolvimento humano de 1999 do Programa das Nações Unidas para o Desenvolvimento (PNUD), já referido, apelava precisamente para a criação destas instâncias de tipo mundial, desde uma OMC (Organização Mundial do Comércio) que assegure um comércio livre e justo e um tribunal criminal internacional com um mandato mais amplo para os direitos humanos à inclusão das multinacionais nas estruturas de governação mundial e uma ONU mais forte e com preocupações humanas. Uma das características fundamentais do novo

---

[50] Id., "A Paz Perpétua. Um projecto filosófico", in: Id., *o. c.*, pp. 135-139.

macroparadigma, confusamente designado como pós--moderno, é precisamente o homem ecuménico e Nações verdadeiramente unidas[51].

Seja como for, o que está decisivamente em crise é a razão moderna com o seu imperialismo devastador. E, ao contrário do que pensam os seus profetas mais ardentes, após a crise/implosão do chamado "socialismo real", o capitalismo desenfreado não constitui de modo nenhum a solução do futuro nem é a palavra mágica, decisiva e definitiva da história. A prova está em que pretender que toda a humanidade viva segundo os padrões do Primeiro Mundo seria pôr fim à própria possibilidade de continuação da história. O modelo dos Países do hemisfério Norte não pode estender-se ao mundo inteiro, isto é, não é universalizável, sob pena de pura e simplesmente não haver futuro para o planeta. E, não sendo universalizável, não é ético, pois o que é verdadeiro tem de ser relevante para todos.

A crise ecológica, de que os pobres acabam por ser as principais vítimas e também, na luta pela sobrevivência, uma das principais causas, coloca-nos perante a crise da nossa civilização, que pretendeu organizar a casa comum da humanidade com base na ideologia do progresso ilimitado. Urge, pois, mudar de rumo, o que implica pôr termo a um antropocentrismo exacerbado e reconhecer e respeitar o valor da natureza e de todos os seres do ecossistema, a começar pelo homem pobre e explorado.

---

[51] Hans Küng, *o. c.*, p. 40.

Impõe-se uma conversão socioecológica, no sentido da transformação do modelo de desenvolvimento em que assentou a modernidade. Se é o presente modelo de desenvolvimento que gera simultaneamente a crise ecológica e a injustiça estrutural entre o Norte e o Sul e no mundo, então a construção da casa comum da humanidade exige uma nova consciência ética (veja-se a ligação entre *ethos* e *oikos*, em conexão com ética e economia e ecologia), aliada a uma nova proposta político-cultural global, para uma nova ordem económico-ecológica global. Hoje, dadas as relações realmente existentes entre o Primeiro e o Terceiro Mundo *e o vínculo indissolúvel, daí resultante, com a catástrofe ecológica*, damo-nos pela primeira vez conta de que, perante a ameaça comum de que somos objecto *todos*, se impõe que a humanidade, se quiser ter futuro, se tem de tornar *sujeito comum da responsabilidade pela vida*. Ou *a humanidade como todo* se torna sujeito do seu futuro e da responsabilidade pela vida em geral ou pura e simplesmente não haverá futuro para ninguém. Em termos simples e cínicos: se não quisermos ser globalmente solidários por razões de ética e humanidade, sejamo-lo ao menos por razões de egoísmo esclarecido.

A globalização arrasta consigo inevitavelmente questões gigantescas e desperta paixões, que nem sempre permitem um debate sereno e racional. Hans Küng procura contribuir para esse debate, que assenta, segundo ele, em quatro teses: a globalização é: "1. inevitável, 2. ambivalente (com ganhadores e perdedores), 3. incalculável (pode levar ao milagre económico ou ao descalabro), mas também – e isto é para mim o mais importante – *dirigí-*

vel"[52]. Isto significa que precisamente a globalização económica exige uma globalização no domínio ético. Impõe-se um consenso ético mínimo quanto a valores, atitudes e critérios, um *ethos* mundial para uma sociedade e uma economia mundiais. É o próprio mercado global que exige um *ethos* global, também para salvaguardar as diferentes tradições culturais da lógica global do mercado e de uma sociedade de mercado total. De tal modo esta lógica à maneira de "metafísica do mercado" se apresenta avassaladora que daria a impressão de que "a maior parte dos homens em todas as culturas nada *desejariam* tão intensamente como a renúncia à sua cultura tradicional quotidiana e a assunção da "cultura" do Ocidente, orientada para a competição, a realização, o sucesso e a posse"[53].

Há uma responsabilidade própria e específica da economia? Milton Friedman, o guru do ultraliberalismo, respondeu de forma provocante em 1970 no título de um artigo no New York Times Magazine: "The Social Responsability of Business Is to Increase Its Profits"[54]. Mas quem é que responsavelmente pode aceitar que a moral no domínio económico se identifica pura e simplesmente com o incremento insaciável do lucro? Hoje, tornou-se claro que a mão invisível do mercado que funcionaria a favor de todos os cidadãos não passa de "um mito refu-

---

[52] Id., "Der globale Markt erfordert ein globales Ethos", in: H. Küng und K.-J. Kuschel (Hrsg.), *o. c.*, p. 24.
[53] Peter Ulrich, *o. c.*, p. 49.
[54] New York Times Magazine de 13 de Setembro de 1970.

tado pela realidade", exactamente como a ideia de que o socialismo conduz todos os homens ao "paraíso do bem-estar"[55]. Por isso, à economia de mercado *tout court* é preciso contrapor a economia de mercado com sentido social e ecológico. O *homo sapiens* não se identifica pura e simplesmente com o *homo oeconomicus*. Tem de tomar consciência disso, sobretudo quando olha para a sua história de *demens*. "Nem todas as necessidades dos seres humanos podem ser satisfeitas com o que a economia produz": em ordem ao bem-estar, a uma sociedade boa, a uma vida feliz, para os seres humanos, incluindo os capitalistas, não basta a simples economia de mercado. Assim, se a economia de mercado não é fim em si mesma, então, concretamente neste tempo de globalização, tem de estar ao serviço das necessidades dos homens, não os subordinando implacavelmente à lógica do mercado[56]. Aliás, a presente crise económico-financeira, que abala o mundo desde 2008 e cujas consequências são imprevisíveis, deriva precisamente de um neoliberalismo sem regras, da divinização do mercado, que se pensava que se autoregulava, de um capitalismo sem regulação, que se transformou num turbocapitalismo e "capitalismo de rapina"[57]. Ora, para preservar a dignidade do homem e relações dignas dele, nem a economia nem a política podem ter o primado,

---

[55] H. Küng, *o. c.*, p. 29.
[56] Id., *o. c.*, pp. 30-31.
[57] Helmut Schmidt, *Religion in der Verantwortung. Gefährdungen des Friedens im Zeitalter der Globalisierung*, Berlim, 2011, p. 166.

que pertence à dignidade inviolável do ser humano, aos seus direitos e deveres fundamentais. É preciso defender o primado da política face à economia e, ainda mais, face à finança especuladora e ao seu poder desregulado, mas, face à economia e à política, saber que o primado tem de ser o da humanidade do homem. Significativamente, existem hoje vários documentos internacionais importantes, que já não enunciam apenas os Direitos do Homem, mas que falam expressamente dos *Deveres do Homem*, que, programaticamente, "exigem um ethos global e até tentam já concretizá-lo". Veja-se o grande Relatório da Comissão das Nações Unidas para uma Ordem Política Mundial (Global Governance), de 1995, o Relatório da Comissão Mundial sobre Cultura e Desenvolvimento, também em 1995. Num e noutro, aparece a urgência de um novo *ethos* global. Esta exigência foi apoiada pelo UNESCO Universal Ethics Project 1997, o World Economic Forum Davos 1997, a Conferência Indira Gandhi, em Deli 1997. Também em 1997, em 1 de Setembro, o InterAction Council de antigos Presidentes de Estado e Primeiros-Ministros apresentou e publicou a proposta de Declaração Universal dos Deveres do Homem[58], esperando ser ratificada pela ONU.

---

[58] Hans Küng, *o. c.*, pp. 33-34, com a indicação das respectivas publicações. Ver concretamente: H. Schmidt (Hrsg.), *Allgemeine Erklärung der Menschenpflichten. Ein Vorschlag*, Munique, 1998, bem como Hans Küng, *Anständig wirtschaften. Warum Ökonomie Moral braucht*, Munique, 2010.

O sentido da economia só pode ser o de estar ao serviço da vida. Trata-se de uma "política vital" (*Vitalpolitik*), que, ao contrário de uma política da concorrência, orientada exclusivamente para a eficiência, tem em consideração "todos os factores..., dos quais dependem na realidade a felicidade, o bem-estar e a alegria do homem"[59]. O mercado e a concorrência são simples meios e instrumentos. "O fim primacial, 'vital', de uma economia mundial legítima e ao serviço da vida tem de ser o de satisfazer as necessidades fundamentais de *todos* os homens. Isto constitui o sentido *social* de uma economia eticamente fundada. Deste modo, as questões de justiça e solidariedade são a pedra-de-toque da 'eficiência' sócio-económica da economia mundial"[60].

Quando se pensa em concretizações, é necessário retomar, por exemplo, a ideia antiga de um Plano Marshall para acabar com a hecatombe do continente africano. Felizmente, parece ganhar alguma ressonância a famosa taxa Tobin, que deve o seu nome a James Tobin, Professor da Universidade de Yale e Prémio Nobel da Economia em 1981. Trata-se essencialmente da criação de um instrumento contra operações cambiais de natureza especulativa, concretamente, de um imposto sobre transac-

---

[59] Alexander Rüstow, "Wirtschaftsethische Probleme der sozialen Marktwirtschaft", in: P. M. Boarman (Hrsg.), *Der Christ und und die soziale Marktwirtschaft*, Estugarda, Colónia, 1955, p. 74. Cit. in: Peter Ulrich, *o. c.*, p. 60.

[60] P. Ulrich, *o. c.*, p. 57.

ções de curto prazo nos mercados cambiais internacionais. Esse imposto poderia ser de 0,5 por cento ou 1 por cento. Mas, mesmo que fosse apenas de 0,2 por cento, não só serviria até certo ponto de freio ao excesso especulativo como poderia ser um real imposto de solidariedade mundial: os seus biliões de dólares por ano seriam utilizados na promoção da saúde, na segurança alimentar, na educação dos países mais pobres.

Será necessário aliviar as taxas de importação aos produtos dos países pobres, nomeadamente aos produtos agrícolas e artigos de fabrico artesanal; por outras palavras, os pobres querem superar a pobreza também mediante o comércio, mas de tal modo que não tenham de enfrentar tarifas e quotas incomportáveis nem competir com produtos subsidiados dos países desenvolvidos. Se, por um lado, como acentuou Kofi Annan, ex-Secretário-Geral das Nações Unidas, os dirigentes dos países em desenvolvimento têm de aderir ao mercado, combater eficazmente a corrupção, defender o primado do Direito, garantir a estabilidade da economia, seguir políticas responsáveis, cobrar impostos de uma forma equitativa e transparente, resolver as questões pelo combate democrático e não mediante guerras intermináveis, proteger o direito de propriedade, por outro lado, os países ricos deverão apoiar através do comércio, do investimento, da redução da dívida externa insuportável. A ajuda ao desenvolvimento continua muito longe do objectivo de 0,7% do produto nacional bruto acordado pela ONU. De qualquer forma, sempre será preferível ajudar no desenvolvimento das pessoas nos próprios países do Terceiro

Mundo do que ter de levantar barreiras e muralhas à volta do mundo desenvolvido e assistir à entrada sem controlo de multidões à procura de uma vida melhor nos países desenvolvidos, com todos os efeitos de turbulência inevitável a médio prazo. Mas terão de ser esses próprios países a auto-ajudar-se, com projectos simples e eficazes, que parecem "milagrosos", como mostraram, por exemplo, Amartya Sen, galardoado com o Prémio Nobel da Economia, e Muhammad Yunus, "o banqueiro dos pobres", fundador do Banco Grameen[61].

Depois, é necessário pensar também na partilha desse bem escasso – o trabalho. No quadro de uma economia mundial mais justa do ponto de vista social e intergeracional e ecologicamente capaz de futuro, em que o primado pertencesse não à acumulação de bens disponíveis, mas à abundância humana de vida, portanto, que tivesse como critério a qualidade e não a quantidade, poderíamos pensar numa libertação parcial para todos os homens da necessidade e imposição do trabalho económico produtivo. Já Bertrand Russell tinha sugerido que bastariam quatro horas de trabalho diário. Teríamos assim, também através do desenvolvimento da produtividade, uma redução e consequente repartição mais justa do trabalho para o sustento da vida e a capacidade de compra, abrindo-se simultaneamente para todos tempo livre para a cultura, a criatividade e todas aquelas "dimensões não económicas"

---

[61] Muhammad Yunus, *O banqueiro dos pobres*, Algés, 2002.

da vida boa. "Evidentemente, estas reformas da política do trabalho precisam da coordenação internacional"[62].

Mas tudo isto implicará também uma nova relação com o Dinheiro, no sentido de que *libertas* (a liberdade) e *paupertas* (a pobreza) são "irmãs gémeas" (Miguel Baptista Pereira), que não podem viver uma sem a outra e são condição de possibilidade de uma luta não alienada nem alienante contra a miséria. Jesus afirmou-o claramente, quando ao mostrar que Deus e o culto do Dinheiro se excluem mutuamente, disse esta palavra decisiva contra o espírito do capitalismo, que diviniza o Dinheiro – Jesus utiliza a palavra aramaica Mammona, para significar precisamente a riqueza divinizada –: "Ninguém pode servir a dois senhores, porque ou há-de odiar um e amar o outro ou se dedicará a um e desprezará o outro. Não podeis servir a Deus e ao Dinheiro"[63].

Conclusão: A propriedade e a liberdade

Chegamos à conclusão.

Aparentemente, mas julgo sinceramente que só aparentemente, não se falou do tema que tinha sido anunciado. A reflexão teria inevitavelmente de colocar-se num âmbito mais vasto do que o da lei escrita sobre o crime

---

[62] P. Ulrich, *o. c.*, p. 58.
[63] Mt. 6, 24. Anton Mayer, *Der zensierte Jesus. Soziologie des Neuen Testamentes*, Gütersloh, 1985.

económico. A partir da filosofia e da teologia, o horizonte tem de ser o da articulação entre ética, economia e ecologia (repare-se, mais uma vez, na etimologia). Trata-se de uma filosofia, de uma teologia, de um direito a constituir, a partir do olhar das vítimas. É o que faz o Direito Penal. Mas o que acontece é que as vítimas são de facto mais do que as habitualmente consideradas.

Para concretizar, conclui-se, seguindo de perto o teólogo Heinz Zahrnt[64], com o sétimo mandamento da lei de Deus: Não roubarás.

Antes de mais, é necessário ter presente que os mandamentos da lei de Deus – o Decálogo – são dados em nome do Deus libertador do povo escravizado no Egipto. Todo o Antigo Testamento tem como eixo essa experiência essencial da libertação da escravidão. Assim, os mandamentos, em última análise, resumem-se nesta ordem: Sois livres, não escravizeis ninguém, não vos deixeis escravizar por nada nem ninguém, não sejais escravos de vós próprios.

Por isso, ao contrário do que se julga, este sétimo mandamento não está imediatamente referido à propriedade e ao roubo da propriedade, mas ao roubo do homem, isto é, ao roubo daquilo que faz do homem homem: a liberdade. Mas, por outro lado, também se percebe que este mandamento – não roubarás –, embora se não refira directamente à propriedade, inclui a propriedade, pois há

---

[64] Heinz Zahrnt, *Leben als ob es Gott gibt*, Munique, Zurique, 1992, pp. 136-140.

um vínculo estreito entre propriedade e liberdade: "a propriedade garante a liberdade e torna autoconsciente". Em certa medida, o que o homem "é" também depende do que ele "tem". Isso é dito até na palavra "posses" (teres), do latim "posse" (poder): ela refere o que o homem possui e também o que ele pode ou não: comer, vestir-se, dar-se a si ou a alguém uma alegria, construir uma casa, comprar livros, aceder à cultura, ajudar um necessitado. Por outro lado, não é só o ter, não é a quantidade do que se possui que determina por si só o grau de liberdade. A propriedade proporciona liberdade, mas também pode levar à não liberdade, pois pode conduzir à loucura de confundir a existência autêntica com a posse de bens e à escravização de outros homens.

Assim, este mandamento "determina a relação entre propriedade e liberdade num duplo sentido: previne contra o perigo de perder a liberdade própria", na medida em que alguém se deixa escravizar pelo ter; previne contra o perigo do roubo da liberdade dos outros, "na medida em que, apropriando-nos da sua propriedade, nos apropriamos também da sua liberdade". Ora, "quem se apropria de homens, torna-os mercadoria" e dispõe deles como meios. Cá está o crime: trabalho infantil, tomada de reféns, recrutamento forçado de trabalhadores, comércio de carne branca para a prostituição, salários injustos... "Que pode haver verdadeira liberdade sem propriedade cada um pode dizê-lo a si próprio, mas não pode exigi-lo dos outros".

O roubo começa e está presente das maneiras mais diversas, até também na vida quotidiana: telefonar à custa das empresas, viajar sem bilhete nos transportes, não chegar a horas ao trabalho, evasões fiscais, estragar a Natureza, construções sem garantia, declarações falsas de doença, fogo posto, má condução nas estradas, incompetência no desempenho das diferentes tarefas (o grande teólogo Karl Kahner perguntava quantos bispos, ministros, professores, etc. se confessam da ignorância culpada, que pode bem ser pecado grave e até mortal), tráfico de droga, branqueamento de capitais, danificar a propriedade pública e privada, irresponsabilidade no uso dos dinheiros públicos, corrupção activa e passiva, vírus informáticos, ciberpirataria, actos terroristas, falsificações alimentares, tirar aos outros o seu tempo precioso...

Depois, há os grandes e os pequenos roubos, com uma diferença, a que já Martinho Lutero se referiu há quase 500 anos, com estas palavras (tradução um pouco livre): "Quando olhamos para o mundo hoje através de todas as camadas sociais, constatamos que não passa de um grande, enorme covil cheio de grandes ladrões... Aqui seria necessário calar quanto aos pequenos ladrões particulares, para atacar os grandes e violentos, que diariamente roubam não uma ou duas cidades, mas a Alemanha inteira... Assim vai o mundo: quem pode roubar pública e notoriamente vai em paz e livre e recebe aplausos. Em contraposição, os pequenos ladrões, se são apanhados, têm de carregar com a culpa, o castigo e a vergonha. Os grandes ladrões públicos devem, porém, saber que perante Deus são isso mesmo: os grandes ladrões."

Também na história do cristianismo o roubo da liberdade e a conquista da propriedade caminharam de mãos dadas: o "tráfico dos negros", durante mais de três séculos, constitui uma das maiores vergonhas da humanidade. No total, pensa-se que viveram escravizados pelo menos 20 milhões de africanos, pois no processo de escravização terão estado envolvidos uns 50 milhões, o que constituiu um dos maiores negócios de todos os tempos: de facto, os barcos circulavam permanentemente cheios, segundo este triângulo: armas e produtos da Europa para a África – escravos da África para a América – ouro, prata, açúcar, algodão, tabaco da América para a Europa[65].

Hoje o roubo da liberdade mediante o roubo da propriedade atingiu uma dimensão global, "quase cósmica". Em parte, a fome no mundo assenta no roubo. Se é verdade, pelo menos em parte, que as nações desenvolvidas do Norte vivem à custa dos países do Sul em desenvolvimento, se estes se endividam cada vez mais, de tal modo que o fosso entre pobres e ricos é cada vez mais abissal, então "o roubo tem as dimensões do mundo".

Por outro lado, se destruímos a terra e consumimos os recursos, "estamos a roubar também as gerações futuras". Pois a terra é de todos, também dos vindouros[66]. Antes

---

[65] Jürgen Moltmann, *Das Kommen Gottes. Christliche Eschatologie*, Gütersloh, 1995, pp. 237-238.

[66] Seria interessante levantar aqui a questão do fundamento dos direitos das gerações futuras. De facto, ela não se põe, na medida em que o que há é a realidade intergeracional. Mas a intencionalidade da questão é outra, porque, agora, com o potencial da técnica atómica e da manipulação genética, levanta-se a pergunta: Há ou não a obrigação de a humanidade enquanto tal continuar? Poderia a humanidade decidir terminar? Há um dever de sobrevivência para a humanidade, e

das ajudas ao Terceiro Mundo e da consciência ecológica, Karl Marx tinha declarado: "Nenhuma sociedade nem sequer todas juntas são donos desta terra. São apenas usufrutuários e devem como bons administradores entregá-la às gerações vindouras." Nisto, Karl Marx seguia a teologia cristã.

Podemos terminar, com Heinz Zahrnt: "A propriedade não é um roubo, mas também não é sagrada. De qualquer forma, Deus é um advogado dos pobres, que nada

---

de tal maneira que esse dever se pode provar com rigor racional? Hans Jonas levantou esta questão radical num Congresso sobre "Ética e política hoje", que teve lugar em 1990 na Universidade de Kiel. Hans Küng, *Projekt Weltethos*, p. 185, escreve que já dá que pensar o esforço conceptual que um filósofo tão importante como Hans Jonas tem de fazer para fundamentar o primeiro imperativo da sua ética da sobrevivência, nomeadamente que "haja uma humanidade". Hans Jonas, *Das Prinzip Verantwortung. Versuch einer Ethik für die technologische Zivilisation* (1979), Frankfurt/M., 1985, que afirma que a humanidade não tem "o direito ao suicídio" (p. 80) nem o de negar a existência às gerações futuras, escreve que este dever para com o que ainda não existe e "em si" não precisa de existir, pois enquanto não existente não reivindica a existência, "não é teoricamente fácil de fundamentar e talvez seja mesmo impossível sem a religião"(p. 36); o *"dever incondicionado* da humanidade à existência, que não pode confundir-se com o dever condicionado de cada um a existir" e, portanto, também "o dever de procriar" em geral (não obrigatoriamente cada um) não podem remeter para um direito de outros, pois falta precisamente o sujeito de direitos, "a não ser que se trate do direito do Criador frente às criaturas, às quais, juntamente com a existência, foi confiada a continuação da sua obra" (p. 86). De qualquer modo, "aqui a fé religiosa dispõe já de respostas que a filosofia tem ainda de procurar, e com êxito incerto" (p. 94). Em última análise, só o Incondicional pode fundamentar e obrigar incondicionadamente.

têm." E aí está mais uma razão que justifica a afirmação da grande Hannah Arendt: "A questão da natureza do homem não é menos teológica do que a questão de Deus."

Entende-se deste modo que a obra do célebre teólogo Hans Küng, autor principal da Declaração de uma Ética Mundial, aprovada pelo Parlamento Mundial das Religiões, em Chicago, em 1993, se oriente pelo lema: "Não haverá paz entre as nações sem paz entre as religiões. Não haverá paz entre as religiões sem diálogo entre as religiões. Não haverá diálogo entre as religiões sem critérios éticos globais. Não haverá sobrevivência do nosso globo sem um ethos global, um ethos mundial"[67].

---

[67] Hans Küng, *Spurensuche. Die Weltreligionen auf dem Weg*, Munique, Zurique, 1999^2, p. 306.

IV
MORTE, PESSOA E TRANSCENDÊNCIA

Introdução: Na sua ultimidade, o real é Mistério Pessoal

Foi no Verão de 1988. Em Nova Iorque. Quase no termo de uma longa conversa, perguntei-lhe: "Após todos estes anos de lides filosóficas, o que é para ti a realidade na sua ultimidade?"

Não sei se o meu colega e amigo Francisco Vieira Jordão se lembrou da pergunta que um dia um amigo dirigiu a Ernst Bloch: "Foi sempre característica dos grandes filósofos ser possível resumir o núcleo da sua teoria numa frase. Qual é, pois, a sua tese central?" Bloch respondeu: "Desta armadilha não escapo são e salvo. Se responder, comporto-me como um grande filósofo. Se me calar, parece que teria muitas coisas para dizer, mas não muito. Prefiro, pois, representar o papel de atrevido ao de tonto, e respondo: S ainda não é P"[1], o que significa que o

---

[1] Adolf Lowe, "S ist noch nicht P. Eine frage an Ernst Bloch", in: Siegfried Unseld (Hrsg.), *Ernst Bloch zu ehren*, Frankfurt/M., 1965, p. 135.

sujeito ainda não está na posse do seu predicado adequado.

Francisco Vieira Jordão respondeu textualmente: "Para mim, na sua ultimidade, o real é Mistério Pessoal".

Foi esta convicção, assente na fé que procura o entendimento e no entendimento que procura a fé, portanto, numa confiança radical racional, que lhe permitiu ousar esperar fundadamente para lá da morte. A reflexão que se segue quereria continuar um diálogo que, por um lado, a morte brutalmente interrompeu e, por outro, inevitavelmente agudiza[2].

A morte: o desconhecido que obriga a pensar

A filosofia, com uma história de dois mil e quinhentos anos, sempre se autocompreendeu numa relação indissociável com a consciência que o homem tem da morte.

Precisamente no último dia da sua vida, na iminência de morrer, Sócrates, a referência sempre viva da filosofia, preveniu que o exercício de filosofar é um exercício de morrer: "O comum das pessoas está provavelmente longe de presumir qual o verdadeiro alvo da filosofia, para aqueles que porventura o atingem, e ignoram que a isto se resume: um treino de morrer e estar morto", acrescentando que, sendo um facto que os verdadeiros filósofos se exercitam em morrer, "estão bem mais longe do receio da

---

[2] Para maior aprofundamento, Anselmo Borges, *Morte e Esperança*, Cucujães, 1993.

morte do que qualquer outro dos homens"[3]. Já perto de nós, Schopenhauer, notando que, exceptuando o homem, nenhum ser se espanta com a sua própria existência e que é o conhecimento da morte e a consideração da dor que impulsionam a humanidade para o pensamento filosófico e para a explicação metafísica do mundo, sublinhará que "a morte é propriamentte o génio inspirador ou a musa da filosofia", acrescentando que "sem a morte, sem dúvida não haveria filosofia". É que o animal vive sem conhecimento próprio da morte, enquanto que o homem com a razão encontrou "a terrível certeza da morte"[4]. Estas afirmações dos dois filósofos, que praticamente delimitam o quadro temporal de toda a história da filosofia ocidental, definem a compreensão correcta do acto filosófico, na medida em que ele seja "praticado a fundo" e exercido por "verdadeiros filósofos"[5], e não se refugie, portanto, em mera sofística ou puro formalismo abstracto. Este "verdadeiro alvo" da filosofia só aparentemente é posto em causa pela afirmação célebre de Espinosa: "O homem livre em nada pensa menos que na morte; e a sua sabedoria não é uma meditação da morte, mas da vida"[6]. De facto, não é a morte enquanto tal que

---

[3] *Fédon* 64a e 67e. (Introdução, versão do grego e notas de Maria Teresa Schiappa de Azevedo, Coimbra 1988, pp. 51 e 57.

[4] Arthur Schopenhauer, *Die Welt als Wille und Vorstellung II*, in: Id., *Sämtliche Werke*, Bd. II, Frankfurt/M., 1994[4], pp. 590-591.

[5] *Fédon* 67d, 61a e b, 65a.

[6] Bento de Espinosa, *Ética* demonstrada à maneira dos geómetras, parte IV, prop. LXVII, Coimbra, 1965, p. 81.

é o objecto da filosofia. É a existência, roída pela ameaça do nada, que força ao acto filosófico. Sabendo-se inevitavelmente mortal, o homem enquanto existente não pode subtrair-se ao pensar filosófico. Porque o saber-se mortal põe em sobressalto a existência. A morte é a interrogação radical ao *Dasein*, que é dado a si mesmo como tarefa de realizar-se e que ao mesmo tempo sabe, antecipadamente, que nem sempre estará no mundo. Também para Sócrates a filosofia não é propriamente meditação sobre a morte, sim meditação sobre a vida, mas precisamente enquanto radicalmente questionada pela morte.

Mas este é o paradoxo: a morte é em si mesma o impensável. Ninguém sabe o que é a morte, pois ela é a minha alteridade e exterioridade. Mesmo que alguém se suicide, para 'dar-se a morte', é ainda ela que, 'de fora', faz o que tem a fazer. Neste sentido, a morte não é propriamente o que constitui o objecto do discurso filosófico[7]; pelo contrário, ela interrompe e impede um discurso que se pretenda total. Ninguém sabe o que é morrer, pois esse acontecimento nunca é coexistente com o vivido; enquanto se está a terminar ('a morrer'), ainda se está a viver: "o acontecimento do morrer significa o limite exterior da minha existência, o que nunca pode ser vivido, uma vez que (é) radical exterioridade"[8]. A pergunta, então, é a seguinte: que instante é esse que faz com

---

[7] Yves Ledure, "La philosophie comme mémoire de la mort", in: *Nouvelle Revue Théologique* 108 (1986) 556.

[8] Id., *Transcendances. Essai sur Dieu et le corps*, Paris, 1989, p. 165.

que, pela morte, já não pertençamos ao tempo e, por conseguinte, a este mundo? Ninguém sabe o que é estar morto. De facto, o homem é, segundo a famosa definição de Aristóteles, o animal que fala, o animal que tem *logos*. Mas o morto emudece definitivamente, não fala, é *alogos* (não tem fala). Contra a pretensão de logicizá-la, Ernst Bloch escreverá que, aparentemente, após a morte o que fica é só o cadáver, que é levado para o cemitério, caracterizado como o lugar primordial do *alogos:* "É quase supérfluo dizer até que ponto a morte destroça e obscurece. Uma machadada na medula, e apodrece aquela carne que se tinha formado de modo tão singular. Agora, aí jaz o cadáver gelado, que já não está incluído no mundo como o fruto, como o vitelo no seio da vaca conduzida ao matadouro: pelo contrário, o homem pensante é conduzido ao lugar originário do *alogos* (*Urort des Alogos*), ao cemitério, mesmo ao lado da cidade"[9]. A morte não é propriamente uma passagem; se o for, é segundo um modo que se subtrai ao pensamento: é "um pouco como uma janela que dá sobre nada"[10]. Quando pensamos na morte, é sempre no abismo do impensável que mergulhamos. Só por ilusão de linguagem é que dizemos, diante do cadáver do pai, da mãe, da mulher, do marido, do filho, do amigo: ele (ela) está aqui morto(a). Na realidade, ele ou ela não estão ali. Com razão, escreveu Adorno: "(...) o pensa-

---

[9] Ernst Bloch, *Erbschaft dieser Zeit. Erweiterte Ausgabe*, in: Id., *Werkausgabe*, Bd. 4, Frankfurt/M., 1985, p. 391.
[10] Yves Ledure, "La philosophie", p. 559.

mento de que a morte seja pura e simplesmente o último é impensável. As tentativas da linguagem para exprimir a morte fracassam até na lógica: quem seria o sujeito do qual pudesse predicar-se que está morto aqui e agora?"[11] A própria expressão "o cadáver de... Fulano" é ambígua, pois o que falta é precisamente o "proprietário" do cadáver. E ninguém 'leva' o pai ou a mãe, o filho, o amigo 'à sua última morada'. Como também não tem qualquer sentido dizer que eles estão sepultados no cemitério; de facto, nos cemitérios, com excepção dos vivos que lá vão, lembrando os mortos, não está ninguém. Junto a qualquer campa, pode aplicar-se a afirmação do anjo no Evangelho: Ele (ela) não está aqui[12]. O Evangelho é cru: nos túmulos, há apenas ossos e podridão[13]. Mas, por outro lado, embora lá não esteja ninguém, o túmulo é realmente o primeiro gesto cultural, lugar sagrado, de tal modo que a sua violação é considerada por todos os povos como uma profanação execranda. Os cemitérios, espaço do silêncio recolhido, são simultânea e paradoxalmente a fonte da linguagem enquanto espaço da abertura e interrogação; por outras palavras, eles são a tradução de que a antropologia não é redutível a um simples capítulo de um tratado de zoologia. *O que há nos cemitérios é um puro ponto de interrogação.* O que neles se exprime é a experiência de uma transcendência inominável.

---

[11] Theodor W. Adorno, *Negative Dialektik*, Frankfurt/M., 1994[8], p. 364.
[12] Mt. 28, 6.
[13] Cf. Mt. 23, 27.

Como sublinharam Platão e Aristóteles, a origem da filosofia radica no assombro. Mas o que provoca o espanto é a consciência de nos sabermos mortais. Sócrates tomou para si mesmo como lema, que devia universalizar-se, a inscrição famosa no Templo de Delfos: *Conhece--te a ti mesmo*. Esse preceito queria chamar a atenção do homem para que se assumisse precisamente como homem, isto é, como mortal. Os gregos contrapunham justamente os mortais (*brotoi*) aos deuses, que eram divinos, porque imortais. Assim, embora o objecto do discurso filosófico não seja a morte, é ela que forçosamente põe o homem a pensar. Precisamente porque o homem se sabe mortal, vive-se como existência em permanente e irrecusável interrogação de si mesma. Neste sentido, "a morte é *Urwort*, palavra originária. Ela faz do homem um ser que fala, isto é, que se interroga. O solo originário de onde jorra toda a palavra é a questão que a morte põe à existência individual. Esta palavra não expõe nada, ela interroga; ela de-põe, poder-se-ia dizer, a existência da sua densidade de vida. A palavra é fractura, enigma que interdiz ao sujeito humano identificar-se com a vitalidade existencial. Ela é traço de um vazio, de um *Abgrund*, que faz de toda a existência uma indeterminação radical"[14]. Enquanto *Urwort*, a morte é esta interrogação radical enquanto procura e apelo de sentido último. Frente à morte, revela-se de modo amargo a verdade definitiva do homem: "concretamente, que, em última análise, o homem não

---

[14] Yves Ledure, *Transcendances*, p. 167.

pertence nem a si mesmo nem aos outros; que há um mistério insondável à volta do homem, que ele é um mistério, que nunca poderá dominar"[15]. Surge assim sempre de novo aquela pergunta lancinante que Tolstoi colocou na boca de Ivan Ilitch moribundo: Onde é que eu estarei, quando cá já não estiver? "Já não existirei, mas que é que existirá? Nada existirá. E eu, onde estarei eu, quando já não existir?"[16]

Por isso, não há antropologia que possa evitar este confronto com a morte, pois é esta consciência de um existente ameaçado de não existência que obriga a colocar a pergunta: O que é o homem? Porque a morte se me impõe como o absoluto que não posso evitar nem dominar, sou dado a mim mesmo como enigma radical: não sou redutível à *physis* ou à *polis*, pois sou único e irrepetível. Mas o que me revela esse meu ser singular, único e irrepetível é precisamente a angústia da morte, isto é, o pré-saber que nem sempre serei no mundo. Esta consciência põe a nu a condição trágica do homem: singular, único, e vivendo sob a ameaça impensável de um dia não ser... É esta condição que lhe revela, por outro lado, a seriedade radical da vida: só vivo uma vez, o que faço é sempre pela primeira e última vez. Por isso, também não há reflexão autêntica sobre a ética, sem conexão com a morte: sem o limite temporal intransponível que ela

---

[15] Walter Kasper, *Der Gott Jesu Christi*, Mainz, 1983², p. 114.

[16] Tolstoi, *La mort d'Ivan Ilitch. Nouvelles et récits 1851-1885*, Paris, 1993, p. 367.

impõe, nenhum empenhamento humano teria carácter de urgência e definitividade, pois tudo seria banal e vulgar, porque adiável e repetível. Mergulhados neste abismo sem fundo, a pergunta pelo sentido de ser e do ser em geral não pode ser iludida: "na questão da morte, cruzam-se as linhas da antropologia e da ontologia, da busca da determinação do homem e da procura do sentido de ser"[17]. Perguntando por si, o homem não pode deixar de perguntar pela totalidade: Porque é que há alguma coisa e não nada?, que é, segundo Leibniz, Schelling, Heidegger, a pergunta radical. Mas todo o homem que tenta explicitar filosoficamente a questão que ele mesmo é para si mesmo por ser consciente da sua mortalidade inevitável, será sempre de novo confrontado com este paradoxo: está relacionado com a totalidade do ser, pois tem de perguntar pela raiz, e, portanto, pelo todo; mas, por outro lado, a totalidade nunca lhe será dada como objecto, pois é evidente que a totalidade não pode ser um objecto ao lado de outros objectos. Quer dizer: "a morte designa menos um conteúdo filosófico do que a função que faz da filosofia uma interrogação sempre aberta. Esta função abre a condição humana ao desconhecido, que é talvez o infinito inominável"[18].

Confrontados com a morte, é, pois, com o mistério absoluto que deparamos. Porque não sabemos o que ela é

---

[17] Georg Scherer, *Das Problem des Todes in der Philosophie*, Darmstadt, 1979, p. 7.
[18] Yves Ledure, "La philosophie", p. 556.

nem sabemos o que é morrer nem sabemos o que é estar morto, como também não sabemos o que é que propriamente quer dizer o que denominamos como "o além", "o depois" da morte. De facto, enredados no tempo e no espaço, a morte significa o já não estar nem no espaço nem no tempo. Por outro lado, se o eu está sempre co-implicado, portanto, co-presente, em tudo o que conhecemos mediante a objectivação, como é que, face à morte, podemos ainda pensar, se a morte é pelo menos aparentemente o já não ser do eu? Assim, o que é que tudo isto pode querer dizer senão que vivemos a existência precisamente enquanto mistério indisponível? Por um lado, sabemo-nos inevitavelmente mortais; mas, por outro, o já não existir, o nunca mais ser, o nada para sempre ("un *Plus-rien-à-jamais*"[19]) é propriamente para nós o absolutamente inconcebível. "Impossível nos é, na verdade, concebermo-nos como não existentes; esforço nenhum põe a consciência em condições de se dar conta da inconsciência absoluta, do seu próprio aniquilamento. Tente o leitor imaginar na sua plenitude de qual o estado da sua alma no seu sono profundo; tente preencher a sua consciência com a representação da não consciência, e verá. Ao tentar compreender isso, experimentará angustiante vertigem. Não nos podemos conceber como não existentes"[20]. Se, no limite, nos entregarmos ao esforço de pensar que a

---

[19] Vladimir Jankélévitch, *La mort*, Paris, 1966, p. 70.
[20] Miguel de Unamuno, *Do sentimento trágico da vida*, Lisboa, 1988, p. 37.

luz que cada consciência é, pela morte se vai apagando, de tal modo que toda a relação se anula, toda a realidade se dissipa, desaparecendo no nada, sem restar sequer a própria consciência desse nada, "então a nossa laboriosa raça humana não passa de uma fatídica procissão de fantasmas, que vão do nada ao nada"[21].

A morte é, pois, o impensável, que obriga forçosamente a pensar. Ela é o não-dito e mesmo o indizível em todo o discurso, mas de tal modo que ela destroça sempre todo o discurso que se pretenda total. No entanto, embora irrepresentável e por isso mesmo, ela está sempre presente à consciência no modo de interrogação fundamental. Mesmo que tentemos não pensar nela. Mais: ainda que nos esforcemos por esquecê-la, sabemos que ela não se esquecerá de nós. De tal modo que não somos nós propriamente que a interrogamos: é ela que nos interroga; melhor: "não sou 'eu' que disserto sobre a morte, mas a morte que interroga 'eu'. Como se o 'eu' perdesse a sua função de sujeito de uma existência"[22]. Não seria, portanto, preferível não pensar nisso?

A morte tabu, a morte do outro, o naturalismo e o idealismo

Há o dito: *Mors certa, hora incerta*. Portanto, a morte é certa. Há a certeza da morte, que um dia chegará. O seu

---

[21] Id., *o. c.*, p. 41.
[22] Yves Ledure, *Transcendances*, pp. 169-170.

momento é que é incerto. É necessário, porém, perguntar sempre, mesmo perante aquilo que se apresenta como aparentemente evidente. Será que verdadeiramente a morte é certa? O que é que isso quer dizer exactamente? De facto, constatamos que até ao presente todos morreram. Neste momento, há 7.000 milhões de seres humanos vivos. Porque é que não hão-de constituir outras tantas excepções? Do ponto de vista biológico, sabemos que todo o ser vivo multicelular morre. Mas a morte humana enquanto morte pessoal não é a morte biológica pura e simplesmente. De qualquer modo, para cada um de nós a morte é sempre a morte dos outros. Como é que eu posso saber que eu sou não apenas *mortalis* (mortal), no sentido de que a qualquer momento a morte me pode acontecer (na morte, fazemos a experiência da nossa radical passividade: mesmo que me suicide, eu não domino a morte, pois é ela que fará o que tem a fazer), mas *moriturus*, portanto, no sentido de que hei-de morrer, de que tenho de morrer, que o meu destino é morrer, pois isso faz parte da condição humana, considerando condição não só enquanto condicionamento, mas também enquanto constituição (do étimo latino: *condere*, fundar)?

Como é que sabemos da morte: *a priori*, por indução, ou por síntese reflexiva? De facto, o homem constata que tudo quanto é vivo acaba por morrer. Deste modo, pela reflexão, convence-se de que ele próprio morrerá. No entanto, uma vez que a data da morte é incerta, verificando que a cada momento ela não chegou, a experiência permanentemente repetida da não chegada vai esbatendo a sua certeza. É assim que a certeza da morte se torna menos deprimente, ao mesmo tempo que a religião é também *"uma reacção defensiva da natureza contra a representação, pela inteligência, da inevitabilidade da morte"*[23]. Dada a estrutura de futurição da vida humana, o homem inevitavelmente projecta. Mas a projecção tem vários planos: imediatos, intermédios e últimos: o homem sabe que a velhice é a última idade, inultrapassável. A projecção biográfica da vida remete-nos para a morte inexorável, "sem a mais leve insegurança" na sua certeza: a isso nos conduz "a estrutura da futurição combinada com o envelhecimento, que significa a existência de uma última idade"[24].

De qualquer modo, não superámos o carácter de estranheza que esse saber certo inexoravelmente tem. De facto, "toda a *segurança* da morte não impede que seja *irreal*, inexistente"[25]. A prova está em que nenhum de nós se pode conceber morto. Não é possível conviver com o morrer e com o estar morto. A minha morte é para mim completamente irrepresentável, e a razão está em que uma consciência morta é a contradição. Como é que uma consciência pode morrer e com ela o mundo? É certo que se pode argumentar com a morte dos outros: "(...) Porque tudo converge para ti, em quem tudo existe, e assim te inquieta a certeza de que o universo morrerá contigo.

---

[23] Henri Bergson, *Les deux sources de la morale et de la religion*, Paris, 1997⁷, pp. 136-137 (citação, 137).
[24] Julián Marías, *Antropología metafísica*, Madrid, 1998, pp. 211-213 (citação, 213).
[25] Id., *o. c.*, p. 214.

Mas não morre. Repara no que acontece com a morte dos outros e ficas a saber que o universo se está nas tintas para que morras ou não." Mas "isso é que é incompreensível – morrer tudo com a tua morte e tudo ficar perfeitamente na mesma"[26]. Aliás, mesmo no que se refere aos outros, nós não sabemos o que é que quer dizer exactamente estar morto para o próprio morto. Apenas experienciamos que, sendo o rosto a própria pessoa vista enquanto presente, no cadáver com o rosto imóvel e sem olhar o que se dá a ver é a ausência radical e para sempre de um "quem", de "alguém": nunca mais presente.

É assim que a morte é um partir sem deixar endereço, "partida sem regresso, questão sem dado, puro ponto de interrogação"[27]. Por isso, a verdade de um moribundo é paradoxal: por um lado, o agonizante sabe sempre, como mostram os estudos de Elizabeth Kübler-Ross, por outro, não abandona alguma forma de esperança. Freud atribui a natureza paradoxal desta experiência a "uma clivagem do ego, ao encaminhamento de dois pensamentos contraditórios que coexistem, mas que não têm laços entre si. Um diz: 'Sei que vou morrer', o outro afirma: 'A morte não existe'. Este segundo pensamento, na opinião de Freud, enraiza-se no inconsciente, para o qual a morte não é representável." Pode então compreender-se que uma pessoa, na iminência de morrer, possa estar lúcida a

---

[26] Vergílio Ferreira, *Escrever*, Lisboa, 2001, p. 201.
[27] Emmanuel Levinas, *La mort et le temps*, Paris, 1992, p. 16.

ditar as suas últimas vontades e ao mesmo tempo a acalentar uma última esperança[28].

Numa reflexão em que se perguntava essencialmente como é que sabemos que somos mortais, Max Scheler foi dos primeiros a aperceber-se de que a morte se tornou tabu no mundo ocidental moderno. Numa série de manuscitos dos anos 1911-1916, publicados após a sua morte, com o título *Tod und Fortleben*[29], confrontado com o facto de, nos últimos séculos, no interior da civilização europeia ocidental, a crença na imortalidade se ver diminuir cada vez mais, e interrogando-se pela razão última

---

[28] Marie de Hennezel/Jean-Yves Leloup, *A arte de morrer. Tradições religiosas e espiritualidade humanista perante a morte nos dias de hoje*, Lisboa 2000², p. 63. Kant, *Anthropologie*, parte I, livro I, § 27, cit. in: Julián Marías, *El tema del hombre*, Madrid 1996⁹, pp. 254-255, deixou escrito: "Nenhum ser humano pode experimentar *o morrer* em si mesmo (pois, para fazer uma experiência, é necessária a vida), só percepcioná-lo nos outros. (...) O temor da morte, natural em todos os homens, inclusivamente nos mais desgraçados ou no mais sábio, não é, pois, um pavor de *morrer*, mas, como diz Montaigne justamente, da ideia de *estar morto*, que o candidato à morte crê terá ainda depois dela, figurando-se o cadáver, apesar de que este já não é *ele*, como ele mesmo metido no tenebroso sepulcro ou em qualquer outro sítio análogo. Esta ilusão é irreprimível, pois radica na natureza do pensar, que é um falar a si mesmo e de si mesmo. O pensamento: *não sou*, não pode existir; pois, se não sou, tão-pouco posso ser consciente de que não sou. Posso, certamente, dizer que não estou são e pensar outros *predicados* semelhantes negando-os de mim mesmo (...); mas, falando na primeira pessoa, negar o sujeito com que se aniquila a si mesmo é uma contradição".

[29] Max Scheler, *Tod und Fortleben*, in: Id., *Schriften aus dem Nachlass*, I (Berna, 1957). Seguiremos a tradução portuguesa: *Morte e sobrevivência* (Lisboa, 1993).

desse desaparecimento, encontra-a na nova relação do homem moderno europeu com a sua própria morte: se cada vez menos o homem europeu acredita na sobrevivência, é porque "já não vê mais diante de si a sua morte de uma forma intuitiva", isto é, "já não vive 'face a face' com a morte". O homem moderno já não põe a questão da sobrevivência, "sobretudo porque, no fundo, nega a essência e o ser da morte"[30]. Efectivamente, para Max Scheler, a certeza que temos da morte não resulta da indução, isto é, da observação da morte dos outros, concluindo para o saber da morte de todos, e, portanto, da morte própria. Mesmo que nunca tivesse visto alguém morrer, mesmo que nunca tivesse constatado o processo que leva os seres vivos à transformação em cadáver, por conseguinte, mesmo que existisse só na terra, saberia, ao contrário do que afirmara Voltaire, da minha própria morte. Porque esse conhecimento não é empírico-indutivo, mas intuitivo e *a priori*. A certeza da morte é-nos dada na vivência, sempre presente, do processo vital enquanto orientado para a morte. A nossa vivência tem uma estrutura, que é a de "um crescimento da extensão do ser-passado à custa da extensão do ser-futuro e uma crescente consciência diferencial de ambas as extensões a favor da extensão do ser-passado"[31], resultando daí a vivência da orientação em direcção à morte, pois o campo da abertura da espera estreita-se à medida que se alarga o campo

---

[30] Id., *o. c.*, p. 18.
[31] Id., *o. c.*, pp. 26-27.

da recordação, sendo este o motivo por que "o *determinismo* para os mais velhos (...) está mais próximo do que a doutrina da liberdade"[32]. A nossa vida é-nos sempre presente, "em cada momento, como uma totalidade fechada", temporalmente, pela frente e por detrás[33]. Pergunta-se então: se a certeza da morte, ainda que nos não informe nem sobre o como nem sobre o onde nem o quando do fim, é intuitiva, o que é que se passou com o homem moderno europeu na sua relação com a morte? Evidentemente, face à morte, há o seu recalcamento, que é não só fenómeno universal e normal da natureza humana como de utilidade vital, pois a consciência da brevidade do tempo e a contínua presença da certeza da morte de algum modo paralisariam a vida e as suas tarefas. Daí, a sabedoria daqueles antigos versos: "Vivo, mas não sei quanto tempo,/Morro, mas não sei quando,/Viajo, mas não sei para onde:/Espanto-me por estar tão alegre"[34]. Porém, o recalcamento da ideia intuitiva da morte por parte do homem europeu moderno ocidental é diferente. Este tipo de homem, desde os finais do século XIII, tem uma estrutura diferente de experiência, centrada nos impulsos do trabalho e do lucro. Este homem já não frui de Deus e, agora, a natureza também já não é a terra natal acolhedora, que provoca admiração e espanto, mas apenas o espaço da possibilidade de manifestação da

---

[32] Id., *o. c.*, p. 26.
[33] Id., *o. c.*, p. 30-31.
[34] Id., *o. c.*, p. 38.

sujectividade dominadora. É este o sentido mais profundo do soberano "*cogito ergo sum*" cartesiano. Tudo fica sujeio ao cálculo, ao útil e funcional. "Para o tipo moderno, 'pensar' torna-se 'calcular'", "é real o que é calculável"[35]. Ora, é evidente que "quanto mais este homem moderno 'faz um cálculo' diante da morte e se protege de mil maneiras em relação a ela tanto mais a morte *não existe verdadeiramente para ele de modo intuitivo:* ele não vive 'perante' a morte"[36]. Este homem, mediante os impulsos do trabalho, do lucro e do prazer sem limites, fica narcotizado quanto ao pensamento da morte. Na agitação constante, que tem em si mesma a sua finalidade e que se concentra no *divertissement* pascaliano, o homem moderno europeu julgou encontrar o remédio para a ideia "clara e evidente" da morte[37]. Esse remédio, porém, do recalcamento e da repressão é ilusório, pois, em vez de aparecer como "o preenchimento necessário de um sentido vital", a morte "é, de agora em diante, poder e brutalidade sem sentido"[38]. Para o homem tradicional a atitude face à morte era de naturalidade e até familiaridade. O homem moderno, ao contrário, como vive como se não tivesse de morrer, isto é, como já não sabe "que tem de morrer a sua própria morte", quando esta aparece, só lhe pode aparecer como uma *catástrofe*[39]. A sua vida já não tem a estru-

---

[35] Id., *o. c.*, p. 40.
[36] Id., *o. c.*, p. 42.
[37] Id., *o. c.*, p. 41.
[38] Id., *o. c.*, p. 43.
[39] Id., *o. c.*, p. 43.

tura de uma totalidade, que lhe é conferida pela ideia certa da morte. Para o homem tradicional, "a morte constituía, para a sua vida, um poder formador e director; era algo que dava à vida articulação e estrutura. Mas este novo tipo vive, literalmente, no 'dia-a-dia', até que, de súbito, estranhamente, já não há mais um novo dia"[40]. Para este novo tipo, a morte não constitui uma verdade essencial, pertencente à estrutura do homem; ela é apenas objecto de indução: "o senhor X morrerá porque o duque de Wellington e outros também morreram", o que se traduz na fórmula: todos os homens são mortais[41], mas eu serei certamente excepção! A repressão da morte, consequência da nova experiência deste tipo de homem, tem afinal a sua base mais profunda na angústia e no desespero, isto é, a própria ideia da conquista e do progresso sem fim como garantia e segurança da existência exprime um medo pânico da morte e a consciência do desespero.

Uma vida assente no cálculo, perante a morte só poderá deparar com o desamparo total. Aliás, esta ligação entre angústia e saber como domínio foi mostrada por Theodor Adorno e Max Horkheimer[42], que sublinharam também como o que se subtrai a esta lógica da razão dominadora, concretamente a morte, deve ser ignorado e

---

[10] Id., *o. c.*, p. 44.
[41] Id., *o. c.*, p. 43.
[42] Cf. M. Horkheimer, *Zur Kritik der instrumentellen Vernunft*, Frankfurt/M., 1967 e M. Horkheimer/Th. Adorno, *Dialektik der Aufklärung. Philosophische Fragmente*, Frankfurt/M., 1969.

reprimido. Para Theodor Adorno, este projecto de administração total transformou-se num mundo de morte, com a sua expressão em Auschwitz: "Com o assassinato administrativo de milhões de pessoas, a morte converteu-se em algo que nunca tinha sido temível dessa forma. Já não resta possibilidade alguma de que ela entre na experiência vital dos indivíduos como algo concorde com o curso da sua vida. O indivíduo é despojado do último e mais pobre que lhe restava"[43]. Em Auschwitz, culmina a pretensa história da emancipação total moderna, em que, mediante o conceito, o individual, em ordem ao domínio pleno, é subsumido na universalidade. Mas, deste modo, mediante a equivalência entre domínio, coisificação e morte, nos campos de concentração já não era o indivíduo que morria, "mas o exemplar de uma espécie. (...) Auschwitz confirma a teoria filosófica da pura identidade enquanto morte"[44]. Daí que, segundo Adorno, se cada um há-de poder morrer "a sua própria morte", como pedia Rilke[45], é necessário contrapor à afirmação de Hegel, para quem "o verdadeiro é o todo" (*Das Wahre ist das Ganze*) o princípio de que "o todo é o não verdadeiro" (*Das Ganze ist das Unwahre*)[46].

---

[43] Theodor W. Adorno, *Negative Dialektik*, p. 355.
[44] Id., *o. c.*, p. 355.
[45] "Senhor, dá a cada um a sua própria morte,/O morrer que resulta daquele viver /Em que houve amor, sentido e necessidade", Rainer Maria Rilke, *Das Stunden Buch*, cit. in: M. Scheler, *o. c.*, p. 43.
[46] Theodor W. Adorno, *Minima moralia*, in: Id., *Gesammelte Schriften*, Bd.4, Frankfurt/M., 1980, p. 55.

Em última análise, o pensamento da morte não tem como correlato a morte em si mesma, que é o impensável, mas a natureza da minha existência sempre ameaçada. Neste sentido, é sempre de *mim* enquanto mortal que se trata. O pensamento da minha morte revela a seriedade da minha vida, dando a cada momento, que pode permanentemente ser o último, o carácter de densidade e definitividade, que de outro modo não teria. Pelo pensamento da minha morte, sou entregue a mim mesmo como único, um eu mesmo que não se identifica com o simples devir biológico. Então, como escreveu Kierkegaard, "o sério apodera-se do hoje actual, para fazer dele algo de decisivo, de único e de último"[47]. É nesta linha que se situa a reflexão heideggeriana, concretamente em *Sein und Zeit*. Para Heidegger, o *Dasein* é o existente para quem no seu ser a questão é esse mesmo ser, isto é, a quem o seu ser é dado como tarefa, como poder-ser. O homem, ao contrário dos outros entes, não é opaco e mudo, mas abertura, na relação a si mesmo e ao ser. *Dasein* (ser-aí) enquanto ser-no-mundo (*in-der-Welt-sein*) quer dizer isso mesmo: a abertura do ser no 'aí'. Por isso, o cuidado (*Sorge*) e a temporalidade nos seus três "êxtases" (*Ekstasen der Zeitlichkeit*): passado-presente-futuro são constituintes do *Dasein*. Mas, se o *Dasein* é a sua própria possibilidde, a morte é a sua possibilidade "mais própria"

---

[47] S. Kierkegaard, "Discours sur des circonstances supposées sur une tombe", in: Id., *Œuvres complètes*, t. VIII, Paris, p. 62. Cit. in: Y. Ledure, "La philosophie", p. 561.

(*eigenste*), pois é a que mais o caracteriza face aos outros entes, "irrreferível" (*unbezügliche*), pois corta a relação com tudo o resto, remetendo-o para si próprio, "intranscendível" (*unüberholbare*), pois, enquanto possibilidade da impossibilidade, é a possibilidade extrema, a que se não pode escapar[48]. Ela é um modo de ser, uma estrutura ontológica decisiva do *Dasein:* "a morte é um modo de ser que o *Dasein* assume, logo que é. 'Mal um homem começa a viver, já é suficientemente velho para morrer'"[49]. A morte não é, portanto, simplesmente algo que ainda não chegou (*Ausstand*), mas algo sempre iminente (*Bevorstand*), que revela a constituição da estrutura total do homem. Nos "êxtases" da temporalidade, o primado pertence ao futuro, pois o homem é constitutivamente projecto. E isto significa que, se o homem só é dado a si mesmo na antecipação da sua totalidade, então, ao contrário dos outros seres vivos, que chegam ao fim (*verenden*), o homem é o ser-para-o-fim (*Sein zum Ende*), isto é, ser-para-a-morte (*Sein zum Tode*)[50]. Por conseguinte, só no pré-correr (*Vorlaufen*) para a morte enquanto o poder-ser mais próprio é que o homem vem a si mesmo como totalidade autêntica. E precisamente neste pré-correr enquanto liberdade para a morte é-lhe dada a certeza da morte. Esta certeza, que é possibilidade ontológica, e que não deve confundir-se com o acontecer fáctico biológico-ôntico indeterminado

---

[48] Martin Heidegger, *Sein und Zeit*, Tubinga 1986[16], p. 250 e *passim*.
[49] Id., *o. c.*, p. 245.
[50] Id., *o. c.*, p. 245.

(não sei quando nem onde nem como morrerei), é vivida na angústia (*Angst*), que, ao contrário do medo (*Furcht*), referido a algo de concreto, é o desvelamento da contingência radical enquanto ameaça sempre iminente do nada: "o ser para a morte é essencialmente angústia"[51]. Aí está a razão por que a morte, o tempo e o *Dasein* estão indissoluvelmente vinculados, mas de tal modo que o tempo mensurável não é o tempo originário, já que é a morte que funda o tempo: "é pela morte que há tempo e há Dasein"[52]. Face à angústia, em que o *Dasein*, assumindo-a lúcida e tragicamente, se relaciona consigo mesmo enquanto poder-ser mais próprio, irreferível e intranscendível, surge, no entanto, permanentemente a tentação de distrair-se, escapando-lhe pelo *Gerede* (o palavreado da opinião pública), pelo recurso ao *das Man*, isto é, ao 'toda a gente morre', mas não propriamente eu, pois esse 'se' do morre-*se* "é ninguém"[53]; porém, deste modo, reprimindo a angústia, o homem cai no esquecimento de si mesmo, perde-se na inautenticidade. O *Dasein* quotidiano tenta desviar a atenção da morte. Ora, é precisamente na medida em que quer a todo o custo recusar enfrentar a morte que atesta a certeza da morte. "*É a sua fuga perante a morte que é atestação da morte*"[54]. O pré-correr para a morte enquanto antecipação e assunção dessa pos-

---

[51] Id., *o. c.*, p. 266.
[52] Emmanuel Levinas, *o. c.*, p. 58.
[53] M. Heidegger, *o. c.*, p. 253.
[54] E. Levinas, *o. c.*, p. 58.

sibilidade totalizante, que é sempre a morte própria, é princípio de individuação: o pré-correr singulariza absolutamente o *Dasein* e, nesta singularização de si mesmo, permite-lhe tornar-se certo da totalidade do seu poder--ser[55]. Mas, por outro lado, Heidegger, com a assunção livre da existência trágica não pode subtrair-se ao paradoxo: "enquanto o Dasein *é* enquanto ente, não alcançou nunca a sua 'totalidade'. Mas, quando a alcança, essa conquista converte-se em pura perda do ser-no-mundo. *Enquanto ente* nunca mais é experienciável"[56]. Por isso, o pensamento do segundo Heidegger assumirá, também neste domínio, outra orientação. Agora, é a serenidade e não já a angústia que desvela o ser dos entes. Heidegger nunca terá sido niilista. A angústia não coloca perante o nada, mas perante a possibilidade do nada, perante este facto inegável: "que a inexorabilidde da morte nos põe diante do não-ser de todos os entes que integravam a nossa vida". A serenidade, pelo contrário, coloca diante de outra possibilidade: "a de um fundamento último da nossa existência capaz de outorgar-nos misteriosamente serenidade"[57].

Com razão, Martin Heidegger foi acusado por Gabriel Marcel de "solipsismo existencial": a morte do outro, embora me diga respeito, não me atingiria no sentido ver-

---

[55] M. Heidegger, *o. c.*, p. 266.
[56] Id., *o. c.*, p. 236.
[57] Pedro Laín Entralgo, "Heidegger", in: Id., *Esperanza en tiempo de crisis*, Barcelona, 1993, p. 186.

dadeiro e próprio da palavra[58]. Para G. Marcel, F. Wiplinger, P.-L. Landsberg e os pensadores da filosofia dialógica em geral, a relação à minha morte não se compreende sem a relação à morte do outro, concretamente à morte da pessoa amada.

A morte da mãe, quando ainda não tinha quatro anos, marcou decisivamente o pensamento marceliano. Assim, já em 1937, num Congresso sobre Descartes, respondeu, em controvérssia com Léon Brunschvicg: " 'O que conta não é a minha morte ou a sua, mas a morte de quem amamos'. Com outras palavras: o problema, o único problema essencial é posto pelo conflito do amor e da morte"[59]. No amor autêntico, enquanto esquecimento de si e entrega incondicional ao outro, faz-se a experiência de um vínculo no "nós", que é iluminação no mistério ontológico, e, nesta experiência, que é o viver conjuntamente na luz, abre-se a esperança da imortalidade. Se amar é dizer ao outro: tu não morrerás, pois és digno de ser tu mesmo, portanto, para sempre, então resignar-se à sua morte como aniquilação implicaria um acto de traição e infidelidade radical. Neste sentido, também para F. Wiplinger, que arranca igualmente da experiência fundamental do "nós", a morte não deve ser entendida como separação da alma e do corpo, mas "*separação daquele que*

---

[58] G. Marcel, "Tod und Unsterblichkeit", in: *Auf der Suche nach Wahrheit und Gerechtigkeit*, Frankfurt/M., 1964, p. 77. Cit. in: G. Scherer, *o. c.*, p. 69.

[59] Id., *Présence et immortalité*, Paris, 1959, p. 182.

amamos"[60]. Porque amar é vincular-se no "nós" num mundo comum, a morte significa a perda de um mundo, e, porque só sou com o outro, a morte da pessoa amada é a minha própria perda, de tal modo que a certeza da minha própria morte está intrinsecamente ligada à morte do outro. Na morte do outro, experiencio que sou subtraído a mim mesmo. Mais: com a sua morte, "experiencio a perda de todo o apoio na vida, no ser, absoluta inconsistência, o nadificar (*das Nichten*) do nada"[61]. Portanto, o que aqui se experiencia não tem relevância meramente psicológica, mas ontológica. Mas foi sobretudo Paul-Louis Landsberg que primeiro terá chamado a atenção para esta experiência: perante o outro amado morto, o que experiencio é uma indizível ausência: essa boca que vejo nunca mais falará comigo e esses olhos apagados nunca mais olharão para mim. Formávamos uma comunidade, que se rompeu. Ora, "esta comunidade era eu mesmo numa certa medida, e, nessa medida, experiencio a morte no interior da minha própria existência"[62]. Por isso, contra Heidegger, escreveu que, se se é verdade, por um lado, que a morte do outro amado não substitui a experiência da *minha morte*, que só eu farei, por outro, "o seu significado para mim é tão profundo que pertence

---

[60] F. WIPLINGER, *Der personal verstandene Tod*, Munique, Friburgo/Br., 1970, p. 45.

[61] Id., *o. c.*, p. 44.

[62] Paul-Louis Landsberg, *Essai sur l'expérience de la mort, suivi de Le problème moral du suicide*, Paris, 1951, p. 39. A primeira edição é de 1933.

essencialmente à minha existência pessoal e não ao *on*"[63] (*das Man*, a gente, a massa). Evidentemente, todos estes autores se referem à famosa passagem do livro IV das *Confissões* de Santo Agostinho, em que, descrevendo a sua experiência da morte do amigo e confessando a Deus com tristeza inconsolável a miséria em que se encontrava, inaugura a filosofia existencial. Para Agostinho, o núcleo da amizade consiste na comunidade de duas pessoas, que se traduz na experiência de "nós". Por isso, com a morte do amigo, a sua própria morte faz a sua entrada no mais profundo de si mesmo. "Admirava-me de viverem os outros mortais, quando tinha morrido aquele que eu amava, como se ele não houvesse de morrer! E, sendo eu outro ele, mais me admirava de eu ainda viver, estando ele morto". A questão essencial estava aí, enorme e inevitável: *factus eram ipse mihi magna quaestio* (tinha-me tornado para mim próprio – note-se a força da forma passiva latina – uma questão enorme)[64].

De tal modo a relação ao outro entra na consciência da morte própria que a morte nos aparece como apavorante precisamente por ser o corte radical de toda a relação: já não nos relacionamos connosco nem com os outros nem com a história nem com o mundo. A morte remete-nos para a solidão. A certeza da morte é-nos dada, portanto, na estrutura da temporalidade da existência: somos tem-

---

[63] Id., *o. c.*, p. 43.
[64] *Conf.* IV, 4-8. Cf. tradução portuguesa: Santo Agostinho, *Confissões*, Porto, 1981[10], pp. 91-96.

porais, de tal modo que temos tempo e simultaneamente fazemos a experiência de que o tempo nos falta não só para nós, mas também para os outros, como aos outros falta o tempo para si próprios e para nós. O tempo humano não é ilimitado. Por isso, face à morte, o que se passa nada tem a ver com a pretensão da afirmação de Epicuro, com o sofisma da inexistência da morte: esta não nos diria respeito, pois, enquanto somos, a morte não está lá, e, quando a morte estiver, já não somos. Pelo contrário, a morte diz-nos respeito, pois é exactamente enquanto somos que a morte está aí como questão irrenunciável[65]. Por outro lado, embora a morte ande evidentemente ligada à degenerescência biológica, a sua certeza transcende a mera biologia, pois o corpo humano não é simples corpo orgânico, e, por isso, sabemos que a morte pode sobrevir sempre a cada momento, e não apenas no termo da morte natural do organismo. "A morte tem a sua dialéctica íntima. Ela é a *presença ausente*. O problema da experiência humana da necessidade da morte supera, pois, a biologia bem como os dados do sentimento de envelhecer"[66].

No entanto, a tentativa da compreensão naturalista da morte atravessa a história da filosofia. A morte integrar-se-ia na funcionalidade da vida enquanto sua permanente renovação. A morte dos indivíduos serve a própria evolução, activando-a. De um ponto de vista biológico, deve

---

[65] Eberhard Jüngel, *Tod*, Gütersloh, 1990[4], pp. 22-23.
[66] P.-L. Landsberg, *o. c.*, p. 24.

mesmo sublinhar-se que "só a mortalidade e a reprodução provocam um excedente de indivíduos e, assim, a luta pela existência, que é o motor do desenvolvimento. (...) O indivíduo encontra-se nesta situação paradoxal: mata para viver, e vive para morrer"[67]. A argumentação de Epicuro situa-se no quadro desta concepção naturalista, circunscrevendo a morte ao simples espaço das sensações. Neste sentido, a morte é pura exterioridade, como ficou dito no início desta reflexão, e não há qualquer relação entre ela e nós, pois ela é a própria negação da possibilidade de sentir. "O acto de morrer significa para mim total alteridade, o que eu não sou e não posso ser. Nunca poderei dizer: morri, estou morto (*je suis mort*). Este atributo não pode qualificar o sujeito na primeira pessoa. Outros o dirão, mas na terceira pessoa: 'ele morreu', constatação de que 'eu' já não existe"[68]. Esta concepção chega até Nietzsche, com a sua doutrina do eterno retorno e da vontade de poder, e encontra-se hoje bastante divulgada, inclusivamente na crença da reencarnação. Ora, é certo que a morte, o morrer, o estar morto não pertencem ao domínio da experiência empírica, de tal modo que V. Jankélévitch pôde escrever, referindo-se ao impensável da morte: "a morte é a passagem de alguma coisa a absolutamente nada. Não é uma passagem, é infinito, é uma janela que dá para lado nenhum. Então o pensamento

---

[67] C. F. VON Weizsäcker, *Die Geschichte der Natur*, Göttingen 1992⁹, p. 94.
[68] Y. Ledure, "La philosophie", p. 558.

abisma-se, o pensamento suprime-se a si mesmo, quando tenta representar-se isso (...). Mas a morte está aí, monstruosa, única no seu género, reportando-se a absolutamente nada, portanto, literalmente impensável, absurda"[69].

Precisamente aqui, impõe-se uma observação fundamental: esta afirmação de Jankélévitch mostra, paradoxalmente, os limites das concepções naturalistas. Pelo pensamento da minha mortalidade e perante o abismo da morte da pessoa amada, que me abala até à raiz de mim mesmo, pois dela só resta o cadáver como coisa que apodrece ou é reduzida a cinza, afirmo-me a mim mesmo como único e irredutível aos mecanismos da natureza, e o outro aparece-me no seu carácter misterioso, inefável e insubstituível, portanto não redutível a simples exemplar da espécie. É essa experiência que levava Unamuno a gritar: "Sou o centro do meu Universo, o centro do Universo, e nas minhas angústias supremas, grito com Michelet: 'O meu eu, arrebatam-me o meu eu!' "[70]. Pascal também o disse: Mesmo que o universo o esmagasse, o homem seria ainda mais nobre do que o que o mata, pois sabe que morre, ao passo que o universo nada sabe sobre a vantagem que tem sobre ele[71]. Só o homem sabe que é mortal,

---

[69] Vladimir Jankélévitch, "Corps, violence et mort", in: Id., *Penser la mort? Avant-propos et direction éditorial de Françoise Schwab*, Paris, 1994, p. 108.
[70] Miguel de Unamuno, *o. c.*, p. 43.
[71] Pascal, *Pensées* (Texte établi par Léon Brunschvicg) n. 347.

e é essa consciência que lhe revela a sua diferença frente a tudo o resto, e também o seu destino original, subtraído à circularidade biológica de nascimento e morte. Aliás, é esta consciência trágica que é o tema da descrição bíblica do pecado original: tendo comido da árvore da ciência do bem e do mal, o homem sabe que está nu e que é mortal. Finito, ocupando uma posição de 'intervalo' entre coisa e Deus, vive um destino trágico, de que não pode salvar-se por si mesmo[72].

Perante os limites do naturalismo, é fácil incorrer na tentação de, abandonando o corpo e a história, refugiar--se no espírito puro. Platão, concretamente, quis mostrar que, pela filosofia, se transcende a morte física. O acto filosófico é isso mesmo: antecipar o morrer, no sentido de que a alma, uma vez que participa no mundo das ideias puras, se instala na imortalidade. Alcançando o conhecimento verdadeiro, pelo abandono do corpo, que é a prisão da alma, o homem subtrai-se ao mundo da caverna, que é o mundo das sombras enganadoras, para participar, desde já, no mundo que é o seu, isto é, o mundo das essências. Por isso, no *Fédon*, Sócrates definirá a morte como "separação da alma e do corpo"[73], já realizada pelo filosofar. Com a morte, é o corpo que morre: "quando a morte sobrevém ao homem, é a sua parte mortal, ao que parece, que morre; a outra, a imortal, subtrai-se à morte e escapa-se a salvo, isenta de destruição"[74]. Em Platão,

---

[72] Cf. *Gén.* 3.
[73] *Fédon*, 64c.
[74] *Fédon*, 106e.

que concebe o homem a partir do conhecimento, a morte é celebrada como libertação. Pelo filosofar, que é o exercício de morrer e estar morto, pelo abandono do corpo e das suas paixões e elevação ao mundo das essências e da verdade, é essa libertação que é antecipada. Aqui, haverá, porém, que perguntar se, desse modo, ainda que Sócrates esteja pessoalmente convencido da sua imortalidade individual, o homem não fica reduzido a uma ideia. A metafísica platónica refere-se não ao mundo do próximo, mas a um mundo de essências enquanto coisas vistas. A pessoa ainda não tinha sido revelada e, por isso, "o sentido da morte permanecia oculto". Este é o limite de toda a filosofia pré-cristã na Europa: "a ontologia das ideias depende ainda da ontologia da natureza." O mundo da filosofia antiga "não é um *mundo do próximo,* mundo constituído pela 'caritas'; é, antes de mais, um mundo de coisas, um *mundo de coisas vistas*", incluindo os homens. O mundo transcendental "é como o mundo das ideias que são coisas vistas em espírito, e não como um mundo de pessoas"[75]. E, neste domínio, se é certo que Aristóteles quis superar o seu mestre, pela inserção das ideias no mundo sensível e mediante uma visão unitária do homem com a doutrina hilemórfica, a sua concepção do *nous* enquanto intelecto agente deixou, no entanto, em aberto uma ambiguidade essencial, pois o espírito, que vem de fora, é contraposto à alma vital, que definiu como entelequia do corpo. O espírito aparece como o divino no homem:

---

[75] P.-L. LANDSBERG, *o. c.*, pp. 71-72.

"Talvez esta vida tão digna seja superior às forças do homem, mas enquanto há nela algo de divino. E na medida em que este princípio divino está para lá do composto a que está unido, também o acto deste princípio é superior a qualquer outro acto (...). Mas o entendimento é algo divino com relação ao resto do homem, a vida própria do entendimento é uma vida divina com relação à vida ordinária da humanidade"[76]. Na Idade Média, o filósofo Averroes, com larga influência posterior, interpretou esta e outras passagens de Aristóteles, referentes ao espírito, no sentido de um espírito supra-individual comum a todos os homens. O espírito não se individualiza, pois é único. Impessoal, só ele é imortal. Nesta linha, Hegel, logo na *Fenomenologia do Espírito*, onde se percorre o caminho da consciência, desde a certeza sensível até ao saber absoluto, sublinhará que a morte é "a energia do pensamento", pois constitui, enquanto momento dialéctico, "o enorme poder do negativo". A morte é certamente "o mais terrível" e precisamente "o reter o morto" é "o que exige a máxima força". O espírito tem que passar pelo seu calvário, tem de expor-se à negatividade, que supera pela negação. A vida do espírito não teme a morte; pelo contrário, "enfrenta-a e mantém-se nela. O espírito alcança a sua verdade só na medida em que se encontra na absoluta devastação. O espírito é este poder não como o positivo, que se afasta do negativo (...), mas apenas enquanto encara de frente o negativo e se detém nele.

---

[76] *Ética a Nicómaco*, X, 7, 1177b.

Este deter-se é a força mágica que transforma esse negativo em ser". É deste modo que o sujeito, subsumindo a imediatidade abstracta, se alcança como a verdadeira substância, isto é, "a imediatidade que não tem a mediação fora dela, mas que é ela mesma"[77]. O que Hegel quer mostrar é que, ao contrário do uso corrente, o que é 'abstracto' é o individual isolado e sem movimento. A verdade só é no seu todo e atinge-se pela superação, mediante a razão dialéctica, do que o entendimento tinha separado e fixado. Em síntese, escreve: "O verdadeiro é o todo. O todo, porém, é só a essência que se completa por meio do seu desenvolvimento. Do absoluto há que dizer que é essencialmente *resultado*, que só no *final* é o que é em verdade"[78]. Mais tarde, nas *Lições sobre a filosofia da religião*, citando a segunda estrofe do cântico religioso "O Traurigkeit, o Herzeleid", de J. Rist (1607-1667), e, interpretando especulativamente a Sexta-Feira Santa, afirmará que Deus mesmo morreu, o que significa que o infinito abstracto tem de finitizar-se; mas esta finitização suma na morte é apenas um momento dialéctico da afirmação do Espírito enquanto identidade da identidade e da diferença, do infinito e do finito, do divino e do humano. Em Cristo enquanto indivíduo, concretamente na Encarnação, Morte, Ressurreição e Ascensão ao céu, explicita-se a natureza de Deus, que é o movimento absoluto em si

---

[77] G. W. F. Hegel, *Phänomenologie des Geistes*, in: Id., *Werke in zwanzig Bänden*, vol. 3, Frankfurt/M., 1993[4], p. 36.
[78] Id., *o. c.*, p. 24.

mesmo, sendo a história a própria história de Deus[79]. Perguntar-se-á então, com razão, se o vocábulo "Deus" não é senão uma "metáfora" para a dialéctica do espírito, que "por fim se deve mostrar como o espírito comum (*Gemeingeist*) da humanidade"[80]. Esta consequência foi tirada por Feuerbach. Como é sabido, invertendo Hegel, isto é, colocando sobre os pés o que Hegel tinha colocado na cabeça, Feuerbach e Marx interpretarão o homem como género (*Gattungswesen*) e Marx concretamente verá o sentido do indivíduo na realização da humanidade futura. Por isso, referindo-se à morte, escreverá: "A *morte* aparece como uma dura vitória do género sobre o indivíduo e parece contradizer a sua unidade; mas o indivíduo determinado é apenas um *género determinado* (ein *bestimmtes Gattungswesen*), enquanto tal mortal"[81].

A pergunta torna-se, porém, inevitável: fixando-se na abstracção, não perde a filosofia o essencial, que é a existência pessoal concreta? Não é a consciência da morte, sempre pessoal, que mostra que a pessoa singular não pode ser reduzida a simples momento do movimento dia-

---

[79] Id., *Vorlesungen über die Philosophie der Religion*, in: Id., *Werke in zwanzig Bänden*, vol. 17, Frankfurt/M., 1975, pp. 213-299. O conceito de "Sexta-Feira Santa especulativa" aparece já nos escritos de Jena: cf. Id., *Jenaer Schriften 1801-1807*, in Id., *Werke*, vol. 2, Frankfurt/M., 1974, p. 432.

[80] Richard Schaeffler, *Religionsphilosophie*, Friburgo/Br., Munique, 1983, p. 43.

[81] Karl Marx, "Nationalökonomie und Philosophie", in: Id., *Die Frühschriften. Von 1837 bis zum Manifest der kommunistischen Partei 1848*. Hrsg. von Siegfried Landshut, Estugarda, 1971, p. 239.

léctico do Espírito na sua realização, interpretado seja como Estado ou História universal seja como Ideia absoluta na sua plenitude final? O monismo, tanto materialista como idealista, não dá conta da unicidade da pessoa concreta e livre. O que é intolerável é que o outro amado, experienciado como valor, morra: como é que o valor pode tornar-se coisa que apodrece? Em relação aos monismos, será necessário, portanto, perguntar sempre como é que se explica a multiplicidade dos eus na relação misteriosa da interpessoalidade.

Na morte, a alternativa: a aniquilação definitiva da pessoa ou o dom de uma vida nova

Para onde foram os mortos?", perguntava o filósofo e teólogo Bernhard Welte. "Para o Silêncio, para o Nada?"[82]. É este Nada que a todos espera. Ninguém pode escapar-lhe, mesmo que tente reprimi-lo ou esquecê-lo. E não há ninguém que alguma vez tenha voltado. Face a esta situação-limite, ergue-se, cortante, a pergunta, ineliminável: Porque é que há algo e não pura e simplesmente nada? Esta dimensão inobjectivável e supraconceptualizável da Transcendência não é construída pelo ser humano, mediante o pensamento. Pelo contrário, é o pensamento que é desafiado por ela, e é o ser humano que é

---

[82] Bernhard Welte, *Zwischen Zeit und Ewigkeit*, Friburgo/Br., 1982, p. 49.

inevitavelmente confrontado com ela, não estando, à partida, decidido como deve interpretar-se este Silêncio e este Nada. Trata-se de um silêncio morto ou de um Silêncio vivo, habitado? Trata-se de um nada negativo ou do Nada enquanto ocultação absoluta do Mistério da Transcendência, como quando dizemos: aqui, não vejo nada, o que não significa de modo nenhum que lá não haja nada para ver? De facto, quem entra num espaço escuro, numa noite de breu, dirá: aqui, não vejo nada, mas, paradoxalmente, exprimindo uma experiência *positiva*, pois vê que aí não vê nada, de tal modo que, "se realmente não visse, nunca diria: não vejo nada"[83]. Portanto, o nada é pura e simplesmente nada, ou, pelo contrário, o Nada experienciado na morte é o "lugar" por excelência do Mistério oculto, que a tudo dá sentido, pois é o fundamento de tudo?

Nem sempre existimos no mundo e sabemos também com certeza insuprimível que um belo dia já não existiremos. Esta negação da existência no passado e no futuro não é um nada qualquer, mas "um nada determinado"[84], pois, enquanto ainda não existente no passado e já não existente no futuro refere-se a este ser-aí (*Dasein*), que sou eu, que és tu, cada homem, cada mulher. Esta negação determinada é, portanto, um facto universal, pois ninguém pode negar que um dia não existia e que um dia

---

[83] Id., "Versuch zur Frage nach Gott", in: Joseph Ratzinger (Hrsg.), *Die Frage nach Gott*, Friburgo/Br., Basileia, Viena, 1972, p. 18.
[84] Id., *o. c.*, p. 15.

deixará de existir, e atinge não só cada homem e mulher do passado, do presente e do futuro, mas também tudo o que é humano, pois todas as instituições, obras, culturas desaparecerão: ninguém nem nada do que é humano escapará ao já não ser aí. Por outro lado, se este nada não pode ser hipostasiado como se fosse uma coisa ou um objecto, também não é um nada puramente formal, pois, na sua negatividade, é algo de positivo, na medida em que significa e exprime a experiência do *"outro* da existência e da positividade que pertence imediatamente à existência"[85]. Quem pensa no que será daqui a cem anos ou no que serão todos os vindouros daqui a milhares ou milhões de anos não pode deixar de ser abalado até à raiz do ser e à vertigem por esta experiência do nada: já não serei, já não serão. Poderemos então tentar esquecer ou reprimir este abismo, mas ele apresentar-se-á sempre como um facto que não pode ser negado. Este abismo é propriamente um abismo sem fim: quem cai nele nunca mais volta. Esse nunca mais para sempre é vertiginoso e arrasador. Tem carácter de incomensurabilidade avassaladora, de tal modo que "todo o existente contingente é em última análise como nada"[86]. E, sendo inescapável, só perante esse abismo sem fundo e sem fim tomamos consciência da nossa absoluta impotência. No seu poder radical, "podemos caracterizá-lo também como o *incondicionado*"[87], não

---

[85] Id., *o. c.*, p. 17.
[86] Id., *o. c.*, p. 20.
[87] Id., *o. c.*, p. 20.

no sentido abstracto, mas sumamente concreto, pois chega, arranca-nos à existência, quer queiramos quer não, quer pensemos nele quer o esqueçamos, sem qualquer possibilidade de negociação: apesar de todo o poder da nossa técnica, nada do que já passou pode ser retomado, "Orfeu não pode trazer Euridice outra vez à terra", pois, "aqui, é posto um limite ao poder humano"[88], um limite inultrapassável.

Que nada é este, inescapável, sem fim e sem fundo, tenebroso, universal, com poder absoluto, incondicionado, que se apresenta precisamente como a *alteridade do Dasein*, do ser-aí? Ninguém consciente e pensante pode furtar-se à sua interpretação. Ora, interpretar é avaliar, o que significa que o homem não se vive, ao contrário do que afirmam todos os positivismos, como facto bruto. Experienciamos o valor concretamente no encontro com o outro. Ninguém pode negar, por exemplo, que dar de comer a uma criança esfomeada tem sentido, como confessou Albert Camus, como tem sentido a luta pela liberdade, a justiça, a solidariedade e a paz. Não seria possível viver, sem o pressuposto do postulado de sentido. É nesse pressuposto que se baseiam todas as esperanças e projectos humanos, de tal modo que o homem nunca descansa, querendo ir sempre mais além. Este pressuposto vivido de sentido é transcendental, pois, se tentamos responder à questão do sentido, é porque já o pressupomos: tem sentido colocar a questão do sentido e ele só pode ser negado

---

[88] Id., *o. c.*, p. 21.

na sua afirmação. Ele é a condição de possibilidade da própria experiência do absurdo: se não nos encontrássemos sempre no horizonte da possibilidade da salvação, contentar-nos-íamos com as situações tal qual se apresentam, isto é, com a pura facticidade sem transcendência. Por outras palavras, não teríamos experiências negativas de contraste. É assim que, "quer queira quer não, quer o saiba ou não, o homem crê num sentido enquanto respira. Até o suicida crê num sentido; embora não seja no da vida ou do continuar a viver, é pelo menos no de morrer. Se não acreditasse em nenhum sentido, não poderia mover um dedo, e, por isso, não poderia proceder ao suicídio"[89]. O que significa, portanto, que aquele que interpreta negativamente a questão do sentido tem de reconhecer que "mesmo o caso-limite da renúncia expressa ao sentido só é possível no pressuposto do projecto vivido do sentido, implicado na própria vida"[90]. O sentido vivido antecede toda a interpretação do sentido, como sua condição de possibilidade. Ora, se, pela morte, tudo desemboca no nada negativo, na aniquilação pura e simples, não será necessário então reconhecer que o bem e o mal, a justiça e a injustiça, a verdade e a mentira, em última análise, se equivalem? Se há distinção entre bem e mal, justiça e injustiça, verdade e mentira, amor e ódio, não se impõe que essa diferença não valha apenas por algum tempo,

---

[89] Viktor E. Frankl, *La voluntad de sentido. Conferencias escogidas sobre logoterapía*, Barcelona, 1988, p. 115.
[90] B. Welte, *o. c.*, p. 22.

mas para sempre? Mas, por outro lado, precisamente por causa da sua negatividade, o nada é ambíguo, e a sua interpretação positiva não se impõe com constringência lógica. No entanto, se não se pode negar, enquanto postulado ético irrenunciável, que a luta pela liberdade, pela dignidade e pela justiça tem sentido, então "este postulado exige uma decisão na questão do nada, que se apresentava à partida como não decidida. Para que o postulado de sentido possa ser mantido, o nada deve ser decidido. Deve dizer-se que existir tem sentido, também e precisamente em presença do nada. Mas isto só pode afirmar-se, se o Nada na sua infinitude e no seu poder inevitável e na sua incomensurabilidade de trevas não é um nada vazio", mas "a presença oculta de um Poder misterioso infinito, que nos apela incondicionadamente e que dá sentido a tudo e que concede e guarda sentido a tudo o que entretanto se apresenta como sem sentido"[91]. Esta decisão não tem constringência empírica nem matemática, mas, precisamente na decisão ética, mostra-se que há razões para decidir-se no sentido de uma compreensão do nada não enquanto nada vazio e negativo, mas enquanto sinal e vestígio do Mistério último incondicionado e oculto.

Porque é que os homens e as mulheres, apesar de todos os fracassos, horrores, sofrimentos e cinismos, ainda não desistiram de lutar e de esperar? Ernst Bloch, no seu *Ateísmo no Cristianismo*, defende a tese de que, com Job, terminou toda a teodiceia. Mas Johann Baptist Metz, preci-

---

[91] Id., *o. c.*, p. 25.

samente na sequência da lógica da esperança de Bloch, pergunta com razão: se, para nos libertarmos de todos os enigmas da teodiceia, apagarmos o horizonte da promessa divina sobre o sofrimento humano, isto é, a esperança de um Deus dos vivos e dos mortos, libertamo-nos de todos os enigmas? Desaparecem então com êxito todas as perguntas? Ou, pelo contrário, não será que elas voltam de novo em forma antropológica? Não começa então o homem a ser para si mesmo um enigma ainda maior? Ou será que o homem não passa de um erro de construção da própria natureza? Mas então permanece a pergunta: "porque é que os homens erguem sempre de novo a sua cabeça, se tudo naufraga na morte", sendo o homem o único ser que sabe realmente deste fim? Porque é que os homens "recomeçam sempre de novo, apesar de todas as lembranças que têm do fracasso e das seduções enganadoras das nossas esperanças? Porque é que sonhamos sempre de novo com uma felicidade futura da liberdade", embora saibamos que os mortos não participarão nela? Porque é que não renunciamos à luta pelo homem novo? Porque é que o homem se levanta sempre de novo, "numa rebelião impotente", contra o sofrimento que não pode ser sanado? "Porque é que institui sempre de novo novas medidas de justiça universal, apesar de saber que a morte as desautoriza outra vez" e que já na geração seguinte de novo a maioria não participará nelas? Donde é que vem ao homem "o seu poder de resistência contra a apatia e o desespero? Porque é que se recusa a pactuar com o absurdo, presente na experiência de todo o sofrimento não reparado? Donde é que vem a força da revolta, da rebelião?" Bloch, na linha da modernidade, pretende pensar o homem e a realidade "etsi deus non daretur" (como se Deus não existisse). Mas, se pensarmos em todas estas experiências, não deveríamos antes perguntar: "Apesar da sua destruição do tema da teodiceia, não fala Bloch do homem 'etsi deus – daretur' (como se Deus existisse)?"[92] A esperança contra o desespero só é possível a partir da salvação. E, sem Deus, seria vão salvar um sentido absoluto[93].

É um elemento essencial da esperança esperar a salvação que o homem não pode dar a si mesmo. De facto, estritamente falando, não esperamos aquilo que podemos realizar por nós próprios. "O esperado em sentido estrito está subtraído à disposição do esperante. Ninguém diz que espera o que ele mesmo pode fazer ou produzir"[94]. Na morte, o homem morre todo, fazendo a experiência de que é radicalmente subtraído a si mesmo. Mas, por outro lado, a esperança não pode ser frustrada de modo experimental fáctico; pelo contrário, ela é tão inabalável como a própria existência, pois "em nenhum momento

---

[92] Johann Baptist Metz, "'Neugierde, Jagdtrieb und Flügelschlag'. Ernst Bloch im Spiegel eines theologisch-philosophischen Tagebuchs", in: Karola Bloch/Adelbert Reif (Hrsg.), *"Denken heisst Überschreiten". In memoriam Ernst Bloch 1885-1977,* Colónia, Frankfurt/M., 1978, pp. 86-87.

[93] Max Horkheimer, *Die Sehnsucht nach dem ganz Anderen. Ein Interview mit Kommentar von Helmut Gumnior,* Hamburgo, 1970, p. 69.

[94] Josef Pieper, *Hoffnung und Geschichte. Fünf Salzburger Vorlesungen,* Munique, 1967, p. 26.

da existência, nem sequer no limiar da morte, pode o homem dizer: Agora já não estou a caminho, a realização plena já não está no futuro". Todo o ser humano morre sempre inconcluído. Assim, aquele que desespera não é propriamente alguém que tenha feito já a experiência da frustração da esperança. "Ele não experimentou de modo nenhum a não realização da esperança; apenas a antecipa"[95]. Por isso, precisamente face à morte, o homem pode esperar, com razões, uma salvação futura plena, que chega e de que ele não pode dispor. Se é razoável ousar esperar para lá da morte, isto é, esperar a ressurreição dos mortos, é porque, na história gigantesca da evolução do mundo, aos saltos, que desembocou num ser livre à procura de sentido, ainda não conhecemos "nem as possibilidades da matéria nem as do Criador"[96].

Aceitando a teoria do *Big Bang*, numa história com mais ou menos 13.700 milhões de anos, o homem apareceu muito recentemente: há uns três milhões de anos (o *Homo sapiens sapiens* tem à volta de cem mil). Seja como for, o sinal característico e indiscutível de que, nesta história gigantesca, se deu a passagem de animal a homem, portanto, de algo a alguém, de coisa a pessoa, são os rituais funerários. O homem define-se como aquele que tem consciência de si mesmo enquanto mortal. Por um

---

[95] Id., *o. c.*, p. 35.
[96] Joseph Ratzinger, "Damit Gott alles in allem sei und alles Leid ein Ende habe", in: Norbert Kutschki/Jürgen Hoeren, *Kleines Credo für Verunsicherte*, Friburgo/Br., Basileia, Viena, 1993, p. 139.

lado, o homem deslumbra-se pelo facto de existir: é o espanto de ser; por outro, tem a consciência de morrer. É aqui que surge a pergunta abissal: como é que essa consciência pode desaparecer? Isso não é claro: "não é claro que ela subsista sozinha, mas também não é claro que se aniquile"[97]. Não será por isso que, como mostrou Freud, no fundo, cada um de nós se julga imortal, de tal modo que, lá no íntimo, cada um faz sua a confissão de Jacques Madaule: "Sei que morrerei, mas não acredito nisso"?[98] "Cada homem vive na medida em que primariamente tende para o futuro (...)". "O desejo é a única particularidade sincera em todos os homens"[99]. O homem define-se como esperante, isto é, como o ser da transcendência, como o ser do *plus ultra*, de tal modo que todas as realizações intramundanas são sempre penúltimas em relação ao que se espera. A esperança tem carácter transcendental, pois é condição de possibilidade de todo o agir, optar, realizar humanos, numa abertura ilimitada. O desnível entre o que se espera e aquilo que permanentemente se vai alcançando é insuperável. Viver é, portanto, esperar. O homem "não pode viver sem esperar"[100]. O temor único e a angústia face à morte e à aniquilação, ao nunca mais ser do eu, são expressão do desejo ontológico prévio

---

[97] V. Jankélévitch, *o. c.*, p. 56.
[98] *Considérations de la mort*, cit. in. V. Jankélévitch, *o. c.*, p. 29.
[99] Ernst Bloch, *Das Prinzip Hoffnung*, in: Id., *Werkausgabe*, Bd. 5, Frankfurt/M., 1985, pp. 2 e 4.
[100] Juan Alfaro, *De la cuestión del hombre a la cuestión de Dios*, Salamanca, 1989², p. 251.

de se manter no ser. Sem essa esperança e desejo, não se explicariam o temor e a angústia de um futuro sem futuro. Assim, a morte coloca cada homem perante a alternativa: "*ou a aniquilação definitiva da pessoa ou a pessoa humana recebe na morte o dom de uma vida nova* (metatemporal, meta-histórica)"[101].

Ter consciência da morte implica necessariamente a pergunta pelo sentido último da totalidade da existência. Esse sentido não é intramundano ou intra-histórico, pois a morte é precisamente a ruptura radical com o mundo, com os outros, com a história. Trata-se, aliás, da própria estrutura da esperança: se a esperança enquanto esperante é condição de possibilidade de toda e qualquer realização histórica, transcendendo-a constantemente e obrigando a ir sempre mais além, então a sua satisfação adequada só pode ser meta-histórica. Conclui-se, portanto, que, se, na morte, a pessoa se afunda no nada, é a vida toda que é sem sentido, pois a existência enquanto encadeamento de opções e realizações encaminha-se para o nada final. "O processo da vida humana a caminho do futuro viria a ser, em última instância, processo a caminho do definitivo não-mais-futuro". Todos os sonhos, acções, realizações, amores estariam ausentes, em última análise, numa "ilusão originária constitutiva do homem"[102]. Se a minha vida caminha para a morte como termo final, os meus projectos podem ter sentido em si

---

[101] Id., *o. c.*, p. 252.
[102] Id., *o. c.*, p. 253.

mesmos, mas "o que já não tem sentido é o conjunto. Então, a minha própria vida talvez tenha um sentido para os outros, mas a minha vida toda, para mim, não tem sentido. (...) A condição do sentido é que a duração seja inserida em qualquer coisa de outro"[103]. É certo que, por um lado, é a consciência da morte que dá a cada instante da vida seriedade, profundidade, urgência e mesmo dimensão de autêntico milagre e mistério; mas, por outro, sem um Além, se a minha existência desemboca no nada, no vazio, então não tem sentido, pois "não vou para lado nenhum", a minha vida não tem direcção[104]. Assim, a radical impotência do homem perante a morte acaba por colocá-lo, quer queira quer não, perante uma opção: esperar, reduzindo a esperança apenas a este mundo, ou, correspondendo ao apelo do esperar radical ilimitado e transcendente, ousar esperar para lá da morte. Então, esperar para lá da morte é reconhecer que o fundamento último da esperança esperante é uma Realidade transcendente, de que o homem não pode de modo nenhum dispor, mas a que pode fundadamente entregar-se em atitude de confiança radical e de invocação: "Só uma Realidade absolutamente transcendente e *pessoal* pode salvar a pessoa humana."[105]

Quer se seja cristão ou não, quer se acredite quer não, embora "os direitos humanos não sejam de modo

---

[103] V. Jankélévitch, *o. c.*, p. 31.
[104] Id., *o. c.*, p. 52.
[105] Juan Alfaro, *o. c.*, p. 254.

nenhum algo de exclusivamente ocidental"[106], é necessário reconhecer que foi através do cristianismo, isto é, mediante a fé no Deus feito homem, que veio ao mundo a tomada de consciência explícita e clara da dignidade infinita de ser homem. Isso foi reconhecido por pensadores da estatura de Hegel, Ernst Bloch, Jürgen Habermas. Hegel afirma expressamente que na religião cristã está o princípio de que "o homem enquanto homem é determinado (*bestimmt*) para a bem-aventurança eterna (*ewige Seligkeit*) (...), que o homem tem valor absolutamente infinito"[107]. Ernst Bloch, embora ateu, confessou que foi pela Bíblia que veio ao mundo a consciência do valor infinito de ser homem, de tal modo que nenhum homem pode ser tratado "como gado"[108]. Jürgen Habermas, agnóstico, sublinha que a democracia se não entende sem a secularização da compreeensão judaico-cristã da igualdade radical de todos os homens, por causa da "igualdade de cada indivíduo perante Deus"[109]. Nesta linha, também Francisco Vieira Jordão escreveu: "Não se pode desligar a cultura ocidental (...) do substrato vivencial fornecido pelo cristianismo, gerador duma concepção do homem dominada pelo princípio de igualdade perante Um Mesmo,

---

[106] Hans Küng, *Das Christentum. Wesen und Geschichte*, Munique, Zurique, 1994, pp. 891-892.
[107] G. W. F. Hegel, *Vorlesungen über die Geschichte der Philosophie I*, in: Id., *Werke in zwanzig Bänden*, vol. 18, Frankfurt/M., 1986, pp. 127-128.
[108] Ernst Bloch, *Das Prinzip Hoffnung*, p. 1302.
[109] Jürgen Habermas, *Faktizität und Geltung. Beiträge zur Diskurstheorie des Rechts und des demokratischen Rechtsstaats*, Frankfurt/M., 1992², pp. 353-354.

que a todos transcende"[110]. A própria ideia de pessoa enquanto tal, portanto, enquanto dignidade inviolável e sujeito de direitos inalienáveis veio ao mundo através dos debates à volta da tentativa de compreender a pessoa de Cristo e o mistério do Deus trinitário cristão. De tal maneira se afirma no cristianismo o reconhecimento da autonomia pessoal que não falta até quem pretenda que ele é a religião do fim da religião[111]. Ora, deve-se reconhecer que foi realmente o cristianismo que levou a história ao reconhecimento da autonomia e dos direitos do homem. Não é por acaso que essa progressão "se produziu no espaço cultural" fecundado pelo cristianismo e que, "no essencial, só aí se mantém firme e desenvolve a visão antropológica"[112]. Mas isso significa então que a secularização não leva necessariamente ao secularismo e ateísmo. Foi apenas a uma concepção grega e meta-física de Deus que o projecto da modernidade enquanto projecto antropológico pôs fim.

Na história do mundo e da vida, o homem não aparece na mera continuidade da vida: pelo contrário, "separa-se da finalidade vital para começar um percurso autónomo que tem a sua realização própria, o que chamamos a determinação de si", portanto, um sujeito autónomo que

---

[110] Francisco Vieira Jordão, *Fundação Eng. António de Almeida. Um Humanismo aberto à Transcendência*, Porto 1993, p. 32.
[111] Marcel Gauchet, *Le désenchantement du monde. Une histoire politique de la religion*, Paris, 1985.
[112] Yves Ledure, *La détermination de soi. Anthropologie et Religion*, Paris 1997, p. 143.

persegue uma finalidade própria, um desígnio pessoal[113]. Precisamente este projecto de determinação de si aparece como indevidamente interrompido, detido, pela morte, de tal modo que o homem se vê impedido de chegar ao seu termo. É nesta conexão que surge a Transcendência, não já numa perspectiva metafísica, mas enquanto levando à sua plena realização "o que a dinâmica vital começou, que a existência pessoal continuou, sem poder terminá-lo". Deste modo, a Transcendência já não aparece como "agressão vinda do exterior", como denunciou justamente a filosofia do século XIX, mas "uma exigência interna ao projecto da determinação de si". A Transcendência já se não manifesta desligada do corpo, pois, pelo contrário, pode aparecer como "ao mesmo tempo o termo da exigência antropológica e a dinâmica que leva aí"[114].

Leib bin Ich, "corpo (vivo) sou eu", escreveu Nietzsche[115]. Este corpo que sou eu, corpo pessoal não redutível a uma explicação biológica e em constante processo de personalização, deseja radicalmente viver, mas é ameaçado pela inevitabilidade da morte. Precisamente desta tensão insuprimível nasce a pergunta filosófica. Evidentemente, não posso captar a morte como um objecto, mas é

---

[113] Id., *o. c.*, p. 104.
[114] Id., *o. c.*, p. 112.
[115] "Leib bin ich und Seele" – so redet das Kind. (...) Aber der Erwachte, der Wissende sagt: Leib bin ich ganz und gar, und nichts ausserdem; und Seele ist nur ein Wort für ein Etwas am Leibe": Friedrich Nietzsche, *Also sprach Zarathustra*, in: Id., *Das Hauptwerk*, Band 3, Munique, 1990, p. 34.

a consciência de ser mortal que me força a filosofar, colocando-me em estado de constante e inquieta interrogação e abertura ao mistério. O corpo pessoal que sou, em permanente desejo e processo de personalização e autonomização, sabe-se ameaçado pela morte, de tal modo que se manifesta aqui uma tensão paradoxal: precisamente a morte, que faz com que o indivíduo saiba de si como único e irrepetível, constitui a ameaça de aniquilação desta singularidade pessoal, que, assim, de interrogada, passa a interrogadora, e, perante o abismo do mistério, invoca a Transcendência. Mas, então, a Transcendência já não é dada à partida, como pressuposto, mas aparece como que 'exigida', postulada e invocada pela dinâmica interna da própria corporeidade, que enquanto corpo pessoal quer viver para lá da morte. "Quando se captou e tratou assim a corporeidade, como um processo de singularidade biológica que se desenvolve em forma de personalização única, então a morte anuncia-nos o começo de algo e ao mesmo tempo a sua ameaça e faz-nos perguntar. Neste triplo sentido, pode falar-se de uma transcendência na morte. Se se dá, como dom, segundo nos dizem algumas religiões, a realidade que leve à consumação esta tripla transcendência, será essa uma quarta transcendência, mas não como pressuposto, nem como *deus ex machina* no final, nem em concorrência com as aspirações do corpo, mas respondendo gratuitamente como dom às suas perguntas"[116].

---

[116] Juan Masiá Clavel, *El animal vulnerable. Invitación a la filosofía de lo humano*, Madrid, 1997, pp. 273-278 (cit. 278).

V
A DIGNIDADE DA PESSOA NO OCASO DA VIDA

Antropologia do processo de morrer:
a eutanásia

Introdução

Seja-me permitido começar de forma intimista. Afinal, é de mim, é de cada um de nós, é de nós todos que se trata. Conto cinco casos, cinco histórias.

1. Estava no hospital. Uma manhã, reparo que a cortina de um companheiro meu de hospital estava corrida, e pergunto à enfermeira: O que é que se passa com o senhor Manuel? Resposta obscena: Está a ver se morre!

2. Fui visitar um colega meu amigo, em vésperas de morrer (morreu três dias depois). Manifestei-lhe o meu espanto admirativo pela sua tranquilidade. Respondeu-me tranquilo: Como é que querias que eu estivesse? Preparei-me para isto.

3. Tive a enorme satisfação de ter como amigo um ilustre professor jubilado da Universidade de Tubinga. Poucos anos antes de morrer, esteve clinicamente morto.

Depois, até aos 86 anos, continuou o seu trabalho de combatente, e, em conversa, confidenciava-me: Vivo sereno.

4. Gostei que um dia, num Colóquio científico sobre a Natureza, um cardeal-patriarca perguntasse: O que eu queria saber é como é que se aprende a envelhecer. Evidentemente, na sua pergunta, estava subjacente: como é que se aprende a morrer...

5. Um cardeal-arcebispo de Paris, que morreu jovem, já perto da morte, dizia aos padres que o iam ver: Agora, já sei: quando fordes visitar doentes terminais, não vades com pregações, dai-lhes a mão com afecto.

O ocaso da vida não é simplesmente a morte. Muitas histórias poderiam contar-se sobre os velhos que da vida se vão despedindo na miséria e vil tristeza, mas também sobre aqueles que têm uma vida com qualidade, activa, produtiva e cheia de afecto... Neste sentido, é bem conhecida a experiência: Numa clínica, os cem doentes foram divididos em dois grupos; no primeiro, os médicos entravam, permaneciam cinco minutos, eram simpáticos com os doentes, mas não se sentavam nem os tocavam; no segundo, os médicos entravam, também permaneciam cinco minutos, mas sentavam-se e tocavam os doentes com afecto. Resultado: Quando lhes foi perguntado sobre a visita, todos os doentes declararam que os médicos eram simpáticos e competentes, mas, em relação ao tempo, os do primeiro grupo disseram que tinha sido visita de médico: "entraram e saíram"; a resposta dos segundos deu em média dez minutos de visita...

Daqui se conclui que cada vez mais é necessário sublinhar, contra a razão instrumental, a razão sensível, e concretamente a importância e o valor curativo do apoio emocional nos cuidados médicos[1].

Esta reflexão desenvolve-se em quatro pequenos momentos: a dignidade humana, o mistério da morte e o seu tabu, a eutanásia, a morte e o seu além.

Dignidade da pessoa

Immanuel Kant não se cansou de repetir que o respeito que devo aos outros ou que outro pode exigir de mim é "o reconhecimento de uma dignidade (*dignitas*) (...), isto é, de um valor que não tem preço"[2]. O que tem preço pode ser trocado, pois é meio. O homem não tem preço, mas dignidade, porque é fim em si mesmo[3]. A pessoa é "o sujeito da lei moral", de tal modo que, na ordem dos fins, "o homem (com ele todo o ser racional) é *fim em si mesmo*, isto é, nunca pode ser utilizado como simples meio por alguém (nem mesmo por Deus) sem ao mesmo tempo ser fim", o que significa que "a *humanidade* na nossa pessoa tem de ser *sagrada* para nós"[4].

---

[1] Precisamente sobre as necessidades emocionais e a medicina, Daniel Goleman, *Inteligência emocional*, Lisboa, 1997, pp. 186-207.
[2] Immanuel Kant, *Die Metaphysik der Sitten*. Werkausgabe: in 12 Bänden. Band VIII, Frankfurt/M., 1991⁹, p. 600.
[3] Id., *Grundlegung zur Metaphysik der Sitten*. Band VII, Frankfurt/M, 1993¹², p. 68.
[4] Id., *Kritik der praktischen Vernunft*. Band VII, p. 263.

Poucos filósofos reflectiram com tanta profundidade sobre a liberdade e a dignidade como Kant. Por outro lado, quando se trata de fundamentar a dignidade da pessoa, Kant dirá que esse fundamento está no valor que ela na sua actuação livre dá a si mesma: a autonomia é "o fundamento da dignidade da natureza humana e de toda a natureza racional"[5]. Mas, se assim é, impõe-se perguntar: "se para Kant a medida da humanidade é determinada pelo comportamento moral em liberdade, em autonomia, o que pensar então do malvado", do imoral, dos que não chegaram à maioridade, à plena autoposse e autonomia? Parece que Kant não sabe o que fazer com eles[6].

A dificuldade kantiana radica na distinção entre fenómeno, objectivável, e o númeno, incognoscível. No entanto, o perigo de confusão entre a dignidade do comportamento moral e a dignidade ontológica da pessoa em si mesma, na sua autopertença, é permanente. O próprio São Tomás de Aquino, que escreveu que a natureza humana enquanto racional e subsistente é a mais digna das naturezas[7] e que a pessoa é "o que é perfeitíssimo em toda a natureza"[8], também deixou escrito: "O homem, ao pecar, separa-se da ordem da razão e, por isso, decai na sua dignidade, isto é, enquanto o homem é natural-

---

[5] Id., *Grundlegung*, p. 69.
[6] M. Moreno Villa, "Dignidade da pessoa", in: Mariano Moreno Villa (Dir.), *Dicionário de Pensamento Contemporâneo*, São Paulo, 2000, p. 208.
[7] *De potentia*, 9, 3.
[8] *S. Th.*, I q. 29 a. 3 c.

mente livre e existente por si mesmo; e afunda-se, de certo modo, na escravidão das bestas", prosseguindo: "por conseguinte, embora matar o homem que conserva a sua dignidade seja em si mau, matar o homem pecador pode ser bom, como matar uma besta"[9].

Assim, é fundamental sublinhar que não é o comportamento moral que fundamenta a dignidade humana. A dignidade é inerente à pessoa, ao ser humano enquanto tal. Entre todos os seres da terra só ele tem a capacidade de racionalidade, de liberdade, de opção, de autoposse, só ele se sabe sujeito de obrigações para lá das instâncias meramente instintivas, só ele pode amar, saber e saber que sabe, só ele é capaz de autoconsciência, de linguagem duplamente articulada, de sentido do passado e do futuro, de criação e contemplação da beleza, de transcendência... Por conseguinte, a dignidade e os consequentes direitos humanos não são objecto de mera convenção, não se baseiam num consenso ou num acordo. Pelo contrário, em todo o discurso que procure o consenso sobre normas éticas, os homens têm *a priori* de reconhecer-se reciprocamente como pessoas capazes de dar a si próprias normas éticas. A dignidade humana é anterior, o que sempre "se pressupõe como pilar básico entre pessoas livres que buscam acordos"[10].

Sempre que se reflecte sobre a dignidade absoluta do ser humano, é inevitável o encontro com o cristianismo.

---

[9] *S. Th.*, II-II, q. 64, a. 2, ad 3. M. Moreno Villa, *o. c.*, pp. 206-207.
[10] M. Moreno Villa, *o. c.*, p. 211.

De facto, a própria ideia de pessoa aparece na história do pensamento vinculada aos debates à volta da tentativa de compreensão do mistério do Deus unitrino e da encarnação de Cristo, na qual Deus diz sim incondicionadamente ao homem. Segundo a fé cristã, Deus mesmo chama cada ser humano à existência, relacionando-se pessoalmente com cada um. Só no Deus absolutamente absoluto encontra fundamento incondicional a dignidade da pessoa humana, "ser *relativo absoluto*"[11]. A prova pela negativa da vinculação indissolúvel entre cristianismo e dignidade absoluta do ser humano está em que, quando retrocede o poder de convicção da fé cristã, volta ao debate uma ética enquanto cálculo, de que Peter Singer é um representante provocatório e irritante. Este filósofo confessa: "(...) a nossa actual protecção absoluta da vida dos bebés constitui mais uma atitude distintamente cristã do que um valor ético universal"[12]. Para ele, uma pessoa distingue-se de um ser meramente senciente pela autoconsciência, que implica também o conhecimento do próprio passado e futuro e consequentemente o desejo de continuar a viver. Neste sentido, nem todos os seres humanos são pessoas e pode haver animais que são pessoas. Por isso, escreve, por exemplo: "Um bebé recém-nascido de uma semana não é um ser racional e autoconsciente e há muitos animais não humanos cuja racionalidade, autoconsciência, consciência, capacidade de sentir, etc., excedem a de um bebé

---

[11] Id., *o. c.*, p. 210.
[12] Peter Singer, *Ética Prática*, Lisboa, 2000, p. 193.

humano com uma semana ou um mês de idade. Se o feto não tem o mesmo direito à vida que uma pessoa, parece que o bebé recém-nascido também não tem e a sua vida possui menos valor para ele que a vida de um porco, um cão ou um chimpanzé possui para o animal", de tal modo que não se pode mostrar que "matar uma criança seja tão mau como matar um adulto (inocente)"[13]. Isto não significa que defenda a morte arbitrária dos recém-nascidos enquanto não-pessoas, mas justifica a eutanásia activa não voluntária dos bebés gravemente deficientes: "matar um recém-nascido deficiente não é moralmente equivalente a matar uma pessoa. Muitas vezes não é de todo em todo um mal"[114].

Mesmo sem ter em atenção o cristianismo, pelo qual veio ao mundo a consciência da infinita dignidade de ser homem, não é possível, numa reflexão adequada sobre a dignidade humana, não ser confrontado com a questão do Infinito. Quando nos interrogamos sobre o fundamento da dignidade do homem, encontramo-lo no seu ser pessoa. Na pessoa, deparamos com esta tensão: na concretude máxima, a abertura à totalidade do ser. Por um lado, a pessoa é única, individual, concreta, incomunicável; por outro, dada a sua racionalidade e liberdade, está aberta ao Infinito. Assim, onde é que se fundamenta a dignidade inviolável de ser homem senão precisamente na capacidade que o homem tem de colocar a questão de Deus

---

[13] Id., *o. c.*, p. 190.
[14] Id., *o. c.*, p. 211.

enquanto questão? Se se reflectir até à raiz, concluir-se-á que o fundamento último dos direitos humanos é nesse estar referido estrutural do homem ao Infinito que reside: nessa referência constitutiva do homem à questão do Infinito precisamente enquanto questão (independentemente da resposta, positiva ou negativa, que se lhe dê), o homem aparece como fim e já não como simples meio. De facto, o que é que há para lá do Infinito? Por isso, com razão escreveu Karl Rahner: O que é que aconteceria, se a simples palavra "Deus" deixasse de existir? "Então o homem já não ficaria situado perante o todo da realidade enquanto tal, nem perante o todo uno da sua existência enquanto tal. Pois isto é o que faz a palavra 'Deus' e só ela (...). Já não notaria que ele é só um ente particular e não o ser em geral. Não notaria que já só pensa perguntas, mas não a pergunta pelo perguntar em geral; já não notaria que não faz senão manipular sempre de novo momentos particulares da sua existência, mas já não se coloca a questão da sua existência como unidade e totalidade. (...) O homem teria esquecido o todo e o seu fundamento e teria ao mesmo tempo – se é que assim se pode dizer – esquecido que esqueceu. Que seria então? Apenas podemos dizer: deixaria de ser homem. Teria realizado uma evolução regressiva, para voltar a ser um animal hábil. (...) A morte absoluta da palavra 'Deus', uma morte que eliminasse até o seu passado, seria o sinal, já não ouvido por ninguém, de que o homem morreu"[15].

---

[15] Karl Rahner, *Grundkurs des Glaubens. Einführung in den Begriff des Christentums*, Friburgo/Basileia/Viena, 1985², pp. 57-59.

A dignidade humana de cada homem é inviolável. Nenhum ser humano pode ser instrumentalizado. Paradoxalmente, esta dignidade revela-se também na consciência da mortalidade: na consciência da inevitabilidade de morrer e na angústia, cada um sabe de si como único e insubstituível e, assim, não subsumível nem redutível à *physis* ou à *polis*.

O mistério da morte, a morte-tabu e divertir-se até à morte

"O ser humano é o animal que pensa na sua própria morte" e, ao mesmo tempo, "o ser humano é também o animal que fala"[16]. Ser homem é saber que se é mortal, mas precisamente assim: sem saber exactamente o que isso propriamente significa, pois esse saber é ferido na raiz pela estranheza. Por um lado, face à morte, impõe-se o silêncio, pois toda a palavra parece vazia e a mais. Por outro, é precisamente a consciência da mortalidade que nos obriga a perguntar. A morte é o mistério pura e simplesmente. Perante ela e tudo o que se lhe refere, é como se caíssemos num precipício, onde se estilhaça a capacidade de pensar.

Ninguém sabe o que é morrer. "Sobre a morte nada sabemos, nada a não ser o facto que 'morreremos' – mas

---

[16] Hubert Lepargneur, *Lugar actual da morte. Antropologia, Medicina e Religião*, São Paulo, 1986, pp. 28-29.

o que é morrer? Não sabemos". A morte é o fim de tudo o que é representável para nós[17]. Que instante é esse o da morte, mediante o qual se deixa de pertencer ao mundo e ao tempo? Mesmo que assistamos à morte de alguém é de fora que o fazemos... Quem viveu a morte por dentro já não fala, pois já não está no mundo, emudeceu para sempre. A morte "constitui um fenómeno paradoxal, que é de certo modo a negação de todo o fenómeno. Pois, situada no limite de todo o limite, não pode ser fenómeno para os assistentes, que não podem vivenciá-la no que é, mas simplesmente contemplá-la nos seus pródromos ou nos seus restos". Nem sequer pode sê-lo para o seu "protagonista", "que deixa de sê-lo na justa medida em que ela se produz" (estando ela, não está ele)[18].

Ninguém sabe o que é estar morto nem sequer o que é que quer dizer estar morto para o próprio morto. Diante do cadáver do pai, da mãe, da mulher, do marido, do filho, do amigo, não tem sentido dizer: o meu pai está aqui morto, a minha amiga está aqui morta... De facto, eles não estão ali... Mas para onde foram? Não é a morte um partir sem deixar endereço?

É igualmente por pura ilusão de linguagem que dizemos que levamos o pai ou a mãe ou o marido ou o amigo

---

[17] Martin Buber, *Nachlese*, Gerlingen, 1966, p. 259. Cit. in: Rüdiger Kaldewey/Franz W. Niehl (Hrsg.), *Möchten Sie unsterblich sein? Ein Lesebuch*, Munique, 1992, p. 60.
[18] Andrés Torres Queiruga, "Muerte y inmortalidad: lógica de la semiente vs. lógica del homúnculo", in: *Isegoría* 10 (1994) 85.

à sua 'última morada': ninguém se atreveria a enterrar ou a cremar o pai, a mãe, o filho, o amigo...

Como não podemos dizer, quando vamos ao cemitério, que os vamos visitar... Nos cemitérios, com excepção dos vivos que lá vão, não há ninguém. Afinal, o que é que está nos cemitérios? Nos cemitérios, o que há é uma incontível e inapagável interrogação: *O que é o homem?, o que é ser homem?* Pelo menos não é evidente que a antropologia possa ser reduzida a um simples capítulo da zoologia. Há aquela afirmação de E. Fried: "Um cão/que morre/e que sabe/que morre/como um cão/e que pode dizer/que sabe/que morre/como um cão/é um homem"[19]. A morte humana transcende a mera biologia. Como escreveu Louis-Vincent Thomas, na sua *Antropologia da Morte*, "Em última análise não seria a atitude face à morte – e ao cadáver – esse traço de natureza pelo qual o homem escapa parcialmente à natureza e se torna um animal culturalizado? Poder-se-ia assim avançar que, entre os seres vivos, o homem é a única espécie animal para a qual a morte é omnipresente ao longo da vida (pelo menos ao nível dos fantasmas); a única espécie animal que acompanha a morte de um ritual funerário complexo e carregado de símbolo; a única espécie animal que pôde acreditar e muitas vezes acredita ainda na sobrevivência, no renascimento dos defuntos; numa palavra, para a qual a morte biológica, facto de natureza, se encontra permanentemente superada pela morte facto de cultura"[20].

---

[19] E. Fried, "Definition", in: *Warngedichte*, Munique, 1964, p. 120.
[20] L.-V. Thomas, *Anthropologie de la mort*, Paris, 1976, p. 11.

É certo que os biólogos, por exemplo, nos podem explicar o que é a morte biológica e porque é que morremos. Nesse sentido, concluiremos que a morte é natural. Poderemos até ir mais longe, concluindo que a morte dos indivíduos, embora trágica para eles próprios, tem importância fundamental para a espécie e para a evolução... Mas o que é facto é que a morte humana realmente não é redutível à sua dimensão biológica. O animal também morre, mas não se angustia, pois não sabe que é mortal. Karl Rahner traduziu bem o paradoxo: "A morte é o fenómeno mais universal. Toda a gente acha natural e dá por subentendido que há que morrer. E, no entanto, todo o homem vive um protesto secreto contra a morte e um inextinguível horror perante ela"[21].

No saber da morte enquanto *minha* e na angústia, constitui-se o espaço da revelação de uma interioridade pessoal, de um destino único, da consciência de uma identidade irredutível e de uma condição trágica. O homem tem consciência da sua mortalidade: sabe que nem sempre esteve e que nem sempre estará no mundo. Mas este saber é um saber perturbante. É que a morte não é propriamente objecto de pensamento: quando penso na morte, o que é objecto de pensamento sou eu que hei-de morrer e a falta que o outro amado morto me faz. Precisamente este saber que hei-de morrer não é transparente: como é que eu sei que hei-de morrer e sobretudo o que é que isso significa exactamente, se nos é completamente

---

[21] Karl Rahner, *Sentido teológico de la muerte*, Barcelona, 1965, p. 60.

impossível pensar o mundo sem nós, sendo igualmente impossível conceber-nos, pela morte, como não existentes? O homem é o ser que sabe de si enquanto aquele que não sabe. Por isso, o ser humano é essa própria interrogação: O que é que eu sou?, o que é o homem? A Kabala viu bem, quando diz que o homem é uma pergunta, um "quê?", uma "quêbilidade": o homem "não tem uma essência, uma definição", pois "a sua definição é justamente não a ter"[22]. A morte transporta consigo este paradoxo: é o impensável que obriga a pensar, é *alogos* (sem palavra) precisamente enquanto *Urwort* (palavra originária), isto é, o silêncio absoluto que faz do homem um ser que fala, um ser que se interroga, um ser que de radicalmente perguntado se torna perguntador sem limites. A morte enquanto o absoluto que se impõe coloca o homem em sobressalto radical e revela-o a si mesmo como constitutiva e inelimitavelmente aberto à questão do absoluto divino precisamente enquanto questão[23]. Face à morte enquanto alteridade radical, damo-nos conta da nossa passividade originária, isto é, a morte faz-me sentir que "eu não sou nem o fundamento nem a norma última dos valores" e que, por conseguinte, se a minha vida tem sentido, esse sentido "não vem nem unicamente nem em última análise de mim"[24]. Pela morte, o

---

[22] Marc-Alain Ouaknin, "O Deus dos judeus", in: J. Bottéro, M.-A. Ouaknin, J. Moingt, *A mais bela história de Deus*, Porto, 1998, p. 66.

[23] Yves Ledure, *Transcendances. Essai sur Dieu et le corps*, Paris, 1989.

[24] Albert Dondeyne, *Fe cristiana y pensamiento contemporáneo*, Madrid, 1963, p. 201.

homem é atirado para a questão da transcendência do Mistério inominável. E, precisamente nesta relação, anuncia-se a dignidade inalienável de ser homem.

Hoje, a morte é tabu, talvez o último tabu. Nem sempre foi assim. Como mostrou concretamente Philippe Ariès[25], nas sociedades tradicionais (e note-se que isso ainda é visível em algumas das nossas aldeias), a morte era familiar, estava, pelo menos até certo ponto, domesticada. Foi com a burguesia, no final da Idade Média, que começou a angústia da morte enquanto morte do eu. Com o Romantismo, o que é angustiante é fundamentalmente a morte do tu. Hoje, nas sociedades tecnocientíficas, a morte é ocultada. *Disso pura e simplesmente não se fala.* O luto e o seu trabalho não podem manifestar-se (o traje de luto é usado apenas algumas semanas ou dias, se não ficar reduzido ao dia do funeral). Mente-se às crianças. Quando alguém morre, a primeira preocupação é a ocultação do facto à criança, como se ela não tivesse já a ideia da morte desde os cinco anos, ainda que a consciência clara da sua irreversibilidade se dê pelos sete-oito anos. Esta ocultação obsessiva é um erro, de tal modo que não falta quem atribua, por exemplo, o excesso de acidentes mortais com adolescentes e jovens, nas estradas, à falta de noção dos limites, que precisamente deveria ser dada pelo contacto natural e sadio com a morte. Viaja-se pelo mundo, e, nas grandes cidades, tudo se passa como se absolutamente

---

[25] Philippe Ariès, *Essai sur l'histoire de la mort en Occident du Moyen Âge à nos jours*, Paris, 1975; Id., *L'homme devant la mort*, Paris, 1977.

ninguém morresse: a maior parte das vezes, morre-se na solidão dos hospitais. E é preciso fazer batota, de tal modo que todos sabem, mas ninguém fala disso, como pode ler--se já em *A morte de Ivan Ilitch*, de Tolstoi (1886)[26]. Não se julgue que a morte se tornou tabu pelo facto de já não ser problema. É exactamente o contrário que se passa: de tal modo é problema, aparentemente o único problema para o qual uma sociedade que se julga omnipotente não tem solução que a única solução que resta é fazer de conta que ele pura e simplesmente não existe, portanto, ignorá-lo, reprimi-lo. Aquilo que provoca dor infinda e para que não há solução é recalcado. As nossas sociedades são as primeiras na história a colocar o seu fundamento sobre a negação da morte. De facto, como é que uma sociedade que gira à volta da organização socioeconómica, determinada pelo individualismo concorrencial feroz, onde os valores são o êxito, a juventude, a beleza, a eficácia, a produção, o lucro, acumulação de bens materiais, exaltação do gozo, progresso e riqueza, pode ainda acompanhar afectivamente os doentes, os velhos, os moribundos, e suportar o supremo fracasso da morte? Uma sociedade sem Eternidade, enredada no círculo infernal da produção-consumo, tem de ignorar a morte. Neste tipo de mundo, a morte é o não integrável, e o nosso dever é não pensar nela. Por isso, se a experiência de solidão acompanha sempre a morte, nas nossas

---

[26] Tolstoi, *La Mort d'Ivan Ilitch. Nouvelles et Récits 1851-1885,* Paris, 1993.

sociedades essa solidão pode atingir o paroxismo do intolerável. Ninguém se prepara para morrer, no sentido de contar com o facto de que nem sempre estaremos cá, corre-se como se houvesse sempre um amanhã, até que de repente damos de frente com a consciência de que já não há mais amanhã...

Tradicionalmente, no Ocidente, a crença na imortalidade da alma era de tal modo dominante que, no discurso filosófico e teológico referente à morte e à imortalidade, ocupando a problemática da sobrevivência após a morte o centro, a questão da morte em si não era considerada. No século XIX operou-se a ruptura, que iria acentuar-se espectacularmente no século XX: os nossos contemporâneos são particularmente cépticos quanto à sobrevivência depois da morte, de tal modo que as sondagens revelam o que inclusivamente parece contraditório: muitos que dizem acreditar em Deus afirmam ao mesmo tempo não crer na vida após a morte. Ora, precisamente "a crise da crença na imortalidade tornou possível, seguramente pela primeira vez na história cultural do Ocidente, o surgimento de um riquíssimo discurso sobre a morte em si mesma; com o desaparecimento do segundo membro do binómio *morte-imortalidade*, o primeiro termo passou para o primeiro plano das atenções especulativas"[27]. Nunca como hoje a morte foi objecto de estudos científicos, desde a medicina à sociologia, à psicologia e à história, que nos permitem compreender, por exemplo, que as ati-

---

[27] J. L. Ruiz de la Peña, "Morte", in: M. Moreno Villa, *o. c.*, p. 497.

tudes face à morte variam segundo os tempos e as sociedades. Proliferam os colóquios e as conferências e os especialistas da morte. Mas não se aninha aí precisamente uma estratégia para evitar o pensamento da *minha* morte? Quer dizer, essa é ainda uma forma paradoxal de confirmar o tabu: falar da morte em abstracto e academicamente pode ser um meio de iludir a *minha* própria morte. Embora o tabu seja ilusório, pois, por mais que façamos para esquecê-la, o que é facto é que ela não se esquecerá de nós.

É evidente que é necessário excluir todas as atitudes mórbidas face à morte. Até porque o medo da morte foi utilizado também pela Igreja como verdadeiro exercício de terrorismo sobre as consciências, para uso do poder. Mas é igualmente verdade que, quando uma sociedade nada tem a dizer sobre a morte, é porque, em última análise, nada tem a dizer sobre a existência autenticamente humana. É por isso que, para entender uma sociedade, talvez mais importante do que saber como é que nela se vive seja saber como é que nela se morre e se tratam os velhos, os moribundos e os próprios mortos. Quando uma sociedade precisa de afastar a morte do seu horizonte, temos aí um sinal decisivo de desumanização e alienação. A ocultação da morte anda vinculada ao profundo mal-estar provocado pelo vazio existencial e pela falta de sentido. Sem o horizonte da morte e o apelo à Transcendência, o projecto antropológico fica reduzido a instantes que se devoram, pois o que fica são vivências da pura imediatidade[20].

---

[28] G. Schulze, *Die Erlebnisgesellschaft. Kultursoziologie der Gegenwart*, Frankfurt/M., 1993.

Numa sociedade deste tipo, não pode colocar-se de modo adequado a questão ética: de facto, sem o horizonte da morte enquanto limite, uma vez que nada se imporia como irrepetível e irrevogável, como é que surgiria a urgência da decisão, como é que poderia dar-se inclusivamente a distinção real entre bem e mal, entre existência autêntica e existência inautêntica, como reflectiu Martin Heidegger?[29] Então, o que impera é a banalidade rasante.

Deste modo, o que acabou por instalar-se não foi afinal a causalidade em círculo do tabu da morte, do egoísmo feroz, da desesperança, do niilismo, na mútua implicação de ocultação da morte e esquecimento de Deus? Mas então o que é que resta da dignidade humana senão: "Comamos e bebamos, que amanhã morreremos"[30], numa sociedade falocrática e tanatolátrica do "divertir-se até à morte"[31]? É bem possível que muitas depressões tenham a sua raiz última no facto de se viver em sociedades incapazes de integrarem a morte: numa sociedade sem Eternidade, vai-se de caminho em caminho até desembocar no nada. Há sentidos, mas falta o Sentido último de todos os sentidos.

---

[29] Martin Heidegger, *Sein und Zeit,* Tubinga, 1986[16], p. 235 ss.
[30] 1 Cor. 15, 32.
[31] N. Postmann, *Wir amüsieren uns zu Tode. Urteilsbildung im Zeitalter der Unterhaltungsindustrie,* Frankfurt/M., 1985.

A eutanásia

Entramos na problemática da eutanásia. A expressão "euthanasia medica" parece que foi utilizada pela primeira vez por Francis Bacon, para expresssar uma tarefa médica: aliviar as dores ao morrer.

Não deverá, porém, esquecer-se que é de Bacon também a expressão famosa: *scientia est propter potentiam;* quer dizer, o saber já não é contemplativo, já não procura a verdade, mas a maximização da utilidade através do poder e do domínio sobre a natureza, de tal maneira que escreverá também que "a investigação dos processos naturais sob o aspecto da sua finalidade é estéril, e, como uma virgem consagrada a Deus, nada dá à luz"[32]. Estamos, portanto, perante um tipo novo de homem, um novo tipo de razão, a razão que, mais tarde, se chamará a razão instrumental, e, consequentemente, uma nova atitude face à morte.

Como ficou dito, Max Scheler mostrou que este tipo novo de homem, desde os finais do século XIII, tem uma estrutura diferente de experiência, centrada nos impulsos do trabalho e do lucro[33]. Este homem já não frui de Deus e, agora, a natureza também já não é a terra natal aco-

---

[32] F. Bacon, De dignitate et augmentis scientiarum III, 5. In:*The Works of Lord Bacon*, vol. II, Londres, 1841, p. 340: "nam causarum finalium inquisitio sterilis est, et, tanquam virgo Deo consecrata, nihil parit". Cit. in: R. Spaemann/R. Löw, *Die Frage Wozu? Geschichte und Wiederentdeckung des teleologischen Denkens*, Munique, Zurique, 1991³, p. 13.

[33] Max Scheler, *Morte e sobrevivência*, Lisboa, 1993.

lhedora, que provoca admiração e espanto, mas apenas o espaço da possibilidade de manifestação da sujectividade dominadora. É este o sentido mais profundo do soberano "*cogito ergo sum*" cartesiano. Tudo fica sujeio ao cálculo, ao útil e funcional. "Para o tipo moderno, 'pensar' torna-se 'calcular' e o corpo vivo torna-se um corpo entre outros, uma parte do mecanismo universal do mundo dos corpos"[34]. Num mundo quantitavamente matematizado e calculável, em que "é real o que é calculável"[35], as qualidades, as formas e os valores de ordem moral, porque não calculáveis, são remetidos para o domínio do subjectivo e do arbitrário e até da irrealidade. Centrado no activismo, o homem moderno pretendeu superar a angústia da morte. O progresso, em que o progredir pelo progredir é o seu próprio sentido, transformou-se no *Ersatz* da vida eterna[36]. O homem moderno europeu, mediante os impulsos do trabalho, do lucro e do prazer sem limites, fica narcotizado quanto ao pensamento da morte. Na agitação constante, que tem em si mesma a sua finalidade e que se concentra no *divertissement* pascaliano, julgou encontrar o remédio para a ideia "clara e evidente" da morte[37]. Mas esse remédio, que consiste no recalcamento e na repressão, é ilusório. De qualquer modo, uma vida assente no cálculo, perante a morte só pode sentir o aban-

---

[34] Id., *o. c.*, p. 40.
[35] Id, *o. c.*, p. 40.
[36] Id., *o. c.*, p. 42.
[37] Id., *o. c.*, p. 41.

dono total. Apesar de todos os "seguros de vida", que, por ironia cínica, são seguros de morte, pois só valem quando se morre...

Como viu Martin Heidegger, a técnica não pensa, já que o mundo da verdade e dos valores forçosamente lhe escapa. Na sociedade do cálculo e do *divertissement*, a morte será, portanto, recalcada, e, no limite, também ela subordinada ao império da técnica, mediante dois processos aparentemente contrapostos: a obstinação terapêutica e a eutanásia. Agora, dificilmente terá sentido a oração de Rainer Maria Rilke: "Senhor, dá a cada um a sua própria morte,/O morrer que resulta daquele viver/Em que houve amor, sentido e necessidade"[38].

Neste debate sobre a eutanásia, que no futuro se aguçará cada vez mais, há consenso quanto a certos princípios gerais fundamentais:

Assim, há consenso na rejeição moral da eutanásia activa forçada, portanto, imposta. De facto, a eutanásia activa forçada, imposta, como aconteceu com o horror nazi, significaria uma barbárie e deve ser absolutamente condenada como assassinato execrável. Este seria o uso perverso da eutanásia.

Há igualmente consenso no que se refere à chamada eutanásia passiva, para não cair no encarniçamento terapêutico – não se iniciam ou interrompem-se tratamentos desnecessários e inúteis que prolongam a vida sem digni-

---

[38] *Das Stunden Buch*, cit. in: M. Scheler, *o. c.*, p. 43.

dade –, e à eutanásia indirecta. Nesta, a finalidade da administração de remédios e psicofármacos é eliminar ou pelo menos reduzir a dor e tranquilizar na dor, embora indirectamente se possa abreviar a vida. O pessoal médico limita-se à aplicação de meios que suprimem ou aliviam as dores. Da morte digna faz parte também que as dores físicas sejam eliminadas ou reduzidas e que a psique humana seja apoiada emocionalmente não só através do afecto mas também mediante psicofármacos. (É preciso sublinhar, evidentemente, toda a questão do apoio afectivo: perante a morte, o doente deveria poder exprimir os seus temores, angústias e esperanças...). Não se pretende, portanto, directamente a morte, que advém como efeito secundário. Temos aqui um caso da aplicação do princípio do duplo efeito: não há a intenção de matar, mas abrevia-se de facto justificadamente a vida. Não se trata de matar, mas simplesmente de deixar morrer.

O *Catecismo da Igreja Católica*, que considera que "uma acção ou uma omissão que, de per si ou na intenção, cause a morte com o fim de suprimir o sofrimento, constitui um assassínio gravemente contrário à dignidade da pessoa humana", reconhece que "a cessação de tratamentos médicos onerosos, perigosos, extraordinários ou desproporcionados aos resultados esperados, pode ser legítima. É a rejeição do 'excesso terapêutico'. Não que assim se pretenda dar a morte; simplesmente se aceita o facto de a não poder impedir. As decisões devem ser tomadas pelo paciente, se para isso tiver competência e capacidade; de contrário, por quem para tal tenha direitos legais, respeitando sempre a vontade razoável e os interesses legítimos do paciente"[39]. O que acaba de referir-se é, pois, todo o problema da distanásia ou obstinação terapêutica. Sem uma certa obstinação não só terapêutica, mas também do diagnóstico, "a medicina não teria evoluído tão rápida e favoravelmente"[40]. Mas, por outro lado, a autonomia da pessoa doente e o direito a morrer em paz devem ser garantidos. O doente tem o direito de recusar meios extraordinários para prolongar a vida: no caso, por exemplo, de doenças reversíveis, que acompanham uma doença terminal. Também se deveria satisfazer a sua vontade de morrer em casa, mesmo que isso abrevie a sua vida por dias ou semanas. Neste contexto, mesmo entre católicos, põe-se a questão das chamadas "disposições antecipadas", uma espécie de "testamento de vida" com valor legal, em que a pessoa, exprimindo as suas "últimas vontades" relativas a uma situação terminal, manifesta a recusa do "vitalismo médico", portanto, da manutenção da existência biológica a todo o custo, isto é, quando o objectivo do tratamento médico é apenas a conservação das funções metabólicas basais e das constantes vitais. Assume-se responsavelmente "o direito de recusar tratamentos excessivos e/ou agressivos"[41]. Quando se deu a morte do tronco cerebral, não se justifica moralmente o prolongamento artificial da vida.

---

[39] *Catecismo da Igreja Católica*, Coimbra, 1993, pp. 486-487.
[40] Yvette Lajeunesse, "Acharnement thérapeutique", in: Otfried Höffe (Dir.), *Petit Dictionnaire d'Éthique*, Paris, 1993, p. 1
[41] James F. Bresnahan, "Catholic Spirituality and Medical Interventions in Dying", in: *America* 164 (1991) 670-675.

Mas chegamos ao ponto que divide os espíritos: são ou não legítimos e um direito humano a eutanásia activa voluntária, a pedido do doente, e o suicídio assistido?

A tese dos opositores foi exposta de modo claro e conciso pelo Papa João Paulo II, num congresso da Sociedade internacional de luta contra os cancros ginecológicos: "Nada, nem sequer o pedido do paciente, que, na maior parte dos casos, é um apelo à ajuda, poderia justificar fazer cessar uma vida"[42].

Porém, na opinião inclusivamente de vários teólogos, perante casos extremos, deveria manter-se aberta a discussão sem tabus. Pergunta-se, por exemplo: Será sempre absolutamente clara a distinção entre eutanásia passiva e activa? A interrupção de um tratamento médico destinado a conservar a vida, por exemplo, "desligar a máquina", é uma eutanásia passiva ou activa?[43]. Por outro lado, qual é o limite para a autonomia humana no direito de dispor responsavelmente (não arbitrariamente) da sua morte?[44] Aliás, uma vez que a morte é uma "etapa natu-

---

[42] *Le Monde*, 3/4 de Outubro de 1999, p. 3.

[43] Hans Küng, *Ewiges Leben?* Munique, Zurique, 1982, p. 215.

[44] Reflectindo sobre a questão, no contexto do caso concreto e bem conhecido de Ramón Sampedro, escreveu Andrés Torres Queiruga, "La eutanasia, entre la ética y la religión", in: *Razón y Fe* 237 (1998) 376: "no problema de Ramón Sampedro, como no da eutanásia ou de toda a grande decisão moral, *do que se trata antes de mais e sobretudo é de buscar o bem da pessoa* (da *pessoa-em-sociedade* há-de entender-se sempre). (...) Para saber o que é que Deus quer no caso de Ramón Sampedro, nas suas circunstâncias irrepetíveis e concretas, a fé não dispõe, em última análise, de outro critério que não seja o de procurar descobrir o que é bom

ral" da vida, as pessoas que, "ameaçadas pela evolução de uma doença mortal ou de uma senilidade que se anuncia", optam pela eutanásia ou o suicídio assistido, não escolhem a morte contra a vida, mas apenas "entre dois modos de morrer"[45].

O princípio da autonomia é invocado pelo teólogo H. M. Kuitert, nestes termos: "O direito à vida e o direito à morte é o núcleo da autodeterminação, é um direito inalienável e inclui a liberdade de decidir sobre o quando e o como do nosso fim, em vez de entregar essa decisão a outros ou ao resultado da intervenção médica"[46]. Se se aceita hoje como normal a intervenção livre e responsável no início da vida, com a paternidade e a maternidade responsáveis, porque é que em determinadas circunstâncias se não há-de aceitar como legítima também a intervenção humana responsável no termo da vida? Evidentemente, nenhum ser humano pode ser obrigado ou pressionado a morrer um dia ou uma hora antes que seja. Mas, por outro lado, deve alguém ser obrigado em todas e quaisquer circunstâncias a continuar a viver? Se a vida toda foi entregue por Deus à liberdade responsável do ser humano, porque é que essa liberdade responsável, numa

---

para ele como pessoa humana. De facto, é estritamente equivalente afirmar 'isto é bom para Ramón Sampedro' ou 'isto é o que Deus quer para Ramón Sampedro'".

[45] Jacques Pohier, *La mort opportune. Les droits des vivants sur la fin de leur vie*, Paris, 1998, p. 184.

[46] H. M. Kuitert, *Der gewünschte Tod: Euthanasie und humanes Sterben*, Gütersloh, 1991, p. 69.

decisão única da própria consciência, deverá ser tirada no que se refere à última fase da vida, em situações extremas, por exemplo, no caso de um cancro não operável, no caso de SIDA na sua última fase? Será de reprovar moralmente e condenar criminalmente a ajuda para pôr termo à sua vida, quando se trata de alguém que se esforçou por viver honestamente para os outros e que, após diagnóstico médico inquestionável, ameaçado, por exemplo, de demência senil talvez por longos anos, quer despedir-se da vida e da família ainda consciente e com dignidade? Aliás, não é um facto que o suicídio nunca é expressamente condenado na Bíblia?[47]

A maioria alega que Deus é fonte de toda a vida, sendo, portanto, o seu único senhor; que é tal a importância da vida dos humanos que só Deus pode ter o domínio sobre a sua morte; finalmente, que a vida é um dom de Deus, portanto, indisponível por parte do homem. Mas a estas objecções contrapor-se-á que "nunca a tradição cristã, sob o pretexto de que Deus é a fonte de tudo o que existe e de tudo o que é vivo, proibiu aos humanos exercer o seu domínio sobre a matéria, os vegetais e os animais"; por outro lado, "o Deus dos cristãos é tal que as suas relações com os seres humanos são relações de Liberdade com liberdades (no plural)", que é o que se chama a Aliança. Depois, o que está aqui em jogo é a economia do

---

[47] Hans Küng, "Menschenwürdig sterben", in: W. Jens/H. Küng, *Menschenwürdig sterben. Ein Plädoyer für Selbstverantwortung*, Munique, Zurique, 1995², pp. 58-72.

dom: alguém daria realmente algo, por mais excepcional que fosse o dom e precisamente nessa circunstância (no caso presente, a vida), se não desse sem reservas, portanto, se o dom não fosse total e perfeito?[48] Também para o cristão a vida é um dom oferecido por Deus a um ser humano livre e responsável e não um fardo insuportável imposto a um escravo. Aliás, surpreende permanentemente a defesa que Tomás Moro, um santo canonizado pela Igreja em 1935, fez em *A Utopia* da eutanásia. Lembra-se o texto célebre: "Os desgraçados que sofrem de males incuráveis são objecto de todo o consolo, assiduidade e cuidados morais e físicos capazes de lhes tornar a vida suportável. Mas quando a esses males incuráveis se acrescentam atrozes sofrimentos que nada é capaz de suspender ou remediar, os sacerdotes e os magistrados apresentam-se ao doente para lhe trazerem a exortação suprema. Mostram-lhe que se encontra despojado já do que caracteriza e dignifica a vida, sobrevivendo apenas à sua própria morte, encargo para si próprio e para os outros. Convidam-no a não alimentar durante mais tempo o mal que o devora e a morrer resolutamente, visto que a existência é agora para ele uma terrível tortura. Esperai e confiai, dizem-lhe, despedaçai as cadeias que vos oprimem e saí espontaneamente do cárcere da vida; ou consenti, pelo menos, que os outros dele vos libertem. A vossa morte não é ímpia recusa dos benefícios da existência, é o termo de um suplício cruel. Obedecer neste

---

[48] J. Pohier, *o. c.*, pp. 341-349.

caso à voz dos sacerdotes intérpretes da divindade é fazer obra religiosa e santa. Os que se deixam persuadir acabam os seus dias pela abstinência voluntária, ou então adormecem-nos com um narcótico mortal e morrem sem se aperceberem disso. Os que assim não querem aceitar a morte nem por isso são menos objecto das atenções e dos cuidados mais caridosos; e, ao morrerem, a opinião pública honra-lhes a memória"[49].

---

[49] Tomás Morus, *A Utopia*. Trad. de Dr. José Marinho, Lisboa, 1972, pp. 123-124. Refira-se também o seguinte diálogo com Jean Guitton, que propugnava uma ciência "eutanásica", que consistiria em ensinar a morrer, já que agora se morre sem ter aprendido a morrer: *Francesca Pini:* "Praticar a eutanásia não é dar a um doente a morte que ele pede?" *Jean Guitton:* "Trata-se de saber se lhe poderemos dar um remédio, uma espécie de soporífero que tenha possibilidades de o fazer morrer mais rapidamente. Penso que se fosse confrontado com um doente em estado muito grave, sofrendo de uma doença mortal, lhe daria um remédio que o pudesse fazer morrer". *F. P.:* "(...) a isso chama-se matar...". *J. G.:* "Pergunta-me o que faria, pessoalmente, e eu respondo-lhe. Não penso, de forma alguma, que Deus nos tenha criado para sofrermos." *F. P.:* "Do ponto de vista ético, o homem tem o direito de intervir na morte de outrem?" *J. G.:* "(...) se estamos na presença de um doente em estado terminal, que os médicos dizem estar condenado, então poderíamos dar-lhe um remédio para tornar mais fácil a sua morte." *F. P.:* "Que quer dizer 'tornar mais fácil a morte'?". *J. G.:* "Uma substância que entorpece e, por fim, faz morrer. (...)": Jean Guitton. Conversas com Francesca Pini, *No coração do infinito*, Lisboa, 1999, pp. 127-128. Neste contexto, Antonio Monclús acaba de publicar uma obra com o significativo título: *La eutanasia, una opción cristiana*, Editorial GEU, 2010. Nela, consciente de que a eutanásia levanta evidenteme muitas interrogações, nomeadamente sobre a chamada lei natural, o "lugar" de Deus na morte humana e a própria identificação do momento

Quem assume esta posição, fá-lo, evidentemente, no quadro de certas condições: a) a solicitação da ajuda para morrer tem de vir exclusivamente do doente e não dos familiares ou do pessoal de serviço e a decisão tem de ser bem informada e definitiva e expressa de modo insistente e consistente ao médico, sem deixar qualquer dúvida quanto ao desejo de morrer; b) evidentemente, não se trata de pôr termo à própria vida, pedindo ajuda para isso, em situações normais, no caso, por exemplo, de um fracasso no amor ou na carreira; como justificação do pedido tem de apresentar-se a situação de sofrimento físico ou mental insuportável (que o paciente ache insuportável?), numa situação irreversível e sem alternativa razoável para aliviar o sofrimento; c) a ajuda para pôr termo à vida é reservada exclusivamente ao médico (que, evidentemente, pode sempre recusar); d) o médico deve aconselhar-se com colegas (também com familiares mais próximos?) sobre a seriedade e gravidade da situação, o

---

da morte física, e de que a eutanásia, a partir de uma determinada interpretação da mensagem de Jesus, foi condenada pela Igreja cristã desde os tempos de Santo Agostinho, admite que pode haver outras interpretações dessa mensagem, não menos cristãs, a partir das quais, concretamente, a partir da oposição radical de Jesus ao sofrimento humano – não é o Deus de Jesus o Deus do amor, implicando o amor a Deus o amor ao próximo e a si mesmo, de tal modo que dizer que se ama a Deus, deixando sofrer os outros ou fazer-se mal a si mesmo, tem de ser considerado um amor falso? –, pode ser legítima precisamente uma consideração da eutanásia como opção cristã.

estado do doente, a responsabilidade de pôr termo à vida no caso concreto, e redigir uma acta[50].

Evidentemente, dada a sua delicadeza extrema, trata-se de um debate que levanta tremendas emoções: afinal, estamos no limite, pois é a vida e a morte que estão em jogo. A argumentação dos partidários da eutanásia activa voluntária dá que pensar. No entanto, eles próprios serão sempre confrontados com perguntas irrecusáveis: O pedido de ajuda para morrer não será antes, precisamente no limite, um pedido lancinante de compreensão humana, de afecto, aliados a um combate eficaz contra a dor?[51] Não é verdade que a autonomia implica constitutivamente a heteronomia, no sentido de que nenhum de nós se pertence a si exclusivamente, pois a identidade é

---

[50] H. Küng, *Menschenwürdig sterben*, pp. 65-66; P. Singer, *o. c.*, p. 216; Javier Sádaba, *La vida en nuestras manos. La eterna disyuntiva entre ciencia y ética*, Madrid, 2001, pp. 195-241.

[51] Escreve o psiquiatra João Barreto: "(...) o desejo de morrer, no doente incurável ou terminal, só se torna persistente quando ao sofrimento físico e ausência de expectativa de cura se vem acrescentar o sentimento de estar isolado, de já não ser importante para ninguém. O pedido que ele formula representa então uma revolta por se ver reduzido à condição de objecto. Mas o que ele realmente quer é que seja preenchido o vazio afectivo que o apavora. Se o médico toma à letra o seu apelo e pratica a fuga para a frente, que é a eutanásia activa, está ao fim de contas a ceder aos seus próprios temores e a enveredar pelo caminho menos difícil. Tal solução, de aparência humanitária, vai dispensar médicos, enfermeiros e parentes de darem ao doente, nos seus derradeiros momentos, o conforto e a ternura a que ele tem direito." João Barreto, "Suicídio assistido", in: Luís Archer, Jorge Biscaia e Walter Osswald (Coord.), *Bioética*, Lisboa, 1996, p. 381.

mediada pela alteridade?[52] E qual seria o momento oportuno para despedir-se, ainda consciente, da vida, dos familiares, dos amigos? Se alguma vez se abrir a porta neste domínio, quem e quando é que a fecha? Se se der uma ruptura, por mínima que seja, nos diques, não há o perigo real do seu rebentamento, com uma liberalização imparável da "licença para matar" e matar-se? De modo mais explícito: não se fica sob a ameaça constante da pressão, mesmo que disfarçada e subtil, sobre os doentes e sobre os velhos, que acabará por ser interiorizada pelos próprios, para que exerçam o direito à eutanásia "voluntária"? Afinal, não se aninha aqui o risco de enormes equívocos na própria terminologia – "morte por compaixão", "mercy killing", "Gnadentod" –, de tal modo que, precisamente porque é imisericordiosa, já que assenta no hedonismo, a nossa sociedade, não tendo tempo nem solidariedade compassiva para com os mais fracos – os doentes graves e os moribundos –, atira-os para o que chama a "morte misericordiosa", a "morte por compaixão"? Matar mete medo, "a própria palavra 'eutanásia' é uma palavra temível. Não será por esta razão que as sondagens, geralmente, a evitam?"[53] Será infundado perguntar

---

[52] Paul Ricœur, *Soi-même comme un autre*, Paris, 1990 e as excelentes reflexões de Juan Masiá Clavel, "Entre la heteronomía y autonomía", in: Id., "El arte de la mediación", in: Juan Masiá Clavel/Tomás Domingo Moratalla/Alberto Ochaita Velilla, *Lecturas de Paul Ricœur*, Madrid, 1990, p. 01-107.

[53] Marie de Hennezel, *Nós não nos despedimos. Uma reflexão sobre o fim da vida*, Lisboa, 2001, p. 25.

se uma das razões fundamentais da moldura legal da eutanásia na Holanda não foi a económica e financeira?[54] É verdade que em muitas sociedades as estatísticas revelam uma enorme percentagem da população a favor da eutanásia, mas não será já por interiorização do medo pânico do abandono e da solidão a que estas nossas sociedades votam os velhos e doentes? Por paradoxal que pareça, a eutanásia activa não "transforma a morte num acontecimento artificial", tirando ao paciente "a sua morte"?[55] As nossas sociedades dominadas pela tecnociência chegaram a esta situação paradoxal: obstinam-se em excessos técnicos terapêuticos e, ao mesmo tempo, propugnam a eutanásia activa, que tem na base o mesmo modelo, que é o da ideia de uma "realização técnica da morte". Não será precisamente neste paradoxo que se manifesta de modo claro a crise de uma sociedade poderosíssima nos meios, mas sem finalidade humana? Há inclusivamente quem não hesita em interligar queda das crenças religiosas e eutanásia: precisamente a descristianização em massa da Holanda, por exemplo (de 50 a 55% considera-se até "sem religião"), poderia ser uma das

---

[54] Desde o dia 1 de Abril de 2002, a Holanda tornou-se o primeiro país do mundo onde a eutanásia e o suicídio assistido deixam de ser punidos desde que, no quadro da lei, sejam praticados por um médico. Para uma orientação crítica, Daniel Serrão, "Eutanásia", in: L. Archer, J. Biscaia, W. Osswald, M. Renaud (Coord.), *Novos desafios à bioética*, Porto, 2001), pp. 249-257.

[55] Alexander Foitzik, "Steht ein Dammbruch bevor?", in: *Herder Korrespondenz* 1 (1992) 42.

explicações para a ousadia do país no que se refere aos costumes e nomeadamente à eutanásia...

Morrer... e depois?

Apesar de tudo, no confronto com a morte, haverá sempre uma experiência de mistério e sagrado. Na sua própria constituição, a consciência da morte é revelação da dignidade do homem: quem é conscientemente mortal já transcendeu a própria mortalidade; ao ser-se consciente da mortalidade, já se está para lá dela.

Face à morte, é impossível eliminar a experiência de sagrado. Há sempre aí a experiência do não dominável, de uma transcendência. Esta experiência impõe-se-nos de modo radical, concretamente na pena de morte: "o mais atroz da pena de morte é que não sabemos o que é, não sabemos 'a que é que' se condena o homem que se sentencia à morte e se executa." Não se trata de 'destruí-lo', de 'retirá-lo do nosso meio'; "trata-se de fazer *que morra*, pessoal e biograficamente, e não sabemos o que é isso"[56]. Por isso, precisamente face à morte, erguer-se-ão sempre de novo estas perguntas inelimináveis: quem sou eu?, que será de mim?

Hospital relaciona-se com hóspede. Um hospital deveria ser, portanto, sempre o lugar da hospedagem acolhedora e amiga. Mas como é sabido, há uma conexão entre

---

[56] Julián Marías, *Antropología metafísica*, Madrid, 1998, p. 217.

hospes e *hostis*, como pode ver-se, por exemplo, no espanhol, em *hostal* e *hostería*, que significam hospedaria, mas como se o hóspede enquanto estranho fosse ou pudesse tornar-se alguém hostil. Nos hospitais, hoje, para lá da *efectividade*, torna-se urgente recuperar a afectividade da hospedagem, para que o doente e o moribundo possam ser reconhecidos na sua dignidade. O doente é "sagrado", um "mistério vivo", que se deve respeitar, honrar, saber tocar, ouvir, amar. Quando a morte se abeira, o sentimento do doente poderá ser o de desagregação, de desmoronamento, de tal modo que é o próprio valor e dignidade da sua pessoa que entram em crise aos seus próprios olhos. É então que, se quisermos ajudá-lo verdadeiramente, para que ele sinta que "existe uma permanência da sua identidade", precisamos nós próprios de reconhecer uma "transcendência no âmago da sua identidade"[57]: ele é muito mais do que um corpo objectivo em perda e ruína, infinitamente mais do que o que se apreende e vê, é "sagrado", porque reconheço que a sua realidade última, essencial, inapreensível, "supera tudo o que posso compreender ou ver"[58].

Na história gigantesca da evolução, com 13.700 milhões de anos, sabemos inequivocamente que há ser humano, quando deparamos com sinais de rituais funerá-

---

[57] Marie de Hennezel/Jean-Yves Leloup, *A arte de morrer. Tradições religiosas e espiritualidade humanista perante a morte nos dias de hoje*, Lisboa, 2000², p. 145.
[58] Id., *o. c.*, p. 143.

rios. Como escreveu Louis-Vincent Thomas, "o ritual funerário poderia realmente constituir a brecha antropológica, aquilo através do qual o homem tem acesso ao humano"[59]. O ser humano não abandona o seu semelhante morto pura e simplesmente à morte. Em todas as culturas há rituais funerários. Porque no rito dá-se um sentido à própria morte. Onde o ritual não existe ou é pobre, não há humanidade ou o humano é vivido de modo empobrecido e raquítico. No limite, a expressão "morrer como um cão" alcança todo o seu significado, quando nos últimos instantes de um ser humano ou no seu funeral faltam "os gestos, as palavras" que procuram "dar um sentido", apontar para lá do visível[60]. Quem algum dia participou num funeral em que não houve o mínimo rito – nem sequer uma palavra – experienciou o que é a morte em toda a sua espessura opaca de breu e inumanidade. A situação de incómodo e desconforto até à prostração é vivida quando, por exemplo, devido a uma catástrofe, nem sequer o cadáver do familiar ou do amigo aparece, para uma homenagem última de despedida.

O ocaso da vida... E depois? É uma expressão feliz: "no ocaso da vida". Afinal, quando o Sol cai no horizonte, do lado de cá é noite, mas do outro lado nasce um novo dia... Com esta imagem não se pretende dar aval à doutrina da reencarnação, que, seja como for, se opõe à concepção cristã da ressurreição. O que se quer é sublinhar que, na

---

[59] Cit. in: Id., *o. c.*, pp. 141-142.
[60] Id., *o. c.*, p. 153.

morte, fica sempre uma abertura para o mistério, de tal modo que mesmo quem diz não acreditar em nada estaria pelo menos de acordo com Ernst Bloch, quando, poucos dias antes de morrer, respondendo à pergunta de Jürgen Moltmann – como reagia ele a este último desafio –, confessou: "Der Tod, das auch noch... Ich bin neugierig" (a morte, só me faltava esta... estou curioso). Quem sabe o que vai seguir-se? Mas ainda a propósito da reencarnação, será bom lembrar o livro de Alain Daniélou, *La Fantasie des dieux*, onde mostra que a doutrina da reencarnação é tardia. Nas tradições antigas, não se falava dela; "o objectivo era, sem dúvida a *anastasis:* o nascimento, no âmago do nosso ser terrestre, para a nossa dimensão celeste, a que virá chamar-se a 'ressurreição'"[62].

Com a morte, o homem é confrontado com o nada. Mas precisamente o nada é ambíguo, pois há o nada negativo e morto e o nada enquanto véu que esconde o que pode ser a realidade verdadeira. Como quando entro num espaço com escuridão de breu. Aí, direi: eu não vejo nada, mas isso não significa que lá não haja nada. De tal modo que tomo precauções, não sendo à partida de excluir a possibilidade de lá se encontrar o que desde sempre procurava...

O filósofo Wilhelm Weischedel, que dedicou muito do seu labor filosófico à problemática do niilismo, já frente à morte, deixou estes versos: "Im dunklen Bechergrund//Erscheint das Nichts des Lichts./Der Gottheit dunkler

---

[61] Id., *o. c.*, p. 105.

Schein/Ist so: Das Licht des Nichts" (No fundo escuro da taça/Aparece o nada da luz./O brilho obscuro da divindade/É assim: a luz do nada). Um outro grande filósofo, Bernhard Welte, deixou o seguinte comentário a estas linhas: "O fundo escuro da taça é evidentemente o que resta da vida bebida até ao fim. Ele é escuro, porque àquele que bebe a taça até ao fim aparece como o nada da luz, portanto, a pura escuridão ou o puro nada. Mas esta escuridão ou este nada *manifesta-se:* Mostra-se, dá-se a experienciar. E esta luminosidade obscura transforma-se de repente e sem ruído no clarão da divindade. Nesta transformação, ilumina-se a escuridão e incendeia-se com tal intensidade que ofusca e aparece como escuridão e nada"[62].

Esta reflexão aparentemente tão abstracta pode ter a sua tradução, precisamente em conexão com a analogia do ocaso, numa fábula antiga, que, partindo da personificação das células da cavidade uterina materna, evoca as semelhanças entre o nascimento e a morte. A fábula conta que um dia aquelas células viram um óvulo fecundado por um espermatozóide que chegou, indo fixar-se na parede, junto delas. Lentamente verificaram que se desenvolvia. E foi tomando forma uma figurinha pela qual se afeiçoaram terna e profundamente. Mas eis que, passados meses, aconteceu uma espécie de terramoto... e a pequenina criatura escapa-se através de um túnel

---

[62] Cit. in: Hubertus Halbfas, *Religionsunterricht in Sekundarschulen. Lehrerhandbuch 10,* Düsseldorf, 1997, p. 312.

escuro. Quiseram retê-la, mas há uma força que parece puxá-la de fora. Por fim, desapareceu, e a saída ou entrada do túnel fechou-se. E aquelas celulazitas, sós e tristes no interior do útero materno, chorando pela criatura desaparecida, começaram a organizar um funeral pela morte daquele ente querido. Mas algo de estranho estava a acontecer: incomodavam-nas os ruídos que vinham do exterior. Não sabiam que lá fora se estava a celebrar com júbilo o nascimento de um ser humano novo. Evidentemente, "não é mais do que uma fábula", mas quem poderá negar o fascínio da bela esperança que ela quer sugerir? Quem sabe se a morte não é um novo nascimento?[63]

A partir dos seus encontros e entrevistas com doentes terminais, Elisabeth Kübler-Ross isolou, no processo da agonia, sete etapas, fases ou estádios característicos: choque, negação, cólera, depressão, negociações, aceitação, tranquilidade[64]. O filósofo Pierre-Philippe Druet faz notar que, nesta última fase, o moribundo se concentra no acto de morrer, "já não comunica e parece entrever uma realidade outra"[65], de tal modo que é levado a afirmar que "o acontecimento decisivo da agonia" está em conexão com uma revelação, com uma iluminação. Este acontecimento "transfigura a consciência", não no sentido de

---

[63] Juan Masiá Clavel, *El animal vulnerable*, Madrid, 1997, pp. 264-265.
[64] Por exemplo, E. Kübler-Ross, *Interviews mit Sterbenden*, Estugarda, Berlim, 1974[8].
[65] P.-Ph. Druet, *Pour vivre sa mort*, Paris, Namur, 1981, p. 79.

uma súbita compreensão do absurdo da existência, pois, se assim fosse, "essa descoberta geraria a *resignação* ou a *revolta*, mas não a aceitação, serena na dor, que numerosos autores descrevem". Esta revelação determina a passagem "para a esperança"[66].

Perante o mistério da morte, o homem continua digno, porque não é meio, mas fim em si mesmo. A pergunta surgirá, pois, sempre de novo: Como é que a pessoa, que, como vimos, Tomás de Aquino definiu como *id quod est perfectissimum in tota natura* (o que é perfeitíssimo em toda a natureza)[67], como é que o que vale incondicionadamente, pois não é meio, mas fim em si mesmo, pode tornar-se lixo biológico, coisa que apodrece? Como é que uma consciência única e irrepetível pode morrer?

Para os cristãos, a esperança da vida eterna tem o seu fundamento na fé no Deus que ressuscitou Jesus dos mortos e, sendo Aquele que cria a partir do nada, ressuscita os mortos[68].

---

[66] Id., *o. c.*, pp. 185-186.
[67] *S.Th.*, I q. 29 a. 3 c.
[68] Rom. 4, 17.

VI
ATEÍSMO, ÉTICA E MÍSTICA

Introdução

A questão de Deus constitui "a problemática central da filosofia", de Tales e Anaximandro a Nietzsche e Heidegger. "Mesmo onde a teologia filosófica está exposta à decadência (...), continua a ter uma importância decisiva, como algo que há que superar antes de qualquer outra coisa. Portanto, com razão (...) o discurso sobre Deus é considerado o problema essencial da filosofia"[1]. Hegel nomeadamente escreveu: "(...) também a filosofia não tem outro objecto senão Deus."[2]

Por outro lado, foi Kant quem preveniu contra a menoridade religiosa culpada enquanto a mais nefasta: "*o Iluminismo é a saída do homem da sua menoridade de que ele*

---

[1] Wilhelm Weischedel, *Der Gott der Philosophen. Grundlegung einer philosophischen Theologie im Zeitalter des Nihilismus*, I, Darmstadt, 1971, p. 494.
[2] G. W. F. Hegel, *Vorlesungen über die Ästhetik I*, in: Id., *Werke in 20 Bänden*, Band 13, Frankfurt/M., 1994[4], p. 139.

próprio é culpado", e isso "sobretudo nas *coisas de religião*, porque (...) a tutela religiosa, além de ser mais prejudicial, é também a mais desonrosa de todas"[3]. O nosso tempo é "a idade própria da crítica", e a religião, apesar da sua "santidade" não se lhe pode subtrair, se não quiser expor--se a uma "justa suspeita"[4].

Assim, é tarefa decisiva de uma filosofia da religião ajudar a purificar a ideia de Deus. Na presente reflexão, inevitavelmente fragmentária e com inteira modéstia, pretende-se mostrar que é preferível não acreditar em Deus a acreditar num deus desumano, porque imoral, e reflectir sobre a relação entre ética e mística. Por conseguinte, o fio condutor da reflexão é a dignidade, pois, como se diz no título, o eixo é a ética.

O ateísmo contra um deus imoral

Se no instante de morrer, fosse revelado aos crentes que afinal Deus não existe? O filósofo Auguste Valensin respondeu que não se arrependeria de ter acreditado, que tanto pior para o universo se não tem um sentido último, que afinal o mal não está em nós por termos acreditado que Deus existe, mas em Deus por não existir. A mesma

---

[3] I. Kant, *Resposta à pergunta: Que é o Iluminismo?*, in: Id., *A paz perpétua e outros opúsculos*, Lisboa, 1988, pp. 11 e 18.
[4] Id., *Kritik der reinen Vernunft I*, in: Id., *Werkausgabe: in 12 Bänden*. Band III, Frankfurt/M., 1992[12], p. 13 (Prefácio à 1.ª edição).

resposta deu Simone Weil, a filósofa e mística: Não se arrependeria por ter acreditado, pois "Deus é o bem" e, orientando assim a vida, "nenhuma revelação no momento da morte pode provocar desgosto" ou arrependimento[5].

Na filosofia, concretamente desde Platão, apesar de todas as correntes que de modo genérico poderíamos designar como gnósticas, houve a intuição da identidade entre o Divino e o Bem. A revelação bíblica tem a sua essência na manifestação do Deus que é Amor: de facto, a Bíblia não tem como objectivo revelar a existência de Deus, que nesse tempo era uma evidência social, mas mostrar que Deus é bom, que está sempre amorosamente próximo de toda a criatura, de cada ser humano. Na própria vivência religiosa popular há a convicção íntima de que Deus é libertador e salvador da humanidade. Miguel de Unamuno, em *Do sentimento trágico da vida*, conta que, um dia, falando com um camponês, lhe apresentou a hipótese de que Deus, que rege o Céu e a Terra, existe, "mas sem que por isso a alma de cada homem fosse imortal, no sentido tradicional e concreto". Confrontado com essa hipótese, o camponês perguntou: "'Então, para que é preciso Deus?'"[6]. Se, à primeira vista, nesta pergunta,

---

[5] A. Valensin, *Autour de ma foi*, Paris, 1948, p. 56; S. Weil, *La connaissance surnaturelle*, Paris, 1950, p. 109. Cit. in: Charles Combaluzier, *Deus Amanhã. Esboço para uma Dialéctica da Natureza e do Divino*, Porto, 1973, pp. 230-231.

[6] Miguel de Unamuno, *Do sentimento trágico da vida*, Lisboa, 1988, p. 10.

parece aninhar-se apenas um comportamento egoísta, que coloca Deus ao serviço dos interesses do homem e da compensação da sua finitude e miséria, numa reflexão mais profunda e contra os críticos da religião, ela exprime a convicção íntima de que, se nada permanece a não ser o próprio Deus, então os esforços e os sofrimentos humanos até para Deus são inúteis, "e um vazio sem fim é a última palavra do Ser. Se o curso do universo e das coisas humanas não tem um sentido relacionado com a eternidade, não tem sentido absolutamente nenhum"[7].

A religião vive uma tensão permanente. Por um lado, procura o valor e o sentido último, onde a consolação é determinante. Foi assim que Kant colocou a religião em conexão com a esperança. Nas perguntas famosas: O que é que posso saber?, o que é que devo fazer?, o que é que me é permitido esperar?, a resposta a esta última questão é reservada à religião[8]. Paul Ricœur confessa que não conhece nenhum outro filósofo que "tenha definido a religião exclusivamente por esta pergunta: que posso esperar"[9]. Max Horkheimer, depois de ter sublinhado que

---

[7] L. Kolakowski, *Falls es keinen Gott gibt*, Friburgo/Br., Basileia, Viena, 1992, p. 145.

[8] I. Kant, *Logik*, in: Id., *Werkausgabe*. Band VI, Frankfurt/M., 1991[8], pp. 447-448: O campo da filosofia pode reduzir-se às seguintes perguntas: "1. O que é que posso saber? O que é que devo fazer? O que é que me é permitido esperar? 4. O que é o homem? À primeira pergunta responde a metafísica, à segunda a moral, à terceira a religião e à quarta a antropologia".

[9] Paul Ricœur, *Le conflit des interprétations. Essais d'herméneutique*, Paris, 1969, p. 408.

"*o sofrimento* é o facto do qual têm de partir todas as reflexões sobre a vida humana", anotou que "não se pode criticar a religião sem apontar ao mesmo tempo para uma sociedade na qual ela já não seja necessária"[10]. Na célebre entrevista a *Der Spiegel*, em 1966, que, respeitando as suas condições, só foi publicada após a sua morte, em 1976, Martin Heidegger acentuou: "Só um Deus nos pode ainda salvar."[11] E agora, quando, para alguns, inesperadamente, a religião é de novo tema explícito da reflexão filosófica, sublinha-se mais uma vez o carácter insubstituível da religião precisamente nas suas funções de consolação[12]. Assim, para Gianni Vattimo, há três experiências nucleares que estão na base do renascer do interesse religioso: "a experiência da morte – de pessoas queridas com quem tinha pensado percorrer um caminho muito mais longo"; depois, a questão da religião tem a ver com "a fisiologia da maturação e do envelhecimento";

---

[10] Max Horkheimer, *Nachgelassene Schriften. 1949-1972*, in: Id., *Gesammelte Schriften*. Band 14, Frankfurt/M., 1988, p. 203.
[11] "Nur noch ein Gott kann uns retten": Der Spiegel, Sonderausgabe, 1947-1997, p. 280.
[12] José M. Mardones, *Síntomas de un retorno. La religión en el pensamiento actual*, Santander, 1999, que trata nomeadamente de Gianni Vattimo, Eugenio Trías, Jacques Derrida, Emmanuel Levinas e Jürgen Habermas. Precisamente Jacques Derrida e Gianni Vattimo organizaram, nos dias 28 de Fevereiro e 1 de Março de 1994, em Capri, um seminário sobre a religião, em que participaram também Maurizio Ferraris, Hans-Georg Gadamer, Aldo Gargani, Eugenio Trías e Vincenzo Vitiello. Para as intervenções. Jacques Derrida, Gianni Vattimo e Outros, *A Religião*, Lisboa, 1997.

finalmente, precisamente os limites temporais da realização humana têm como consequência "avivar a esperança" de que a coincidência entre a existência de facto e o seu significado, que "não parece realizável no tempo histórico e no decurso de uma vida humana média, possa realizar-se num tempo diferente". Portanto, como já tinha exigido Kant, se o esforço de agir segundo a lei moral tem que ter um sentido, é preciso que se possa "esperar racionalmente" que o bem, isto é, a união da virtude e da felicidade, "se realize noutro mundo, visto que neste, manifestamente, não se dá"[13]. Jürgen Habermas, cujo projecto consistiria em recuperar a herança judaico-cristã do Reino de Deus no ideal de uma comunidade de comunicação sem limites e sem distorsões no quadro de uma "transcendência desde dentro", frente à "transcendência desde fora" religiosa, querendo salvaguardar "o sentido do incondicionado sem recorrer a Deus ou a um absoluto", acaba por reconhecer os limites do seu pensamento, pois a filosofia "mostrou-se incapaz de obviar (ou de dominar?) por meio da consolação e da esperança o sem sentido fáctico da contingência da morte, do sofrimento e da perda privada da felicidade e, em geral, a negatividade dos riscos que assediam a existência individual, com o mesmo bom sucesso com que o fez a esperança religiosa na salvação". Considerando o indivíduo e as suas angústias, é impensável uma teoria que cancele, interpretando-as, as facticidades da solidão e da culpa, da

---

[13] Gianni Vattimo, *Acreditar em Acreditar*, Lisboa, 1998, pp. 10-11.

enfermidade e da morte, as contingências que dependem da constituição corporal e moral do indivíduo: "temos de viver com elas, por princípio, sem esperança". Por isso e até porque talvez se possa dizer que "é vão querer salvar um sentido incondicionado sem Deus", afirma que, "enquanto no meio que representa a fala argumentativa não encontre melhores palavras para dizer aquilo que possa dizer a religião, (a razão comunicativa) terá que coexistir abstinentemente com ela, sem apoiá-la nem combatê-la"[14]. Ainda recentemente reconhecia que há um resto na religião que parece não poder esgotar-se. Disse-o num discurso subordinado ao tema "Glauben und Wissen" (Crer e saber), pronunciado já depois do trágico 11 de Setembro de 2001, por ocasião da recepção do Prémio da Paz dos Livreiros Alemães. Há o drama do perdão, que se vincula ao desejo, que não é mero sentimento, de fazer com que o sofrimento infligido aos outros não tivesse acontecido. Inquieta-nos a irreversibilidade do sofrimento passado, a injustiça contra as vítimas de maus tratos, de humilhação, aviltamento e assassinato, aquela injustiça que está para lá de toda a medida de reparação humana possível. Concluiu textualmente: "A esperança perdida na ressurreição deixa atrás de si um vazio manifesto"[15].

---

[14] Para todas estas citações, com a indicação das respectivas obras, J. Mardones, o. c., p. 92-113.

[15] Jürgen Habermas, "Glauben und Wissen", in: Frankfurter Allgemeine Zeitung, 15 de Outubro de 2001, p. 9.

Por outro lado, sobretudo depois dos "mestres da suspeita", a religião vive no sobressalto da ilusão. Como garantir que a realização religiosa da esperança não passa de simples projecção? Concretamente, o mal representa "um destino tão cruel" que se torna compreensível "o autoengano como forma de evasão"[16]. Por isso, a religião oferece sentido (o sentido e o valor último) e consolação, mas de modo nenhum à custa da verdade: também o crente não quer de modo nenhum viver no engano. Neste contexto, a fé não hesitaria em estar de acordo com Karl Marx, quando escreveu que "a crítica da religião é o pressuposto de toda a crítica"[17]. A fé é também luta e risco e combate no meio das trevas e da dor.

"Ele permitiu que trevas densíssimas se abatessem sobre a minha alma e que o pensamento do céu, que desde o tempo da minha meninice era para mim tão felicitante, se tornasse um objecto de luta e de tormentos. A duração desta provação não se limitou a alguns dias ou semanas. Há já meses que sofro e ainda aguardo pela hora da minha libertação. Quereria poder exprimir o que sinto, mas é imposssível. É necessário ter passado pelo túnel escuro, para captar a sua escuridão... Para tranquilizar o meu coração, pois está cansado por causa das trevas que o envolvem, tento fortalecê-lo com o pensamento

---

[16] Juan Antonio Estrada, *La imposible teodicea. La crisis de la fe en Dios*, Madrid, 1997, p. 399.
[17] Karl Marx, *Zur Kritik der Hegelschen Rechtsphilosophie. Einleitung*, in: Id., *Die Frühschriften*, Estugarda, 1971, p. 207.

de uma vida futura e eterna. Mas então a minha tortura duplica-se. É como se as trevas assumissem a voz dos incrédulos, escarnecessem de mim e me dissessem: 'Tu sonhas com a luz,... tu crês poder fugir à treva em que desfaleces! Avança! Avança! Alegra-te com a morte, que não te dará o que esperas, mas uma noite ainda mais profunda: a noite do nada!'" Quem iria supor que estas palavras são da carmelita Thérèse Martin (conhecida como Santa Teresinha do Menino Jesus) em 1897, quando tinha apenas vinte e quatro anos, vindo a morrer já em Setembro desse ano? Foi uma irmã carnal, também ela carmelita, que manteve em segredo o original manuscrito da *História de Uma Alma*, vendendo ao mundo a imagem de uma Santa Teresinha do Menino Jesus açucarada. Mas, como escreve o teólogo Hubertus Halbfas, a verdadeira história da alma de Teresa é o destino de uma jovem que dentro dos muros frios do convento não perdeu apenas a saúde, mas também "toda a certeza da fé": "se ao menos sentíssemos Jesus! Mas não, ele parece estar a milhares de léguas de distância. Estamos sós connosco mesmos", são palavras de Santa Teresinha. E o teólogo acrescenta que se deve à mesma irmã a impressão de que a santa não viveu "a noite da incredulidade", mas "a noite mística", como a de São João da Cruz, no século XVI. Ora, se este místico passou pelos sofrimentos indescritíveis da "noche oscura", "o seu deserto não foi a perda da fé". Teresa, pelo contrário, apesar do *ghetto* católico em que viveu, "assumiu em si", através dos muros do claustro, "como que por osmose", "o niilismo do século XIX". Quando, em face da morte, a irmã Marie lhe disse que em breve estaria com Jesus e os anjos, respondeu: "Todas essas imagens não me dizem nada. Apenas posso alimentar-me da verdade. Por isso, também nunca pedi visões. Prefiro aguardar pelo depois da morte." Esta resposta não é ateia, mas há aqui algo de novo, conclui o teólogo: "a confissão corajosa da incerteza sobre as coisas últimas", que constitui "a situação religiosa genuína da maior parte dos homens no século XX"[18].

O crente religioso não tem provas definitivas, científicas ou filosóficas, para a sua fé. Aliás, também o ateu não pode demonstrar que Deus não existe: ele não *sabe* que Deus não existe ou que não há vida para lá da morte, *crê* que Deus não existe e que a existência pessoal acaba com a morte. Todas as concepções da realidade na sua globalidade e referentes ao valor e sentido últimos assentam na crença. Evidentemente, há razões, pois a fé não pode ser cega, mas não existem demonstrações constringentes. Assim, o crente religioso, ao mesmo tempo que compreende as razões do agnóstico e do ateu, ousa entregar-se em confiança radical originária, portanto, sem provas estritas, mas com boas razões, à Realidade última, que é a Realidade primeira, sempre misteriosa, que dá sentido

---

[18] Hubertus Halbfas, *Religionsunterricht in Sekundarschulen. Lehrerhandbuch 10*, Düsseldorf, 1997, pp. 308-309. Também in: Juan Martín Velasco, *El fenómeno místico. Estudio comparado*, Madrid, 1999, pp. 488-489. A dimensão de risco da fé cristã foi captada pelo próprio Camus: "Embora saiba pouco destas coisas, tenho a impressão de que a fé é menos uma paz do que uma esperança trágica": *Moral y política*, Buenos Aires, 1978, p. 154. Cit. in: J. A. Estrada, *o. c.*, p. 399, nota.

último à sua existência, à história e a toda a realidade, e a que chamamos Deus. E é capaz de apresentar essas razões, num diálogo de razões com os não crentes. Esta confiança originária manifesta, no seu próprio exercício, "uma racionalidade originária, uma racionalidade interna": trata-se de um risco pelo qual se pode responder racionalmente, pois é perfeitamente razoável enquanto "risco supra-racional"[19].

Mas como é que seria possível dar a sua adesão a um Deus do qual se pudesse dizer: "um homem pode ser melhor, portar-se melhor do que o seu Deus"?[20] Como é que se pode acreditar num tirano ou num déspota, num Deus sádico? Precisamente a partir do pressuposto de um Deus sádico, que estaria na origem de um "rio de sangue e de sofrimento", José Saramago põe, com razão, Jesus a clamar na cruz contra Deus que "sorri": "Homens, perdoai-lhe, porque ele não sabe o que fez"[21]. A palavra fé vem do latim *fides*, onde radica uma constelação de outras palavras: fiel, fidelidade, confiança, confidência, fiar, fiador. No mesmo sentido, há também a palavra latina *credere*, donde procede crer, credo, crível, acreditar, crédito. Não se pode viver sem fé, pois não se pode verificar tudo

---

[19] Hans Küng, *Une théologie pour le troisième millénaire*, Paris, 1989, pp. 279-280. Para desenvolvimento sistemático: Id., *Existiert Gott? Antwort auf die Gottesfrage der Neuzeit*, Munique, Zurique, 1978, pp. 471-640.

[20] Ernst Bloch, *Atheismus im Christentum. Zur Religion des Exodus und des Reichs*, in: Id., *Werkausgabe*, Band 14, Frankfurt/M., 1985, p. 150.

[21] José Saramago, *O Evangelho segundo Jesus Cristo*, Lisboa, 1991, p. 444.

por si mesmo nem confiar exclusivamente em si próprio. A fé implica um descentramento, mas de tal modo que o sair de si para o outro é indispensável "simplesmente para ser si mesmo". "A alteridade, presente no acto de fé, é constitutiva de nós mesmos e da nossa caminhada na aventura da existência"[22]. Não se pode acreditar em Deus por obrigação, e é necessário precaver-se contra a ilusão. Mas impõe-se também perguntar: será Deus merecedor e digno de confiança, de fé, de crédito? De facto, como escreveu Paul Ricœur, "se a religião tem um sentido, é o de libertar o fundo de bondade do homem"[23].

É bem possível que, hoje, mais decisivo do que o ateísmo metafísico, cosmológico ou científico seja o ateísmo moral, que, aliás, é o mais digno, pois é uma espécie de ateísmo por causa de Deus, um ateísmo *ad majorem Dei gloriam*, isto é, para salvaguardar a divindade-dignidade de Deus e a humanidade-dignidade do homem. Foi assim que Nietzsche tinha de negar o cristianismo, porque via a sua fonte no ressentimento. Deus é um inimigo da vida e da sua exaltação. Zaratustra pergunta ao Papa se sabe *como* é que Deus morreu: "É verdade o que se diz, que o sufocou a compaixão?... Que, ao ver como *o homem* estava pendurado na Cruz, não suportou que o amor pelo

---

[22] Adolphe Gesché, "L'identité de l'homme devant Dieu", in: *Revue théologique de Louvain* 29 (1998) 16-17.

[23] Paul Ricœur, "J'assume les accusations de culpabilité et de violence, car elles me font progresser en intelligence", in: *Le Nouvel Observateur*, Hors-Série: *2000 ans après... Que reste-t-il du christianisme. Les 15 dates qui ébranlèrent le monde*, p. 65.

ser humano se tornasse o seu inferno e, por fim, a sua morte?"[24] O Deus que objectiva o homem *"tinha de* morrer, porque via com olhos que viam *tudo*... (...) A sua piedade desconhecia o pudor: ele metia-se nos meus recantos mais sórdidos. Esse ser curioso ao mais alto grau, superimpertinente, supercompassivo, tinha de morrer. Ele via-me sempre, a *mim;* eu quis vingar-me de semelhante testemunha... ou não viver eu próprio. O Deus que via tudo, *até o homem,* esse Deus tinha de morrer! O homem *não suporta* que uma tal testemunha exista!"[25] Em *A Gaia Ciência*, uma miúda pergunta à mãe: "É verdade que Deus está em toda a parte?", respondendo ela própria: "eu considero isso uma indecência"[26]. O tema do olhar objectivante de Deus é recorrente: Sartre cortou relações com o Todo-Poderoso, por causa do seu olhar horrorosamente indiscreto: "Uma só vez tive a sensação de que Ele existia. Brincava com fósforos e queimava um pequeno tapete; estava eu a dissimular o meu crime quando, de súbito, Deus viu-me, senti o seu olhar dentro da minha cabeça e sobre as minhas mãos; eu rodopiava na casa de banho, horrivelmente visível, um alvo vivo. Salvou-me a indignação: enfureci-me contra tão grosseira indiscrição, blasfemei, murmurei como meu avô: 'Maldito o nome de Deus, nome de Deus, nome de Deus'. Nunca mais Ele me con-

---

[24] Friedrich Nietzsche, *Assim Falava Zaratustra*, Lisboa, 1998, p. 303.
[25] Id., *o. c.*, pp. 310-311.
[26] Id., *Die Fröhliche Wissenschaft*, Vorrede, in: Id., *Das Hauptwerk II*, Munique, 1990, p. 334.

templou"[27]. Freud atacou justamente a religião, porque a considerava uma ilusão infantil e infantilizante, de tal modo que o crente é levado ao mesmo tempo ao aconchego e à blasfémia. Karl Marx submeteu-a à crítica, porque era ópio alienante para o povo. Na base, porém, de toda esta suspeita está Feuerbach, para quem Deus vive exclusivamente à custa do homem: "Para enriquecer a Deus deve empobrecer-se o homem; para que Deus seja tudo, o homem tem de ser nada"[28].

Como é que foi possível do Evangelho, que é, como diz a própria etimologia, uma notícia boa, fazer-se uma desgraça, que os homens tiveram de combater, precisamente para manterem a sua dignidade? De facto, não há dúvida de que para muitos homens e mulheres teria sido preferível não terem contactado com a religião tal qual lhes foi apresentada. E não é preciso referir a superstição[29], a Inquisição, o Índex dos livros proibidos[30]. Pense-se, por

---

[27] Jean-Paul Sartre, *As Palavras*, Lisboa s/d, p. 77.

[28] Ludwig Feuerbach, *Das Wesen des Christentums*, in: Id., *Werke in sechs Bänden*. Band 5, Frankfurt/M., 1976, p. 40.

[29] No *Decâmeron*, um frade enumera algumas das relíquias que encontrou: um dedo do Espírito Santo, uma unha de um querubim, alguns raios da estrela que apareceu aos Reis Magos, uma garrafa com o suor de S. Miguel quando combateu com o Diabo...: Giovanni Bocaccio, *El Decamerón*, Barcelona, 1978, p. 461. Trata-se de uma obra de ficção, mas não se esqueça que, na paróquia de Liria (Valencia), se conservava uma pena das asas do Arcanjo S. Miguel: L. González--Carvajal, *Ideas y creencias del hombre actual*, Santander, 1991, p. 91.

[30] Lá figuraram, para lá de numerosos teólogos, os fundadores da ciência moderna, Copérnico e Galileu, os pais da filosofia moderna,

exemplo, no que significou historicamente para tantos o horror da prova a que Deus sujeitou Abraão, ordenando o sacrifício do próprio filho. Para mostrar que não era possível uma leitura literal da Escritura, escreveu Kant: "Como exemplo pode servir o mito do sacrifício que Abraão, por ordem divina, queria levar a cabo, imolando e queimando o seu único filho (para cúmulo, sem saber, o pobre miúdo carregou com a lenha para o efeito). A esta pretensa voz divina Abraão deveria ter respondido: 'que eu não devo matar o meu bom filho é absolutamente certo; mas que tu, que me apareces, sejas Deus, disso não estou certo, nem posso estar, mesmo que essa voz ressoasse desde o céu (visível)"[31]. O próprio Kierkegaard, apesar da sua concepção da fé como "paradoxo" e até "absurdo", um pouco à maneira de Tertuliano (*credo quia absurdum*), sentiu tanta perplexidade perante esta ordem monstruosa de assassinato, dada por Deus, que apresentou variações imaginárias da narração. Uma delas ter-

---

Descartes, Pascal, Bayle, Espinosa, Hobbes, Locke, Hume, também Kant, evidentemente, Voltaire e Rousseau, mais tarde, Cousin, John Stuart Mill, Comte, também os historiadores Condorcet, Ranke, Taine. Da lista faziam parte também Diderot e d'Alembert com a *Enciclopédia*, os especialistas de direito Grócio, von Pufendorf e Montesquieu, bem como a elite da literatura moderna, Heine, Hugo, Lamartine, Dumas pai e filho, Balzac, Flaubert, Zola, D'Annunzio e Leopardi, no século XX os filósofos Bergson, Croce, Gentile, Unamuno, Sartre e Simone de Beauvoir. Para só citar alguns.
[31] I. Kant, *Der Streit der Fakultäten*, in: Id., *Werkausgabe*. Band XI, Frankfurt/M., 1991⁹, p. 333, nota.

mina assim: "Mas Abraão pegou no cutelo. Depois, regressaram a casa, e Sara apressou-se ao seu encontro. Isaac, porém, perdera a fé. Nunca se ouviu uma única palavra sobre isto no mundo. Isaac nunca disse nada a ninguém sobre o que vira. E Abraão, pela sua parte, nunca chegou a suspeitar sequer que alguém o vira." Na segunda, "a narração é cuidadosamente respeitada, mas na prova Abraão envelheceu e perdeu a fé para sempre"[32]. Abraão viu-se confrontado com um "círculo vicioso": sacrificando o filho, desobedecia ao mandamento "tu não matarás", e, cumprindo o mandamento, desobedecia à ordem do sacrifício – "submeter-se é transgredir, transgredir é submeter-se"[33].

Duas vezes fundamentalmente a Bíblia tenta dar uma "definição" de Deus. A primeira pertence ao Antigo Testamento: "Eu sou aquele que é", diz Deus[34]. A segunda é do Novo Testamento: "Deus é Amor"[35]. "Eu sou aquele que é" é o nome do próprio Deus, revelado a Moisés, e significa: Eu sou aquele que está convosco. "Deus é Amor" procede da experiência feita com Deus através da experiência com Jesus enquanto encarnação desse amor na sua universalidade, como viu o próprio Hegel[36], e é,

---

[32] Ver Andrés Torres Queiruga, *Do terror de Isaac ó Abbá de Xesús*, Vigo, 1999, pp. 72-76.
[33] André Glucksmann, *La troisième mort de Dieu*, Paris, 2000, p. 284.
[34] Êx. 3, 14.
[35] I Jo. 4, 8.
[36] G. W. F. Hegel, *Vorlesungen über die Philosophie der Religion II*, in: Id., *Werke*. Band 17, Frankfurt/M., 1986, p. 283-299.

nas palavras de Karl Barth, "a *definição* fundamental" de Deus: "Deus ama! (...) *tal* é a essência de Deus que aparece na revelação do seu nome. Deus ama! Ama como só Ele pode amar (...). O seu amor é o seu ser no tempo e na eternidade. 'Deus é' quer dizer: 'Deus ama'. Tudo o que a seguir deveremos afirmar do ser de Deus estará sempre e necessariamente determinado por este facto"[37].

Para uma reinterpretação de categorias religiosas fundamentais

Se Deus é Amor e, portanto, se Deus é o Deus dos homens, o discurso teológico, para não cair na incoerência interna, precisa de reinterpretar tudo quanto contradiga o que constitui precisamente o núcleo do cristianismo. É o que se passa, a título de exemplo, com os conceitos de autonomia-heteronomia-teonomia, oração de petição, milagres, pecado original, diabo, morte de Cristo enquanto satisfação, mal, revelação[38].

Autonomia. Em contraposição ao conceito de geração da filosofia grega, portanto, no quadro da necessidade, a Bíblia fala de criação. O Deus pessoal transcendente criou o mundo simplesmente porque quis, por pura liberdade. Assim, o resultado da criação por um Deus trans-

---

[37] Karl Barth, *Dogmatique II/I*, Genebra, 1957, pp. 30-31. Cit. in: A. Torres Queiruga, *o. c.*, p. 100.

[38] No que se refere a esta hermenêutica tenho uma dívida particular para com Andrés Torres Queiruga, nas obras citadas.

cendente que cria o mundo não por necessidade, mas por generosidade livre e amorosa, só podem ser criaturas autónomas, homens e mulheres livres, com quem Deus estabelece aliança na liberdade. A ideia de criação no sentido bíblico da palavra hebraica *bara* quer dizer isto mesmo: que "o homem é querido (não simplesmente tolerado) como diferente. Pela criação, Deus *quis* realmente a minha identidade, a minha autonomia, a minha liberdade"[39]. Isto significa que Deus, ao contrário do que frequentemente se afirma, não criou o mundo para a sua maior glória, pois isso seria egoísmo divino, mas para a felicidade das criaturas. Mesmo Tomás de Aquino reconheceu ser claro que "Deus não procura a sua glória por causa de si, mas por causa de nós"[40]. Assim, para Deus, é bom o que é realmente bom para o homem, isto é, o que realiza verdadeiramente o ser humano. Por isso, Tomás de Aquino pôde igualmente escrever que só ofendemos a Deus na medida em que agimos contra o nosso bem[41]. A teonomia não se opõe à autonomia; pelo contrário, está na sua raiz. A exigência moral não nasce do facto de se ser crente ou ateu, mas "*da condição simplesmente humana* de querer ser *pessoa autêntica e cabal*". Se se pensar a sério e desde que ambos queiram ser honestos, "*não existe nada que*

---

[39] A. Gesché, *a. c.*, p. 20.
[40] *S. Th.* 2-2, q. 132, a. 1 ad 1: "Unde patet quod Deus suam gloriam non quaerit propter se, sed propter nos. Et similiter etiam homo laudabiliter potest ad aliorum utilitatem gloriam suam appetere".
[41] *Summa contra Gentiles* III, 122: "Non enim Deus a nobis offenditur nisi ex eo quod contra nostrum bonum agimus".

a nível moral deva fazer um crente e não um ateu" (o seu desacordo em muitas opções será, em rigor de termos, por motivos morais e não propriamente religiosos). A pessoa humana, ao reconhecer-se como criatura de Deus, sabe que "*a lei do seu ser e a vontade de Deus sobre ela são uma e a mesma coisa*, pois Deus quer única e exclusivamente que a criatura se realize", de tal modo que dizer "quero realizar o meu ser" e dizer "quero cumprir a vontade de Deus" se identificam[42].

Milagres e oração de petição. Acreditar no Deus que cria só por amor obriga a rever a relação entre a transcendência e a imanência de Deus no mundo, pois Deus não é apenas transcendente, mas transcendente-imanente. Deus é distinto do mundo precisamente enquanto *non-aliud*, como intuiu Nicolau de Cusa: Deus é infinitamente transcendente enquanto o não-outro, "não é distinto de nada, não carece de algo nem fora dele pode haver algo"[43]. Assim, é necessário pôr termo à separação entre sagrado e profano, pois tudo é profano, porque pertence à autonomia, e simultaneamente tudo é sagrado, porque Deus é sempre presença infinita, de tal modo que é tão sagrado comer como fazer amor ou rezar. Deus não intervém de

---

[42] Andrés Torres Queiruga, "La idea de creación: radicación filosófica y fecundidad teológica", in: *Iglesia Viva* 183 (1996) 228-234.

[43] Nikolaus von Kues, *De non aliud*, in: Id., *Philosophisch-Theologische Schriften*. Studien- und Jubiläumsausgabe. Lateinisch-Deutsch. Band II, Viena, 1966, p. 464: "Aliud enim, quia aliud est ab aliquo, eo caret, a quo aliud. Non-aliud autem, quia a nullo aliud est, non caret aliquo, nec extra ipsum quidam esse potest".

fora, como supõe o pedido de milagres[44]. Um Deus intervencionista, a partir de fora, seria um Deus arbitrário, que interviria a seu bel-prazer, a favor de uns e não de outros. No fundo, a oração de petição, ao pretender lembrar a Deus as necessidades humanas, nega a omnisciência divina, e, ao suplicar a sua intervenção, desconfia do seu amor infinito sempre presente[45]. Deus não está fora. Deus é presença amorosa infinita, é permanentemente fonte criadora e força dinamizadora do mundo, e precisamente por isso é que não tem sentido pedir-lhe seja o que for, na pretensão de dobrá-lo ao desejo humano. Pensando até

---

[44] Por outro lado, por paradoxal que pareça, dado o carácter enigmático da matéria e a sua indeterminação na raiz, como mostrou a física quântica, deve-se contar com o que não é habitual, com o imprevisível, com o surpreendente e o "miraculoso".

[45] Escreve Andrés Torres Queiruga, "El futuro de la vida religiosa y el Dios de Jesús", in: *Selecciones de Teología* 154 (2000) 90: Tomemos como exemplo esta oração de petição, que pode escutar-se nas nossas igrejas: "Para que as crianças de África não morram de fome, oremos ao Senhor." "Objectivamente, uma petição deste tipo implica o seguinte: 1. que nós advertimos a necessidade e tomamos a iniciativa: somos bons e tentamos convencer Deus para que também o seja; 2. que Deus está passivo até que o convençamos, se formos capazes; 3. que, se no domingo seguinte as crianças africanas continuam a morrer de fome, a consequência lógica é que Deus não nos ouviu nem teve piedade; 4. que Deus poderia, se quisesse, solucionar o problema da fome, mas, por um motivo qualquer, não quer fazê-lo". Conclui: "sem pretendê-lo conscientemente, mas presente na objectividade do que dizemos, estamos a projectar uma imagem monstruosa de Deus: não só ferimos a ternura infinita do seu amor sempre disposto a salvar como, além disso, acabamos por dizer implicitamente algo que não nos atreveríamos a dizer nem do mais canalha dos humanos."

ao fim, o único sentido da chamada oração de petição só pode ser perguntar a Deus em que é que o podemos ajudar a ele, tomando consciência da sua presença intimíssima e infinitamente activa em todo o real. Assim, em vez de pedir-lhe pelos esfomeados, fazermos nós o que se deve fazer por eles; em vez de pedir pelos governantes dos povos, intervirmos nós próprios politicamente para que governem segundo a justiça...

Pecado original. Quem é que pode aceitar sinceramente que todo o mal, incluindo a morte, veio ao mundo por causa de um pecado dos "primeiros pais", Adão e Eva, que, no quadro de um mundo em evolução, eram ainda bastante primitivos? Que mãe acredita que o fruto do amor, que é a criaturinha que traz no seu ventre ao longo de nove meses, foi concebida e nasce em pecado? Essa é, no entanto, a doutrina que continua a anunciar-se, e isso fundamentalmente por influência de Santo Agostinho e a sua visão pessimista, que lançava raízes na sua própria experiência pessoal negativa referente à turbulência sexual da juventude, numa exegese errada de uma passagem da Carta de S. Paulo aos Romanos, e, indirectamente, na recusa do maniqueísmo. De facto, uma vez que, segundo o judeo-cristianismo, se impõe negar o dualismo maniqueu, pois Deus é o único criador bom de todas as coisas, como explicar o mal? Baseado na tradução latina da Carta de Paulo aos Romanos, 5, 12, referente a Adao: "*no qual* todos pecaram", Santo Agostinho, contra o texto original grego, que diz: "*porque* todos pecaram", interpretou que o pecado de Adão não é apenas o primeiro da série de todos os pecados cometidos pelos homens e pelas mulheres ao longo da história, mas que esse pecado é um pecado hereditário, de tal modo que é um pecado de todos os homens. Portanto, o recém-nascido não é inocente, nasce em pecado, do qual, para evitar a condenação eterna, só o baptismo o pode libertar. Foi pelo pecado de Adão que veio todo o mal ao mundo, incluindo a morte. Esse pecado tornou a humanidade toda "massa condenada" ao inferno, do qual só alguns são libertos pela graça imerecida de Deus[46]. Pelo pecado, Adão destruiu um bem que podia ser eterno, tornando-se digno, ele e todos os homens nele, de um mal eterno: "Daqui, a condenação de toda a massa do género humano, pois o primeiro culpado foi castigado com toda a sua posteridade, que estava nele como na sua raiz. Assim ninguém escapa a esse suplício justo e devido, a não ser por uma misericórdia e uma graça indevida. E é tal a disposição dos homens que nalguns aparece o valor de uma graça misericordiosa e nos outros o de uma justa vingança"[47]. Assenta aqui a doutrina da dupla predestinação, que continuaria na Reforma, sobretudo com Calvino: na salvação de alguns, embora na previsão dos seus méritos, pois o homem deve colaborar na sua salvação, revela-se a misericórdia graciosa de Deus; na condenação eterna da maioria, manifesta-se a justiça do mesmo Deus. Santo Agostinho refere muitas vezes a condenação eterna

---

[46] Hans Küng, *Grosse christliche Denker*, Munique, 1994, pp. 79-116.
[47] *De civitate Dei*, XXI, XXII.

das crianças que não receberam o baptismo[48]. Mas que Deus seria esse que castigasse a humanidade inteira por causa de um único pecado das origens?

Diabo. Uma vez que o mal não pode ter a sua origem em Deus, que é infinitamente bom, supõe-se então que o diabo poderia muito bem ser uma explicação: ele tentou o homem..., o homem caiu na tentação e provocou o mal do mundo. Mas já Kant perguntou porque é que Deus não aniquilou o diabo[49], sendo igualmente pertinente a pergunta: se a tentação do diabo se apresenta como explicação da queda do homem, quem é que tentou os anjos, que, de bons, se transformaram em demónios? Para explicar o mal, contrapor o diabo a Deus, como se o diabo fosse uma espécie de anti-Deus, só aparentemente é uma explicação: de facto, a afirmação de Deus e do diabo, no quadro de dualismo maniqueu, é uma contradição. O diabo não explica nada[50].

O inferno. Escreveu S. Tomás de Aquino, o Doutor Angélico: "Aos bem-aventurados não se deve tirar nada que pertença à perfeição da bem-aventurança. Ora, todo o ser conhece-se melhor comparando-o com o seu con-

---

[48] Ver textos em: L. Kolakowski, *Dios no nos debe nada. Un breve comentario sobre la religión de Pascal y el espíritu del Jansenismo*, Barcelona, 1996, p. 258. Cit. in: Andrés Torres Queiruga, *Creer de otra manera*, Santander, 1999, pp. 17-18.

[49] I. Kant, *Die Religion innerhalb der blossen Vernunft*, in: Id., *Werkausgabe*, Band VIII, Frankfurt/M., 1991⁹, pp. 734-735.

[50] Sobre a inexistência do diabo na Bíblia, Herbert Haag, *Abschied vom Teufel. Vom christlichen Umgang mit dem Bösen*, Zurique, 1990⁸.

trário, uma vez que 'os contrários contrapostos entre si se destacam mais'. Por isso, a fim de que a bem-aventurança dos santos os satisfaça mais e dêem por ela graças mais abundantes a Deus, concede-se-lhes que contemplem com toda a nitidez as penas dos ímpios"[51].

Quando se lê este texto e outros semelhantes, somos assaltados pela pergunta: Como é que é possível esta barbaridade sádica? Mas, por outro lado, por paradoxal que pareça, há no chamado dogma do inferno, que – note-se – não se encontra no Credo, também uma das expressões maiores da dignidade humana, na medida em que afirma até ao limite a liberdade e a exigência de justiça: bem e mal não se identificam, não tens a salvação assegurada automaticamente, esta existência terrestre é séria, podes falhar radicalmente o sentido da tua vida...

Pergunta-se: alguém está de facto condenado ou virá a estar condenado no inferno?

Cada vez mais a teologia faz notar que não há "simetria" entre o céu e o inferno, pois enquanto a salvação é a consumação definitiva da existência humana pela graça de Deus, a condenação seria a consumação definitiva na negatividade operada pelo homem. Ora, o que é que pode querer dizer uma consumação definitiva na própria

---

[51] *S. Th. Suppl.*, q. 94, a. 1: "Respondeo dicendum quod a beatis nihil subtrahi debet quod ad perfectionem beatitudinis eorum pertineat. Unumquodque autem ex comparatione contrarii magis cognoscitur: quia 'contraria iuxta se posita magis elucescunt'. Et ideo, ut beatitudo sanctorum eis magis complaceat, et de ea uberiores gratias Deo agant, datur eis ut poenam impiorum perfecte intueantur".

negatividade, um não a Deus, escolhido livremente, que Deus levaria a uma espécie de plenitude e definitividade? Segundo a Bíblia, o homem não é imortal por si mesmo, de tal modo que o inferno implicaria que Deus sustentava alguém na existência, apenas para a sua tortura eterna. Neste enquadramento, o inferno só pode, portanto, querer dizer a própria aniquilação. No caso-limite de haver realmente alguém que se fechasse radical, obstinada e definitivamente a todo o amor a Deus e às criaturas, excluindo Deus, então, não podendo, na morte, ser encontrado por Deus, porque O não aceita, anular-se-ia definitivamente: não participaria na vida eterna, mas também não seria eternamente torturado, pois, pela morte, anulando-se, simplesmente deixaria de existir.

Como é que uma liberdade frágil e limitada no tempo pode merecer um castigo eterno? Por outro lado, quando se olha para a crueldade bruta da história e todos os infernos que os humanos causaram e causamos a outros humanos, sobretudo quando se trata de vítimas inocentes, entende-se que bem e mal não se identificam e, desde a raiz de nós, exigimos justiça. Mas o juízo final sobre o mundo pertence exclusivamente a Deus, e já foi pronunciado na morte e ressurreição de Jesus Cristo, tendo, por isso, o cristão a esperança fundada de que o juízo sobre cada homem e cada mulher e sobre a história é um juízo de misericórdia infinita. No fim, Deus virá ao encontro dos homens, para entregar-se plenamente a todos, embora segundo a capacidade de cada um, aquela medida para a qual esta nossa existência histórico-mundana não será indiferente. Por outras palavras, Deus não pode levar à consumação aquelas possibilidades que o homem destruiu. Também por isso, Kant, do ponto de vista filosófico, postulou a imortalidade, precisamente para que pudesse dar-se o progresso infinito moral, cuja perfeição não pode dar-se neste mundo[53]. De qualquer modo, como disse Ernst Bloch, "era melhor o nada ao inferno. E todos no inferno estariam de acordo comigo"[53].

A morte de Cristo como satisfação. Um Deus que precisasse da morte do Filho ainda seria Deus ou Moloch sanguinário? No entanto, demasiadas vezes foi anunciado que a morte de Jesus foi o preço a pagar para aplacar Deus na sua ira divina.

Esquece-se então que Deus diz que é incapaz de castigar, precisamente "porque sou Deus e não um homem"[54] e que, se Deus é por nós, nada nem ninguém será contra nós[55]. Pergunta-se: Como é que foi possível pregar e acreditar num Deus vingativo e sádico, um Deus que legitimaria toda a vingança e barbaridade dos homens, um Deus pior que qualquer pai humano são, decente?... É evidente que Jesus foi vítima da maldade dos homens e mulheres, e não da ira de Deus. Jesus, o excluído, é aquele que não exclui ninguém, pelo contrário, inclui a todos no amor sem condições. A cruz de Cristo é a expressão

---

[52] I. Kant, *Kritik der praktischen Vernunft*, in: Id., *Werkausgabe*. Band VII, Frankfurt/M., 1991[11], pp. 252-254.

[53] E. Bloch, "Espírito da utopia", in: Anselmo Borges, *Do Mesmo ao Diferente*, Porto, 1980, p. 225.

[54] Os. 11, 8-9.

[55] Rm. 8, 31.

máxima do amor incondicional de Deus para com todos os homens e mulheres. Neste domínio, Max Horkheimer deixou uma nota que dá que pensar: "Jesus morreu pelos homens, não podia guardar-se para si próprio avaramente e pertencia a tudo o que sofre. Os Padres da Igreja fizeram disso uma religião, isto é, fizeram uma religião, que também para o mal (*dem Bösen*) era uma consolação. Desde então isso teve um tal êxito no mundo que pensar em Jesus nada tem a ver com a acção e ainda menos com os que sofrem. Quem lê o Evangelho e não vê que Jesus morreu *contra* os seus actuais representantes não pode ler"[56].

O mal. A fé em Deus terá sempre de confrontar-se com o seu núcleo duro, que é o mal. Como é que Deus infinitamente bom e omnipotente é compatível com todo o calvário do sofrimento, com toda a massa do mal físico e moral do mundo, com a morte? Epicuro deu a formulação clássica da questão: "Ou Deus quer evitar o mal do mundo, mas não pode; ou pode, mas não quer; ou não pode nem quer; ou pode e quer. Se quer e não pode, é impotente; se pode e não quer, não nos ama; se não quer nem pode, não é o Deus bom e, além disso, é impotente; se pode e quer – e isto é o mais seguro –, então donde vem o mal real e porque é que o não elimina?"[57]

---

[56] Max Horkheimer, *Notizen 1949-1969*, in. Id., *Gesammelte Schriften*. Band VI, Frankfurt/M., 1991, p. 292.
[57] O. Gigon (Ed.), *Epicurus*, Zurique, 1949, p. 80.

Na sua justificação de Deus, Leibniz concluiu que este é o melhor dos mundos possíveis[58]. Schopenhauer contrapôs: ao pretender que este mundo, que não passa de uma arena de seres torturados, que sobrevivem devorando-se uns aos outros, é o melhor dos mundos possíveis, "o absurdo é gritante"; pelo contrário, ele "é *o pior* dos possíveis"[59]. A solução gnóstica e dualista coloca o mal no próprio interior da Divindade[60]. Segundo outros, deveríamos despedir-nos do Deus omnipotente[61] e ir ao encontro do Deus sofredor e crucificado[62]. Para Kant, toda a tentativa de teodiceia teórica fracasssa[63].

Depois da recusa do Deus impotente e do Deus sádico, pois Deus não pode ser nem limitado nem mau, só resta o fideísmo ou, pelo contrário, para ser humana, a fé tem de dar razões plausíveis de si mesma? Andrés Torres Queiruga coloca-se num caminho correcto, quando centra a questão em dois pontos fundamentais: uma ponero-

---

[58] G. W. Leibniz, *Essais de Théodicée*, Paris, 1969.
[59] A. Schopenhauer, *Die Welt als Wille und Vorstellung II*, in: Id., *Sämtliche Werke*. Band II, Frankfurt/M., 1994[4], pp. 744. 747.
[60] Por exemplo, F. W. J. Schelling, *Über das Wesen der menschlichen Freiheit* (1809), Estugarda, 1991. Para uma visão panorâmica e acessível sobre a gnose: K. Rudolph, *Die Gnosis. Wesen und Geschichte einer spätantiken Religion*, Göttingen, 1990[3].
[61] Günther Schiwy, *Abschied vom allmächtigen Gott*, Munique, 1996[2].
[62] Jürgen Moltmann, *Der gekreuzigte Gott. Das Kreuz Christi als Grund und Kritik christlicher Theologie*, Munique, 1981[4].
[63] I. Kant, *Über das Misslingen aller philosophischen Versuche in der Theodizee*, in Id., *Werkausgabe*. Band XI, Frankfurt/M., 1991[9], pp. 103-124.

logia e uma pisteodiceia[64]. É necessário começar por estudar o mal em si mesmo, portanto, "enquanto estruturalmente prévio a toda a posição religiosa ou ateia"[65]. Por outro lado, não se trata tanto de defender Deus, como a fé em Deus: o que está em questão é uma pisteodiceia religiosa ou não, devendo os diferentes modos de crer entrar em diálogo, apresentando as razões em que se apoiam[66]. Ora, quando se reflecte sobre um mundo de criaturas finitas e perfectíveis, portanto, num mundo finito e em processo evolutivo, é necessário concluir que num mundo assim o mal é *"absolutamente inevitável"*[67]. Num mundo finito em evolução, é preciso contar com a negatividade enquanto motor do devir, pois o novo implica a negação do velho. Deus não é impotente, mas a sua omnipotência não é arbitrária nem abstracta, como pressupõe o desejo infantil de omnipotência.

Mas, neste enquadramento, a pergunta desloca-se: como se legitima a esperança de um mundo consumado, sem dor nem morte, se a finitude se manterá, não podendo ser superada, pois também os bem-aventurados continuarão criaturas finitas?

---

[64] Cf. Andrés Torres Queiruga, *Repensar el mal. De la ponerología a la teodicea*, Madrid, 2011.

[65] Id., "Replanteamiento actual de la teodicea: secularización del mal, ponerología, pisteodicea", in: M. Fraijó, J. Masiá (Eds.), *Cristianismo e Ilustración. Homenaje al Prof. J. Gómez Caffarena*, Madrid, 1995, p. 243. Id., "Deus e o mal: da omnipotencia abstracta ó compromiso do amor", in: Id., *Do terror*, pp. 129-189.

[66] Id., "Replanteamiento", pp. 243-244.

[67] Id., "Replanteamiento", p. 243.

A força da razoabilidade da fé religiosa há-de mostrar-se em dois momentos fundamentais. Em primeiro lugar, a experiência do mal é a experiência do escândalo, isto é, do que não deve ser, portanto, experiência tão radical de contraste que Tomás de Aquino ousou escrever: *si malum est, Deus est* (se o mal existe, Deus existe)[68]. Depois, num conflito de justificação dos vários tipos de fé, pois, como ficou dito, também o ateísmo se apoia numa fé, a fé religiosa cristã mostrará a sua plausibilidade precisamente no quadro de um mundo em processo: não sabemos o que se esconde no núcleo da matéria e, portanto, não conhecemos ainda nem as possibilidades da matéria nem as do Criador. Num mundo fixista, um Deus que deixasse, por exemplo, as pessoas morrer, para depois as ressuscitar, não ficaria imune à acusação de perversidade. Mas o mundo está ainda a caminho, não seria concebível um ser humano que aparecesse no mundo já adulto, a dor está

---

[68] *Summa contra Gentiles*, III, 71: "Per haec autem excluditur quorundam error qui, propter hoc quod mala in mundo evenire videbant, dicebant Deum non esse: sicut Boetius, in I *De cons.*, introducit quendam philosophum quaerentem: *Si Deus est, unde malum?* Esset autem e contrario arguendum: *Si malum est, Deus est*. Non enim esset malum sublato ordine boni, cuius privatio est malum. Hic autem ordo non esset, si Deus non esset". (E com isto rejeita-se o erro de alguns que, ao ver suceder-se os males no mundo, negavam a existência de Deus. Assim, Boécio, no livro I de *A consolação da Filosofia*, cita certo filósofo que perguntava: *Se Deus existe, donde vem o mal?* Mas deveria argumentar-se ao contrário: S*e o mal existe, Deus existe*, pois o mal não se daria se desaparecesse a ordem do bem, cuja privação é o mal; e essa ordem não se daria, se Deus não existisse).

vinculada ao fazer-se em autonomia, a realidade verdadeira lê-se no seu todo a partir do fim, que precisamente ainda se não realizou.

Uma teodiceia, no sentido de uma justificação adequada de Deus pela razão, portanto, dentro de um sistema que enquadrasse racionalmente Deus, o mundo, o homem e o mal, é não só impossível[69] como implica ateísmo (G. Marcel). Mas o objectivo de uma pisteodiceia não é tanto justificar Deus como mostrar que há boas razões para entregar-se confiada e radicalmente ao Mistério último da realidade, a que chamamos Deus. Face à crueldade hedionda e à mesquinhez bárbara e reles dos humanos e à massa incrível da história do sofrimento, sobretudo dos inocentes, para muitos está decidido: Não há Deus! Mas, aqui, recomeçam as perguntas: Donde vem a nossa indignação? Qual é a fonte da nossa revolta, da nossa rebelião? Porque é que não nos resignamos? Precisamente nestas perguntas, pressente o crente Deus presente. Nomeadamente a escatologia cristã implica que a última palavra sobre o mundo e a história ainda não foi dita, pois "todos os atributos divinos têm também uma referência temporal escatológica". Esta referência temporal dos predicados ontológicos de Deus, incluindo a afirmação "Deus é amor", "obriga a teologia a falar também do poder criador de Deus na figura da teologia negativa",

---

[69] Juan Antonio Estrada, *La imposible teodicea*, cit.

pois a criação não pertence simplesmente ao passado, mas ao futuro[70].

Revelação. As dificuldades culminam no conceito de revelação. Ainda recentemente, o filósofo Fernando Savater, se lhe opunha, apoiando-se fundamentalmente em dois argumentos. O primeiro assenta na impossibilidade de verificação, pois a verdade revelada, quer seja "porque no-la descubram alguns mestres sobre-humanos (deuses, anciãos inspirados, etc.), porque nos é manifestada nalguma forma privilegiada de *visão* ou porque seja apenas alcançável através de intuições não racionais, sentimentos, paixões, etc.", é "irrefutável, porque qualquer tentativa de a questionar manifesta exactamente que o incrédulo não tem a iluminação necessária para desfrutar dela, quer seja pela sua impiedade perante os Mestres apropriados ou pelo embotamento das emoções necessárias para a intuir". Por outro lado, o acesso à verdade revelada seria um "*privilégio* de alguns", ficando os outros na situação de só mediante a obediência intelectual a estes iniciados poderem participar nela. De qualquer modo, estão impedidos de repetir por si mesmos o caminho do conhecimento. "A Verdade assim alcançada deve ser aceite em bloco, inquestionada, não submetida ao processo de dúvidas e objecções que são fruto do exercício racional"[71].

---

[70] Johann Baptist Metz, in: Ekkehard Schuster/Reinhold Boschert-Kimmig, *Mit Johann Baptist Metz und Elie Wiesel im Gespräch, Trotzdem hoffen*, Mainz, 1993, p. 53.
[71] Fernando Savater, *As perguntas da vida. Uma iniciação à reflexão filosófica*, Lisboa, 1999, pp. 62-63.

Aliás, referindo-se a uma revelação arbitrária, sem articulação intrínseca com a experiência humana, já Kant tinha notado que seria indiferente que as pessoas da Trindade fossem três ou dez: "Que na divindade tenhamos de adorar três ou dez pessoas, tomá-lo-á à letra com igual ligeireza o aprendiz, porque não tem qualquer conceito de um Deus em várias pessoas (hipóstases), e, mais ainda, porque desta diferença não pode tirar regras para mudar a sua vida"[72].

Se a revelação se referisse a verdades misteriosas "caídas do céu" que escapam a qualquer compreensão racional e que teríamos de aceitar por pura sujeição religiosa, apenas porque o autor inspirado diz que Deus lhe disse, portanto, se se tratasse de uma revelação com origem numa autoridade exterior, sem ligação intrínseca às perguntas, aspirações e dinamismos humanos, ter-se-ia de reconhecer que se estava perante algo arbitrário, já que não havia qualquer possibilidade de verificar a sua verdade: essa autoridade podia revelar fosse o que fosse e exigir submissão intelectual. Mas é claro que não só esta obediência contradiz a autonomia e a dignidade humanas como, com o tempo, essa revelação seria abandonada, por causa da sua total irrelevância. Ao contrário, uma concepção que, de acordo com os dados hoje aceites por todos da crítica bíblica, "compreende que, do mesmo modo que Deus actua no mundo através das leis físicas, também o faz na revelação através do psiquismo humano,

---

[72] Immanuel Kant, *Der Streit der Fakultäten*, p. 304.

muda a perspectiva"[73]. Isto também significa que a revelação não pode desvincular-se da história, pois a historicidade pertence à constituição do real, e, portanto, também da verdade, o tempo é o modo como o ser (finito) se realiza.

Levanta-se, porém, a pergunta, que foi a crítica feita ao modernismo: não há aqui o perigo de espelhismo, de uma concepção de revelação enquanto mera projecção humana?

É necessário sublinhar que "a experiência religiosa é sempre consciente de que, se descobre, é porque alguém estava *já* a tentar manifestar-se-lhe e de que – finalmente! – ela 'dá-se conta'. Sabe que sempre é Deus quem, em última instância, toma a iniciativa"[74]. Há uma só realidade, comum a crentes e não crentes. Mas, para o crente, a realidade, na sua ambiguidade, não se esgota na imediatidade empírica, e essa sua convicção não provém do simples desejo ou da sua projecção nem do facto de ser crente; pelo contrário, é crente, porque a realidade mesma, através de algumas características constitutivas, como a contingência radical, a morte e o protesto contra ela na esperança, a exigência de sentido último, lhe aparece como mais compreensível e razoável, incluindo uma Presença divina como seu Fundamento e Sentido final. É-se crente ou ateu, porque a fé ou a descrença aparecem

---

[73] Andrés Torres Queiruga, *Creer*, p. 33.
[74] Id., "Qué significa afirmar que Dios habla? Hacia un concepto actual de Revelación", in: *Sal Terrae* 82/5, 1994, p. 341.

a um e a outro, respectivamente, como o modo melhor de interpretar o mundo comum e ambíguo.

Aí está a razão por que todas as religiões se consideram a si mesmas reveladas. Então, quando se fala em revelação, não se trata de um milagre mediante o qual Deus "ditaria" verdades ocultas e sobre-naturais a certas pessoas, privilegiando umas e discriminando outras. Pelo contrário, "trata-se sempre de uma actividade espiritual humana, às vezes espontânea, por vezes após um largo esforço reflexivo ou à custa de crises tremendas. E é *nessa actividade*, não num 'ditado' milagroso, que Deus consegue fazer sentir a sua presença e dar-nos a entender a sua salvação"[75]. Qual é então – pergunta-se – o lugar e o papel dos profetas, dos hagiógrafos, dos fundadores das religiões? A resposta é: eles são aqueles que captam e dão voz ao que Deus desde sempre quer manifestar a todos. Eles descobrem algo, mas esse algo é precisamente o que diz respeito a todos e cada um: só "*por isso* os outros podem reconhecê-lo e aceitá-lo", apropriando-se. Os crentes não aderem pura e simplesmente porque lhes é dito que se trata da "palavra" de Deus. Se acreditam, "é porque *se reconhecem* no que ouvem; não o tinham advertido, mas, agora que o ouvem, caem na conta *eles mesmos* (ou não se reconhecem, e então não fazem caso ou dão uma interpretação diferente do que está a acontecer)"[76]. Só podem acreditar com fé pessoal e viva, se eles próprios podem

---

[75] Id., *a. c.*, p. 344.
[76] Id., *a. c.*, p. 345.

verificar neles, na sua vida, o que lhes é anunciado, portanto, se a palavra reveladora os revela a si mesmos na radicalidade da sua relação consigo, com o mundo, com os outros e com Deus. Vale aqui o princípio: *tua res agitur* (é de ti que se trata): nesta palavra de revelação, a minha vida, a nossa vida, a história da humanidade e do mundo surgem a uma luz nova, sendo postas a descoberto na sua realidade última e no seu sentido radical e final. Esta concepção da *"revelação como maiêutica histórica"* tem o seu campo privilegiado de aplicação na cristologia: só é possível aderir pessoalmente e não extrinsecamente a Cristo, se nele *"reconhecemos o que de alguma maneira, realíssima e ontológica, buscávamos e pressentíamos"*. Também Jesus "não revela algo de estranho ou externo, mas faz de 'parteira', ajudando-nos a dar à luz o que estava a tratar de nascer em nós; (ajudando-nos) a cair na conta do que Deus, com a graça e a força do seu Espírito, 'se esforçava' por dizer-nos desde sempre"[77].

A experiência de Deus não se dá ao lado da experiência de si e do mundo, pois entrecruzam-se. Assim, toda a afirmação teológica tem de estar referida à experiência humana, de tal modo que, ao esclarecê-la e iluminá-la, a abre a uma nova experiência mais vasta, profunda e radical[78].

---

[77] Id., *Confesar hoy a Jesús como el Cristo*, Madrid, 1995, pp. 37-38. No sentido de aprofundar esta penetrante concepção de revelação transcendental e como maiêutica histórica, Id., *La Revelación de Dios en la realización del hombre*, Madrid ,1987.

[78] Hubertus Halbfas, *Das dritte Auge. Religionsdidaktische Anstösse*, Düsseldorf, 1995[6], pp. 155-156.

Isto também significa que, por paradoxal que pareça, "nem as igrejas nem as religiões nem o sagrado", tal como nos habituámos a configurá-los historicamente, têm "o monopólio da relação com a realidade última a que se referem e que na família das religiões teístas chamamos 'Deus'". Com esta afirmação, não se quer de maneira alguma fazer dizer "Deus" a quem o nega e se confessa ateu. Apenas se julga constatar que "o exercício pleno do humano que todos perseguimos comporta, inclusivamente para muitos que ignoram ou recusam o que determinados crentes chamamos 'Deus', a presença, a aceitação e o exercício de alguma forma de Transcendência", e que esse facto permite um diálogo entre crentes e não crentes, no qual "todos somos convidados a dizer os nomes, a exprimir as figuras da realidade insinuadas nesses movimentos de transcendimento" – que, em última instância, sempre remetem para a ultimidade e o que vale por si mesmo –, com a consciência de que desse diálogo todos saímos mais enriquecidos, caminhando para uma realização mais adequada do *Humanum*[79]. Deste diálogo fazem também parte os ateus, não os ateus vulgares, mas os ateus que sabem o que isso quer dizer, precisamente porque são eles que constantemente podem colocar, têm colocado e colocam os crentes de sobreaviso quanto ao perigo da superstição, da idolatria e da desumanidade,

---

[79] Juan Martín Velasco, "Dios en el universo religioso", in: Juan Martín Velasco, Fernando Savater, José Gómez Caffarena, *Interrogante: Dios*, Santander, Madrid, 1996, pp. 42-43.

que as religiões históricas muitas vezes transportaram e transportam consigo. Quando se pensa na coragem heróica necessária para, em tempos de hegemonia religiosa confessional e sabendo que se corria o risco da prisão, da morte no cadafalso e da "certeza" do inferno, ousar, em nome da dignidade humana, do respeito para com Deus, das exigências mínimas da razão, lutar contra a superstição e contra o ridículo clerical-eclesiástico, surge-nos do mais íntimo e fundo de nós o sentimento de veneração e de reconhecimento de "santidade" em relação a muitos daqueles que, a maior parte das vezes em sentido pejorativo, ficaram na história como críticos da religião e até ateus. Esses não são santos de nenhuma Igreja, mas "santos" da Humanidade.

A renovação do conceito de revelação arrasta consigo inevitavelmente a reconfiguração do chamado diálogo da(s) Igreja(s) com o mundo. Formamos todos – crentes das várias confissões religiosas e não crentes – uma só humanidade, o que significa que a Igreja – refiram-se nomeadamente as Igrejas cristãs – não é uma grandeza exterior ao mundo e à humanidade. A Igreja é formada por homens e mulheres iguais a todos os homens e mulheres, acontecendo apenas que se refere a Deus, ao homem e ao mundo de uma certa maneira (no caso das Igrejas cristãs, a partir da fé em Jesus Cristo). Assim, com todos os homens e mulheres, está interessada nas questões *de* humanidade e *da* humanidade, e esse interesse manifesta-se também no debate com todos sobre essas questões. Desse debate ela própria sai enriquecida, pois pode aprender, por exemplo, também a urgência de maior humanização nas suas estruturas. O facto de historicamente a democracia e os direitos humanos, cujas bases são bíblicas, terem tido de impor-se frequentemente contra a Igreja institucional dá efectivamente que pensar. É conhecida a afirmação célebre de Alfred Loisy, em *O Evangelho e a Igreja* (1902), talvez a obra de teologia que mais polémica levantou no século XX: "Jesus anunciou o Reino, e o que veio foi a Igreja"[80]. Deste modo, o famoso teólogo modernista católico exprimia, por um lado, uma certa decepção, pois a Igreja não se identifica com o Reino de Deus, por outro, queria dizer que a Igreja é *uma* forma histórica do Reino de Deus que vem, e está ao seu serviço. Jesus, que viveu no horizonte da apocalíptica e, portanto, na expectativa da irrupção iminente do Reino de Deus, não fundou uma Igreja nem, muito menos, pensou em dar-lhe uma determinada constituição[81]. Jesus é o fundamento da Igreja, mas não propriamente o seu fundador. Assim, tendo sido a Igreja que deu a si mesma a presente organização constitucional, também pode modificá-la, e deverá fazê-lo num sentido democratizante. A quem argumentar que "a Igreja não é uma democracia", pois isso significaria politizá-la, deverá responder-se que Jesus queria ainda mais do que uma democracia, pois o que estava no seu horizonte era uma "filadélfia". Também na Igreja deve valer o que se tornou claro para a

---

[80] A. Loisy, *Il Vangelo e la Chiesa*, Roma, 1975, p. 141.
[81] Herbert Haag, *Worauf es ankommt. Wollte Jesus eine Zwei-Stände-Kirche?*, Friburgo/Br., Basileia, Viena, 1997, pp. 113-114.

sociedade em geral: toda a autoridade vem de Deus, mas através do povo, "o melhor modo de transmiti-la e regulá-la é através da comunidade"[82].

---

[82] Andrés Torres Queiruga, *Creer de otra manera*, p. 36. No dia 12 de Março de 2000, na Basílica de São Pedro, o Papa João Paulo II, numa atitude que muitos consideraram histórica e sem precedentes, pediu, no sentido da "purificação da memória" (Bula *Incarnationis mysterium*, 11), perdão pelos erros, violências e pecados cometidos pela Igreja católica, nomeadamente durante o segundo milénio do cristianismo. Aliás, o Papa já se tinha referido por várias vezes e em diversos lugares a diferentes temas merecedores da penitência católica, como: cruzadas, islão, divisão entre Igrejas cristãs, mulheres, judeus, Inquisição, Galileu, guerras religiosas, Hus, Lutero, Calvino, Zuínglio, tráfico de negros, povos indígenas, racismo, violência na propagação da fé, injustiças, ateísmo contemporâneo: Luigi Accatoli, *Quando o Papa pede perdão*, Lisboa, 1998.

Acrescente-se, porém, que não basta pedir perdão pelo passado, pois também há os males do presente, e o perdão exige propósito de emenda. Assim, impõe-se a reconciliação com bispos e teólogos penalizados, o respeito pelos direitos humanos também no interior da Igreja, o reconhecimento da igualdade das mulheres, o colocar no centro das preocupações as reais aspirações da humanidade pelo sentido da vida e não as fórmulas dogmáticas ou o direito canónico, o anúncio do Deus que liberta e que não oprime, a compreensão para com os católicos divorciados e que voltaram a casar, a reconsideração do celibato, que, enquanto lei, é contra o Evangelho e a natureza humana, bem como da confissão, que, em vez de ser o espaço do perdão misericordioso de Deus, tem sido, muitas vezes, na sua prática, o lugar da violência inquisitorial do mais íntimo das pessoas, com o risco de violação dos direitos humanos...

Por outro lado, como faz notar justamente Hans Küng, *La Iglesia Católica*, Barcelona, 2002, pp. 17-18, o pedido de perdão não reconheceu "os representantes oficiais da Igreja" como responsáveis por "desenvol-

Mística e ética

"Não acredito em Deus porque nunca o vi". "Pensar em Deus é desobedecer a Deus,/Porque Deus quis que o não conhecêssemos/Por isso se nos não mostrou..."[83].

Se não houvesse nenhuma experiência de Deus, se ele se não mostrasse, se não se desse nenhuma possibilidade de encontrá-lo, como é que alguém poderia acreditar nele? Ao homem religioso Deus manifesta-se tanto na natureza (na medida em que, por exemplo, descobre que o mundo, na sua contingência e ao mesmo tempo na sua beleza, no seu fascínio e nos seus enigmas, remete para uma fonte criadora) como na história, concretamente na história da liberdade e nos seus dinamismos: no apelo ao bem e ao respeito incondicional pela dignidade humana em si mesmo e nos outros homens e nesse impulso impa-

---

vimentos não orgânicos, anómalos e completamente absurdos e falsos" nem concretamente os papas como "totalmente culpados" por "períodos terríveis". Hans Küng acrescenta que ao mesmo tempo que Roma pediu "perdão", "a administração da Igreja de hoje continua a fazer ainda mais vítimas. Raramente se encontra outra das grandes instituições da nossa era democrática que trate com tanto desdém os críticos e os que defendem outros pontos de vista dentro das suas fileiras, ou que discrimine tanto as mulheres: proibindo os anticonceptivos, o casamento dos padres ou a ordenação das mulheres. Nenhuma polariza a sociedade e a política mundial com tão alto grau de rigidez nas suas posições sobre os temas do aborto, da homossexualidade e da eutanásia; posições sempre investidas de uma aura de infalibilidade, como se se tratasse da própria vontade de Deus"

[83] Fernando Pessoa, in: *Obras Completas de Fernando Pessoa. Poemas de Alberto Caeiro*, Lisboa, 1979[7], pp. 28-29.

rável de transcendência em ordem à realização pessoal e colectiva e da realidade toda, que só no próprio Infinito pode encontrar a sua satisfação adequada. Não somos senhores do sentido último, porque não dominamos nem o princípio nem o fim. Há um "paradoxo final" que define a nossa humanidade: "há sempre, haverá sempre, um sentido em que não sabemos o que é aquilo de que fazemos a experiência e de que falamos, quando fazemos a experiência e falamos daquilo que é. Há um sentido em que nenhum discurso humano, por mais analítico que seja, pode fixar um sentido final ao sentido"[84]. Quando reflectimos sobre nós próprios como "estrutura emergente" na história gigantesca da evolução, olhando para trás, desembocamos no abismo sem fundo do mistério do começo, que se exprime na pergunta: Porquê o Big Bang e não antes nada?, que é outra expressão da pergunta formulada por Leibniz, Schelling e Heidegger: Porque é que há algo e não nada?, "Porque é que há sendo em geral em vez de nada?"[85] Olhando para a frente, segundo o dinamismo ilimitado de ultrapassar sempre o alcançado, a presença da origem criadora e impulsionadora do processo pode desvelar-se-nos na antecipação e promessa de uma plenitude. Trata-se, pois, de uma "origem viva" que, dinamizando o processo, nos chama e espera "desde

---

[84] George Steiner, *Presenças reais. As artes do sentido*, Lisboa, 1993, p. 191.
[85] M. Heidegger, *Was ist Metaphysik?*, Frankfurt/M., 1969[10], p. 42.

o futuro"[86]. O mistério dessa origem radical que é simultaneamente força viva de atracção consumadora revela a marca da sua presença em nós no núcleo inobjectivável de nós mesmos, sempre inacessível: sou mistério para mim próprio, pois, por mais que objective de mim, há sempre um reduto último – parte da subjectividade – que resiste à objectivação, não havendo nunca coincidência entre o eu objectivo e o eu subjectivo. Vejo-me, sem ver-me adequadamente, de tal maneira que, na medida em que procuro mergulhar até à ultimidade de mim, é como se desaparecesse precisamente no Nada. O que se passa é comparável ao que acontece com o olho: no lugar de origem da retina, isto é, no lugar de entrada do nervo óptico, a retina tem o seu "ponto cego". Há aqui aquela experiência, que os Vedas, livros sagrados dos Hindus, traduziram nestes termos: "o que vê não pode ser visto; o que ouve não pode ser ouvido; e o que pensa não pode ser pensado"[87].

Esta reflexão remete-nos para a estrutura do conhecimento, que implica, por sua própria natureza, a cisão sujeito-objecto. Dada esta cisão, a realidade na sua ultimidade escapa-se-nos inevitavelmente para sempre, pois o todo (*das Ganze*), que se manifesta como sujeito e objecto, não pode ser nem sujeito nem objecto, que se dão sempre na correlação. "Só pode ser o que abarca sujeito

---

[86] Andrés Torres Queiruga, *El problema de Dios en la modernidad*, Estella-Navarra, 1998, pp. 318-321.
[87] Viktor Frankl, *Der unbewusste Gott*, Munique, 1988[7], p. 24.

e objecto"[88]. Por isso, não podemos representar-nos adequadamente o seu conteúdo, já que essa representação só nos seria dada outra vez na cisão sujeito-objecto. "Ele é a unidade irrepresentável da realidade, que no nosso conhecimento só na forma de sujeitos e objectos se abre e mostra"[89]. O Mistério, que é o omni-abarcante, "o Englobante" (*das Umgreifende*), como lhe chamou Karl Jaspers[90], revela-se no mundo, penetra-o, envolve-o e transcende-o ao mesmo tempo. É a esse Mistério que a tradição chama Deus, que não é um ente ao lado dos outros entes nem é um Super-ente, não é uma Super-coisa nem um Super-objecto. É o Mistério insondável, que não pode ser objecto de conhecimento humano, pois transcende tudo quanto dele se possa pensar ou dizer. Se fosse objecto do conhecimento, então o homem seria superior a ele, pois dominava-o. Por isso, Mestre Eckhart dizia: "peço a Deus que me liberte de Deus"[91], isto é, de todas as imagens e representações de Deus, pois Deus é o Mistério "inominável, já que dele ninguém pode conhecer ou dizer algo". Previne: Todas aquelas imagens e representações são enganadoras. Por isso, deves libertar-te até do teu Deus pensado, de todos os teus pensamentos e

---

[88] Hanns Cornelissen, *Der Faktor Gott. Ernstfall oder Unfall des Denkens?* Friburgo/Br., Basileia, Viena ,1999², p. 54.

[89] Id., *o. c.*, p. 54.

[90] Karl Jaspers, *Was ist Philosophie? Ein Lesebuch*, Munique, Zurique, 1996, pp. 45-52.

[91] Meister Eckhart, *Deutsche Predigten und Traktate*, hrsg. von Josef Quint, Zurique, 1979, p. 308.

representações sobre Deus ainda tão insuficientes, como: Deus é bom, é sábio. A razão é que todas essas afirmações implicariam a superioridade do homem sobre Deus: ao afirmar que Deus é bom ou sábio, "eu sou *melhor* do que Deus", "eu sou mais sábio do que ele"[92]. "Designar Deus como um ser é tão sem sentido como pretender que o Sol é pálido ou escuro"[93]. Não se nega o ser a Deus, mas ele está para lá do ser e do nada[94]. Em tudo o que pensamos ou dizemos sobre Deus, somos mais do que ele. Por isso, um mestre afirmava: "se eu tivesse um Deus que pudesse captar, nunca o reconheceria como Deus"[95].

Deus é simultaneamente a Plenitude e, por isso, "uma negação da negação: ele é Um e nega tudo o mais, pois nada é fora de Deus"[96], e o Nada: "se ele não é nem bondade nem ser nem verdade nem um, o que é então? Ele é absolutamente nada, ele não é isto nem aquilo"[97]. Por sua vez, o homem só se encontra na verdade de si mesmo, quando entra na pobreza espiritual total, isto é, quando nada deseja, nada sabe, nada tem, até ao ponto de não querer sequer querer cumprir a vontade de Deus ou saber que Deus age nele: "enquanto tiverdes a *vontade* de cum-

---

[92] Id., *o. c.*, p. 353.
[93] Id., *o. c.*, p. 196.
[94] Id., *o. c.*, p. 353: "Er ist (vielmehr) ein überseiendes Sein und eine überseiende Nichtigkeit!".
[95] Id., *o. c.*, p. 353.
[96] Id., *o. c.*, p. 253.
[97] Mestre Eckhart, cit. in: H. HALBFAS, *Religionsunterricht in Sekundarschulen*, p. 313.

prir a vontade de Deus e ânsia da eternidade e de Deus, não sois autenticamente pobres"[98]. Deste modo, supera-se a estrutura sujeito-objecto. Quando Deus perde todos os conceitos, representações e nomes, "então desaparece toda a objectividade", isto é, toda a posição frente a si de algo enquanto algo. Simultaneamante desaparece "toda a subjectividade", no sentido de uma existência humana apoiada em si mesma[99]. O que então se manifesta é o Nada. Mas, como escreve Mestre Eckhart, "os que são iguais ao nada, são iguais a Deus"[100], afirmação célebre que Bernhard Welte explica nestes termos: "Quando Deus perde todos os nomes e se torna igual ao Nada, também o homem perde todo o apoio em si mesmo, todas as qualidades, esquece-se e entrega-se à Infinitude inominada, torna-se desse modo igual ao Nada e precisamente assim igual a Deus." Surge, pois, algo de totalmente novo, "para lá ou aquém da objectividade e da subjectividade" e da sua contraposição[101]. De facto, como ficou dito, Deus transcende o conceito de conhecimento baseado na estrutura e cisão de sujeito-objecto, de tal modo que Eckhart dirá que "Deus permanece em si mesmo desconhecido"[102], portanto, não desconhecido apenas para o homem, mas nele mesmo. Evidentemente, este desconhe-

---

[98] Meister Eckhart, *o. c.*, p. 304.
[99] Bernhard Welte, *Meister Eckhart. Gedanken zu seinen Gedanken*, Friburgo/Br., Basileia, Viena, 1992, p. 90.
[100] Cit. in: B. Welte, *o. c.*, p. 90.
[101] B. Welte, *o. c.*, p. 90.
[102] Cit. in: B. Welte, *o. c.*, p. 92.

cimento não pode de modo nenhum significar o nada vazio e morto, mas precisamente a plenitude toda da presença indivisa: também nele mesmo Deus é, em última análise, "luz indivisa", "para lá ou aquém de toda a separação e cisão em sujeito e objecto"[103].

Frequentemente, confunde-se a mística com fenómenos raros, como visões e êxtases, havendo até o perigo de associá-la ao esoterismo. Mas, no sentido autêntico do termo, místico é aquele que faz uma experiência de contacto pessoal com a Transcendência, uma experiência intensiva, como concluiu, por exemplo, Juan Martín Velasco, após um estudo amplo e sério sobre o fenómeno, na obra já citada: *El fenómeno místico*. A mística refere-se àquele tipo de fenómenos que deriva de uma relação experiencial com uma Presença, que ao mesmo tempo que se impõe é, paradoxalmente, Presença do Mistério[104]. Por um lado, essa "Presença" é "Presença no sentido mais forte e rigoroso do termo"[105]; por outro, trata-se de uma "Presença dante, originante", não objectivista ou "acrescentada" à realidade[106]. Tem duas característi-

---

[103] B. Welte, *o. c.*, p. 92.
[104] A mística consiste na experiência do "encontro interior, unitivo do homem com o Infinito divino, que é o seu fundamento e que a tudo dá fundamento; na mística cristã, no judaísmo e no islão, esse encontro é com o Deus pessoal": Karl Rahner, Herbert Vorgrimler, "Mystik", in: Id., *Kleines Theologisches Wörterbuch*, Friburgo/Br., Basileia, Viena, 1988[16], p. 289.
[105] J. Martín Velasco, *El fenómeno místico*, p. 272.
[106] Id., *o. c.*, p. 437.

cas que se interpenetram indissociavelmente: a transcendência absoluta em relação ao mundo e ao homem e a mais radical imanência no fundo, na raiz e no centro do real. O seu paradoxo manifesta-se ainda no facto de ser uma experiência imediata-mediada, certa, mas obscura. O fenómeno místico apoia-se na experiência, mas precisamente assim: na experiência do Mistério, portanto, do que está para lá do mundo na sua visibilidade empírica, do que não pode ser objecto do conhecimento objectivante, do que o desejo não pode possuir, do que é indominável pelo sentimento, e, "no entanto, e, por isso mesmo, mais próximo ao homem do que a sua própria intimidade, sempre presente na sua vida e que só 'espera' que o homem lhe dê lugar pelo desprendimento de tudo e de si mesmo para fazer-se-lhe presente, precisamente como o incompreensível e, por isso, inconfundível com qualquer outra realidade mundana"[107].

Foi Karl Rahner que, reportando-se à espiritualidade cristã do futuro, escreveu que o cristão (mais propriamente, *der Fromme*, o homem piedoso, religioso) de amanhã será um "místico", uma pessoa que "experienciou" algo, ou não poderá continuar a ser religioso[108]. O célebre teólogo queria sublinhar que, num tempo de secularização crescente e individualismo, em que serão cada vez

---

[107] Id., *o. c.*, p. 481.
[108] K. Rahner, "Elemente der Spiritualität in der Kirche der Zukunft", in: Id., *Schriften zur Theologie XIV*, Einsiedeln, 1980, p. 375. Cit. in: J. Martín Velasco, *Metamorfosis de lo sagrado y futuro del cristianismo*, Santander, 1998, p. 36.

maiores as dificuldades na socialização da fé, esta tinha de assentar cada vez mais numa experiência pessoal. Por outro lado, o fenómeno místico não se confina às tradições religiosas. Definindo-a como a união do "fundo da alma" (Mestre Eckhart) com o todo, o universo, o absoluto, o divino, Deus ou o Espírito, a realidade última, Juan Martín Velasco quer mostrar que a mística faz parte de todas as religiões, aparecendo inclusivamente como a radicalização intensiva da atitude religiosa que caracteriza cada uma delas, mas que as suas formas são múltiplas: para lá das místicas religiosas (monistas e teístas), há as místicas profanas, sem excluir a mística ateia[109]. Há não poucas experiências de mística profana ou formas de experiências-cume: a união com e no Todo, para lá do universo físico-empírico, em que "este todo pode 'qualificar-se' sob a forma da Unidade do real, da Beleza, do Bem ou do Ser no qual tudo coincide e que todas as coisas reflectem e transparentam". São exemplos disso algumas formas de "misticismo filosófico", como a filosofia platónica, Plotino, o último Schelling e, "provavelmente", também o último Heidegger[110]. Precisamente Heidegger

---

[109] "A essência da religião não é a moral nem a doutrina nem o culto, mas a ânsia e a busca de Deus, que culmina na mística nas suas diversas formas. A mística é a experiência mais genuína da busca de sentido, agudizada hoje pela crise da metafísica e da própria religião": Juan Antonio Estrada, "La atracción del creyente por la increencia", in: Javier Muguerza/Juan Antonio Estrada, *Creencia e increencia: un debate en la frontera*, Santander, Madrid, 2000, p. 55.

[110] J. Martín Velasco, *El fenómeno místico*, p. 387.

sublinhou que a pergunta é "a piedade do pensamento". Neste sentido, na experiência religiosa, o fundamental não é a experiência de carência, mas a de se ser constitutivamente habitado por "um para lá de si mesmo que se torna presente na pergunta, na ausência padecida e no desejo"[111]. Sem ignorar de modo nenhum as suas diferenças, pode afirmar-se que há todo um movimento de transcendimento na filosofia e na arte, que lembra a sua proximidade da religião: "(...) o imperativo da interrogação que é o núcleo da humanidade torna-nos vizinhos imediatos do transcendente. A poesia, a arte e a música são os meios portadores desta vizinhança"[112]. Nomeadamente a música é inseparável do sentimento religioso, porque ela transcende o dizível e o analisável: "Os sentidos do sentido da música são transcendentes. Ela foi durante muito tempo, continua a ser hoje, a teologia não escrita dos que não têm ou recusam qualquer crença formal"[113]. Sobre o real irredutível à visibilidade empírica escreveu Jean Claude Bologne, que pensa que "o misticismo é por essência ateu": "No princípio, as trevas reinavam sem divisão no profundo do meu ser. (...) Mas de repente existiu a luz, e o seu nome foi Poesia. De repente irrompeu a luz, e o seu nome foi Música. Em breve chamou-se Amor, Arte, Mundo"[114].

---

[111] Id., "Dios en el universo religioso", p. 46, nota.
[112] George Steiner, *o. c.*, p. 192.
[113] Id., *o. c.*, p. 194.
[114] Jean Claude Bologne, *Le Mysticisme athée*, Monaco, 1995, p. 49. 15.

Mas uma mística ateia ainda é realmente *ateia*? Perante a confissão de ateísmo, a primeira pergunta tem necessariamente a ver com o Deus em relação ao qual se afirma o ateísmo. De facto, por exemplo, perante um Deus--Objecto, que pudesse ser dominado em fórmulas dogmáticas, só se pode ser ateu, pois é necessário recusar os ídolos. É bem possível que o pensamento ocidental, em todo o seu esforço de demonstrar racionalmente a existência de Deus e integrá-lo nos seus sistemas de explicação total da realidade, sob a forma da ontoteologia, "tenha constituído a forma mais acabada de idolatria filosófica"[115]. É tremendamente difícil não cair na linguagem objectivante. Veja-se como nem sequer Immanuel Kant, num texto célebre, escapou a esse alçapão: depois de afirmar que Deus enquanto "a incondicionada necessidade, de que precisamos de modo tão imprescindível como último apoio de todas as coisas, constitui o verdadeiro abismo para a razão humana", colocará na boca do mesmo Deus a pergunta vertiginosa, que só é própria do que é contingente: "Não conseguimos libertar-nos deste pensamento, mas também não podemos suportá-lo: que um ser, que nos representamos como o supremo entre todos os possíveis, de certo modo se diga a si mesmo: 'Eu sou de eternidade em eternidade, fora de mim não existe senão o que existe por minha vontade; mas então donde venho eu?' Aqui, tudo se afunda debaixo dos nossos pés"[116].

---

[115] J Martín Velasco, "Dios", p. 31.
[116] I. Kant, *Kritik der reinen Vernunft 2*, in: Id.,*Werkausgabe*. Band IV, Frankfurt/M., 1992[12], p. 543.

Neste contexto, podem dar-se "formas autênticas de mística ateia, se 'ateísmo' significa recusa da religião e de uma figura de Deus nela que de Deus não tenha mais do que o nome, como provavelmente pode ocorrer em não poucos casos"[117]: é bem possível que muitos ou até a maior parte dos que se confessam ateus não sejam senão antiteístas, isto é, contra o Deus da ontoteologia. Como também é sabido, os místicos sempre tiveram e têm não poucos conflitos com as religiões oficialmente organizadas, pois já não precisariam de mediações, denunciam os perigos do coisismo, do dogmatismo, do ritualismo e põem em questão uma hierarquia religiosa que frequentemente procede como administradora de Deus, a ponto de E. Troeltsch ter dito que "a Igreja não quis os místicos"[118].

O Deus pessoal

Neste domínio, a pergunta fundamental é, portanto, outra, e tem a ver com a personalidade de Deus: pode ou não atribuir-se a Deus um carácter pessoal? O problema é de enorme complexidade e urgência filosófica, concretamente desde o célebre *Atheismusstreit*, em que Fichte foi acusado de ateísmo precisamente porque punha em ques-

---

[117] J. Martín Velasco, *El fenómeno místico*, p. 273, nota. Sobre a mística ateia, L. Apostel, *Atheistische Spiritualität*, Bruxelas, 1998.
[118] P. Neuner, "Religion, Mystik, Wissenschaft", in: *Stimmen der Zeit* 197 (1978) 281-284. Cit. in: J. Martín Velasco, *El fenómeno místico*, p. 472.

tão a personalidade de Deus, já que o ser pessoa implicaria limitação[119]. Por outro lado, um Deus ao qual o homem religioso não pudesse de algum modo dirigir-se como a um tu pessoal, poderia salvar alguém precisamente enquanto pessoa?, ainda seria um Deus salvador? Um Deus impessoal, reduzido a fundamento último, mas pura e simplesmente imanente ao mundo, à maneira, por exemplo, do "Deus sive Natura", de Espinosa, seria "um Deus supérfluo", sem qualquer importância para o homem[120]. Também ficou dito que Deus está para lá e aquém da subjectividade e da objectividade e que, no limite, o místico termina no silêncio, proibindo falar de Deus, pois Deus é nada de Deus, isto é, de todas as nossas concepções a seu respeito. Mas, por outro lado, é igualmente verdade que aquilo de que nada se pode dizer para nós não existe pura e simplesmente.

De tudo isto resulta que Deus não pode ser conhecido à maneira de objecto: "se compreendes, não é Deus", como viu também Santo Agostinho[121]. Mas, se ele se nos apresenta como o Incomensurável, o Inabarcável, o Inefável, o Insondável, não estamos já a fazer afirmações

---

[119] E. Jüngel, *Dios como misterio del mundo*, Salamanca, 1984, pp. 170-188.

[120] Juan Alfaro, *Dalla questione dell'uomo alla questione di Dio*, Roma, 1985, p. 266.

[121] *Sermo* 117, 5: PL 38, 663. Aliás, o Concílio de Latrão IV (1215) chamou a atenção para o facto de entre o Criador e a criatura, dentro de toda a semelhança, a dissemelhança ser sempre maior: "inter creatorem et creaturam non potest similitudo notari, quin inter eos maior sit dissimilitudo notanda" (*Denzinger* 432).

sobre ele, dizendo que ele é o que está para lá de todo o dizível, 'conhecendo-o', portanto, como o incognoscível? E não poderemos falar dele em símbolos, salvaguardando, portanto, o Mistério, pois o símbolo, pela sua própria natureza, remete sempre para um além, para o que transcende? Na noite do mistério, ergue-se alguma luz para a nossa questão na própria experiência mística, cujo núcleo, como se viu, consiste no contacto vivo com a Transcendência absoluta precisamente na imanência mais radical, implicando, por isso, a experiência de alteridade. Santo Agostinho disse-o, talvez de forma inexcedível: Deus é "intimior intimo meo, superior summo meo"[122] (mais alto que a minha mais elevada altura, mais íntimo que a minha intimidade mais radical). Sem essa alteridade, que é, no dizer dos místicos, "uma outridade transcendente" "na raiz da sua imanência", como poderia dar-se a união mística, o "facto inconcusso da religação"[123]? O que os místicos vivem é na sua radicalidade esse Mistério e Presença enquanto Força originante do real, mas exactamente neste "paradoxo fabuloso": "o mais outro que eu, uma vez que é o que me *faz* ser. Mas é o mais meu, porque o que me faz é precisamente a *minha realidade* sendo, o meu eu sendo real. Esta estranha unidade é o que constitui o paradoxo do fundar"[124]. E porque Deus é o Todo-Uno-Englobante, faz sentido pensar

---

[122] *Conf.* III, 6.
[123] J. Martín Velasco, *Metamorfosis*, p. 38.
[124] Xavier Zubiri, *El hombre y Dios*, Madrid, 1985[3], p. 84.

que tem as qualidades dos seres particulares. Então, se a pessoa é, na medida do nosso conhecimento, o grau mais elevado que a evolução atingiu, a ponto de Tomás de Aquino dizer que a pessoa é "o que é perfeitíssimo em toda a natureza"[125], é razoável pensar que Deus é pessoa. Evidentemente, não pode ser pessoa à maneira da pessoa humana, e desconhecemos o que é ser pessoa infinita, mas, ao mesmo tempo, se fazemos a experiência fundamental entre pessoas humanas de que "a pessoa significa sempre também ser-eu e ser-tu", não admira que Deus venha ao nosso encontro "enquanto Deus pessoal", fazendo de nós um tu[126]. Com razão, alguns dos maiores representantes do chamado "pensamento dialógico" – M. Buber, F. Ebner, F. Rosenzweig, G. Marcel – fizeram notar que no tu humano tocamos a fímbria do Tu eterno[127].

Deste modo adquire também outra luz aquela tensão que concretamente Pascal exprimiu ao referir-se ao Deus de Abraão, de Isaac, de Jacob e de Jesus, não dos filósofos e dos sábios[128], isto é, a tensão entre o Deus vivo e o Deus

---

[125] *S. Th.* I q. 29 a. 3 c.
[126] H. Cornelissen, *o. c.*, p. 244.
[127] Miguel Baptista Pereira, "Filosofia e crise actual de sentido", in: VV., *Tradição e Crise I*, Coimbra, 1986, pp. 81-153.
[128] Trata-se do famoso *Memorial*, em que refere a experiência mística do "ano da graça de 1654", "segunda-feira, 23 de Novembro (...) desde por volta das dez e meia da noite até às doze e meia da noite mais ou menos": "FOGO, Deus de Abraão, Deus de Isaac, Deus de Jacob, nao dos filósofos e dos sábios. Certeza. Certeza. Sentimento. Alegria. Paz. Deus de Jesus Cristo": Pascal, "Le Mémorial", in: Id., *Pensées*

da razão. Aliás, também Heidegger preveniu que ao Deus *Causa sui* "o homem não pode nem rezar nem oferecer sacrifícios. Perante a Causa sui, o homem não pode cair de joelhos nem tocar instrumentos e dançar diante deste Deus"[129]. Do ponto de vista da razão, Deus enquanto o Todo-Uno-Englobante é o Insondável, que permanece sempre desconhecido. Mas, se Deus é pessoa, pode relacionar-se com o homem. "O encontro com Deus só pode ser uma experiência pessoal"[130]. É de tal modo decisiva a experiência que Simone Weil dizia: "De duas pessoas que não fizeram a experiência de Deus, a que o nega está provavelmente mais perto dele do que a que o afirma"[131]. Esta experiência pode acontecer em múltiplas ocasiões e de muitos modos, como já foi referido: na palavra que nos fala em silêncio no mais profundo de nós, na vivência da beleza sem nome de um pôr do sol no horizonte sobre o oceano ou no longe da montanha, naquele súbito saber--se a si próprio como dom recebido a partir de uma fonte que jorra desde o abismo imemorial (*das Unvordenkliche*, de Schelling), no sentido da vida que de repente se vê ameaçado pela morte, na exaltação sublime de uma sinfonia ou do encontro no amor, no olhar abissal, triste ou saltitante,

---

(Texte établi par L. Brunschvicq), Paris, 1976, p. 43. Escreveu-a num pergaminho, levando uma cópia em papel cosida ao forro da sobrecasaca. Foi um criado que a descobriu por casualidade depois da morte.

[129] Martin Heidegger, *Identidad y diferencia. Identität und Differenz*, Barcelona, 1988, pp. 152-153.

[130] H. Cornelissen, *o. c.*, p. 244.

[131] Cit. in: J. Martín Velasco, "Dios", p. 37.

de um ser humano, na solidão insuportável de um abandono, na visita surpreendente de um rosto que nos obriga a um transcendimento total, na recusa existencial radical do absurdo, no apelo suplicante e irrecusável de um esfomeado, no abalo até à raiz provocado pela morte da pessoa amada, no toque irrecusável do ser perguntado e do perguntar sem limites, naquela inquietação que impele permanentemente a pôr-se a caminho, numa experiência única de Jesus Cristo vivo, no acontecimento mais simples, que é "a mística do quotidiano", sempre em conexão com "a pergunta inconstruível"[132]. Há sinais de transcendência no mundo, Deus aparece implicado nas experiências radicais e originárias da existência humana, e todas estas experiências são, em última análise, expressão do reconhecimento de que só no Infinito o finito encontra a sua verdade, como bem viu Hegel, quando escreveu que a filosofia é como a religião, pois também a religião não reconhece a finitude "como um ser verdadeiro, um último, absoluto, ou como um não-posto, não criado, eterno"[133]. De qualquer modo, a experiência religiosa de Deus é "a experiência pessoal mais profunda que um ser humano pode fazer". Ela transforma a vida, de tal modo que já nada é como era. Estritamente falando, sobre esta

---

[132] Ernst Bloch, *Das Prinzip Hoffnung*, Frankfurt/M., 1977[4], p. 343. O teólogo Karl Kahner também referiu frequentemente esta mística do quotidiano.

[133] G. W. F. Hegel, *Wissenschaft der Logik I*, in: Id., *Werke*. Band 5, Frankfurt/M., 1993[3], p. 172.

relação eu-tu entre Deus e o homem, "só pode falar quem a experienciou. Por isso, a religião tem primariamente a ver com a experiência": quem olha de fora é como se estivesse perante o vazio, pois Deus não é objecto de curiosidade objectivante. Mas quando essa luz interior se acende, então o homem pode experienciar que "a sua existência já se não apoia no nada, mas que participa na incomensurabilidade, no insondável e na inesgotabilidade do Ser"[134]. Essa experiência culmina no amor: "e assim serei eu Tu em tua formosura, e serás Tu eu em tua formosura", diz a alma enamorada de Deus[135]. Sobre o amor enquanto consciência da unidade escreveu Hegel, explicitando uma intuição que vinha desde a sua juventude:

---

[134] H. Cornelissen, *o. c.*, p. 245.
[135] S. João da Cruz, *Cântico Espiritual*, canção XXXVI, in: Id., *Obras Completas*, Aveiro s/d, p. 797. Sobre esta experiência dirá que, por mais mistérios e maravilhas que tenham descoberto os santos Doutores e entendido as almas santas, "o melhor fica-lhes por dizer e até por entender" (p. 804). A única relação autêntica do homem com Deus só pode ser a relação do amor. Disso dá testemunho também o sufismo, a grande corrente mística do islão. Cerca de 150 anos após a morte de Maomé, uma mulher sufi atravessou as vielas da cidade de Bassorá, no Iraque, com um facho a arder numa das mãos e um cântaro cheio de água na outra: "Vou fazer o céu em cinzas e apagar o inferno com água. Só então se verá se o homem só adora a Deus por medo do inferno, se apenas quer a recompensa do paraíso, ou se realmente o ama". A mística transporta consigo a urgência de superar a divisão dos homens por causa da religião. Uma das palavras de ordem do sufismo é: "Não há religiões separadas, há um só Deus": B. Kosmala, "Sufismus", in: Klaus Funke (Hrsg.), *Erste Auskunft "Sekten": Okkultismus, Esoterik, Neue Religiosität*, Leipzig, 1995², pp. 173-174.

"Quando se diz 'Deus é o amor', diz-se algo de realmente grande e verdadeiro; mas não teria sentido comprender isto tão simplesmente como simples determinação, sem analisar o que é o amor. Porque o amor é um diferenciar entre dois que, no entanto, não são pura e simplesmente diferentes entre si. O sentimento e a consciência desta identidade é o amor, que consiste neste ser fora de mim: eu não possuo a minha autoconsciência em mim, mas no outro; porém, este outro, o único no qual estou satisfeito e pacificado comigo (...), na medida em que também ele por sua vez está fora de si, não tem a sua autoconsciência senão em mim, e ambos não somos senão esta consciência do seu estar fora e da sua identidade. Esta intuição, este sentimento, este saber da unidade: eis o que é o amor"[136].

Por outro lado, esta tensão entre o Deus vivo e o Deus da razão não significa de modo nenhum oposição, muito menos, contradição. Pelo contrário, deve tornar-se manifesta a compatibilidade entre a fé e razão. A filosofia pode inclusivamente, no quadro da "economia do dom", tentar mostrar que não só não há incompatibilidade entre a soberania absoluta de Deus e a autonomia das criaturas como só a omnipotência divina tem o poder de, precisamente porque é absoluta, fazer ser o outro de si enquanto autónomo e independente. É neste contexto que se passa à transcrição de alguns textos esclarecedores. O primeiro,

---

[136] G. W. F. Hegel, *Vorlesungen über die Philosophie der Religion II*, in: Id., *Werke*. Band 17, Frankfurt/M., 1991², pp. 221-222.

que impressionou o próprio Sartre, pertence ao *Diário* de Kierkegaard: "Mas se verdadeiramente se quer conceber a omnipotência, ver-se-á que comporta justamente a determinação de poder retomar-se a si mesma na sua exteriorização, de modo que, justamente por isso, o criado, graças à omnipotência, pode ser independente. Por isso, um homem não pode fazer completamente livre a outro; aquele que tem o poder está ele mesmo ligado por ele, e por essa razão terá sempre uma relação falsa com aquele a quem quer fazer livre (...). Só a omnipotência pode retomar-se a si mesma enquanto se dá, e esta relação constitui justamente a independência daquele que recebe"[137]. Transcendência divina criadora e liberdade humana enquanto dom implicam-se mutuamente: "Quando sou propriamente eu mesmo, não sou por mim mesmo. Quando sou propriamente eu mesmo, sei que sou dado a mim mesmo como dom. Quanto mais decididamente me torno consciente da minha liberdade, tanto mais decididamente me torno também consciente da

---

[137] S. Kierkegaard, *Diário*, Brescia, 1962, p. 272. A referência de Sartre encontra-se na sua conferência na Unesco em 1966, "El universal singular", in: J.-P. Sartre, M. Heidegger..., *Kierkegaard vivo*, Madrid, 1968, pp. 37-38. Também: "Se alguém quiser reflectir verdadeiramente sobre a omnipotência (divina), verá que é necessário que ela implique ao mesmo tempo o poder de retirar-se, a fim de que a criatura possa ser independente... A bondade consiste em dar sem reserva, mas permanecendo independente e manifestando-se assim todo-poderoso" (*Situations IX*, 176). Para estas citações: Andrés Torres Queiruga, *Recuperar la creación. Por una religión humanizadora*, Santander, 1997, pp. 50-51.

Transcendência. Ser existência coincide com o meu saber acerca da Transcendência como o poder pelo qual eu mesmo sou"[138]. E Walter Kasper resume assim o pensamento de Schelling na sua última etapa, referente exactamente à soberania livre e graciosa de Deus que dá lugar à criação sem absorvê-la, respondendo, portanto à pergunta: "como é que a criação pode ser algo fora de Deus e como pode Deus, apesar disso, continuar a ser o Todo-Uno" (*der All-Eine*): "Deus é tão absoluto e tão livre que pode pôr o outro sem ganhar nada com isso; tão livre que ele pode ser tudo e, no entanto, concede espaço ao outro, sem sê-lo ele mesmo. Precisamente nesta absolutidade e liberdade, só determináveis dialecticamente, mostra-se a autêntica divindade de Deus"[139]. É necesssário, portanto, manter a tensão: o mundo é ao mesmo tempo o outro e a manifestação do não outro que é Deus. Por um lado, Deus e mundo não são adicionáveis, Deus não é conumerável, o mundo nada acrescenta a Deus, de tal modo que Deus e mundo não são mais do que Deus só, e, por outro, o mundo é mundo e o homem é verdadeiramente homem. Como escreve Bernhard Welte, explicando Mestre Eckhart, o mundo "é não só o outro, mas é a manifestação (*das Erscheinen*) do não-outro no outro", e esta dialéctica exprime-se na ideia de que "o mundo é

---

[138] Karl Jaspers, *Von der Wahrheit*, Munique, 1991[4], p. 110. Cit. in: Andrés Torres Queiruga, *o. c.*, p. 51.

[139] W. Kasper, *Das Absolute in der Geschichte. Philosophie und Theologie der Geschichte in der Spätphilosophie Schellings*, Mainz, 1965, p. 237.

essencialmente imagem de Deus"[140]. À luz da criação, o mundo é "distinto, mas incluído em Deus", de tal modo que a realidade das coisas é subtraída às aporias do panteísmo e ao mesmo tempo da sua absolutidade, que leva ao dualismo[141]. Nesta configuração, ajudará também "a intuição cosmoteândrica" ou teoantropocósmica, de Raimon Panikkar[142]. A realidade não é constituída nem por um bloco indiferenciado nem por três blocos ou um mundo de três níveis: a Transcendência, a Consciência, a Matéria. A realidade é constituída por três dimensões entrelaçadas, à maneira da *perichôrêsis* da Trindade cristã, de tal modo que uma não existe sem as outras, pois estão imbricadas "inter-in-dependentemente"[143]. Não há, portanto, fusão nem confusão, e supera-se tanto o panteísmo ou outras formas de monismo como toda a separação dualista entre céu e terra, espírito e matéria, tempo e eternidade, Criador e criatura: "a realidade não é nem una nem múltipla. É harmonia, pluralidade, relação constitutiva entre tudo"[144].

---

[140] B. Welte, *o. c.*, p. 209.
[141] Enrico Corradi, *Le ragioni dell'etica. Oltre la cultura del frammento*, Milão, 1998, p. 24.
[142] Raimon Panikkar, *La intuición cosmoteándrica. Las tres dimensiones de la realidad*, Madrid, 1999.
[143] Id., *o. c.*, p. 16.
[144] Id., *o. c.*, p. 13.

A unidade do amor a Deus e do amor ao próximo

Chegamos mais directa e explicitamente à relação entre ética e mística, portanto, também à conexão entre religião mística e religião profética, que se interpenetram e mutuamente se exigem. Por um lado, é hoje claro que se pode ser moral sem ser crente religioso (mas o que é que isto significa exactamente?). Por outro, a mística sem o compromisso pelos outros, concretizado também no amor político, que inclui o amor cósmico-ecológico, é pura ilusão[145]. Bergson, na sua obra famosa: *Les deux sources de la morale et de la religion*, fez notar que "o misticismo completo" é "o dos grandes místicos cristãos" (Cristo é o supermístico): as visões e os êxtases têm importância secundária, pois "o misticismo completo é acção"[146]. O verdadeiro místico, "através de Deus, por Deus, ama a humanidade inteira com um amor divino"[147]. Aliás, S. João disse-o de modo forte e pregnante: "Aquele que tiver bens deste mundo e vir o seu irmão sofrer necessi-

---

[145] A. Glucksmann, *o. c.*, pp. 34-35, sublinha que, "para surpresa geral", numa sondagem Sofres, *Le Figaro*-Arte, *Le Figaro*, 18 de Dezembro de 1997, o genocídio do Ruanda surgiu como o primeiro argumento contra a existência de Deus. Das pessoas inquiridas, uns 40% vêem nas grandes catástrofes humanitárias dos últimos anos a razão mais importante para o ateísmo ou pelo menos para duvidar da existência de Deus.

[146] Henri Bergson, *Les deux sources de la morale et de la religion*, Paris 1997[7], p. 240.

[147] Id., *o. c.*, p. 247.

dade, mas lhe fechar o seu coração, como estará nele o amor de Deus?"; "Se alguém disser: 'eu amo a Deus, mas odiar a seu irmão, é mentiroso, pois quem não ama a seu irmão, ao qual vê, como ama a Deus, que não vê?"[148] S. Tiago não é menos explícito: "A religião pura e sem mácula diante de Deus nosso Pai, é esta: Visitar os órfãos e as viúvas nas tribulações"; "De que aproveitará, irmãos, a alguém dizer que tem fé se não tiver obras? Acaso essa fé poderá salvá-lo? Se um irmão ou irmã estiverem nus e precisarem de alimento quotidiano, e um de vós lhes disser: Ide em paz, aquecei-vos e saciai-vos, sem lhes dar o que é necessário ao corpo, de que lhes aproveitará? Assim também a fé: Se ela não tiver obras, é morta em si mesma"[149]. O Evangelho, por sua vez, deixa qualquer leitor perplexo. De facto, referindo-se ao Juízo Final, portanto, à revelação definitiva do que é a realidade verdadeira na sua ultimidade, de quem é Deus para o homem e do que e de quem é o homem para Deus, não se pergunta ao homem, em ordem à sua salvação, se praticou actos religiosos de culto. A salvação depende de dar de comer aos famintos, de beber aos que têm sede, de vestir os nus, de visitar os presos e os doentes, de acolher os abandonados. E, sem que o soubessem, os salvos foi ao próprio Cristo que visitaram, que acolheram, que vestiram, que deram de comer e de beber. Propõe-se, pois, como único critério de juízo sobre a história a *humanitarie-*

---

[148] 1 Jo. 3, 17; 4, 20.
[149] Tgo 1, 27; 1, 14-17.

dade, o interesse real pelo ser humano necessitado, na unidade do amor de Deus e do próximo[150]. Daí, o texto famoso de Mestre Eckhart: "Se alguém estivesse num êxtase como S. Paulo e soubesse que um enfermo precisava que lhe levasse um pouco de sopa, eu consideraria muito melhor que por amor abandonasses o êxtase, servindo o necessitado com um amor maior"[151]. Ruysbroek disse algo de semelhante: "Se estás em êxtase e o teu irmão precisa de um remédio, deixa o êxtase e vai levar o remédio ao teu irmão; o Deus que deixas é menos seguro que o Deus que encontras"[152]. Também Buda, depois de ter lavado e tratado de um monge doente e abandonado, disse aos seus monges: "Quem quiser cuidar de mim cuide dos enfermos"[153]. Segundo Teresa de Ávila, Marta e Maria não se compreendem separadas[154]. Mestre Eckhart chega a afirmar de forma provocatória a superioridade de Marta sobre Maria[155], e, na acusação do processo inquisitorial contra ele, encontra-se a seguinte afirmação: "Quem ama mais a Deus do que ao próximo

---

[150] Mt. 25, 31-47.
[151] Meister Eckhart, *o. c.*, p. 67.
[152] Ruysbroek (século XIV), citado in: Andrés Torres Queiruga, *Recuperar la creación*, p. 141.
[153] E. Lamotte, *Histoire du boudhisme indien*, Lovaina, 1958, p. 67.
[154] "Marta e Maria hão-de andar juntas para hospedar o Senhor..." (7 *Moradas* 4, 12). Cit. in: J. Martín Velasco, *El fenómeno místico*, p. 483, nota.
[155] No Sermão 86 sobre o texto "Intravit Jesus in quoddam castellum". Comentário explicativo de B. Welte, *o. c.*, pp. 187-192.

ama-o de maneira boa, mas não perfeita"[156]. João da Cruz tem aquela expressão famosa: "Ao entardecer desta vida examinar-te-ão no amor"[157]. A mística autêntica, embora a palavra provenha de *myein* (fechar os olhos), é aquela que K. Rahner e J. B. Metz chamaram de "mística de olhos abertos": "(A experiência bíblica de Deus) não é uma mística de olhos fechados, mas uma mística de olhos abertos; não é uma percepção relacionada unicamente consigo mesmo, mas uma percepção intensificada da dor alheia"[158]. Na perspectiva cristã, nomeadamente, a fé em Deus não é desvinculável do Reino de Deus, pois Deus não existe sem o seu Reino, e este Reino é o futuro de Deus enquanto "o horizonte mais abrangente de esperança" para o mundo em todos os domínios da vida, incluindo, portanto, a política, a cultura, a economia, a ecologia[159]. Por isso, o amor verdadeiro ao ser humano é virtude teologal, como mostrou Karl Rahner num artigo famoso: "Sobre a unidade do amor a Deus e do amor ao próximo"[160]. Não se ama o homem por amor de Deus, mas por si mesmo. O que se passa é que no mesmo acto com que se ama o homem ama-se a Deus como Criador

---

[156] Cit. in: Christoph Helferich, *Geschichte der Philosophie. Von den Anfängen bis zur Gegenwart und Östliches Denken*, Munique, 1999³, p. 112.

[157] S. João da Cruz, *Ditos de luz e amor*, in: Id., *o. c.*, p. 1015.

[158] Johann Baptist Metz, *El clamor de la tierra*, Estella, 1996, p. 26. Cit. in: J. Martín Velasco, *El fenómeno místico*, p. 461, nota.

[159] Jürgen Moltmann, *Gott im Projekt der modernen Welt. Beiträge zur öffentlichen Relevanz der Theologie*, Gütersloh, 1997, p. 224 e *passim*.

[160] Karl Rahner, *Escritos de Teología VI*, Madrid, 1969, pp. 271-292.

transcendente e amoroso que continuamente o está a criar. Assim, Deus e o meu próximo não fazem "dois" adicionados: "amar o meu próximo significa amá-lo na sua verdade, e esta inclui já Deus; amar a Deus significa amá-lo a ele, mas nele como Criador está já também incluído o próximo"[161]. A ética vinculada à mística é ética ontológica: venera-se todas as criaturas, que formam uma verdadeira comunidade de diferentes radicada na Fonte comum criadora.

A questão volta sempre de novo: Pensando até à raiz, é possível garantir a dignidade humana, sem Deus? Albert Camus foi mais longe na pergunta: "Pode ser-se santo sem Deus? Eis o único problema que hoje me preocupa"[162]. Esta questão é tanto mais imperiosa quanto hoje, no quadro de uma "metamorfose do sagrado", emerge toda uma corrente que ao mesmo tempo sublinha a exigência da espiritualidade e do sentido da existência e rejeita a Transcendência das religiões tradicionais, aquela transcendência concebida como "uma realidade radicalmente anterior e superior ao homem", que este reconhece como um "para lá absoluto de si mesmo como meio indispensável para a sua salvação"[163]. Trata-se agora de uma nova configuração do sagrado, que implica uma "espiritualidade laica", no sentido de "uma esfera mais alta que a da moral", mas de tal modo que "a aspi-

---

[161] Andrés Torres Queiruga, *Recuperar la creación*, p. 140.
[162] Albert Camus, *A Peste*, Lisboa s/d, p. 277.
[163] J. Martín Velasco, *Metamorfosis*, p. 26.

ração ao sagrado desenvolve-se a partir do próprio homem e do mistério da sua liberdade"[164]. Continua o apelo e a referência ao sagrado, mas desaparece a Transcendência "vertical" a favor das transcendências "horizontais": trata-se de uma transcendência no cruzamento da humanização do divino e da divinização do humano[165]. A dimensão de profundidade, dignidade, inviolabilidade e valor no humano faz supor que no homem há algo de sagrado, que impede que ele possa ser reduzido aos mecanismos da natureza e à animalidade. Há o que vale mais do que a própria vida, de tal modo que continua a ser sensato arriscar a sua vida por alguém que se ama ou por valores. Na Europa de hoje, muito poucos estariam dispostos a pôr em risco a vida por Deus, pela pátria, pela revolução. "Mas pelos seres que amamos, porque não? É esta deslocação das transcendências 'verticais' de outrora para transcendências 'horizontais', encarnadas na própria humanidade, que me parece definir o nosso novo espaço espiritual", escreve Luc Ferry, que deu expressão filosófica entusiasta a esta concepção[166]. Reconhece-se, portanto, uma transcendência na imanência, no sentido de que os princípios morais, como aliás as verdades científicas, são, por um lado, descobertos, pensados e vividos pelos homens, sem a imposição de uma revelação exte-

---

[164] Luc Ferry, in: André Comte-Sponville, Luc Ferry, *La Sagesse des Modernes. Dix questions pour notre temps*, Paris, 1998, p. 563.
[165] Id., *L'homme-Dieu ou le Sens de la vie*, Paris, 1996, pp. 246-247.
[166] Id., *La Sagesse des Modernes*, p. 235.

rior, e, ao mesmo tempo, transcendem a humanidade, não podendo ser reduzidos a nenhuma cultura particular. À pergunta que surge inevitavelmente: qual é então a origem da transcendência? responde-se que há aí "um mistério real", que não é desvinculável do da liberdade[167]: "a transcendência é efectivamente uma realidade cuja origem nos escapa", sendo, por isso, "legítimo" falar de "mistério"[168]. A recusa da transcendência religiosa provém essencialmente do receio da heteronomia, que tende à reificação[169].

Esta posição partilhada por muitos contemporâneos exerce fascínio. É necessário, porém, continuar a perguntar. O cristão concretamente perguntará: "se o conceito de transcendência na imanência permite realmente um acolhimento do absoluto", porque é que *a priori* se tem de considerar como exterior ao homem uma transcendência que, em Jesus, tem rosto humano? Por outras palavras: "se se verifica a pertinência do conceito de 'homem-deus' como referência espiritual, impõe-se necessariamente cortá-lo do seu enraizamento na nossa história?"[170] De qualquer modo, se, como já ficou dito, não há identidade sem alteridade, já que a alteridade é constitutiva da identidade[171],

---

[167] Id., *o. c.*, p. 241.
[168] Id., *o. c.*, p. 53.
[169] Id., *L'homme-Dieu*, p. 244.
[170] Michel Rondet, "Être saint sans Dieu?", in: *Études* 3095, Maio (1999) 658.
[171] Sublinhe-se que provavelmente foi F. H. Jacobi o primeiro a opor ao princípio do ego cartesiano o seu próprio princípio de "Quelle

então Deus já não é necessariamente o Absoluto em contacto com o qual a liberdade humana morre[172], pois enquanto Amor soberano criador é o Deus como "Terceiro-Transcendente, e Terceiro-Transcendente não de esmagamento, mas de comunhão", portanto, que não exclui, mas inclui[173]. Não esmaga, porque é transcendente num duplo sentido: é transcendente em si mesmo e por si mesmo e é transcendente enquanto torna transcendente, isto é, faz ir sempre para lá (*trans-ascendo, trans-scando*) de todo o alcançado. Deus é a Alteridade que nos liberta do perigo narcísico de uma alteridade meramente humana, permitindo, por conseguinte, libertar-nos, "salvar-nos da nossa solidão individual, mas também da solidão dos Narcisos comunitários"[174].

Ética e mística são solidárias, requerendo-se mutuamente, embora deva manter-se esta tensão: a religião não é redutível à ética[175], mas, ao mesmo tempo, a existência ética enquanto amor autêntico ao outro ser humano é actividade religiosa e teologal em verdade, de tal modo que não há religião verdadeira sem amor ao homem e ao

---

aller Gewissheit: Du bist, und Ich bin" (a fonte de toda a certeza: Tu és, e eu sou" (*Sämtliche Werke* VI, 1968, p. 292): R. Panikkar, *o. c.*, p. 173, nota.

[172] M. Merleau-Ponty, *Sens et non-sens*, Paris, 1948, pp. 356-362.
[173] A. Gesché, *a. c.*, p. 13.
[174] Id., *a. c.*, p. 15.
[175] Segundo Paul Ricœur, a religião distingue-se da moral "en ce qu'elle demande de penser la liberté elle-même sous le signe de l'espérance": Id., *Le conflit*, p. 427.

mundo. A Bíblia dá-se conta desta tensão de co-implicação, quando, por um lado, diz que Deus fez o homem à sua imagem[176], e, por outro, proíbe fazer imagens de Deus[177]. Em relação a este preceito, refere Kant que "não há passagem mais sublime nas Escrituras hebraicas"[178]. Deus está para lá de todas as representações humanas. Por outro lado, precisamente o ser humano enquanto homem e mulher é a imagem viva de Deus, de tal modo que nesta unidade de ética e mística se encontra a base do diálogo inter-religioso autêntico, do qual fazem parte, como já se disse, também os ateus. Frequentemente, as religiões dividiram os homens. Ora, a ética enquanto referida à dignidade inviolável da pessoa humana, à solidariedade universal e à salvaguarda da criação, deve uni-los. Mas, quando se perguntar pelo fundamento último dessa dignidade e do empenhamento incondicional que exige, será inevitável encontrar-se com a questão de Deus. De facto, "desde a finitude e a contingência humanas não podemos encontrar fundamentações últimas e absolutas da dignidade do homem". No entanto, essa dignidade impõe-se-nos numa experiência irrecusável. Partindo da experiência interpessoal, na qual simultaneamente reconhecemos a dignidade do outro e nos constituímos como pessoas, "o crente busca um Deus pessoal nos rostos ima-

---

[176] Gén. 1, 27.
[177] Ex. 20, 4.
[178] Cit. in: Heinz Zahrnt, *Leben als ob es Gott gibt*, Munique, 1992, p. 104.

nentes da sua própria experiência". Manifesta-se, portanto, deste modo, uma dupla fé: "na dignidade do homem e num Deus que a afirma e a garante", revelando-se o Deus pessoal como "o fundamento último" dessa dignidade, de tal modo que, apesar de tudo, é possível continuar a acreditar no homem[179]. Na vida moral, o homem "percebe em carne viva a presença no seu interior de uma Transcendência, de uma Presença com a qual não coincide, mas à qual o melhor de si mesmo, a capacidade e necessidade de dignidade de que se sabe revestido, o convidam peremptoriamente a entregar-se"[180]. A mística e a política são "duas formas de uma e mesma atitude viva teologal", mas em tensão. Por um lado, o caminho moderno mais óbvio para Deus é optar afirmativamente pelos semelhantes; por outro, Deus revela-se a si mesmo como "o mistério mais profundo, o coração e a alma de toda a libertação verdadeiramente humana", de tal modo que a salvação plena se consuma meta-historicamente[181].

A questão torna-se viva e radical, precisamente quando se pergunta: O que é que afinal vale mais do que a vida física? No fundo, o que pensar das vítimas inocentes, mais concretamente, daqueles que, para serem moralmente dignos, se deixaram matar? Como ficou dito, Edward Schillebeeckx apresenta o exemplo dramático do soldado

---

[179] J. Antonio Estrada, "La atracción del creyente", pp. 58-59.

[180] J. M. Velasco, *El fenómeno místico*, p. 463.

[181] Edward Schillebeeckx, *Weil Politik nicht alles ist. Von Gott reden in einer gefährdeten Welt*, Friburgo, Basileia, Viena, 1987, pp. 89-103 (cit. 99-101).

que, numa ditadura e sob pena de morte, recebe a ordem de matar um refém inocente, só porque ele é judeu, comunista ou cristão[182]. Por motivos de consciência, o soldado recusa executar a ordem, apresentando-se assim uma situação que toca as raias do absurdo: de facto, ele próprio será morto e outro fuzilará o refém. Aparentemente, ninguém beneficia desta acção ética inútil. Perante uma situação como esta, percebemos que a exigência ética do outro nos coloca perante uma aporia: por um lado, somos incondicionalmente apelados pelo respeito para com o outro, por outro, não há qualquer garantia de que o mal – a violência e a injustiça, a tortura e a morte – não seja a última palavra sobre as nossas existências finitas no mundo. A pergunta torna-se, pois, inevitável: Porque é que devo continuar a respeitar incondicionadamente o outro, embora ele seja também fonte de injustiça e violência? Como responder no caso dramático do soldado que, apelado pelo horror da condenação do refém, recusou matá-lo, para, dessa forma, embora sob ameaça da sua própria destruição física, pois ele próprio será morto, manter intacta a sua integridade moral, sabendo ao mesmo tempo que também o refém será liquidado? Há apenas dois caminhos de resposta eticamente responsável: a resposta religiosa e a resposta que se reclama de uma acção heróica a favor do *Humanum*. Ambas se apoiam na esperança de que, contra todas as aparências fácticas, a justiça

---

[182] Id., *o. c.*, p. 79-91, onde se reflecte sobre a ética autónoma e o meta-ético, a ética e a esperança.

triunfará sobre a injustiça, o *humanum* sobre a desumanidade. Jean-Paul Sartre, no seu leito de morte, dizia: "Eu ainda continuo a confiar na humanidade do homem..."[183]. No entanto, o humanista ateu/agnóstico não pode dar nenhum tipo de garantia de que a esperança, exclusivamente fundada ético-autonomamente, se concretize. De qualquer forma, para as vítimas que já caíram e para aquelas que no futuro continuarão a tombar, não há salvação.

A situação atinge o paroxismo no caso do perdão do algoz por parte das vítimas mortas, como se torna palpável na história contada por Simon Wiesenthal no seu livro sobre Auschwitz, *Die Sonnenblume* (O girassol)[184]. Wiesenthal era prisioneiro num campo de concentração e foi chamado ao leito de morte de um chefe nazi, que lhe queria confessar a ele, o judeu, que tinha participado nos fuzilamentos em massa de judeus na Ucrânia. Queria pedir-lhe perdão, para poder morrer em paz. Simon Wiesenthal disse-lhe que podia ouvir a confissão do assassino, mas que não podia perdoar-lhe, pois "nenhum vivo pode perdoar em nome dos mortos aos seus assassinos". Não pode fazê-lo, porque não tem o direito nem o poder para isso. E Wiesenthal ficou tão abalado com esta imposssibilidade de perdoar, que escreveu a muitos filósofos e teólogos europeus a contar-lhes a sua história, que publicou juntamente com as respostas na obra citada[185].

---

[183] Cit. in: Id., *o. c.*, p. 86.
[184] Simon Wiesenthal, *Die Sonnenblume*, Estugarda, 1981.
[185] Reprodução quase literal de: Jürgen Moltmann, "Die Grube – Wo war Gott? Jüdische und christliche Theologie nach Auschwitz",

A razão, se não quiser sucumbir à parcialidade, isto é, se quiser ser verdadeiramente universal, não pode não ser "razão anamnética", tem de deixar-se iluminar pela memória das vítimas. E é imprescindível a memória para que as tragédias acontecidas não voltem a acontecer... Desgraçadamente, sabemos, no entanto, que o número das vítimas não cessará de aumentar, de tal modo que frequentemente a história nos aparece, como temia Walter Benjamin, como um montão de ruínas que não deixa de crescer[186]. Mas, mesmo que fosse possível realizar no futuro uma sociedade totalmente emancipada e reconciliada, nem assim, desde que iluminada pela memória, a razão poderia dar-se por satisfeita, pois continuariam a ouvir-se os gritos das vítimas inocentes, cujos direitos estão pendentes, pois não prescrevem. Por isso, o teólogo Johann Baptist Metz não se cansa de repetir, com razão, que na realidade só conhece uma categoria universal por excelência: a *memoria passionis*, isto é, a memória do sofrimento[187]. Se a história não há-de ser pura e simplesmente a história dos vencedores, se a esperança tem de incluir a todos, quem dará razão aos vencidos? A autoridade do sofrimento dos humilhados, dos destroçados, de todos aqueles aos quais foi negada qualquer possibilidade, é ineliminável. Trata-se de uma autoridade que nada nem

---

in: Id., *Gott im Projekt der modernen Welt. Beiträge zur öffentlichen Relevanz der Theologie*, Gütersloh, 1997, pp. 169-170.
[186] Walter Benjamin, "Über den Begriff der Geschichte", in: Id., *Gesammelte Schriften*. Band I.2, Frankfurt/M., 1978², pp. 691-704.
[187] E. Schuster/R. Boschert-Kimmig, *o. c.*, pp. 29-30.

ninguém pode apagar, a não ser que o sofrimento não passe de uma função ou do preço a pagar para o triunfo de uma totalidade impessoal. Mas precisamente o sofrimento, que é sempre o *meu* sofrimento, o *teu* sofrimento, como a morte é sempre a *minha* morte, a *tua* morte, é que nos individualiza, dando-nos a consciência de sermos únicos, de tal modo que nenhum ser humano pode ser dissolvido ou subsumido numa totalidade anónima, seja ela a espécie, a história, uma classe, a sociedade, o Estado, a evolução... O sofrimento revela o outro na sua alteridade, que nos interpela sem limites. Assim, se as vítimas têm razão – "a razão dos vencidos", como escreveu o filósofo Reyes Mate[188] –, com direitos vigentes que devem ser reconhecidos, não se poderá deixar de colocar a questão de Deus, um Deus que as recorde uma a uma, pelo nome. "Esta é a pergunta da filosofia", dizia Max Horkheimer[189]. Mas é claro que para essa pergunta só a fé e a teo-

---

[188] Reys Mate, *La razón de los vencidos*, Barcelona, 1991. Sobre a compaixão, mística e política, Id., *Mística y política*, Estella-Navarra, 1990, e *Memoria de Occidente. Actualidad de pensadores judíos olvidados*, Barcelona, 1997.

[189] M. Horkheimer, *Notizen 1949-1969*, in: Id., *o. c.*, p. 198. O texto diz: "'Se não há Deus, não preciso de tomar nada a sério', argumenta o teólogo. A acção de terror que cometo, o sofrimento que permito, depois do instante em que acontecem só continuam na consciência humana que recorda, e com ela acabam. Não tem qualquer sentido dizer que então ainda são verdadeiros. Já não existem, já não são verdadeiros: uma coisa e outra são o mesmo. A não ser que tenham sido conservados – em Deus. – Pode conceder-se isto e levar a sério uma vida sem Deus? Esta é a pergunta da filosofia."

logia têm resposta, como implicitamente reconheceu o próprio Horkheimer, num debate com Walter Benjamin, talvez "um dos debates teologicamente mais significativos do nosso século"[190]. Perante a recusa de Benjamin em considerar a história encerrada enquanto se não resolva o problema das vítimas do passado e da morte, Horkheimer respondeu: "Em última análise, a sua afirmação é teológica"[191]. De facto, sem a esperança escatológica da ressurreição dos mortos, como é que é possível salvaguardar a solidariedade universal com os outros, que é "a condição constitutiva da possibilidade" da existência própria e da dignidade de ser homem? É que, supondo que um dia a humanidade alcançava o estado final de felicidade, só restava uma alternativa: ou essa geração esquecia as vítimas e todos os mortos do passado, o que é egoísmo indigno, injusto e desumano, pois o presente estado feliz também se deve às gerações passadas, ou aceitava que as vítimas e os mortos estão definitivamente perdidos, num processo sem revisão possível, mas, nessa condição, como poderia ela ser feliz? A existência própria torna-se autocontraditória. "A condição da sua possibilidade transforma-se na sua destruição", e a ideia da "justiça plena" só pode ser "um pesadelo"[192]. Javier Muguerza chama-

---

[190] Helmut Peukert, *Wissenschaftstheorie – Handlungstheorie – Fundamentale Theologie. Analysen zu Ansatz und Status theologischer Theoriebildung*, Frankfurt/M., 1978, p. 305, onde aparecem os dados fundamentais e os textos do diálogo (pp. 305-310).

[191] Cit. in: Id., *o. c.*, p. 310.

[192] Id., *o. c.*, p. 309.

-lhe "o dilema de Walter Benjamin": "se recordamos as vítimas, abandonaremos a felicidade; mas, se tratamos de alcançá-la, a nossa felicidade acabará por aliar-se com o esquecimento das vítimas e significará voltar a sacrificá-las." Este dilema quer, no fundo, resolver "a capacidade anamnética, mas também proléptica, da tradição bíblica"[193].

Conclusão: A experiência mística da cruz

O místico caminha com Deus e para Deus, mas sem abandonar a noite. Ele não se distingue do crente e do descrente, que simultaneamente somos com dor e sofrimento, por já ter sido subtraído à noite na qual todos os mortais vivemos submersos. "Distingue-se por ter avançado na noite o suficiente para que a noite seja para ele 'amável como a alvorada' (...), outra forma de luz". Para muitos, em nenhum lugar da história esta experiência mística em que culmina a experiência de Deus foi tão radical como na cruz de Cristo, onde, segundo a fé cristã, "Deus se revela de forma definitiva e por isso insuperavelmente obscura"[194]. Aí, Deus está infinitamente presente precisamente na dor insuportável da sua ausência, que se traduz em oração, naquela oração tremenda de

---

[193] Javier Muguerza, "Una visión del cristianismo desde la increencia", in: Javier Muguerza/Juan Antonio Estrada, *o. c.*, p. 21.
[194] J. M. Velasco, *El fenómeno místico*, p. 490.

Cristo, oração confiante que atravessa os tempos: "Meu Deus, meu Deus, porque é que me abandonaste?"[195] Os cristãos ousam acreditar que Deus ressuscitou de entre os mortos esse Crucificado, que o foi por blasfémia e sublevação do povo oprimido político-religiosamente.

---

[195] Mc. 15, 34.

VII
FERNANDO PESSOA E A QUESTÃO DE DEUS

> "Na margem verde da estrada/Os malmequeres são meus/Já trago a alma cansada/Não é disso: é de Deus"[1].

A febre de Além, cerne da obra pessoana

No seu estudo sobre "o Deus dos filósofos", Wilhelm Weischedel mostrou que a questão de Deus constitui "a problemática central da filosofia", de Tales e Anaximandro a Nietzsche e Heidegger. "Mesmo onde a teologia filosófica está em decadência (...), continua a ter uma importância decisiva, pelo menos como algo que há que superar antes de qualquer outra coisa. Por isso, com razão (...) o discurso sobre Deus é considerado como o problema essencial da filosofia"[2].

---

[1] Fernando Pessoa, *Poesias inéditas* (1919-1930), Lisboa s/d, p. 180. Será citado, daqui para diante, apenas com a indicação de VIII (8.º volume de *Obras Completas de Fernando Pessoa*), seguindo-se as páginas.

[2] W. Weischedel, *Der Gott der Philosophen. Grundlegung einer philosophischen Theologie im Zeitalter des Nihilismus I*, Darmstadt, 1971, p. 494.

Como escreveu Martin Heidegger, "A linguagem é a casa do ser. Nesta habitação do ser mora o homem. Os pensadores e os poetas são os guardas desta habitação (...). A libertação da linguagem dos grilhões da Gramática e a abertura de um espaço essencial mais originário está reservado como tarefa para o pensar e o poetizar (...). Só de passagem vamos nomear agora a Poesia. Ela confronta-se com as mesmas questões e da mesma maneira, como o pensar. Mas ainda sempre vale a pouco meditada palavra de Aristóteles em sua *Poética* que o poematizar é mais verdadeiro que o investigar o ente"[3]. Aliás, a interpenetração do Ser, do Pensamento e da Poesia é afirmada de modo radical nas palavras célebres de Novalis que servem de *ex-libris* às *Obras Completas de Fernando Pessoa:* "Die Poesie ist das echt absolut Reelle. Dies ist der Kern meiner Philosophie. Je poetischer, je wahrer" (A poesia é o autêntico real absoluto. Isto é o cerne da minha filosofia. Quanto mais poético, mais verdadeiro). Assim, sendo Fernando Pessoa certamente o mais filósofo dos poetas de língua portuguesa – "O que em mim sente está pensando"[4] e, por isso, nele, "a Arte é Pensamento"[5] –, não

---

[3] M. Heidegger, *Carta sobre o Humanismo*, Lisboa, 1973, pp. 37-38 e pp. 122-123. Cf. Delfim Santos, *Heidegger e Hölderlin ou a essência da poesia*, Porto, 1938 (Separata do n.º 4 da *Revista de Portugal*) e Eduardo Lourenço, *Poesia e Metafísica. Camões, Antero, Pessoa*, Lisboa, 1983.

[4] Fernando Pessoa, *Poesias*, Lisboa, 1980¹¹, p. 111. Será citado, daqui para diante, apenas com a indicação de I (1.º volume de *Obras Completas de Fernando Pessoa*), seguindo-se as páginas.

[5] Carta de Mário de Sá-Carneiro a Fernando Pessoa, cit. in: António Quadros, *Fernando Pessoa*, Lisboa s/d, 2.ª ed., pp. 153-154.

admira que o centro da sua obra genial seja habitado pela questão religiosa, no sentido mais vasto e também mais profundo da palavra. De facto, a filosofia, a arte e a religião têm todas como tarefa essencial, face à imediatidade dos fenómenos e do caótico das aparências, a busca e *religação* de tudo no Absoluto, na Realidade Última, que é, por isso mesmo, a Realidade Primeira.

Todos quantos se aproximaram da obra de Pessoa convergem na afirmação de que o centro da sua problemática é o mistério ontológico-teológico, em perspectiva dramática e existencial. Assim, Alfredo Antunes escreve: "A vida, o eu, os seres, o ser dos seres, o oculto, o além... eis a problemática latente em toda a obra"(pessoana)[6]. E acrescenta, apresentando uma série de citações de Mar Talegre, Casais Monteiro, Massaud Moisés, J. Gaspar Simões, J. Prado Coelho, Mário Sacramento, Joel Serrão: "A convicção de que a obra do Poeta é uma tentativa de definir-se e definir o indefinível da vida e das coisas – a resolução do mistério fundamental – é comum a todos os que têm estudado este autor"[7]. "Alma essencialmente religiosa também pois a de Fernando Pessoa", concluía o Padre Manuel Antunes[8]. João Mendes, depois de classificar Pessoa como homem *theoreticus* ou contemplativo, acrescenta: "Fernando Pesssoa foi também 'homem reli-

---

[6] Alfredo Antunes, "Fernando Pessoa e o Problema do Ser", in: *Revista Portuguesa de Filosofia* XVIII/2 (1962) 123.

[7] Id., *a. l.*, p. 124.

[8] Manuel Antunes, "Três Poetas do Sagrado: Pascoais, Pessoa, Régio", in: *Brotéria* LXV/1 (1957) 49.

gioso', porque, nas suas inquirições cognoscitivas, o preocupava o sentido da vida; porque da inanidade das pesquisas lhe ficou uma dor vaga e profunda, que atravessa toda a sua obra (...)."[9] Também segundo Cleonice Berardinelli, em *Poesia e Poética de Fernando Pessoa*, o que constitui "o cerne do Poeta Fernando Pessoa" é "a sua febre de Além"[10]. Para António Pina Coelho, "(...) toda a obra pessoana gravita em torno do grande mistério da transcendência-imanência do ser, ou seja, de Deus"[11]. E Eduardo Lourenço resume: "Repetiu-se até à náusea que o drama de Pessoa é o do homem e do Absoluto, da Consciência e da Realidade e tudo isso não é senão obsessiva mas abstractamente óbvio."[12]

Talvez não seja, porém, necessário continuar com o número fastidioso de citações convergentes, pois o próprio Fernando Pessoa escreveu ao seu amigo católico Armando Cortes-Rodrigues: "Eu ando há muito tempo – desde que lhe prometi esta carta – com vontade de lhe falar intimamente e fraternalmente do meu 'caso', da natureza da crise psíquica que há tempos venho atravessando. Apesar da minha reserva, eu sinto a necessidade

---

[9] João Mendes, *Literatura portuguesa. IV*, Lisboa, 1979, pp. 251-252. Cit. in: Agostinho Domingues, *Pessoa/Persona. Poemas de Fernando Pessoa*, Amares, 1988, p. 96.

[10] Cit. in: Jacinto do Prado Coelho, *Diversidade e unidade em Fernando Pessoa*, Lisboa, 1973[4], p. 251.

[11] António de Pina Coelho, *Os fundamentos filosóficos da obra de Fernando Pessoa. I*, Lisboa, 1971, p. 206.

[12] Eduardo Lourenço, *Pessoa revisitado. Leitura estruturante do drama em gente*, Porto, 1973, p. 60.

de falar nisto a alguém, e não pode ser a outro senão a você – isto porque só você, de entre todos quantos eu conheço, possui de mim uma noção precisamente no nível da minha realidade espiritual. Dá-se esta sua capacidade para me compreender porque você é, como eu, fundamentalmente um espírito religioso; e, dos que de perto literariamente me cercam, você sabe bem que (por superiores que sejam como artistas), como *almas*, propriamente, não contam, não tendo nenhum deles a consciência (que em mim é quotidiana) da terrível importância da Vida, essa consciência que nos impossibilita de fazer arte meramente pela arte, e sem a consciência de um dever a cumprir para com nós-próprios e para com a humanidade. (...) Chamo insinceras às cousas feitas para fazer pasmar, e às cousas, também – *repare nisto, que é importante* – que não contêm uma fundamental ideia metafísica, isto é, por onde não passa, ainda que como um vento, uma noção da gravidade e do mistério da Vida. Por isso é sério tudo o que escrevi sob os nomes de Caeiro, Reis, Álvaro de Campos. Em qualquer destes pus um profundo conceito da vida, diverso em todos três, mas em todos gravemente atento à importância misteriosa de existir."[13] A sua alma anda cansada de Deus, porque é "esta febre de Além, que (o) consome"[14].

---

[13] Carta de 1915, in: David Mourão-Ferreira, *Fernando Pessoa. O rosto e as máscaras,* Lisboa, 1976, pp. 51-53.

[14] Fernando Pessoa, *Mensagem*, Lisboa, 1978[12], p. 38. Será citado, daqui para diante, apenas com a indicação de V (5.º volume de *Obras Completas de Fernando Pessoa*), seguindo-se as páginas.

Deus e a vertigem do abismo do (de) ser

Fernando Pessoa vive obsessivamente sitiado pelo mistério. "O mistério ruiu sobre a minha alma/E soterrou-a... Morro consciente!/Acorda, eis o mistério ao pé de ti!"[15]. "Quero fugir ao mistério/Para onde fugirei?/Ele é a vida e a morte/Ó Dor, aonde me irei?/O mistério de tudo//Aproxima-se tanto do meu ser,/Chega aos meus olhos d'alma tão (de) perto,/Que me dissolvo em trevas e universo.../Em trevas me apavoro escuramente"[16]. "Cidades, com seus comércios.../Tudo é permanentemente estranho, mesmamente/Descomunal, no pensamento fundo;/Tudo é mistério, tudo é transcendente/Na sua complexidade enorme:/Um raciocínio visionado e exterior,/Uma ordeira misteriosidade, –/Silêncio interior cheio de som"[17].

Somos estrangeiros num universo em que tudo é estranho. "Meu coração é um balde despejado./Como os que invocam espíritos invocam espíritos invoco/A mim mesmo e não encontro nada./Chego à janela e vejo a rua com uma nitidez absoluta./Vejo as lojas, vejo os passeios, vejo os carros que passam,/Vejo os entes vivos vestidos que se cruzam,/Vejo os cães que também existem,/E

---

[15] Fernando Pessoa, *Poemas dramáticos. I*, Lisboa, 1979, p. 74. Será citado, daqui para diante, apenas com a indicação de VI (6.º volume de *Obras Completas de Fernando Pessoa*), seguindo-se as páginas.
[16] VI, p. 73.
[17] VI, pp. 75-76.

tudo isto me pesa como uma condenação ao degredo,/E tudo isto é estrangeiro como tudo."[18] "Eu não sei porquê,/Meu desde onde venho,/Sou o ser que vê,/E vê tudo estranho"[19]. "Outra vez te revejo – Lisboa e Tejo e tudo –,/Transeunte inútil de ti e de mim,/Estrangeiro aqui como em toda a parte (...)"[20]. É que "vivemos todos, neste mundo, a bordo de um navio saído de um porto que desconhecemos para um porto que ignoramos (...)"[21]. Mas saberemos qualquer coisa do que se passa na viagem? Saberemos qualquer coisa sobre qualquer coisa? "Lídia, ignoramos. Somos estrangeiros/Onde quer que estejamos./Lídia, ignoramos, Somos estrangeiros/Onde quer que moremos. Tudo é alheio/Nem fala língua nossa"[22]. "O passado não é senão um sonho... Se olho para o presente com muita atenção, parece-me que ele já passou... O que é qualquer cousa? Como é que ela passa? Como é por dentro o modo como ela passa?...", pergunta a Primeira Veladora do drama estático "O Marinheiro"[23]; e a Terceira Veladora: "Há alguma razão para

---

[18] Álvaro de Campos, *Poesias*, Lisboa, 1980, p. 256. Será citado, daqui para diante, apenas com a indicação de II (2.º volume de *Obras Completas de Fernando Pessoa*), seguindo-se as páginas.
[19] I, p. 102.
[20] II, p. 251.
[21] Bernardo Soares, *Livro do Desassossego*, cit. in: David Mourão-Ferreira, o. c., p. 128.
[22] Ricardo Reis, *Odes*, Lisboa, 1981, p. 142. Será citado, daqui para diante, apenas com a indicação de IV (4.º volume de *Obras Completas de Fernando Pessoa*), seguindo-se as páginas.
[23] VI, p. 39.

qualquer cousa ser o que é? Há para isso qualquer razão verdadeira e real como as minhas mãos?..."[24]. Afinal, "há resposta para alguma coisa?", pergunta ainda, lancinantemente, a Segunda Veladora[25].

A constelação do que poderíamos chamar o mistério genérico tem uma das suas supremas manifestações no enigma da essência do tempo, que já Santo Agostinho exprimiu nesta passagem célebre: "O que é, por conseguinte, o tempo? Se ninguém mo perguntar, eu sei; se o quiser explicar a quem me fizer a pergunta, já não sei. Porém, atrevo-me a declarar, sem receio de contestação, que, se nada sobrevivesse, não haveria tempo futuro, e se agora nada houvesse, não existia o tempo presente. De que modo existem aqueles dois tempos – o passado e o futuro –, se o passado já não existe e o futuro ainda não veio? Quanto ao presente, se fosse sempre presente, e não passasse para o pretérito, já não seria tempo mas eternidade. Mas se o presente, para ser tempo, tem necessariamente de passar para o pretérito, como podemos afirmar que ele existe, se a causa da sua existência é a mesma pela qual deixará de existir?"[26]. Também Fernando Pessoa confessa, com aceno ao *carpe diem* horaciano: "Uns com os olhos postos no passado,/Vêem o que não vêem; outros, fitos/Os mesmos olhos no futuro, vêem/O que não pode ver-se./Porque tão longe ir pôr o que está perto –/A segu-

---

[24] VI, p. 40.
[25] VI, p. 52.
[26] Santo Agostinho, *Confissões*, Porto, 1981[10], p. 304.

rança nossa? Este é o dia,/Esta é a hora, este é o momento, isto/É quem somos, e é tudo./Perene flui a interminável hora/Que nos confessa nulos. No mesmo hausto/Em que vivemos, morreremos. Colhe/O dia, porque és ele"[27]. E quase transcrevendo Heraclito: "O rio que passa dura/Nas ondas que há em passar,/E cada onda figura/O instante de um lugar./Pode ser que o rio siga,/Mas a onda que passou/É outra quando prossiga.//Não continua: durou./Qual é o ser que subsiste/Sob estas formas de 'star,/A onda que não existe,/O rio que é só passar?/Não sei, e o meu pensamento/Também não sabe se é,/Como a onda o seu momento/Como o rio [?]"[28]. Assim, o próprio presente o que é? "Ó enigma visível do tempo, o nada vivo em que estamos!"[29] Daí, a vertigem do nada: "Nada fica de nada. Nada somos./Um pouco ao sol e ao ar nos atrasamos/Da irrespirável treva que nos pese/Da humilde terra imposta,/Cadáveres adiados que procriam"[30]. Na voragem da mobilidade nadificante do tempo, o próprio eu soçobra e parece que se dissolve: "Outra vez te revejo,/Cidade da minha infância pavorosamente perdida.../Cidade triste e alegre, outra vez sonho aqui.../Eu? Mas sou eu o mesmo que aqui vivi, e aqui voltei,/E aqui tornei a voltar, e a voltar,/E aqui de novo voltei a voltar?/Ou somos todos os Eu que estive

---

[27] IV, p. 154.
[28] VIII, pp. 173-174.
[29] II, p. 51.
[30] IV, p. 147.

aqui ou estiveram,/Uma série de contas-entes ligadas por um fio-memória,/Uma série de sonhos de mim de alguém de fora de mim?"[31]. "Porque esqueci quem fui quando criança?/Porque deslembra quem então eu era?/Porque não há nenhuma semelhança/Entre quem sou e fui?/A criança que fui vive ou morreu?/Sou outro? Veio um outro em mim viver?/A vida, que em mim flui, em que é que flui?/Houve em mim várias almas sucessivas?/Ou sou um só inconsciente ser?"[32]

Mas onde reside o núcleo do mistério de todas as coisas? Fernando Pessoa passa do mistério genérico para o mistério do mistério, o mistério duplicado, que é o mistério do ser e do seu fundamento. "Mais que a existência/É um mistério o existir, o ser, o haver/Um ser, uma existência, um existir –/Um qualquer, que não este, por ser este –/Este é o problema que perturba mais./O que é existir – não nós ou o mundo –/Mas existir em si?"[33] "Montanhas, solidões (...), desertos todos,/(Inda) que assim eu tenha de morrer/Revelai-me a vossa alma, isso que faz/Que se me gele a mente ao perceber/Que realmente existis e, em verdade,/Que sois facto, existência, coisa, ser"[34]. Para utilizar a distinção famosa de Gabriel Marcel, trata-se realmente de um mistério e não de um pro-

---

[31] II, pp. 250-251.
[32] Fernando Pessoa, *Poesias inéditas* (1930-1935), Lisboa, 1978, p. 102. Será citado, daqui para diante, apenas com a indicação de VII (7.º volume de *Obras Completas de Fernando Pessoa*), seguindo-se as páginas.
[33] VI, pp. 86-87.
[34] VI, p. 98.

blema, pois o homem não é exterior, mas está dentro do próprio enigma[35]: "Para mim ser é admirar-me/De estar sendo"[36]. Aí está o espanto e a admiração, ponto de partida do filosofar, como bem viram Platão e Aristóteles. Mas o enigma é também o da unidade e da multiplicidade no ser: "Ah, que diversidade,/E tudo sendo. O mistério do mundo,/O íntimo, horroroso, desolado,/Verdadeiro mistério da existência,/Consiste em haver esse mistério"[37].

Estamos face à questão anterior a todas as questões, a primeira de todas as interrogações, que Martin Heidegger, na sequência de Leibniz, formulou nestes termos: "Porque é que há sendo em geral em vez de nada?"[38] O que é que possibilita que existam seres, melhor, entes ou sendos, o que é que faz que haja algo em vez de nada? Fernando Pessoa coloca a questão na sua vertigem de abismo: "Ah, perante esta única realidade, que é o mistério,/Perante esta única realidade terrível – a de haver uma realidade,/Perante este horrível ser que é haver ser,/ /Perante este abismo de existir um abismo,/Este abismo de a existência de tudo ser um abismo,/Ser um abismo por simplesmente ser,/Por poder ser,/Por haver ser!/– Perante isto tudo como tudo o que os homens fazem,/ /Tudo o que os homens dizem,/Tudo quanto constroem,

---

[35] Gabriel Marcel, *Être et avoir*, Paris, s/d, p. 169.
[36] VI, p. 87.
[37] VI, p. 85.
[38] "Warum ist überhaupt Seiendes und nicht vielmehr Nichts?": M. Heidegger, *Was ist Metaphysik?* Frankfurt/M., 1969[10], p. 42.

desfazem ou se constrói ou desfaz através deles,/Se empequena!/Não, não se empequena... se transforma em outra coisa – /Numa só coisa tremenda e negra e impossível,/Uma coisa que está para além dos deuses, de Deus, do Destino – /Aquilo que faz que haja deuses e Deus e Destino,/Aquilo que faz que haja ser para que possa haver seres,/Aquilo que subsiste através de todas as formas/De todas as vidas, abstractas ou concretas,/Eternas ou contingentes,/Verdadeiras ou falsas!/Aquilo que, quando se abrangeu tudo, ainda ficou fora,/Porque quando se abrangeu tudo não se abrangeu explicar porque é um tudo,/Porque há qualquer coisa, porque há qualquer coisa, porque há qualquer coisa!"[39].

É difícil, perante a grandiosidade deste texto, não nos lembrarmos de Martin Heidegger, que centra o seu pensamento na investigação do próprio ser e, portanto, na diferença ontológica. É necessário pensar o próprio ser, o que significa "pensá-lo na sua diferença com o ente, e pensar o ente na sua diferença com o ser"[40]. É preciso não confundir *Sein* (ser) e *Seiendes* (ente). Esta diferença é ontológica. Contactamos imediatamente com os entes. Todas as coisas são: a pedra "é", o animal "é", o homem "é". Mas não são o ser, são pelo ser. Mas o que é o ser? Haverá resposta para esta questão radical? Sendo a questão do ser a questão de toda a metafísica enquanto onto-

---

[39] II, pp. 94-95.
[40] M. Heidegger, *Identidad y Diferencia. Identität und Differenz*. Edición bilingüe, Barcelona, 1988, pp. 134-135.

logia, é evidente que todos os filósofos foram surpreendidos por ela, e o seu esforço foi tentar dar-lhe solução. Os escolásticos, concretamente Santo Tomás de Aquino, encontraram-na na definição de Deus enquanto *Ipsum Esse Subsistens*, de que todos os seres participam analogicamente, recebendo de Deus o acto de ser, por liberdade criadora. Heidegger pensa, porém, que o ser não é Deus. Para ele, *"Ser é o transcendente como tal"*[41]. O ser é simplesmente o ser, o outro do ente, mas de tal modo que é o mais próximo e o mais distante, e "o homem é o pastor do ser"[42], exigindo a linguagem "muito menos a expressão precipitada que o devido silêncio"[43]. "Mas o ser – que é o ser? Ele é ele mesmo. Experimentar isto e dizê-lo é a aprendizagem pela qual deve passar o pensar futuro. O 'ser' – isto não é Deus, nem um fundamento do mundo. O ser é mais amplo que todo o ente e é contudo mais próximo do homem que qualquer ente, seja isto uma rocha, um animal, uma obra de arte, uma máquina, seja isto um anjo de Deus. O ser é o mais próximo. E contudo a proximidade permanece, para o homem, a mais distante. O homem atém-se primeiro já sempre apenas ao ente. Quando, porém, o pensar representa o ente enquanto ente, refere-se, certamente, ao ser; todavia, pensa, na verdade, constantemente, apenas o ente como tal e precisamente não e jamais o ser como tal. A 'questão

---

[41] Id., *Carta sobre o Humanismo*, p. 77.
[42] Id., *Carta*, pp. 67. 86.
[43] Id., *o. c.*, p. 88.

do ser' permanece sempre a questão do ente"[44]. No entanto, "somente a partir da verdade do ser se deixa pensar a essência do sagrado. E somente a partir da essência do sagrado deve ser pensada a essência da divindade. E, finalmente, somente na luz da essência da divindade, pode ser pensado e dito o que deve nomear a palavra 'Deus'"[45]. Heidegger, que, na sua primeira fase, parecia niilista, não se pronuncia, nos seus últimos escritos, nem pelo teísmo nem pelo ateísmo. Fica aberto ao Mistério. O que ele critica decididamente é a "onto-teo-lógica", que faz de Deus um ente entre os entes, mesmo que seja o ente supremo. O drama do Ocidente é precisamente o esquecimento do ser. Ora, só no horizonte do ser poderá ser desencadeada "a dimensão do sagrado, que mesmo como dimensão já permanece fechada, caso não se clarear o aberto do ser para, em sua clareira, estar próximo do homem. Talvez o elemento mais marcante desta idade do mundo consista no rígido fechamento para a dimensão da graça. Talvez seja esta a única desgraça"[46]. Então, hoje, no âmbito do pensamento, talvez seja preferível calar acerca de Deus, seguindo, embora não exactamente pelas mesmas razões, a exigência da 7.ª e última proposição do *Tractatus Logico-Philosophicus*, de Ludwig Wittgenstein: "Wovon man nicht sprechen kann, darüber muss

---

[44] Id., *o. c.*, p. 67.
[45] Id., *o. c.*, pp. 101-102.
[46] Id., *o. c.*, p. 102.

man schweigen" (sobre aquilo de que se não pode falar deve calar-se)?[47] De facto, para o Wittgenstein do *Tractatus*, a ética, Deus, o sentido da vida e do mundo, *que* o mundo seja são o místico, que se mostra, mas não pode expressar-se em proposições[48].

Fernando Pessoa coloca-se também numa posição diferente da dos escolásticos, embora pareça acenar, por vezes, para ela. De facto, a condição de possibilidade dos entes, entre os quais situa o próprio Deus, está para lá do Ser Subsistente: "Uma coisa que está para além dos deuses, de Deus, do Destino –/Aquilo que faz que haja deuses e Deus e Destino,/Aquilo que faz que haja ser para que possa haver seres (...)". Mas, então, a pergunta surge, inevitável: Como é possível conceber, para lá do domínio dos entes e do Ser, uma causa de todo o existente? Tratar-se-ia, como escreve A. Antunes, de "uma metafísica do *esse logicum*, ou, se quiséssemos até – porque é este, ultimamente, o seu resultado – uma metafísica do *vácuo* ou do *Nada*. Tal concepção baseia-se no suposto de que o ser real só pode ser nos entes e nunca em si mesmo. Tudo o que é, é um existente, uma forma individual, e não se pode conceber – dum modo que não seja meramente lógico – um *ser* ou *existir* em si, um existir puro, que não seja um ente também. Daí o mistério sem solução"[49].

---

[47] L. Wittgenstein, *Tractatus Logico-Philosophicus* (em alemão e espanhol), Madrid, 1957, p. 191.
[48] Id., *o. c.*, pp. 6. 4 a 6. 54. Na edição citada, pp. 185-191.
[49] A. Antunes, *a. c.*, p. 129.

Terá, portanto, o Poeta de girar no vácuo, no caos, na inconsciência? Por isso, "Minha inteligência tornou-se um coração cheio de pavor,/E é com minhas ideias que tremo, com a minha consciência de mim,/Com a substância essencial do meu ser abstracto/Que sufoco de incompreensível,/Que me esmago de ultratranscendente,/E deste medo, desta angústia, deste perigo do ultra-ser,/Não se pode fugir, não se pode fugir, não se pode fugir!/Cárcere do Ser, não há libertação de ti?/Cárcere de pensar, não há libertação de ti?/Ah, não, nenhuma – nem morte, nem vida, nem Deus!/Nós, irmãos gémeos do Destino em ambos existirmos,/Nós, irmãos gémeos dos Deuses todos, de toda a espécie,/Em sermos o mesmo abismo, em sermos a mesma sombra,/Sombra sejamos, ou sejamos luz, sempre a mesma noite./Ah, se afronto confiado a vida, a incerteza da sorte,/Sorridente, impensando, a possibilidade quotidiana de todos os males,/Inconsciente o mistério de todas as coisas e de todos os gestos,/Porque não afrontarei, sorridente, inconsciente, a Morte?/Ignoro-a? Mas que é que eu não ignoro?/A pena em que pego, a letra que escrevo, o papel em que escrevo,/São mistérios menores que a Morte? Como se tudo é o mesmo mistério?/E eu escrevo, estou escrevendo, por uma necessidade sem nada./Ah, afronte eu como um bicho a morte que ele não sabe que existe!/Tenho eu a inconsciência profunda de todas as coisas naturais,/Pois, por mais consciência que tenha, tudo é inconsciência,/Salvo o ter criado tudo, e o ter criado tudo ainda é inconsciência,/ /Porque é preciso existir para se criar tudo,/E existir é ser inconsciente, porque existir é ser possível haver ser,/ E ser possível haver ser é maior que todos os Deuses"[50]. Continuamos, porém, a perguntar: Como é que a condição possibilitante da existência de tudo, incluindo Deus, pode ser entendida como mera inconsciência ou uma essência sem existência? "Tremo de medo:/Eis o segredo aberto./ /Além de ti/Nada há, decerto,/Nem pode haver/Além de ti,/Que (só) tens essência/Nem tens existência/E te chamas (...) Ser"[51]. Afinal, que Ser ultratranscendente é esse, "(...) que transcende/Criatura e Criador (...)"?[52] Parece dever antes concluir-se que "o que é incompreensível é que se conceba para lá do limite do ser, um outro campo que não seja ser, mas que, no entanto, *seja*. Um campo a modo de uma condição de haver ser: Deus e criaturas"[53]. Desta forma, Fernando Pessoa cairia no niilismo, em que tudo, incluindo o eu, não passa de ilusão e nada[54]. Foi essa aliás uma das torturas permanentes do Poeta.

Mas, para lá do niilismo, não haverá outras soluções? Assim, terá Fernando Pessoa, o pagão[55], ficado aprisio-

---

[50] II, pp. 95-96.
[51] VI, p. 86.
[52] VI, p. 82.
[53] A. Antunes, *a. c.*, p. 132.
[54] Sobre o niilismo, cf. também Fernando Pessoa, *Textos Filosóficos. I.* Estabelecidos e prefaciados por António de Pina Coelho, Lisboa 1968, p. 44 ss. Lembrar tambem, por exemplo, este verso de *Tabacaria:* "(...) Com o Destino a conduzir a carroça de tudo pela estrada de nada", II, p. 252.
[55] Álvaro de Campos escreve: "O meu mestre Caeiro não era um pagão: era o paganismo. O Ricardo Reis é um pagão; o próprio Fer-

nado pelo sentimento do Destino fatalista, que é o que nele "vive de mais fundo"?[56] Pensará nessa Vontade cega e inconsciente, um pouco à maneira de A. Schopenhauer?[57] Ou, perante o perigo permanente de objectivar o Mistério, reduzindo-o a coisa, a ente entre os entes, não se tratará também e acima de tudo de preservá-lo na sua Supertranscendência e, assim, no seu carácter de conhecido apenas enquanto infinitamente Desconhecido, como exigiram, entre outros e cada um à sua maneira, Mestre Eckhart, Nicolau de Cusa, Wittgenstein, Heidegger, todos os místicos?

De tal modo o Mistério Ultratranscendente se abateu sobre Fernando Pessoa e o esmagou que o Poeta de *Tabacaria*, para trazê-lo à linguagem, não teve outra solução que a de tornar-se vários. É esta, penso, a verdadeira explicação dos heterónimos, não só dos mais conhecidos (Alberto Caeiro, Álvaro de Campos, Ricardo Reis, Bernardo Soares), mas também dos outros, que são legião: C. Pacheco, Doutor Abílio Ferreira Quaresma, Vicente Guedes, António Mora, Chevalier de Pas, Alexander Search, A. A. Cross, Charles Robert Anon, Pêro Botelho, Barão de Teive, etc.[58] "Afinal, a melhor maneira de viajar é sen-

---

nando Pessoa seria um pagão, se não fosse um novelo embrulhado para o lado de dentro", Fernando Pessoa, *Obra Poética*. Organização, Introdução e Notas de Maria Aliete Galhoz, Rio de Janeiro, 1972[4], p. 248.

[56] Manuel Antunes, *a. c.*, p. 51.

[57] Sobre as influências filosóficas em Pessoa, cf. António de Pina Coelho, *Os fundamentos filosóficos*, pp. 33-62.

[58] Cf. Id., *o. c.*, p. 64.

tir./Sentir tudo de todas as maneiras./Sentir tudo excessivamente,/Porque todas as coisas são, em verdade, excessivas/E toda a realidade é um excesso, uma violência,//Uma alucinação extraordinariamente nítida/Que vivemos todos em comum com a fúria das almas,/O centro para onde tendem as estranhas forças centrífugas/ Que são as psiques humanas no seu acordo de sentidos.//Quanto mais eu sinta, quanto mais eu sinta como várias pessoas,/Quanto mais personalidade eu tiver,/Quanto mais intensamente, estridentemente as tiver/Quanto mais simultaneamente sentir com todas elas,/Quanto mais unificadamente diverso, dispersadamente atento,/ Estiver, sentir, viver, for,/Mais possuirei a existência total do universo,/Mais completo serei pelo espaço inteiro fora./Mais análogo serei a Deus, seja ele quem for,/Porque, seja ele quem for, com certeza que é Tudo,/E fora d'Ele há só Ele, e Tudo para Ele é pouco"[59]. "Multipliquei-me, para me sentir,/Para me sentir, precisei sentir tudo,/Transbordei, não fiz senão extravasar-me,/Despime, entreguei-me,/E há em cada canto da minha alma um altar a um deus diferente"[60]. "Deus não tem unidade,/Como a terei eu?"[61]. "E como são estilhaços/Do ser, as coisas dispersas/Quebro a alma em pedaços/E em pessoas diversas"[62]. "Assim eu me acomodo/Com o que

---

[59] II, p. 104-105.
[60] II, p. 223.
[61] VIII, p. 166.
[62] VIII, p. 168.

Deus criou,/Deixo teu diverso modo/Diversos modos sou./Assim a Deus imito,/Que quando fez o que é/Tirou-lhe o infinito/E a unidade até"[63].

O Universo apareceu-lhe de tal modo "Excessivo"[64] que, para dar conta da Totalidade, não encontrou outro caminho que o de fragmentar-se em vários, à procura de um puzzle sempre impossível, porque nunca completo. Assim, para lá da explicação psicanalítica[65], a verdadeira concepção da heteronímia é a "galáxica", a que se refere José Augusto Seabra[66]. Aliás, não estamos permanentemente a *outrar-nos*, todos, na tentativa de uma compreensão maior da Realidade sempre distante? "O drama, quanto a mim", observa uma personagem de Pirandello, "reside inteiramente na consciência que eu tenho, que cada um de nós tem de ser 'um', quando afinal somos 'cem', somos 'mil', somos 'tantas vezes um', quantas as possibilidades que há em nós..."[67]. Só quem vive na vulgaridade poderá sentir como alheia a confissão de Pessoa: "Toda a constituição do meu espírito é de hesitação e dúvida. Para mim, nada é nem pode ser positivo; todas as coisas oscilam em torno de mim, e eu com elas, incerto para mim próprio. Tudo para mim é incoerência e muta-

---

[63] VIII, pp. 169-170.
[64] II, p. 105.
[65] Como se sabe, é um pouco a explicação, entre outros, de J. Gaspar Simões e Eduardo Lourenço.
[66] José Augusto Seabra, "Alberto Caeiro ou le degré zéro de poésie", publicado no n.º 1 de *Sillages*. Cit. in: Eduardo Lourenço, *o. c.*, p. 34.
[67] Cit. in: David Mourão-Ferreira, *o. c.*, no Prefácio, p. 6.

ção. Tudo é mistério, e tudo é prenhe de significado. Todas as coisas são 'desconhecidas', símbolos do Desconhecido. O resultado é horror, mistério, um medo por demais inteligente"[68]. "Vivem em nós inúmeros"[69]. "Cada um é muita gente"[70].

A solução do panteísmo multiforme

Uma via para a solução do enigma da transcendência-imanência é a anulação da transcendência, mediante a afirmação do imanentismo panteísta e a univocidade do ser. Sendo a inteligência, pela sua própria natureza, a faculdade da unificação, o monismo exerce um fascínio permanente sobre o espírito humano.

Fernando Pessoa, num artigo da Revista *A Águia*, apresenta, frequentemente em linguagem confusa e, por vezes, arrumando os sistemas filosóficos de forma um pouco arbitrária, a sua concepção do que chama um *transcendentalismo panteísta*. Começa por afirmar que, na procura de superar o dualismo matéria-espírito, pela eliminação de um dos elementos, temos o materialismo absoluto ou o espiritualismo absoluto. As outras soluções são o pan-

---

[68] Cit. in: Id., *o. c.*, p. 15.
[69] 69 IV, p. 157.
[70] Fernando Pessoa, *Novas Poesias Inéditas*, Lisboa, 1979, p. 50. Será citado, daqui para diante, apenas com a indicação de X (10.º volume de *Obras Completas de Fernando Pessoa*), seguindo-se as páginas.

teísmo e o transcendentalismo, que necessariamente se apresentam também sob a forma materialista ou sob a forma espiritualista, pois, "por mais abstractamente que ideemos, realmente não temos outros modelos por onde idear senão espírito e matéria. Mesmo, portanto, que concebamos um Transcendente, inconscientemente e involuntariamente o teremos de conceber como feito à imagem da matéria ou à semelhança do espírito"[71]. Por conseguinte, existe um panteísmo materialista e um panteísmo espiritualista: o primeiro, para o qual tudo é Deus, é o de Espinosa; para o segundo, Deus é tudo, e teria sido o sistema de Malebranche, "se houvesse sido pensado coerentemente, e despidamente de influência de estreita teologia"[72]. O mesmo se passa com o transcendentalismo, mas é necessário sublinhar bem "a diferença entre o panteísmo e o transcendentalismo, tanto mais que estabelecemos nós estes termos independentemente de como tenham sido usados antes, assim como, de resto, fazemos esta classificação de modo absolutamente original"[73]. Ora, em que é que consiste esta diferença essencial? "Para o panteísta de qualquer das duas espécies, matéria e espírito são manifestações reais de Deus, exista ele (panteísmo espiritualista) ou não (panteísmo materialista) como Deus além das suas duas manifestações. Para o transcendentalista, matéria e espírito são manifestações irreais de Deus,

---

[71] Cit. in: António Quadros, *o. c.*, pp. 144-145.
[72] Cit. in: Id., *o. c.*, p. 145.
[73] Cit. in: Id., *o. c.*, p. 145.

ou, antes, para não errarmos, do Transcendente manifestando-se como a ilusão, o sonho de si próprio"[74]. Mas, feita a distinção, é claro que há, portanto, também um transcendentalismo materialista – o de Schopenhauer, para quem "a essência real, de que as coisas são a ilusão, é qualquer coisa vaga cujo carácter essencial é ser inconsciente: ora, como a consciência é a base dos sistemas espiritualistas, temos aqui um sistema que, apesar de transcendentalista, o é antiespiritualista, isto é, materialisticamente"[75] – e um transcendentalismo espiritualista, "que representa a hipótese contrária"[76]. Existe, porém, conclui Pessoa, um outro sistema, "limite e cúpula de metafísica. Suponha-se que a um transcendentalista qualquer esta objecção se faz: O Aparente (matéria e espírito) é para vós irreal, é manifestação irreal do Real. Como, porém, pode o Real manifestar-se irrealmente? Para que o irreal seja irreal é preciso que seja real: portanto o Aparente é uma realidade irreal, ou uma irrealidade real – uma contradição realizada. O Transcendente, pois, é e não é ao mesmo tempo, existe à parte e não à parte da sua manifestação, é real e não-real nessa manifestação. Vê-se que este sistema é, não o materialismo nem o espiritualismo, mas sim o panteísmo, transcendentalizado; chamemos-lhe, pois, o transcendentalismo panteísta. Há dele um exemplo único e eterno. É essa catedral do pensamento – a filosofia de

---

[74] Cit. in: Id., *o. c.*, p. 145.
[75] Cit. in: Id., *o. c.*, pp. 145-146.
[76] Cit. in: Id., *o. c.*, p. 146.

Hegel"[77]. Para Pessoa, este "transcendentalismo panteísta envolve e transcende todos os sistemas: matéria e espírito são para ele reais e irreais ao mesmo tempo, Deus e não-Deus essencialmente. Tão verdade é dizer que a matéria e o espírito existem como que não existem, porque existem e não existem ao mesmo tempo"[78]. Para Pessoa, de facto, a suprema verdade envolve necessariamente a contradição: "A suprema verdade que se pode dizer de uma coisa é que ela é e não é ao mesmo tempo. Por isso, pois, que a essência do universo é a contradição – a irrealização do Real, que é a mesma coisa que a realização do Irreal –, uma afirmação é tanto mais verdadeira quanto maior contradição envolve. Dizer que a matéria é material e o espírito espiritual não é falso; mas é mais verdade dizer que a matéria é espiritual e o espírito material. E assim, complexa e indefinidamente"[79].

Na obra poética, há assomos claros de panteísmo, sob diversas formas. Assim, para Álvaro de Campos, há uma Força, uma Energia única, que tudo move e de que tudo é manifestação: "Toda a energia é a mesma e toda a natureza é o mesmo.../A seiva da seiva das árvores é a mesma energia que mexe/As rodas da locomotiva, as rodas do eléctrico, os volantes dos Diesel,/E um carro puxado a mulas ou a gasolina é puxado pela mesma coisa./Raiva

---

[77] Cit. in: Id., *o. c.*, p. 146.
[78] Cit. in: Id., *o. c.*, p. 146.
[79] Cit. in: Id., *o. c.*, pp. 146-147. Cf. também António de Pina Coelho, *Os fundamentos filosóficos*, pp. 173-177.

panteísta de sentir em mim formidandamente,/Com todos os meus sentidos em ebulição, com todos os meus poros em fumo,/Que tudo é uma só velocidade, uma só energia, uma só divina linha/De si para si, parada a ciciar violências de velocidade louca.../Ho..../Ave, salve, viva a unidade veloz de tudo!/Ave, salve, viva a igualdade de tudo em seta!/Ave, salve, viva a grande máquina do universo!/Ave, que sois o mesmo, árvores, máquinas, leis!/Ave, que sois o mesmo, vermes, êmbolos, ideias abstractas,/A mesma seiva vos enche, a mesma seiva vos torna,/A mesma coisa sois, e o resto é por fora e falso,/O resto, o estático resto que fica nos olhos que param,/Mas não nos meus nervos motor de explosão a óleos pesados ou leves,/Não nos meus nervos todas as máquinas, todos os sistemas de engrenagem,/Nos meus nervos locomotiva, carro eléctrico, automóvel, debulhadora a vapor,/Nos meus nervos máquina marítima, Diesel, semi-Diesel, Campbell,/Nos meus nervos instalação absoluta a vapor, a gás, a óleo e a electricidade,/Máquina universal movida por correias de todos os momentos!/Todas as madrugadas são a madrugada e a vida,/Todas as auroras raiam no mesmo lugar:/Infinito.../Todas as alegrias de ave vêm da mesma garganta,/Todos os estremecimentos de folhas são da mesma árvore,/E todos os que se levantam cedo para ir trabalhar/Vão da mesma casa para a mesma fábrica por o mesmo caminho..."[80]. E noutro passo, já citado em parte: "Quanto mais eu sinta, quanto mais eu

---

[80] II, pp. 233-235.

sinta como várias pessoas/(...),/Quanto mais unificadamente diverso, dispersadamente atento,/Estiver, sentir, viver, for,/(...) /Mais análogo serei a Deus, seja ele quem for,/Porque, seja ele quem for, com certeza que é Tudo,/ /E fora d'Ele há só Ele, e Tudo para Ele é pouco./Cada alma é uma escada para Deus,/Cada alma é corredor- -Universo para Deus,/Cada alma é um rio correndo por margens de Externo/Para Deus e em Deus com um sussurro soturno./Sursum corda! Erguei as almas! Toda a Matéria é Espírito,/Porque Matéria e Espírito são apenas nomes confusos/Dados à grande sombra que ensopa o Exterior em sonho/E funde em Noite e Mistério o Univeso Excessivo!"[81]

Para Alberto Caeiro, Deus confunde-se com a Natureza: "Não acredito em Deus porque nunca o vi./Se ele quisesse que eu acreditasse nele,/Sem dúvida que viria falar comigo/E entraria pela minha porta dentro/ Dizendo-me, *Aqui estou!*/(...)/Mas se Deus é as flores e as árvores/E os montes e sol e o luar,/Então acredito nele a toda a hora,/E a minha vida é toda uma oração e uma missa,/E uma comunhão com os olhos e pelos ouvidos./Mas se Deus é as árvores e as flores/E os montes e o luar e o sol,/Para que lhe chamo eu Deus?/Chamo-lhe flores e árvores e montes e sol e luar;/Porque, se ele se fez, para eu o ver,/Sol e luar e flores e árvores e montes,/Se ele me aparece como sendo árvores e montes/E luar e sol e flores,/É que ele quer que eu o conheça/Como árvores

---

[81] II, pp. 104-105.

e montes e flores e luar e sol./E por isso eu obedeço-lhe,/ (Que mais sei eu de Deus que Deus de si próprio?),/Obedeço-lhe a viver, espontaneamente,/Como quem abre os olhos e vê,/E chamo-lhe luar e sol e flores e árvores e montes,/E amo-o sem pensar nele,/E penso-o vendo e ouvindo,/E ando com ele a toda a hora."[82]

Também Ricardo Reis se movimenta dentro de "um panteísmo tipo politeísta e fatalista"[83]. Como se sabe, Ricardo Reis representa um epicurismo-estoicismo ao mesmo tempo amargo, resignado, doce e triste, e o deus Pã exprimia "a força invencida e prolixa da natureza inteira", tendo sido associado, "sob a influência da filosofia neo-platónica, à ideia da fertilidade"[84]: "O deus Pã não morreu,/Cada campo que mostra/Aos sorrisos de Apolo/Os peitos nus de Ceres –/Cedo ou tarde vereis//Por lá aparecer/O deus Pã, o imortal./Não matou outros deuses/O triste deus cristão./Cristo é um deus a mais,//Talvez um que faltava./Pã continua a dar/Os sons da sua flauta/Aos ouvidos de Ceres/Recumbente nos campos./ Os deuses são os mesmos,/Sempre claros e calmos,/ Cheios de eternidade/E desprezo por nós,/Trazendo o dia e a noite/E as colheitas douradas/Sem ser para nos dar/ O dia e a noite e o trigo/Mas outro e

---

[82] Alberto Caeiro, *Poemas*, Lisboa, 1979[7], pp. 28-29. Será citado, daqui para diante, apenas com a indicação de III (3.º volume de *Obras Completas de Fernando Pessoa*), seguindo-se as páginas.

[83] António de Pina Coelho, *Os fundamentos filosóficos*, p. 173.

[84] Joël Schmidt, *Dictionnaire de mythologie grecque et romaine*, Paris, 1965, p. 233.

divino/Propósito casual."[85] Assim, a liberdade é uma ilusão, pois o Destino é que tudo comanda aos humanos e aos deuses: "Só esta liberdade nos concedem/Os deuses: submetermo-nos/Ao seu domínio por vontade nossa.//Mais vale assim fazermos/Porque só na ilusão da liberdade/A liberdade existe./Nem outro jeito os deuses, sobre quem/O eterno fado pesa,/Usam para seu calmo e possuído/Convencimento antigo/De que é divina e livre a sua vida./Nós, imitando os deuses,/Tão pouco livres como eles no Olimpo,/Como quem pela areia/Ergue castelos para encher os olhos,/Ergamos nossa vida/E os deuses saberão agradecer-nos/O sermos como eles."[86]

Além-Deus, paganismo superior e ocultismo

Perante a vertigem do abismo de e do Ser, é necessário ir sempre mais além. Fernando Pessoa tem mesmo um poema que, significativamente, se intitula *Além-Deus*, que deveria ser citado na íntegra, mas do qual se apresentam apenas passagens: "(...)/E súbito encontro Deus./Passou, fora de Quando,/De Porquê, e de Passando...,/Turbilhão de Ignorado,/Sem ter turbilhonado...,/O Universo é o seu rasto.../Deus é a sua sombra.../(...)/Da minha ideia do mundo/Caí.../Vácuo além de profundo,/Sem ter Eu nem Ali.../Vácuo sem si-próprio, caos/De ser pensado

---

[85] IV, pp. 19-20.
[86] IV, pp. 42-43.

como ser.../Escada absoluta sem degraus.../Visão que se não pode ver.../Além-Deus! Além-Deus! Negra calma.../ /Clarão de Desconhecido.../Tudo tem outro sentido, ó alma,/Mesmo o ter-um-sentido.../(...)/Deus é um grande Intervalo,/Mas entre quê e que?.../Entre o que digo e o que calo/Existo? Quem é que me vê?/Erro-me.../E o pombal elevado/Está em torno na pomba, ou de lado?"[87] E em *Primeiro Fausto:* "Não haverá,/Além da morte e da imortalidade,/Qualquer coisa maior? Ah, deve haver/ /Além da vida e morte, ser, não ser,/Um inominável supertranscendente,/Eterno incógnito e incognoscível!/ /Deus? Nojo. Céu, inferno? Nojo, nojo./P'ra que pensar, se há-de parar aqui/O curto voo do entendimento?/Mais além! Pensamento, mais além!"[88] O Desconhecido nem sequer na morte pode, pois, revelar-se. É que "o segredo, dito, deixa de ser segredo, perde a sua virtude mística de segredo"[89]. Daí, o horror pânico perante a morte: pelo infinito da sua escuridão e poder ser o encontro intolerável do mistério, face a face: "O animal teme a morte porque vive,/O homem também, e porque a desconhece;/Só a mim é dado com horror/Temê-la, por lhe conhecer a inteira/Extensão e mistério, por medir/O (infinito) seu de escuridão"[90]. "Ah, o horror de morrer!/E encontrar o mistério frente a frente/Sem poder evitá-lo, sem poder.../

---

[87] *Obra Poética*, pp. 112-113.
[88] VI, p. 80.
[89] Fernando Pessoa, *Textos filosóficos II*, Estabelecidos e prefaciados por António de Pina Coelho, Lisboa, 1968, p. 98.
[90] VI, p. 130.

/Gela-me a ideia de que a morte seja/O encontrar o mistério face a face/E conhecê-lo. Por mais mal que seja/A vida e o mistério de a viver/E a ignorância em que a alma vive a vida,/Pior me (relampeja) pela alma/A ideia de que enfim tudo será/Sabido e claro.../Pudesse eu ter por certo que na morte/Me acabaria, me faria nada,/E eu avançara para a morte, pávido/Mas firme do seu nada"[91]. E mais adiante: "Só uma cousa me apavora/A esta hora, a toda a hora:/É que verei a morte frente a frente/Inevitavelmente./Ah, este horror como poder dizer!/Não lhe poder fugir. Não podê-lo esquecer./E nessa hora em que eu e a Morte/Nos encontrarmos/O que verei? O que saberei?/Horror! A vida é má e é má a morte/Mas quisera viver eternamente/Sem saber nunca (...) isso que a morte traz (...)/Que o tempo cesse!/Que pare e fique sempre este momento!/Que eu nunca me aproxime desse/Horror que mata o pensamento!/Envolvei-me, fechai-me dentro em vós/E que eu não morra nunca."[92] Aliás, se o Mistério se esgotasse, cair-se-ia no tédio da vida eterna, no fastidioso do mesmo, do mesmo que não comunica[93]: "Aborreço-me da possibilidade/De vida eterna; o tédio/De viver sempre deve ser imenso./Talvez o infinito seja isso.../Já o tédio de o pensar é horroroso."[94]

---

[91] VI, pp. 128-129.
[92] VI, pp. 132-133.
[93] Anselmo Borges, *Do Mesmo ao Diferente. Questões deste tempo*, Porto, 1980, pp. 46-50.
[94] VI, p. 92.

Nunca saberemos, porque a Realidade é infinita e insondável, e, assim, "O segredo da Busca é que não se acha./Eternos mundos infinitamente,/Uns dentro de outros, sem cessar decorrem/Inúteis; Sóis, Deuses, Deus dos Deuses/Neles intercalados e perdidos/Nem a nós encontramos no infinito./Tudo é sempre diverso, e sempre adiante/De (Deus) e Deuses: essa a luz incerta/Da suprema verdade"[95]. Para lá de Deus, há sempre Deus, e o seu abismo é impenetrável: "O espírito é outra estrela... O Deus pensável/É um sol... E há mais Deuses, mais espíritos/De outras essências de Realidade.../ (...)/Deus a si próprio não se compreende./Sua origem é mais divina do que ele,/E ele não tem a origem que as palavras/Pensam fazer pensar...."[96] Permaneceremos, portanto, sempre na universal ignorância, nessa mistura inextricável de verdade e erro: "Porque pois buscar/Sistemas vãos de vãs filosofias,/Religiões, seitas, (voz de pensadores),/Se o erro é a condição da nossa vida,/A única certeza da existência?/Assim cheguei a isto: tudo é erro,/Da verdade há apenas uma ideia/À qual não corresponde realidade./ /Crer é morrer; pensar é duvidar;/A crença é o sono e o sonho do intelecto/Cansado, exausto, que a sonhar obtém/Efeitos lúcidos do engano fácil/Que antepôs a si mesmo, mais sentido,/Mais (visto) que o usual do seu pensar./A fé é isto: o pensamento/A querer enganar-se eternamente/Fraco no engano, (e assim) no desengano;/

---

[95] VI, p. 77.
[96] VI, p. 81.

/Quer na ilusão, quer na desilusão./Quanto mais fundamente penso, mais/Profundamente me descompreendo./ /O saber é a inconsciência de ignorar..."[97]. Será ousado lembrar aqui, apesar dos universos diferentes, Nicolau de Cusa, um dos filósofos cristãos que mais radicalmente se aperceberam da transcendência infinita e inacessível de Deus, a tal ponto intransponível pelo conhecimento humano que só se atinge de modo oculto e numa "ignorância doutíssima", pois está para lá e aquém de todos os contrários, do ser e do não ser, do nada e do alguma coisa, exigindo-se assim um ecumenismo ousado, que deve superar o da *una religio in rituum varietate*, já que tudo indica que, do ponto de vista religioso, não era exclusivista nem sequer inclusivista, mas pluralista?[98]

Já que nenhuma Igreja nem nenhum sistema ou religião podem conter em si o Supertranscendente (em todos há verdades, mas a verdade está sempre mais além), propugna Fernando Pessoa o paganismo superior, onde caibam todos os deuses. Pergunta: "Que português verdadeiro pode, por exemplo, viver a estreiteza estéril do catolicismo, quando, fora dele, há que viver todos os protestantismos, todos os credos orientais, todos os paganismos mortos e vivos, fundindo-os portuguesmente no

---

[97] VI, pp. 94-95.
[98] Cf. Id., *De docta ignorantia*, *De Conjecturis* e sobretudo *De Deo Abscondito* (há tradução portuguesa: Nicolau de Cusa, *De Deo abscondito. O Deus Escondido*, Braga, 1964); sobre o ecumenismo, cf. Id., *De Pace Fidei* (Nicolás de Cusa, *La paz de la fe. Carta a Juan de Segovia*, Navarra, 1996), *De Cribratione Alchorani*.

paganismo superior? Não queiramos que fora de nós fique um único deus! Absorvamos os deuses todos! (...) Ser tudo, de todas as maneiras, porque a Verdade não pode estar em faltar ainda alguma coisa! Criemos assim o paganismo superior, o politeísmo supremo! Na eterna mentira de todos os deuses todos são Verdade"[99]. Nesse Panteão universal, também cabe Cristo: "Não a ti, Cristo, odeio ou menosprezo/Que aos outros deuses que te precederam/Na memória dos homens./Nem mais nem menos és, mas outro deus./No Panteão faltavas. Pois que vieste/No Panteão o teu lugar ocupa,/Mas cuida não procures/Usurpar o que aos outros é devido"[100].

Mas, no final de contas, tudo é oculto, como diz no poema *Natal:* "Nasce um Deus. Outros morrem. A Verdade/Nem veio nem se foi: o Erro mudou. Temos agora uma outra Eternidade,/E era sempre melhor o que passou./Cega, a Ciência a inútil gleba lavra./Louca, a Fé vive o sonho do seu culto./Um novo Deus é só uma palavra./Não procures nem creias: tudo é oculto"[101]. Uma das chaves de interpretação de Fernando Pessoa é também o ocultismo[102]. Escreveu em 1915 a Sá-Carneiro: "A primeira parte da crise intelectual, já v. sabe o que é; a

---

[99] "A Nossa Crise", entrevista in: *Vida Portuguesa*, 13 de Outubro de 1923. Cit. in: António de Pina Coelho, *Os fundamentos filosóficos*, pp. 183-184.
[100] IV, p. 74.
[101] I, p. 218.
[102] Sobre este tema, Dalila L. Pereira da Costa, *O esoterismo de Fernando Pessoa*, Porto, 1971.

que apareceu agora deriva da circunstância de eu ter tomado conhecimento com as doutrinas teosóficas. (...) O carácter extraordinariamente vasto desta religião-filosofia; a noção de força, de domínio, de conhecimento superior e extra-humano que ressumam as obras teosóficas, perturbam-me muito. Coisa idêntica me acontecera há muito tempo com a leitura de um livro inglês sobre os Ritos e os Mistérios dos Rosa-Cruz. A possibilidade de que ali, na Teosofia, esteja a verdade real *me hante*. (...) se v. meditar que a Teosofia é um sistema ultracristão – no sentido de conter os princípios cristãos elevados a um ponto onde se fundem não sei em que além-Deus – e pensar no que há de fundamentalmente incompatível com o meu paganismo essencial, v. terá o primeiro elemento grave que se acrescentou à minha crise. Se, depois, reparar em que a Teosofia, porque admite todas as religiões, tem um carácter inteiramente parecido com o do paganismo, que admite no seu panteão todos os deuses, v. terá o segundo elemento da minha grave crise de alma. A Teosofia apavora-me pelo seu mistério e pela sua grandeza ocultista, repugna-me pelo seu humanitarismo e apostolismo (v. compreende?) essenciais, atrai-me por se parecer tanto com um 'paganismo transcendental' (é este o nome que eu dou ao modo de pensar a que havia chegado), repugna-me por se parecer tanto com o cristianismo, que não admito. É o horror e a atracção do abismo realizados no além-alma. Um pavor metafísico, meu querido Sá-Carneiro"[103].

---

[103] Cit. in: António Quadros, *o. c.*, pp. 263-267.

Numa nota autobiográfica, de 1935, confessa-se "Cristão gnóstico, e portanto inteiramente oposto a todas as Igrejas institucionalizadas, e sobretudo à Igreja de Roma. Fiel, por motivos que mais adiante estão implícitos, à Tradição Secreta do Cristianismo, que tem íntimas relações com a Tradição Secreta em Israel (a Santa Kabbalah) e com a essência da Maçonaria"[104] – "segundo alguns, teria sido iniciado no rito inglês do Royal Arch"[105]. Daí, a defesa que fez da Maçonaria[106], e os seus poemas ocultistas *Iniciação* e *No Túmulo de Christian Rosencreutz*, que terminam, respectivamente: "Neófito, não há morte"[107]; "Calmo na falsa morte a nós exposto,/ O Livro ocluso contra o peito posto,/Nosso Pai Roseacruz conhece e cala"[108]. A Rosa-Cruz (Rosa e cruz) é símbolo do encontro da transcendência e da imanência e da Unidade Múltipla e da Multiplicidade Una. A *Mensagem* é também a procura incansável e o apelo exaltante do Reino do Espírito Santo, dessa Índia que só existe na alma ("Pra que fui visitar a Índia que há/Se não há Índia senão a alma em mim?"[109])

---

[104] Cit. in: António de Pina Coelho, *Os fundamntos filosóficos*, p. 183.
[105] António Arnaut, *Introdução à Maçonaria*, Coimbra, 2001³, pp. 39-40.
[106] Cf. os textos célebres, in: David Mourão-Ferreira, *o. c.*, pp. 171-180.
[107] I, p. 236.
[108] I, p. 256.
[109] II, p. 138. Em V, p. 61: "E a Cruz alto diz que o que me há na alma/E faz a febre em mim de navegar/Só encontrará de Deus na eterna calma/O porto sempre por achar". E *passim*.

e que tem a ver com o imaginário da Terceira Idade da História[110].

Fernando Pessoa distingue, pois, entre os deuses relativos e o Deus Inefável: "Deus é o Homem de outro Deus maior:/(...)/Também, como foi nosso Criador,/Foi criado, e a Verdade lhe morreu..."[111]; porém – e aqui, mais uma vez, pode ver-se a grande influência gnóstica –, o Criador deste mundo "não é o Deus inefável, mas um Deus-homem ou Homem-Deus, análogo a nós, mas a nós superior"[112]. Fernando Pessoa coloca-se na perspectiva de uma hierarquia de mundos e de seres superiores, não acreditando na comunicação directa com Deus: "Creio na existência de mundos superiores ao nosso e de habitantes desses mundos, em experiências e graus de espiritualidade subtilizando-se até se chegar a um ente supremo, que presumivelmente criou este mundo. Pode ser que haja outros entes, igualmente supremos, que hajam criado outros como o nosso, interpenetradamente ou não. Por estas e ainda outras razões, a Ordem Externa do Ocultismo, ou seja a Maçonaria, evita (excepto a maçonaria anglo-saxónica) a expressão 'Deus', dadas as suas implicações teológicas e populares, e prefere dizer 'Grande Arquitecto do Universo', expressão que deixa em branco o problema de se Ele é criador ou simples-

---

[110] Cf. Agostinho da Silva, *Um Fernando Pessoa*, Lisboa, 1958 e Anselmo Borges, *Tomar e a aventura marítima no culto do Espírito Santo* (Tomar, s/d).
[111] I, p. 254.
[112] *Textos filosóficos. II*, p. 141.

mente governador do Mundo. Dadas estas escalas de seres, não creio na comunicação directa com Deus, mas, segundo a nossa afinação espiritual, podemos ir comunicando com seres cada vez mais altos"[113]. Assim, a vida é essa viagem infinita ao encontro do Deus Desconhecido: "E daí a minha 'crise' toda", escreve a Armando Cortes-Rodrigues. "Não é crise para eu me lamentar. É a de se encontrar só quem se adiantou demais aos companheiros de viagem – desta viagem que os outros fazem para se distrair e acho tão grave, tão cheia de termos de pensar no seu fim, de reflectir no que diremos ao Desconhecido para cuja casa a nossa inconsciência guia os nossos passos... Viagem essa, meu querido Amigo, que é entre almas e estrelas, pela Floresta dos Pavores... e Deus, fim da Estrada infinita, à espera no silêncio da sua grandeza"[114].

A tortura de Deus e o Menino Jesus

A vida do Poeta foi de facto uma longa travessia "pela Floresta dos Pavores", para onde aliás o empurrava permanentemente o seu temperamento. Incapaz de acção e decisão, incapaz ou impossibilitado de amar, Fernando Pessoa desgastou-se pensando: "Jamais tive uma decisão nascida do autodomínio (...). Os meus escritos, todos eles ficaram por acabar; sempre se interpunham novos pensa-

---

[113] Cit. in: António de Pina Coelho, *Os fundamentos filosóficos*, p. 201.
[114] Cit. in: Id., *o. c.*, p. 205.

mentos, extraordinárias, inexpulsáveis associações de ideias cujo termo era o infinito. Não posso evitar o ódio que os meus pensamentos têm a acabar seja o que for; uma coisa simples suscita dez mil pensamentos, e destes dez mil pensamentos brotam dez mil inter-associações, e não tenho força de vontade para os eliminar ou deter, nem para os reunir num só pensamento central em que se percam os pormenores sem importância mas a eles associados. Perpassam dentro de mim; não são pensamentos meus, mas sim pensamentos que passam através de mim. (...) O meu carácter é tal que detesto o começo e o fim das coisas, pois são pontos definidos. Aflige-me a ideia de se encontrar uma solução para os mais altos, mais nobres, problemas da ciência, da filosofia; a ideia que algo possa ser determinado por Deus ou pelo mundo enche-me de horror. Que as coisas mais momentosas se concretizem, que um dia os homens venham todos a ser felizes, que se encontre uma solução para os males da sociedade, mesmo na sua concepção – enfurece-me. E, contudo, não sou mau nem cruel; sou louco, e isso duma forma difícil de conceber"[115]. Desfez-se a pensar ("o pensar, que é o meu vício!"[116]), até ao cansaço, até à exaustão, numa lucidez pontiaguda e pungente: "O cansaço de pensar, indo até ao fundo de existir,/Faz-me velho desde antes de ontem com um frio até no corpo."[117] "O que há em mim é

---

[115] Notas Íntimas, cit. in: David Mourão-Ferreira, *o. c.*, pp. 15-16.
[116] VII, p. 172.
[117] II, p. 29.

sobretudo cansaço –/Não disto nem daquilo,/Nem sequer de tudo ou de nada:/Cansaço assim mesmo, ele mesmo,/Cansaço./(...)/Um supremíssimo cansaço,/íssimo, íssimo, íssimo,/Cansaço..."[118].

Por isso, suspira por voltar à inconsciência feliz das coisas e à inocência dos tempos de criança. É a grande aspiração expressa sobretudo por Caeiro, o mestre: "Há metafísica bastante em não pensar em nada./O que penso eu do Mundo?/Sei lá o que penso do mundo!/Se eu adoecesse pensaria nisso./(...)/O mistério das cousas? Sei lá o que é mistério!/O único mistério é haver quem pense no mistério./(...)/Metafísica? Que metafísica têm aquelas árvores/A de serem verdes e copadas e de terem ramos/E a de dar fruto na sua hora, o que não nos faz pensar,/A nós, que não sabemos dar por elas./Mas que melhor metafísica que a delas,/Que é a de não saber para que vivem/Nem saber o que não sabem?/'Constituição íntima das cousas'.../'Sentido íntimo do Universo'.../ Tudo isto é falso, tudo isto não quer dizer nada"[119]. Mas esta ânsia de inocência, para lá do horror de pensar, perpassa toda a obra pessoana: "Não é o vício/Nem a experiência que desflora a alma,/É só o pensamento. Há inocência//Em Nero e em Tibério louco/Porque há inconsciência. Só pensar/Desflora até ao íntimo do ser./Este perpétuo analisar de tudo,/Este buscar de uma nudez suprema//Raciocinada coerentemente/É que tira a inocência ver-

---

[118] II, pp. 64-65.
[119] III, pp. 26-27.

dadeira,/Pela suprema consciência funda/ De si, do mundo (...)/Pensar, pensar e não poder viver!/Pensar, sempre pensar, perenemente,/Sem poder ter mão nele. Ah, eu sorrio/Quando (por) vezes noto o inconsciente/Riso vazio do bandido/Rindo-se da inocência! Se ele soubesse/O que é perder a inocência toda.../O tédio! O tédio, quem me dera tê-lo!"[120] "No tempo em que festejavam o dia dos meus anos,/Eu era feliz e ninguém estava morto (...)"[121]. "Não poder viajar para o passado, para aquela casa e aquela afeição,/E ficar lá sempre, sempre criança e sempre contente!"[122] "Come chocolates, pequena;/Come chocolates!/Olha que não há mais metafísica no mundo senão chocolates./Olha que as religiões todas não ensinam mais que a confeitaria./ Come, pequena suja, come!/Pudesse eu comer chocolates com a mesma verdade com que comes!/Mas eu penso e, ao tirar o papel de prata, que é de folhas de estanho,/ Deito tudo para o chão, como tenho deitado a vida"[123]. "Gato que brincas na rua/Como se fosse na cama,/ Invejo a sorte que é tua/Porque nem sorte se chama./ Bom servo das leis fatais/Que regem pedras e gentes,/ Que tens instintos gerais/E sentes só o que sentes./És feliz porque és assim,/Todo o nada que és é teu./Eu vejo-me e estou sem mim,/Conheço-me e não sou eu"[124]. "Ah, mágoa de ter

---

[120] VI, p. 108.
[121] II, p. 284.
[122] II, p. 194.
[123] II, p. 255.
[124] I, p. 133.

consciência da vida!/(...)/Fosse pr'onde fosse, pra longe da ideia/De eu ter que pensar!"[125] "A criança que fui chora na estrada./Deixei-a ali quando vim ser quem sou;/Mas hoje, vendo que o que sou é nada,/Quero ir buscar quem fui onde ficou"[126].

O Menino Jesus seria o reencontro da inocência perdida: "Num meio-dia de fim de Primavera/Tive um sonho como uma fotografia./Vi Jesus Cristo descer à terra./Veio pela encosta de um monte/Tornado outra vez menino,/A correr e a rolar-se pela erva/E a arrancar flores para as deitar fora/E a rir de modo a ouvir-se de longe./Tinha fugido do céu. Era nosso demais para fingir/De segunda pessoa da Trindade./No céu era tudo falso, tudo em desacordo/Com flores e árvores e pedras//No céu tinha que estar sempre sério/(...)./Um dia que Deus estava a dormir/E o Espírito Santo andava a voar,/Ele foi à caixa dos milagres, e roubou três./Com o primeiro fez que ninguém soubesse que ele tinha fugido.//Com o segundo criou-se eternamente humano e menino./Com o terceiro criou um Cristo eternamente na cruz/E deixou-o pregado na cruz que há no céu/E serve de modelo às outras./Depois fugiu para o Sol/E desceu pelo primeiro raio que apanhou./Hoje vive na minha aldeia comigo/É uma criança bonita de riso e natural./(...)./A mim ensinou-me tudo./(...)./Ele mora comigo na minha casa a meio do outeiro./Ele é a Eterna

---

[125] X, p. 39.
[126] X, p. 90.

Criança, o deus que faltava./Ele é o humano que é natural,/Ele é o divino que sorri e que brinca./E por isso é que eu sei com toda a certeza/Que ele é o Menino Jesus verdadeiro./(...)./A Criança Eterna acompanha-me sempre./A direcção do meu olhar é o seu dedo apontando./ /O meu ouvido atento alegremente a todos os sons/São as cócegas que ele me faz, brincando, nas orelhas./Damo-nos tão bem um com o outro/Na companhia de tudo/ /Que nunca pensamos um no outro,/Mas vivemos juntos e dois/Com um acordo íntimo,/Como a mão direita e a esquerda./Ao anoitecer brincamos às cinco pedrinhas/(...)./Depois eu conto-lhe histórias das coisas só dos homens/E ele sorri, porque tudo é incrível./Ri dos reis e dos que não são reis,/E tem pena de ouvir falar das guerras,/E dos comércios, e dos navios/Que ficam fumo no ar dos altos mares./Porque ele sabe que tudo isso falta àquela verdade/Que uma flor tem ao florescer/E que anda com a luz do Sol/A variar os montes e os vales/E a fazer doer aos olhos os muros caiados./Depois ele adormece e eu deito-o./Levo-o ao colo para dentro de casa/E deito-o, despindo-o lentamente/E como seguindo um ritual muito limpo/E todo materno até ele estar nu./Ele dorme dentro da minha alma/E às vezes acorda de noite/E brinca com os meus sonhos./Vira uns de pernas para o ar,/Põe uns em cima dos outros/E bate as palmas sozinho/Sorrindo para o meu sono./... Quando eu morrer, filhinho,/Seja eu a criança, o mais pequeno./Pega-me tu ao colo/E leva-me para dentro da tua casa./Despe o meu ser cansado e humano/E deita-me na tua cama./E conta-me histórias, caso eu acorde,/Para eu tornar a adormecer./E dá-me sonhos teus para eu brincar/Até que nasça qualquer dia/Que tu sabes qual é./... Esta é a história do meu Menino Jesus./Por que razão que se perceba/Não há-de ser ela mais verdadeira/Que tudo quanto os filósofos pensam/E tudo quanto as religiões ensinam?"[127] Apesar das "blasfémias" contidas no Poema (o próprio Fernando Pessoa deixou exarado em apontamentos soltos: "escrevi com sobressalto e repugnância o poema oitavo do 'Guardador de Rebanhos', com a sua blasfémia infantil e o seu antiespiritualismo absoluto. Na minha pessoa própria, e aparentemente real, com que vivo social e objectivamente, nem uso da blasfémia, nem sou antiespiritualista"[128]), ele representa a procura terna e eterna da paz e da reconciliação, na simplicidade daquele "Menino eternamente criança e humano que era para Alberto Caeiro o Deus verdadeiro e supremo que faltava no universo (...). Não haverá salvação para o mundo enquanto não entendermos e fizermos penetrar em nossas consciências este facto basilar, e enquanto as nossas escolas, transformando-se inteiramente, não forem, em lugar de máquinas de fabricar adultos, viveiros de conservar crianças; enquanto não forem as crianças que nos levem, não pelo caminho que uma ciência fáustica previu, mas pelo que houver, dando a mão, ao mesmo tempo, a nós e às coisas: enquanto não for o Menino Jesus

---

[127] III, p. 30-37.
[128] *Obra Poética*, p. 199.

nosso Deus verdadeiro"[129]. Fernando Pessoa "ele mesmo" também escreveu: "Grande é a poesia, a bondade e as danças.../Mas o melhor do mundo são as crianças,/Flores, música, o luar, e o sol, que peca/Só quando, em vez de criar, seca./O mais do que isto/É Jesus Cristo,/Que não sabia nada de finanças/Nem consta que tivesse biblioteca..."[130]. E chega mesmo a caminhar de mãos dadas com Deus: "Por isso, a cada passo/Que meu ser triste e lasso/Sente sair do bem/Que a alma, se é própria, tem,/Minha mão de criança/Sem medo nem esperança//Para aquele que sou/Dou na de Deus e vou"[131].

Mas o Poeta acedera à consciência e sabe que é impossível a inconsciência consciente, a síntese sartriana do "en soi" e do "pour soi"[132]. "Ela canta, pobre ceifeira,/Julgando-se feliz talvez;/(...)./Ah, poder ser tu, sendo eu!/ Ter a tua alegre inconsciência,/E a consciência disso! Ó céu!/Ó campo! Ó canção! A ciência/Pesa tanto e a vida é tão breve!/Entrai por mim dentro! Tornai/Minha alma a vossa sombra leve!/Depois, levando-me, passai!"[133] "Só

---

[129] Agostinho da Silva, *o. c.*, pp. 86-87.

[130] I, p. 248.

[131] VIII, p. 195.

[132] Cf. Jacinto do Prado Coelho, *o. c.*, p. 209, e 219-220, em que se faz a citação luminosa de Miguel de Unamuno sobre a base da tragédia humana: "Porque vivir es una cosa y conocer otra, y, como veremos, acaso hay entre ellas una tal oposición que podemos decir que todo lo vital es antirracional, no ya sólo irracional, y todo lo racional antivital. Y esta es la base del sentimiento trágico de la vida."

[133] I, pp. 110-111.

a inocência e a ignorância são/Felizes, mas não o sabem. São-no ou não?/Que é ser sem no saber? Ser, como a pedra,/Um lugar, nada mais"[134]. O próprio Caeiro, com o seu objectivismo, não pode encontrar a felicidade, porque há sempre dois Caeiros: mesmo aquele que não quer metafísica nenhuma sabe-o, o que não quer filosofar já está a filosofar.

Fernando Pessoa acabou por despedaçar-se na consciência da condição trágica da existência humana, cuja estrutura a Bíblia apresenta no relato mítico do que se chama "pecado original" e que é a instituição estrutural do homem. Adão e Eva, diz o Génesis, eram felizes, vivendo no Paraíso terreal: "estavam nus, e não se envergonhavam"[135]. Mas, no dia em que comeram do fruto da árvore da ciência do bem e do mal, "os seus olhos abriram-se"[136], viram que estavam nus e souberam que eram mortais, sujeitos à consciência da inevitabilidade de morrer. Quer dizer, o relato bíblico inaugura a condição trágica do homem. Perdemos a inocência das coisas e das crianças, pelo uso e abuso da razão. Fomos cindidos da Totalidade originária e arremessados para a liberdade e para a consciência da finitude. Entrámos na ruptura entre o finito e o Infinito, na "consciência desgraçada", ponto de partida da filosofia de Hegel. É esta a grandeza do homem: sabe que sabe (a consciência), mas o saber finito,

---

[134] VI, p. 95
[135] Gén. 2, 25.
[136] Gén. 3, 7.

esse intervalo, esse "entre" o Nada e o Tudo, é o lugar donde procede a sua infelicidade. O animal tem dores e também morre, mas não é capaz de infelicidade, porque não sabe que é mortal nem vive devorado pela consciência da finitude e da ignorância do Desconhecido[137].

Eis, pois, a tragédia de Pessoa: "Uns têm – e é sofrer – o duvidar:/Há Deus ou não há Deus? Há alma ou não?/Eu não duvido, ignoro. E se o horror/De duvidar é grande, o de ignorar/Não tem nome nem entre os pensamentos"[138]. Daí, o seu balancear constante, triturante, paradoxal e contraditório entre a Presença e a Ausência: "Que coisa distante/Está perto de mim?"[139] "Não sou quem descrevo. Eu sou a tela/E oculta mão colora alguém em mim"[140]. "Não meu, não meu é quanto escrevo,/A quem o devo?/De quem sou o arauto nado?/(...)/Sou grato Ao que do pó que sou/Me levantou"[141]. "Emissário de um rei desconhecido/Eu cumpro informes instruções de além (...)"[142]. Não sabe, porém, se existe: "Não sei se existe o Rei que me mandou."[143] O que sente perante a morte não é medo, mas horror: "... gela-me apenas, muda,/A presença da morte que tri-

---

[137] Cf. Fradelino Rosa, *Uma interpretação de Fernando Pessoa*, Lisboa, 1971, p. 79 ss.
[138] VI, p. 131.
[139] *Obra Poética*, p. 173.
[140] I, p. 55.
[141] I, pp. 152-153.
[142] I, p. 59.
[143] I, p. 60.

plica/O sentimento do mistério em mim"[144]; mas "Não haverá, enfim,/Para as coisas que são,/Não a morte, mas sim/Uma outra espécie de fim,/Ou uma grande razão –/Qualquer coisa assim/Como um perdão?"[145] e: "A morte é a curva da estrada,/Morrer é só não ser visto./Se escuto, eu te oiço a passada/Existir como eu existo./A terra é feita de céu./A mentira não tem ninho./Nunca ninguém se perdeu./Tudo é verdade e caminho"[146]. Haver Deus é "qualquer coisa de grande e pavoroso"[147] e "Não haver Deus é um deus também"[148]. "Às vezes sou o Deus que trago em mim/E então eu sou o Deus e o crente e a prece/E a imagem de marfim/Em que esse deus se esquece./Às vezes não sou mais do que um ateu/Desse deus meu que eu sou quando me exalto./Olho em mim todo um céu/E é um mero oco céu alto"[149]. "Cheio de Deus, não temo o que virá (...)"[150], mas, antecipando Sartre, também escreve: "Deus pessoal, deus gente, dos que crêem,/Existe, para que eu te possa odiar!/(...)/O horror metafísico de Outrem!/O pavor de uma consciência alheia/Como um deus a espreitar-me!/Quem me dera//Ser a única (cousa ou) animal –/Para não ter olhares

---

[144] VI, p. 129.
[145] I, p. 207.
[146] I, p. 144.
[147] VI, p. 56.
[148] VIII, p. 69.
[149] X, p. 23.
[150] V, p. 39.

sobre mim!"[151] "Horror supremo! E não poder gritar/A Deus – que Deus não há – pedindo alívio!"[152]; no entanto, ainda que a existência de Deus seja indemonstrável, "é um acto de fé racional, natural portanto – inevitável até – em qualquer homem no uso da sua plena razão. E tanto assim é que o ateísmo anda sempre ligado a duas qualidades mentais negativas – a incapacidade de pensamento abstracto e a deficiência de imaginação racional. Por isso, nunca houve grande filósofo ou grande poeta que fosse ateu"[153]. "A verdade manda Deus que se diga. Mas ouviu alguém isso a Deus?"[154] Quem sabe se a sua angústia não é a saudade do Cais donde outrora partimos, "O Cais Absoluto por cujo modelo inconscientemente imitado,/Insensivelmente evocado,/Nós os homens construímos/Os nossos cais nos nossos portos,/(...)/O Grande Cais Anterior, eterno e divino!/(...) Ah, que essencialidade de mistério e sentido parados/Em divino êxtase revelador/Às horas cor de silêncios e angústias/Não é ponte entre qualquer cais e o Cais!"?[155]; mas ele será "sempre o que esperou que lhe abrissem a porta ao pé de uma parede sem porta/E cantou a cantiga do Infinito numa capoeira,/E ouviu a voz de Deus num poço tapado./(...)/Escravos cardíacos das estrelas,/Conquistámos todo o mundo antes de nos levantar da cama;/Mas

---

[151] VI, p. 118-119.
[152] VI, p. 100.
[153] *Textos filosóficos II*, p. 78.
[154] II, p. 72.
[155] II, pp. 164-165.

acordámos e ele é opaco,/E levantámo-nos e ele é alheio,/Saímos de casa e ele é a terra inteira,/Mais o sistema solar e a Via Láctea e o Indefinido"[156]. "A paisagem longínqua só existe/Para haver nela um silêncio em descida/Para o mistério, silêncio a que a hora assiste.../E, perto ou longe, grande lago mudo,/O mundo, o informe mundo onde há a vida.../E Deus, a Grande Ogiva ao fim de tudo..."[157]; mas encontrar Deus deve ser horrível: "E um pavor físico de encontrar Deus fez-me fechar os olhos de repente"[158], a ponto de pedir que a Verdade o esqueça: "Não, não, isso não!/Tudo menos saber o que é o Mistério!/Superfície do Universo, ó Pálpebras Descidas,/Não vos ergais nunca!/O olhar da Verdade Final não deve poder suportar-se!/Deixai-me viver sem saber nada, e morrer sem ir saber nada!/A razão de haver ser, de haver seres, de haver tudo,/Deve trazer uma loucura maior que os espaços/Entre as almas e entre as estrelas./Não, não, a verdade não! Deixai-me estas casas e esta gente;/Assim mesmo, sem mais nada, estas casas e esta gente.../Que abafo horrível e frio me toca em olhos fechados?/Não os quero abrir de viver! Ó Verdade, esquece-te de mim!"[159]

O que o perturba é a incompreensibilidade do mistério. Como justamente escreve António de Pina Coelho,

---

[156] II, pp. 254-255.
[157] I, p. 62.
[158] II, p. 305.
[159] II, pp. 264-265.

"no fundo, Pessoa sente-se centro deste saber e não-saber, do incompreensível pascaliano. 'Incompreensível que Deus exista. Incompreensível que Deus não exista'. Esta incompreensibilidade de Deus gera a vacuidade, uma descrença que pode atingir os paroxismos da loucura"[160]. Então, exausto, chega a admitir o Deus cristão: "Já estão em mim exaustas,/Deixando-me transido de terror,//Todas as formas de pensar (...)/O enigma do universo. Já cheguei/A conceber, como requinte extremo/Da exausta inteligência, que era Deus.../Já cheguei a aceitar como verdade/O que nos dão por ela, e a admitir/Uma realidade não real/Mas não sonhada, (como o) Deus Cristão."[161] Para encontrar a paz, suspira pela infância perdida e impossível ou ao menos por uma religião qualquer: "Esta velha angústia,/Esta angústia que trago há séculos em mim,/Transbordou da vasilha,/Em lágrimas, em grandes imaginações,/Em sonhos em estilo de pesadelo sem terror,/Em grandes emoções súbitas sem sentido nenhum./Transbordou./Mal sei como conduzir-me na vida/Com este mal-estar a fazer-me pregas na alma!/Se ao menos endoidecesse deveras!/Mas não: é este estar entre,/Este quase,/Este poder ser que...,/Isto./Um internado no manicómio é, ao menos, alguém,/Eu sou um internado num manicómio sem manicómio./Estou doido a frio,/Estou lúcido e louco,/Estou alheio a tudo e igual a todos:/Estou dormindo desperto com sonhos que são lou-

---

[160] António de Pina Coelho, *Os fundamentos filosóficos*, p. 207.
[161] VI, p. 76.

cura/Porque não são sonhos/Estou assim.../Pobre velha casa da minha infância perdida!/Quem te diria que eu me desacolhesse tanto!/Que é do teu menino? Está maluco./Que é de quem dormia sossegado sob o teu tecto provinciano?/Está maluco./Quem de quem fui? Está maluco. Hoje é quem eu sou./Se ao menos eu tivesse uma religião qualquer!/Por exemplo, por aquele manipanso//Que havia em casa, lá nessa, trazido de África./ Era feiíssimo, era grotesco,/Mas havia nele a divindade de tudo em que se crê./Se eu pudesse crer num manipanso qualquer –/Júpiter, Jeová, a Humanidade –/Qualquer serviria,/Pois o que é tudo senão o que pensamos de tudo?/Estala, coração de vidro pintado!"[162] E, com nítidas conotações religiosas, invoca a Noite Misteriosa: "Vem, Noite antiquíssima e idêntica,/Noite Rainha nascida destronada,/Noite igual por dentro ao silêncio, Noite/Com as estrelas lantejoulas rápidas/No teu vestido franjado de Infinito./(...)./Nossa Senhora/Das coisas impossíveis que procuramos em vão,/Dos sonhos que vêm ter connosco ao crepúsculo, à janela,/Dos propósitos que nos acariciam/(...)/Vem, e embala-nos,/Vem e afaga-nos./Beija-nos silenciosamente na fronte,/Tão levemente na fronte que não saibamos que nos beijam/ Senão por uma diferença na alma./(...)./Vem soleníssima,/Soleníssima e cheia/De uma oculta vontade de soluçar,/Talvez porque a alma é grande e a vida pequena,/E todos os gestos nos saem do nosso corpo/E

---

[162] II, pp. 54-55.

só alcançamos onde o nosso braço chega,/E só vemos até onde chega o nosso olhar./Vem, dolorosa,/Mater-Dolorosa das Angústias dos Tímidos,/Turris-Eburnea das Tristezas dos Desprezados,/Mão fresca sobre a testa em febre dos humildes,/Sabor de água sobre os lábios secos dos Cansados./Vem, lá do fundo/Do horizonte lívido,/Vem e arranca-me/Do solo de angústia e de inutilidade/Onde vicejo"[163].

Conclusão

A conclusão é que não pode haver conclusão, na medida em que concluir tem a ver com fechar, e aqui temos precisamente o Aberto. Fernando Pessoa crucificou-se no labirinto de pensar tudo ("arrasto a cruz do meu pensar"[164]), num universo fragmentado, sem saída definitiva para nada. Formulou metafisica, poética e ludicamente todas as perguntas, ousando todas as respostas e nenhuma, porque fica sempre o Desconhecido, de que Ser, Universo e Não-Ser são a tríplice manifestação ("Being, Universe, Not-Being – this is the triple manifestation of the Unknown"[165]). Nele, a Razão não é o pensamento ordenador, sistematizador; anda sempre unido à Emoção (escreveu: "Os nossos escritores e artistas (...) ignoram que um

---

[163] II, pp. 155-157.
[164] VI, p. 75.
[165] Cit. in: António de Pina Coelho, *Os fundamentos filosóficos*, p. 181.

poema, por exemplo, não é mais que uma carne de emoção cobrindo um esqueleto de raciocínio."[166] O *homo sapiens* conjuga-se com o *homo demens*. A razão apolínea explode em vertigem dionisíaca, fazendo também lembrar Nietzsche, mas com uma diferença: a euforia parece derrotada pela falência.

Assim, se, no dizer do padre Manuel Antunes, a afirmação de Deus como "a Grande Ogiva ao fim de tudo" é "a expressão mais intelectual e mais gráfica do pensamento religioso de Fernando Pessoa"[167], também é verdade, como escreveu Zacarias de Oliveira, que "não há uma linha certa de condução, não há um pensar igual: há uma espécie de caos religioso, névoa onde de vez em quando surgem estrelas para se apagarem. Há a indecisão dispersa de Pessoa, unido apenas na sua elaboração artística"[168].

Tendo como guia "a só razão" – "Alumia-me em vão?/ Só ela me alumia"[169] –, incapaz, portanto, de entrega ao Mistério Pessoal na radicalidade da confiança, Fernando Pessoa, consumido pela "febre de Além", mas ao mesmo tempo corroído por um "cepticismo deprimente"[170], definindo-se a si próprio como "espírito especulativo e meta-

---

[166] "O Caso Mental Português", cit. in: David Mourão-Ferreira, *o. c.*, p. 148.
[167] Manuel Antunes, *a. c.*, p. 55.
[168] Zacarias de Oliveira, "O problema religioso em Fernando Pessoa", in: *Estudos* IV/396 (1961) 228.
[169] I, p. 140.
[170] Jacinto do Prado Coelho, *o. c.*, p. 230.

físico, e por isso triste e desgracioso"[171] e também como "um novelo embrulhado para o lado de dentro"[172], numa solidão atroz em estilhaço, não teve outro caminho senão tornar-se vários e transpor para a estética divina dos seus Poemas o enigma-mistério ontológico-teológico intransponível e devorante. Para não enlouquecer de vez nem rebentar na explosão da vida nem suicidar-se. "Aos trombolhões me inspiro,/Mal podendo respirar, ter-me de pé me exalto,/E os meus versos são eu não poder estoirar de viver"[173].

---

[171] Fernando Pessoa, *Páginas de doutrina estética*, cit. in: Jacinto do Prado Coelho, *o. c.*, p. 188.

[172] *Obra Poética*, p. 248.

[173] II, 210. Cf. também Alfredo Antunes, *a. c.*, p. 154 e Jacinto do Prado Coelho, *o. c.*, pp. 229-230.

VIII
RELIGIÃO, RELIGIÕES
E DIÁLOGO INTER-RELIGIOSO

Este estudo introdutório à problemática da religião/
/religiões tem dois objectivos fundamentais: em primeiro
lugar, tentar uma "definição" de religião e, depois, estabelecer o quadro essencial das condições de possibilidade
do necessário e urgente diálogo inter-religioso.

Para uma "definição" de religião

1. A *Encyclopedia Britannica* apresentou, em 2006, a distri-
buição e percentagem das "religiões universais". Cristãos:
2.133.806.000 (33,1%), sendo os católicos 1.118.991.000
(17,3%), os protestantes 375.815.000 (5,8%), os ortodoxos
219.501.000 (3,4%), os anglicanos 79.718.000 (1,2%),
outros cristãos 459.321.000 (7,1%), cristãos sem filiação
113.622.000 (1,8%). Muçulmanos: 1.308.941.000 (20,3%).
Hindus: 860.133.000 (13,3%). Budistas: 378.808.000
(5,9%). Judeus: 14.000.000 (0,2%).

Aparecem tambem os outros grupos. Não religiosos:
769.379.000 (11,9%). Religiões populares chinesas:

404.921.900 (6,3%). Religiões étnicas: 256.332.000 (4,0%). Ateus: 151.612.000 (2,3%). Novas religiões: 108.131.200 (1,7%).

Embora as estatísticas no domínio religioso tenham de ser vistas com os seus limites próprios – basta pensar em quantos se afirmam cristãos, mas não praticantes –, estes números são, pelo menos, indicativos, concluindo-se que, se a população do planeta estava calculada em meados de 2005 em 6.453.628.000, só cristãos, muçulmanos, hindus e budistas totalizavam praticamente 73%[1].

E é precipitada a afirmação de que as religiões tendem a desaparecer. De facto, uma prospectiva de L'Atlas des religions indica que, no ano 2050, os cristãos serão 3.052.000.000; os muçulmanos, 2.229.000.000; os hindus, 1.175.000.000; os budistas, 425.000.000; os judeus, 17.000.000[2].

Mas o que é a religião? O que deve entender-se por pessoa religiosa? Onde se fundamenta a religião? Qual é o dinamismo que está na base das religiões?

Toda a religião tem a ver com a ética e também com a estética. Hegel viu bem quando afirmou que a arte, a religião e a filosofia estão referidas ao Absoluto. A pergunta é, como escreve o filósofo José Gómez Caffarena, se a ética, a estética e a filosofia acabarão por absorver a religião, como já insinuava Goethe: "quem tem arte (e moral

---

[1] Cf. José Gómez Caffarena, *El Enigma y el Misterio. Una filosofía de la religión*, Madrid, 2007, pp. 87-88.
[2] *L'Atlas des religions* (Coédition La Vie-Le Monde), 2011, p. 17.

e filosofia) tem religião; quem a não tem que tenha religião"[3].

Segundo Lucrécio, "o medo criou os deuses"[4]. Desde então, isso tem sido repetido, acrescentando a ignorância e a impotência, de tal modo que, com a avanço da ciência e da técnica, a religião acabaria por ser superada e desaparecer.

Será, porém, verdade que na génese da religião estão o medo, a ignorância e a impotência? Ninguém poderá negá-lo. A questão é saber se esses são os únicos e decisivos factores e de que modo actuam. De facto, não é a limitação enquanto tal que está na base da religião, mas a consciência da limitação. Na consciência da finitude, que tem a sua máxima expressão na consciência da mortalidade, o homem transcende o limite e articula um mundo simbólico de esperança de sentido último e salvação. Como disse Hegel, a verdade do finito encontra-se no Infinito, e Kant viu bem, ao referir a religião à esperança de um sentido final[5].

Assim, é possível que a ciência e a técnica obscureçam a força do apelo religioso. Mas, permanecendo a finitude

---

[3] Cit. in: Id., *o. c.*, p. 84.

[4] *De rerum natura*, vv. 1161-1193.

[5] Immanuel Kant, *Logik*, in: Id., *Werkausgabe*. Band VI, Frankfurt/M., 1991[8], pp. 447-448: O campo da filosofia pode reduzir-se às seguintes perguntas: "O que posso saber? O que devo fazer? O que me é permitido esperar? O que é o homem? À primeira pergunta responde a metafísica, à segunda a moral, à terceira a religião e à quarta a antropologia".

e a sua consciência, há-de erguer-se sempre a pergunta pelo sentido último. Como disse Ciorán, "tudo se pode sufocar no homem, salvo a necessidade do Absoluto, que sobreviverá à destruição dos templos e mesmo ao desaparecimento da religião". Na mesma linha de pensamento, afirma L. Rougier: "A Igreja pode declinar: o sentimento religioso grávido de um impulso para o ideal, de uma sede do absoluto, de uma necessidade de superar-se, que os teólogos chamam transcendência, subsistirá."[6]

O que, do ponto de vista biológico, une a Humanidade é a interfecundidade. Do ponto de vista espiritual, o que a une é a pergunta radical pela totalidade e o seu sentido. O homem é o animal que pergunta pelo seu ser e pelo ser.

A razão humana não cria a partir do nada. Ela constrói a partir do dado e, feito todo o seu percurso, sabe que acende a sua luz na noite do Mistério. Se pergunta, é porque ela própria é perguntada pela realidade, que é ambígua. Precisamente na sua ambiguidade, provocando, por isso, espanto positivo e negativo, a realidade e a existência convocam para a pergunta radical: o que é o Ser?, o que é o homem?

Quando, na evolução, se deu a passagem do animal ao homem, apareceu no mundo uma forma de vida inquieta que leva consigo constitutivamente a pergunta pelo sentido de todos os sentidos, portanto, a pergunta pelo sentido último. A dinâmica religiosa deriva da experiência de

---

[6] Cit. in: Jesus Avelino de la Pienda, *El problema de la religión*, Madrid, 1998, p. 99.

contingência radical e da esperança num sentido final. A mesma experiência tem um duplo pólo: a radical problematicidade do mundo e da existência e a referência em esperança a uma resposta de sentido último, plenitude, felicidade, orientação, identidade, salvação.

Este domínio da busca de sentido aparece de modo tão central na vida humana que a história da Humanidade não se compreende sem a história da consciência religiosa, não sendo de esperar o fim da religião e das religiões.

Neste contexto, não é ousado afirmar que todo o ser humano é religioso, na medida em que é confrontado com a pergunta pela ultimidade. Só poderíamos falar de irreligiosidade no caso de alguém se contentar com a imediatidade empírica, recusando todo e qualquer movimento de transcendimento.

O homem tem uma constituição paradoxal. Por vezes, constata que faz aquilo de que se espanta negativamente, erguendo, perplexo, a pergunta: como foi possível ter feito isso? – aí, não era eu. Há, pois, o "isso" em nós sem nós, de tal modo que fazemos a experiência do infra ou extra-pessoal em nós. Talvez fosse a isso que São Paulo se referia quando escreveu: "Que homem miserável sou eu! É que não é o bem que eu quero que faço, mas o mal que eu não quero, isso é que pratico"[7].

Por outro lado, o homem dá consigo como sendo mais do que o que é: ainda não é o que quer e há-de ser. Ainda

---

[7] Rm. 7, 24. 19.

não sou o que serei. Uma das raízes da pergunta pelo homem deriva precisamente desta experiência: eu sou eu, portanto, idêntico a mim, mas não completamente idêntico, porque ainda não sou totalmente eu. Então, o que sou?, o que somos?, o que é o homem?

O homem não se contenta com o dado. Quer mais, ser mais, numa abertura sem fim. Exprimindo esta abertura ilimitada, há uma série de expressões famosas: *citius, altius, fortius* (mais rápido, mais alto, mais forte), o lema olímpico; o homem é *bestia cupidissima rerum novarum* (animal ansiosíssimo por coisas novas), dizia Santo Agostinho; Max Scheler definiu-o como "o eterno Fausto" e Nietzsche como "o único animal que pode prometer"; Unamuno escreveu: "mais, mais e cada vez mais; quero ser eu e, sem deixar de sê-lo, ser também os outros." Mesmo na morte, o homem não está acabado, pois é o animal do transcendimento e sempre inconcluído. Precisamente a inconclusão mostra que a sua temporalidade e o seu ser têm uma estrutura essencialmente aberta.

O homem não pode não transcender, mesmo se, como escreveu o teólogo Leonardo Boff, há o bom e o mau transcender. Exemplos do mau transcender e má transcendência são a droga, o álcool em excesso, a religião enquanto superstição alienante. A vida é exaltante, mas também é terrível por vezes – traz exigências, dificuldades, opções que exigem algo de heróico. E há quem não aguenta. E foge-se, alienado, para a droga, por exemplo, e "viaja-se". Mas, quando se regressa da "viagem", os problemas estão lá todos, com uma agravante: há menos força para enfrentá-los e superá-los, na alegria de crescer e transcender. No bom transcender – no amor, na produção, na investigação, na obra de arte, na contemplação da beleza, na generosidade frente à vida, na religião criadora –, o horizonte alarga-se, há mais vida partilhada, humanidade livre, justa e feliz, criação do novo, esperança que toca o Além[8].

Permanece, portanto, a pergunta ineludível: qual é o termo da força do transcendimento humano? Por outra palavras: qual é o sentido último da existência?[9]

---

[8] Leonardo Boff, *Tempo de transcendência*, Rio de Janeiro, 2000.

[9] No limite, o autêntico ateísmo coerente seria "o ateísmo silencioso", como escreve Georges Minois, aquele que não pusesse sequer a questão de Deus. Pergunta-se, porém, se precisamente a questão de Deus enquanto questão, independentemente da resposta positiva ou negativa que se lhe dê, e a questão do sentido último, não são constitutivas do ser humano. Citando Georges Gusdorf, G. Minois conclui a sua *Histoire de l'athéisme*, Paris, 1998, pp. 587-588, "com um quadro implacável e lúcido" da Humanidade do ano 2000: "vive no Grande Interregno dos valores, condenada a uma travessia do deserto axiológico de que ninguém pode prever o fim". Durante muito tempo perseguido, o ateu obteve o direito de cidadania no século XIX e acreditou mesmo poder proclamar a morte de Deus. Mas já no fim do século XX houve a tomada de consciência de que, "ao eclipsar-se, Deus levou consigo o sentido do mundo". E continua: o futuro é imprevisível, porque o ateísmo e a fé enquanto compreensão global do mundo andaram sempre juntos. A ideia de Deus era um modo de apreender o universo na sua totalidade e dar-lhe, de forma teísta ou ateia, um sentido. Assim, a divisão hoje já não está tanto entre crentes e descrentes como entre "aqueles que afirmam a possibilidade de pensar globalmente o mundo, de modo divino ou ateu, e os que se limitam a uma visão fragmentária em que predomina o aqui e agora, o imediato localizado. Se esta segunda atitude prevalecer, isso significa que a Humanidade abdica da sua procura de sentido."

Compreendida num sentido amplo, a religião é constitutiva do ser humano. Segundo Raimon Panikkar, um estudo intercultural da realidade descobre o seguinte: a) há em toda a cultura algo que tem a ver com a consciência que o homem dessa cultura tem de si mesmo. Poderíamos denominar isso x, que é o enigma do homem na sua situação no mundo; b) existe também um ideal, termo ou fim da existência humana que poderíamos denominar y, que é o que o homem pensa que deve ser e que será; c) há, por outro lado, a convicção de que x é diferente de y e que há um caminho e relação entre os dois. Precisamente este último ponto poderia exprimir-se dizendo que y é função de x: $f(x) = y$, sendo esta função o que se chama religião, portanto, o caminho que leva de x a y.

Assim, religião é "o que os homens *crêem* que exerce esta função, isto é, o que crêem que os levará de x, a sua condição humana como a vêem, a y, a finalidade ou o fim da sua própria existência, chame-se-lhe libertação, salvação, sociedade perfeita, justiça, céu ou com outras palavras como *soteria*, *moksha*, *nirvana*, etc." Por paradoxal que pareça, a própria posição niilista bem como a posição monista extrema não estão fora desta definição, desde que se considere que a única condição necessária para a realidade desta função é que "x seja diferente de y". Ora, "é esse o caso, mesmo quando se diz que y 'é' o nada ou que x já é em última instância idêntico a y". De facto, enquanto eu não "souber" que x é igual a y, não realizei essa identidade. Os homens dedicam-se às religiões precisamente porque acreditam que elas realizam esta função: "dar o máximo sentido possível à vida humana."

Neste quadro, pode dizer-se que a religião é "um transcendental humano" e um existencial inerente ao ser humano enquanto tal. A religião, neste sentido, pode definir-se como "a dimensão de ultimidade do homem. As diferentes formas de entender e interpretar esta dimensão é que constituem as diferentes religiões no seu sentido antropológico e as cristalizações históricas das mesmas, a religião no seu sentido sociológico"[10].

2. Em ordem a uma tentativa de definição mais precisa, também pode ajudar um percurso pela etimologia.

Antes do cristianismo, encontramos dois étimos. Um refere *religio* e *religiosus* a *religere*, no sentido do cumprimento dos deveres de culto. O documento mais antigo seria um verso que Nigidius Figulus (100-45 a. C.) tomou de um cântico para confirmar a etimologia de "religiosus" e que o escritor romano Aulus Gellius (130-170) cita: "religentem esse opportet, religiosus ne fias" (*Noctes Atticae* IV, 9, 1), com o significado de que se deve ser consciencioso, escrupuloso, para se não ser "supersticioso"[11].

Nigidius Figulus era amigo de Cícero (106-43), que, num texto célebre, apresenta *relegere* como étimo: "As pessoas que passam o dia inteiro a rezar e oferecendo sacrifícios para assegurar que os seus filhos lhes sobrevivam – de

---

[10] Raimon Panikkar, ""La religión del futuro", in: Manuel Fraijó (Ed.), *Filosofia de la religión. Estudios y textos*, Madrid, 1994, pp. 745 747.

[11] Johann Figl (Hrsg.), *Religionswissenschaft. Religionen und ihre zentralen Themen*, Innsbruck, 2003, p. 63.

superstes, sobrevivente – são chamadas 'supersticiosas'. Por outro lado, os que revêem cuidadosamente e por assim dizer 'relêem' (*relegerent*) todo o saber ritual são chamados religiosos (dicti religiosi)" (*De natura deorum* II, 72)[12]. Trata-se, portanto, de superar a superstição, mediante uma atenção cuidadosa, uma consideração conscienciosa, uma releitura (*legere*: ler) constante.

Se, na religião romana, o acento caía na dimensão cultual, com o cristianismo, sublinha-se a ligação com o Deus pessoal. É sintomático que Lactâncio faça derivar religião de *religari*, rejeitando explicitamente a etimologia de Cícero: "Mediante este vínculo da piedade estamos comprometidos e ligados (*religati*) a Deus" (*Divinae Institutiones* IV, 28, 2). Santo Agostinho, que conhecia as etimologias pré-cristãs, adere à de Lactâncio, pois trata-se de "ligar as nossas almas com Deus" ("religantes animas nostras") (*Retractationes* I, 12, 9), vendo, no entanto, outra possibilidade, derivando-a de *reeligere*, voltar a escolher, reeleger (*Retractationes* 1, 13). De qualquer forma, continua a discutir-se ainda hoje a verdadeira etimologia, apresentando inclusivamente outras hipóteses, ao mesmo tempo que se chama a atenção para o facto de que *religio* e *religiosus* não são termos técnicos da mais antiga 'religião' romana – os primeiros documentos encontram-se nas comédias de Plauto (250-184 a. C.) e na linguagem política de Catão (234-149) –, sendo usados ao longo da Idade Média sobretudo para significar as Ordens religio-

---

[12] Jesus Avelino de la Pienda, *o. c.*, p. 23.

sas e os seus membros, como acontece ainda hoje no Código de Direito Canónico da Igreja Católica[13].

Na época romana, para lá de *religio*, encontramos outros termos, como *caeremonia, cultus, ritus, sacra*, mas será *religio* que acabará por impor-se para designar o fenómeno religioso no seu conjunto, ao qual pertencem a relação subjectiva, as representações, as práticas cultuais e as instituições que as regulam. A palavra religião foi utilizada ao longo da história do pensamento cristão com múltiplos sentidos: para significar o cristianismo, religião cristã; a relação do homem com Deus e a virtude que lhe permite prestar o culto devido a Deus; alguma instituição concreta: "entrar em religião". Na época moderna, a palavra – praticamente todas as línguas europeias têm esse conceito a partir do latim – começou a ser utilizada pelas ciências das religiões no plural para designar aquele conjunto de factos humanos, presentes em toda a história da Humanidade, diferentes segundo a história e as culturas, mas dotados de "suficientes traços comuns" para receberem o nome com que se designou o cristianismo[14].

Na tentativa de definir a religião, alguns propõem definições substantivas e outros, definições funcionais. Dada a sua complexidade, indicaremos aqui, em primeiro lugar, as múltiplas dimensões do fenómeno religioso, come-

---

[13] Para todas estas citações, ver J. Figl, *o. c.*, pp. 63-64.
[14] Juan Martín Velasco, "Religião", in: Mariano Moreno Villa (Dir.), *Dicionário de pensamento contemporâneo*, São Paulo, 2000, p. 650.

çando, portanto, por aqueles que preferem as definições ditas multidimensionais.

Segundo Émile Durkheim, os fenómenos religiosos poderiam dividir-se de modo natural em "duas categorias: as convicções de fé e os ritos", estando as duas em conexão com a ideia de comunidade. Assim, dever-se-á considerar três características ou aspectos da religião: as convicções de fé (mitos), as práticas rituais e a comunidade congregada pela confissão da mesma fé e pela prática dos mesmos ritos.

Joachim Wach distingue igualmente três domínios nos quais se exprime a experiência religiosa: teorético – domínio do pensamento –, prático – domínio da acção, – e social – domínio da comunidade. Também Frederick Spreng distingue três dimensões primárias na religião: a dimensão pessoal, a dimensão cultual-cultural e a de ultimidade – referência ao Último.

Com Rodney Stark, Charles Y. Glock distingue cinco dimensões, que, segundo o seu modelo, se encontram presentes em todas as religiões: a ideológica, referente às afirmações de fé; a ritual, referente aos ritos; a experiencial, referente à vivência religiosa pessoal; a intelectual, relativa à reflexão sobre os conteúdos doutrinais; finalmente, a praxística, referente às consequências práticas da fé na vida concreta, individual e social. Em conexão com Glock, Ursula Boos-Nünning acrescentou uma sexta dimensão: a ligação à comunidade paroquial.

Ninian Smart começou por apresentar seis dimensões, mas acabou por distinguir sete: a prática e ritual; a experiencial e emocional; a narrativa ou mítica; a doutrinal e filosófica; a ética e jurídica; a social e institucional; a material, incluindo aqui, por exemplo, a arte e os edifícios.

Resumindo e concluindo, é necessário reconhecer, nas diferentes religiões, pelo menos quatro dimensões essenciais: uma dimensão intelectual-emocional, onde se incluem crenças, doutrinas, a reflexão; uma dimensão ritual-celebrativa; uma dimensão praxística, com os aspectos morais, caritativos, de combate pela justiça; uma dimensão comunitária, já que as anteriores dimensões são vividas comunitariamente e estabelecem laços de comunidade. Em síntese: uma dimensão intelectual, uma dimensão ritual, uma dimensão ético-moral.

Não sem razão, Ninian Smart pensa que as sete dimensões se encontram nas religiões mais significativas, acrescentando que este modelo das sete dimensões é aplicável inclusivamente, de forma mais ou menos estrita, a sistemas seculares, como o marxismo, o nacionalismo, etc., mesmo se se não trata de religiões em sentido próprio[15].

Faz-se deste modo a ponte para as chamadas definições funcionais de religião, com Émile Durkheim à cabeça, com a sua definição clássica na obra *As formas elementares da vida religiosa*: "Uma religião é um sistema solidário de convicções e práticas que se referem a coisas, convicções e práticas sagradas, isto é, separadas e proibidas, que unem todos os seus membros numa e mesma comunidade

---

[15] Para este conjunto de definições, ver J. Figl, *o. c.*, pp. 69-70.

moral, chamada Igreja." Neste tipo de definição, sublinha-se, portanto, a função social da religião, que é mesmo definida a partir da sua função. De facto, segundo Durkheim, a religião é "essencialmente uma questão colectiva"[16].

Sociólogos como Th. Luckmann e Peter L. Berger caminham por esta via de compreensão da religião. Assim, Luckman escreve: "A religião não é uma grandeza constante, determinada pelo conteúdo. A religião em geral deve antes definir-se pela sua função para o homem, sejam quais forem as formas que possa historicamente assumir". E, na medida em que vê a religiosidade fundada na força e necessidade de transcender por parte do homem, não pode deixar de concluir: "Compreender a socialização como processo religioso significa definir o homem como ser religioso"[17].

Neste quadro, acentuando a dinâmica constitutiva humana do transcendimento, vivida em todas as experiências concretas do transcender constante para lá da sua condição biológica, a religião aparece como constitutivo humano inegável, podendo Luckmann afirmar consequentemente que "não pode haver nenhuma sociedade sem religião"[18].

---

[16] Cit. in: J. Figl, o. c., p. 67.
[17] Cit. in: J. Figl, p. 68. Não se deve esquecer que Luckmann distingue três tipos de transcendência: as "pequenas" transcendências – transcender o espaço e o tempo; as "médias" transcendências referem-se aos outros homens; e as "grandes" transcendências.
[18] Cit. in: J. Figl, o. c., p. 68.

Reencontramos deste modo a constatação de cientistas da religião que referem como "religiosos" e "religião" fenómenos que normalmente não são assim considerados. Numa compreensão funcional da religião, mesmo se se não trata de religião no sentido explícito e tradicional, são assim denominadas experiências sociais e existenciais fundamentais: fala-se da arte como "religião", do desporto como "religião", da publicidade como "religião". De facto, trata-se de realidades que têm uma função "análoga" à de uma "religião"[19].

Mas, afinal, se se pensar bem, tanto as definições multidimensionais como as funcionais não são propriamente definições, mas sobretudo descrições do que se entende por religião. No fundo, pressupõem o conhecimento do que é a religião, tanto mais quanto outros domínios da realidade não religiosa contêm elementos e aspectos que caracterizam a religião: doutrinais, rituais, éticos... Será, pois, necessário perguntar: qual é o critério decisivo para determinar o que é realmente a religião?

Precisamente aqui surgem então as definições ditas substantivas, que querem dizer a essência e as características determinantes da religião. Há hoje acordo entre os especialistas no sentido de verem esse critério na referência e relação com uma realidade última salvífica. São fundamentais estes dois elementos: entrada em contacto com a ultimidade, que se apresenta como dando sentido último e salvação.

---

[19] J. Figl, *o. c.*, p. 68.

3. Ao contrário da ideia corrente, no domínio religioso, Deus não é figura primeira e determinante a não ser para um determinado tipo de religião: a religião monoteísta. É célebre, neste contexto, a afirmação de G. van der Leeuw: "Deus é um fruto tardio na história religiosa"[20]. O conteúdo central da religião é o absoluto, o transcendente, o abrangente, o numinoso.

Quando se procura o que é comum nas diferentes religiões, distinguindo-as do que não é religioso, encontramos expressões como: a religião é a fé em seres espirituais (Tylor); a religião é "a fé em poderes transcendentes" (Richter); o fundamento da religião não é uma divindade, mas o poder, o poderoso (Nathan Söderblon); a religião é "vivência de um poder superior" (Leeuw); a religião é "o confronto do homem com um poder misterioso" (Bertholet); a religião dá-se no contexto de hierofanias e na dialéctica do sagrado e do profano (Mircea Eliade); a religião como sentimento da experiência do santo (Rudolf Otto); a religião é "o encontro vivencial com o sagrado e a acção correspondente do homem determinado pelo sagrado" (Mensching)[21].

Assim, para os fenomenólogos da religião, o homem religioso é aquele que assume uma determinada atitude face ao Sagrado, entendendo-se por Sagrado aquele âmbito de realidade que se traduz por termos como "o invisível", "a ultimidade", "a verdadeira fonte do valor

---

[20] Cit. in: J. Figl, *o. c.*, p. 67.
[21] Para estas referências, ver J. Figl, *o. c.*, pp. 67-68.

e sentido últimos", "a realidade autêntica". A religião não é em primeiro lugar *ordo ad Deum*, mas *ordo ad Sanctum*. Antes da sua configuração como deuses e Deus, o "objecto" da religião é o Sagrado, que também dá pelo nome de Mistério, que é ao mesmo tempo absolutamente transcendente e radicalmente imanente. O homem religioso faz a experiência do Sagrado ou Mistério enquanto *Presença* originante e doadora de toda a realidade. É Presença enquanto *Transcendência* radical no centro da realidade e da pessoa e, assim, *Imanência*, isto é, Presença mais íntima à realidade e à pessoa do que a sua própria intimidade.

Neste quadro, é decisiva a experiência da contingência radical do mundo, de cada homem e cada mulher, mas, como escreveu R. Panikkar, precisamente assim: contingência deriva do latim *cum-tangere*, com o sentido de que "tocamos (*tangere*) os nossos limites" e "o ilimitado toca-nos (*cum-tangere*) tangencialmente". Hegel, como ficou dito, também o disse: só no Infinito o finito encontra a sua verdade.

Em ordem a uma definição substantiva de religião, não se pode seguir um método apriorístico nem atender apenas a uma tradição religiosa. Como ficou dito, a própria denominação "religião" tem um sabor latino, referindo-se, em primeiro lugar, ao que os romanos entendiam como os deveres para com os deuses, para afastar os males e obter a sua ajuda e protecção, passando depois a designar o cristianismo e, a partir do Iluminismo, por extensão e no plural, um conjunto de factos e comportamentos humanos específicos, presentes em toda a história da

Humanidade, variados segundo as diferentes culturas, mas dotados de traços comuns, de tal modo que poderiam ser também denominados como religião. Assim, para lá da religião cristã, começou-se a falar, com o mesmo nome, do hinduísmo, budismo, judaísmo, islão, etc. Evidentemente, é necessário tomar consciência de que a palavra só pode ser utilizada em sentido análogo, pois outras religiões têm palavras diferentes para se autodesignarem – o hinduísmo compreende-se como *sanatana Dharma*: sistema ou lei eterna, o islão: submissão incondicional a Deus, etc. –, e há que evitar o perigo de colonização cultural. De qualquer modo, o uso ocidental exportou o termo, que se impôs no universo académico, de tal modo que Derrida falará da "mundialatinização" da "religião"[22].

Consciente da complexidade e dificuldade da questão, a fenomenologia constata, por comparação, que, apesar da variedade inegável das religiões, há características e traços comuns, de tal modo que é possível estabelecer uma estrutura significativa presente e aplicável a todas. A *religião* surge então como termo técnico, descrevendo e compreendendo factos muito variados e diferentes, tradicionalmente estudados pelas ciências das religiões, que podem e exigem ser estudados com nome análogo, precisamente por causa dessa estrutura significativa comum. Esta estrutura comum do fenómeno religioso, presente na

---

[22] José María Mardones, "Un vocablo para un fenómeno", in: *Imágenes de la fe* 395 (2005) 6-7.

variedade das religiões, pode ser resumida nestes termos: um facto humano específico, presente numa pluralidade de manifestações históricas, que têm em comum: "estar inscritas num âmbito de realidade original designado pelo termo *o sagrado*; constar de um sistema de mediações organizadas – crenças, práticas, símbolos, lugares, tempos, objectos, sujeitos, etc. –, nas quais se expressa uma experiência humana de reconhecimento, adoração, entrega, referida a uma realidade transcendente, ao mesmo tempo que imanente, ao homem, e que intervém na sua vida para dar-lhe sentido e salvá-lo"[23].

A religião enquadra-se na experiência radical de dependência, implicando, portanto, na sua compreensão estrita, um núcleo com dois pólos: um pólo objectivo, constituído pela presença de uma realidade superior de que se depende, e um pólo subjectivo, que consiste na atitude de reconhecimento dessa realidade por parte do homem. Neste contexto, P. Schebesta apresenta uma definição paradigmática: "A religião é o reconhecimento consciente e operante de uma verdade absoluta ('sagrada') da qual o homem sabe que depende a sua existência"[24]. É a partir deste núcleo que se entendem os múltiplos elementos visíveis das religiões: crenças, ritos, instituições, espaços e tempos sagrados, etc., diferentes segundo as culturas e tempos históricos humanos e unidos

---

[23] J. Martín Velasco, "Religião", *o. c.*, p. 651.
[24] Cit. Juan de Sahagún Lucas, *Fenomenología y filosofía de la religión*, Madrid, 1999, p. 94.

pelo facto de constituírem mediações religiosas. Na sua variedade, as diferentes definições de religião têm um elemento comum que as caracteriza e autentica: "apontam para uma entidade meta-empírica determinante da atitude humana como base da estrutura da religião. É o último necessário que adopta formas e nomes distintos: o santo, o misterioso, o divino, o sobrenatural. Numa palavra, um *algo outro* que não é coberto inteiramente com os termos que designam as coisas que o homem tem à mão"[25].

4. Quando se fala de religião, percebe-se que religioso e sagrado não se identificam, "não são sinónimos"[26]. Trata-se de realidades distintas, pois religioso refere-se ao pólo subjectivo, isto é, ao movimento de transcendimento e entrega confiada a uma realidade sagrada – o pólo objectivo –, o Sagrado ou Mistério. Embora distintas, diferenciam-se do profano, já que o religioso indica o modo concreto e peculiar de assumir a existência na perspectiva do Sagrado.

As diferentes formas de religião coincidem na remissão do homem para essa realidade superior a ele e que, num primeiro momento, se pode caracterizar como um *supra* e um *prius* (U. Bianchi). Na tentativa de explicitar a definição apresentada, Juan Martín Velasco, um dos maiores especialistas no domínio da fenomenologia da religião,

---

[25] Id., *o. c.*, p. 95.
[26] Id., *o. c.*, p. 96.

desenvolve os elementos ou traços essenciais do conteúdo dessa realidade misteriosa[27].

Em primeiro lugar, deve-se sublinhar a sua "absoluta transcendência" em relação ao homem e ao mundo. Essa transcendência exprime-se nas várias religiões, referindo a sua "outridade": "totalmente outro"; a sua inacessibilidade: "altíssimo"; invisibilidade: "tu és um Deus escondido"; incognoscibilidade: "superincognoscível"; radical e absoluta diferença: "distinto do conhecido e do desconhecido"; a inefabilidade: dele só se pode dizer: "não é assim, não é assim"; a sua superioridade absoluta: "superior summo meo". Por isso, o homem religioso, na sua presença, sente pavor e tremor, indignidade radical. Trata-se do mysterium tremendum, como refere Rudof Otto[28].

Mas, por paradoxal que pareça, o Mistério compreende simultaneamente "a sua mais perfeita imanência" ao homem e ao mundo. É próximo – o Alcorão diz que Alá é mais próximo ao homem que a sua própria jugular – e íntimo – *interior intimo meo*, diz Santo Agostinho; no interior da transcendência, dá-se a "identidade": "tu és isso", atman é Brahman, "o centro da alma é Deus". Estes dois traços implicam-se mutuamente. De facto, "só o absolutamente transcendente pode ser ima-

---

[27] Cf. a sua obra fundamental: *Introducción a la fenomenología de la religión*, Madrid, 2006, 7.ª edição corrigida e aumentada.
[28] R. Otto, *Lo santo. Lo racional y lo irracional en la idea de Dios*, Madrid, 2001, pp. 21-44.

nente de forma absoluta" ou, como diz Nicolau de Cusa, só o totalmente outro é *non aliud*, não outro[29].

O terceiro traço essencial do Mistério é "a sua condição de sujeito activo". Ele revela-se, dá-se a conhecer, interpela o homem, atrai-o. A sua presença é anterior à procura do homem, de tal maneira que Pascal pôde, com razão, escrever: "não me procurarias, se não me tivesses encontrado". Na sua presença, o homem experiencia que não é por si nem dispõe de si, pois só é verdadeiramente no encontro e na entrega confiada a esse Mistério último. Mas, mais uma vez, paradoxalmente, esta entrega não significa de modo nenhum alienação, autoaniquilamento ou sujeição a uma heteronomia, pois, "devido à abertura radical do ser humano ao Infinito, o consentimento a este Além de si mesmo é a condição da sua realização plena"[30]. No radical descentramento de si, encontra o seu centro e a total realização de si enquanto salvação.

5. Torna-se, pois, claro que o encontro com o Sagrado ou o Mistério nunca é directo, mas sempre indirecto e mediado. O Sagrado manifesta-se ao homem. Há algo sagrado que se mostra[31]. Precisa-

---

[29] J. Martín Velasco, "Religião", *o. c.*, p. 652.
[30] Id., *o. c.*, p. 653.
[31] Mircea Eliade, *O Sagrado e o Profano*, Lisboa, s/d, p. 25: "O homem toma conhecimento do sagrado, porque este *se manifesta*, se mostra como qualquer coisa de absolutamente diferente do profano".

mente determinados objectos ou factos da Natureza ou da História abrem o homem a outra dimensão para lá do vulgar e quotidiano. Trata-se de realidades mundanas mediante as quais o homem fica ou, melhor, se sente na presença do Mistério. Em última análise, são hierofanias: manifestações do Sagrado, como diz a própria palavra (do grego, *hierós*, sagrado, e *phánein*, manifestar).

Há hierofanias cósmicas, portanto, no próprio cosmos. Exemplos hierofânicos são o céu, os astros, a terra, uma pedra, certas plantas ou locais. Para o homem religioso, é claro que todos esses elementos naturais continuam a ser o que eram, portanto, naturais, mas apontam para outra realidade, para um poder estranho, o Sagrado. É deste modo que aparece a distinção entre o mundo sagrado e o mundo profano (de *pro-fanum*, fora e frente ao templo, ao sagrado). Neste sentido, escreveu Mircea Eliade, de modo esclarecedor: "... *algo de sagrado se nos mostra.* (...) A partir da mais elementar hierofania – por exemplo, a manifestação do sagrado num objecto qualquer, uma pedra ou uma árvore – e até à hierofania suprema que é, para um cristão, a encarnação de Deus em Jesus Cristo, não existe solução de continuidade. Encontramo-nos diante do mesmo acto misterioso: a manifestação de algo "de ordem diferente" – de uma realidade que não pertence ao nosso mundo – em objectos que fazem parte integrante do nosso mundo 'natural', 'profano'." Mas "a pedra sagrada, a árvore sagrada não são adoradas como pedra ou como árvore, são-no justamente porque são *hierofanias*, porque 'mostram' qualquer coisa que já não é pedra nem árvore, mas o *sagrado*, o 'ganz Andere'"[32].

Exemplo célebre de hierofania é a da sarça ardente, descrita no Livro do Êxodo. "Moisés estava a apascentar o rebanho de Jetro, seu sogro, sacerdote de Madian. Conduziu o rebanho para além do deserto, e chegou à montanha de Deus, ao Horeb. O anjo do Senhor apareceu-lhe numa chama de fogo, no meio da sarça. Ele olhou e viu, e eis que a sarça ardia no fogo mas não era devorada. Moisés disse: 'Vou adentrar-me para ver esta grande visão: por que razão não se consome a sarça?' O Senhor viu que ele se adentrava para ver; e Deus chamou-o do meio da sarça: 'Moisés! Moisés!' Ele disse: 'Eis-me aqui!' Ele disse: 'Não te aproximes daqui; tira as tuas sandálias dos pés, porque o lugar em que estás é uma terra santa.' E continuou: 'Eu sou o Deus de teu pai, o Deus de Abraão, o Deus de Isaac e o Deus de Jacob.' Moisés escondeu o seu rosto, porque tinha medo de olhar para Deus"[33]. Aliás, Deus é invisível, como diz outro passo célebre do Êxodo: Deus disse a Moisés: "Tu não poderás ver a minha face, pois o homem não pode contemplar-me e continuar a viver." O Senhor disse: "Está aqui um lugar próximo de mim; conservar-te-ás sobre o rochedo. Quando a minha glória passar, colocar-te-ei na cavidade do rochedo e cobrir-te-ei com a minha mão, até que Eu tenha passado. Retirarei a mão, e poderás então ver-me

---

[32] Mircea Eliade, *o. c.*, pp. 25-26.
[33] Ex. 3, 1-6.

por detrás. Quanto à minha face, ela não pode ser vista"[34].

As hierofanias são, pois, "um conjunto de realidades de todo o tipo cuja função consiste em presencializar, tornar presente, diante do homem, o Mistério. Este nem se objectiva nem se mundaniza, mas dá-se a conhecer mediante objectos que remetem o homem para outra espécie de realidade"[35]: o Sagrado, o Mistério, o Divino.

Neste contexto, é evidente que a única linguagem própria do universo religioso é o símbolo em sentido próprio e profundo: "um símbolo é aquilo através do qual se conhece algo distinto dele. Um símbolo serve de intermediário para o conhecimento de algo diferente." É pela sua estrutura tensa e dinâmica que o símbolo impulsiona o espírito a dirigir-se para e alcançar um significado ulterior que se encontra no próprio símbolo. Mas "só mediante uma participação activamente comprometida pode a mente humana alcançar um significado mais profundo que o empírico ou mais elevado que o terreno."[36] Deste modo, numa realidade mundana tem lugar uma transsignificação: pense-se, por exemplo, na Eucaristia cristã, na qual, em relação ao pão e ao vinho, na dinâmica celebrativa, se realiza precisamente uma transsignificação, transvalorização e transfinalização, de tal modo que, na cele-

---

[34] Ex. 33, 20-23.
[35] Juan de Sahagún Lucas, *o. c.*, p. 109.
[36] Roger Haight, *Jesus, símbolo de Dios*, Madrid, 2007, p. 21.

bração, se entra em contacto com o mistério do Reino que Jesus anunciou e é.

O símbolo manifesta de modo sensível o sagrado. Neste contexto, torna-se claro que Jesus é, na perspectiva cristã, o verdadeiro "símbolo de Deus": "As pessoas encontraram Deus em Jesus, ainda acontece o mesmo. (...) Jesus é a mediação da presença de Deus para o cristianismo"[37].

6. O Sagrado é o mistério da realidade na sua ultimidade.

Na experiência do sagrado, o homem está sempre em presença de algo outro e superior, o tremendo e fascinante, o Absoluto, inabarcável, inacessível e inefável. Esta superioridade do sagrado manifesta-se em três níveis diferentes: o ontológico – infinita riqueza de ser –, axiológico – realidade sumamente valiosa – e pessoal. "Os três comportam uma ruptura de nível que aponta para a plenitude de ser e realidade por excelência"[38]. Assim, o homem religioso refere-se sempre a essa ultimidade, mas, pela sua própria definição, não pode alcançá-la, menos ainda, dominá-la ou possuí-la. Percebe-se, pois, que o Sagrado seja figurado e representado de múltiplas formas nas diferentes religiões.

6.1. Uma das figuras ou representações é a de *Ser supremo*. Aparece, portanto, como o Deus celeste, criador e senhor das criaturas.

---

[37] Id., *o. c.*, p. 27.
[38] Lucas, *o. c.*, p. 101.

6.2. Quanto ao *politeísmo*, será necessário compreender que houve quem o interpretasse como uma degenerescência ou queda do monoteísmo. Realmente, o monoteísmo em sentido estrito é recente, o que não significa que haja religiões propriamente politeístas. O politeísmo é sobretudo a atribuição da Força divina originária a várias divindades, que aparecem como suas "personificações".

6.3. No quadro de tentativas de compreensão do mal, surgiram representações dualistas – pense-se no mazdeísmo, gnosticismo e maniqueísmo. Mas dificilmente se poderá dizer que haja um verdadeiro *dualismo* no sentido de dois princípios simétricos e supremos. Pode é dar-se uma espécie de luta no interior do Uno, com expressão no mundo e na história, que seriam a continuação desse combate a caminho da reconciliação e da vitória do Bem.

6.4. O monismo – pense-se em certas formas de hinduísmo e no budismo – acentua a unidade. Este acento no Sagrado como absoluto leva a considerá-lo como realidade única, de que os outros seres, especialmente o homem, não são senão expressões e manifestações. Precisamente a plenitude do Absoluto tenderá, por um lado, a sublinhar a unidade, mas, por outro, a diluir a dimensão pessoal[39].

---

[39] Edward Schillebeeckx, "A identidade cristã: desafio e desafiada. A propósito da extrema proximidade do Deus não-experimentável",

in: Anselmo Borges (Coord.), *Deus no século XXI e o futuro do cristianismo*, Porto, 2007, pp. 413-414, aponta claramente para esta diferença entre as aproximações ocidental e oriental ao mesmo problema: "As duas aproximações exprimem-se, no que se refere à transcendência, no quadro de uma teologia negativa. Quanto ao sentido da existência humana, distinguem-se segundo duas atitudes de vida diferentes; de um lado, uma espécie de transcendência do vazio (em sânscrito: *shûnyatta*; em Pâli: *sunnatâ*), do outro, nas três religiões monoteístas, uma transcendência que transcende o ser humano por superabundância, uma transcendência que, além disso, não pode ser atingida pela razão humana. É uma transcendência de plenitude na qual ou, mais justamente, em *Quem* tudo o que vive e se move pode existir. As duas experiências diferem, mas essas diferenças são expressas em conceitos ou imagens que não fazem plenamente jus às duas experiências. Há um excesso não expressável. As visões monoteístas – judaísmo, cristianismo e islão – exprimem Deus como 'pessoal'; eu não digo 'como pessoa', porque só conhecemos o ser humano como pessoa. Nestas religiões, a oração é também possível: Deus é abordável e podemos dirigir-nos a ele. O silêncio de Deus, quando nos dirigimos a ele, leva os crentes que têm confiança em Deus a respostas humanas numa interpretação. As religiões não monoteístas falam de *nirvana*, vazio, e mesmo de *nothingness* ('nada'). Neste plano, diálogos directos são possíveis entre cristãos ocidentais e hindus ou budistas orientais ou representantes de outras religiões asiáticas. Mas com a condição de todos os parceiros perceberem bem que as imagens do ser humano e do mundo de todas as religiões diferem entre si. (...) Um diálogo inter-religioso é assim bem mais difícil do que muitos pensam, mas faz parte integrante da nossa tarefa teológica."

Sobre esta problemática tão complexa do Absoluto como pessoal ou apessoal, ver: Hans Küng et alii, *El cristianismo y las grandes religiones*, Madrid, 1987, pp. 444-472; Juan Martín Velasco, *El encuentro con Dios*, Madrid, 1997[2].; Andrés Torres Queiruga, *Diálogo de las religiones y autocomprensión cristiana*, Santander, 2005, pp. 116-122. Hans Küng escreve

6.5. O monoteísmo, enquanto figuração do Sagrado como um único Deus transcendente, pessoal e criador, é, na história das religiões, bastante recente, podendo afirmar-se que só alcançou expressão no tempo do exílio na Babilónia[40].

Neste contexto, poderá dizer-se que, no panorama da história das religiões, analisando a lógica da sua evolução e o que estruturalmente as une, desde a pré-história até ao

---

que decisivo não é se Deus deve ser entendido como pessoal ou não pessoal, mas se nos podemos dirigir a ele ou não. O que é indiscutível é que "Deus não é pessoa à maneira do ser humano. Deus não é um Super-homem, a pessoa suprema entre outras pessoas. Mas também é indiscutível que "Deus não é menos do que pessoa. Precisamente porque Deus não é uma 'coisa', precisamente porque, como acentua a sabedoria oriental, não é conceptualizável, penetrável, disponível, manipulável, também não é impessoal, 'subpessoal'. Ele não é uma coisa entre as coisas. Deus, que possibilita o devir do pessoal, dinamita o conceito do impessoal: Deus também não é menos do que pessoa. Em vez de 'pessoal' e 'apessoal', pode-se utilizar o conceito teológico de 'transpessoal', 'sobrepessoal'": *Was ich glaube*, Munique, 2009, pp. 173-174.

[40] Como escreveu José Gómez Caffarena, *El Enigma y el Misterio*, p. 116, essa experiência negativa de submissão ao Império babilónico, com a destruição (ano 587 a. C.) do templo de Salomão e deportação para a Babilónia, "foi, paradoxalmente, positiva para o monoteísmo javista, que alcançou nesse tempo plena expressão (sobretudo nos escritores 'deuteronomistas' e no grande profeta do exílio que anunciou o regresso e cujos textos formam os capítulos 40-55 do livro de Isaías, pelo que se costuma chamar 'segundo Isaías'). Foi chave a abertura de um *horizonte universal*, exigida logicamente pela *unicidade de Deus* proclamada pelo monoteísmo, que implicava a superação (relativa) do particularismo etnicista inerente às ideias de eleição e 'aliança'". Cf. também: Régis Debray, *Dieu, un itinéraire*, Paris, 2001, pp. 29-55.

presente, as duas opções religiosas fundamentais são o monismo e o monoteísmo[41].

7. Frente ao Sagrado, o homem religioso vive a sua vida na perspectiva da transcendência, em ordem a encontrar a plena realização da sua existência e adopta um conjunto de atitudes[42].

A atitude fundamental é a vivência da própria existência enquanto recebida como dom desse Ser transcendente. Mas ela explicita-se em comportamentos concretos, dos quais o primeiro é certamente a fé enquanto entrega confiada ao Sagrado como fonte de plenitude e salvação.

A fé, por sua vez, requer e traduz-se em práticas religiosas. A oração é certamente a prática mais imediata, não no sentido primeiro de implorar favores, mas de encontro

---

[41] Esta é a tese de Karl-Heinz Ohlig, *Religião. Tudo o que é preciso saber*, Lisboa, 2007.

Neste quadro, compreende-se que, no limite, por paradoxal que pareça, possa haver e haja de facto quem seja ao mesmo tempo religioso e ateu. É religioso porque vive vinculado ao Sagrado, àquela Ultimidade que o homem não domina nem possui. Mas, por outro lado, ateu, porque, figurando o Sagrado ou a Ultimidade como anónimo(a) – pense-se, por exemplo, na Natureza, não enquanto Natureza naturada, mas enquanto Natureza naturante, Força e Fonte divina impessoal donde procede tudo quanto vem à luz, ou na sociedade futura finalmente reconciliada e sem contradições –, não pode haver uma relação pessoal com ele ou com ela, não se lhe pode rezar nem se espera a salvação num encontro pessoal.

[42] Cf. Lucas, *o. c.*, pp. 136-140.

e diálogo com essa Realidade que se impõe com uma tríplice superioridade, como se disse: ontológica, axiológica e pessoal – pessoal, no quadro da experiência monoteísta. A oração, que tem também como momento essencial o louvor, alcança o seu cume na experiência mística.

Outras práticas e comportamentos religiosos estão em conexão com categorias religiosas essenciais, como: festas e culto, sacrifícios, pecado, culpa e perdão, morte e imortalidade.

Todas as religiões têm dias especiais nos quais há como que a suspensão do quotidiano e das tarefas normais para dedicar-se a Deus. É sobretudo nesses dias festivas que se realizam os actos de culto litúrgicos.

Nos sacrifícios, como diz a etimologia – *sacrum facere* (tornar sagrado) –, o homem religioso introduz algo de profano no sagrado, para aprofundar os seus vínculos com o Sagrado. O homem religioso oferece dons, reconhecendo a sua dependência, expia os pecados, entra em comunhão com o Sagrado, o Divino.

O homem religioso sabe que transgride a ordem da vontade divina. Reconhece-se, pois, pecador e implora perdão, num movimento de arrependimento e conversão.

A experiência da morte abala radicalmente o ser humano, que procura salvação e imortalidade na entrega religiosa confiada. Esta imortalidade é, evidentemente, interpretada de modos diferentes, segundo as várias religiões.

De qualquer forma, compreende-se que, se todas as religiões estão referidas ao Sagrado enquanto Mistério último, que a todas reúne, o diálogo inter-religioso é exigido não apenas como exigência para a paz, mas pela própria dinâmica religiosa na sua compreensão autêntica e profunda.

O diálogo inter-religioso: seus pressupostos e pilares essenciais

O que desde há anos Hans Küng vem sublinhando – a necessidade do diálogo inter-religioso para ser possível a paz no mundo – é cada vez mais urgente. Entende-se mais claramente do que nunca que a obra do célebre teólogo, autor principal da "Declaração de uma Ética Mundial", aprovada pelo Parlamento Mundial das Religiões em Chicago em 1993, se oriente pelo lema: "Não haverá paz entre as nações sem paz entre as religiões. Não haverá paz entre as religiões sem diálogo entre as religiões. Não haverá diálogo entre as religiões sem critérios éticos globais. Não haverá sobrevivência do nosso globo sem um *ethos* global, um *ethos* mundial"[43].

Antes de entrarmos directa e explicitamente na questão do diálogo inter-religioso, será importante debater alguns pontos prévios, que podemos considerar condições de possibilidade para esse diálogo: religião e violência, a questão do fundamentalismo, a problemática da revelação e da

---

[43] Hans Küng, *Spurensuche. Die Weltreligionen auf dem Weg*, Munique, Zurique, 1999², p. 306.

leitura dos livros considerados sagrados, a secularização no sentido da separação da(s) Igrejas e do Estado.

1. É demasiado complexa a relação entre a religião e a violência, referindo-se aqui apenas a dinâmica profunda que pode explicar a violência religiosa enquanto tal. Desde que toma consciência de si mesmo, o ser humano vive em sobressalto: independentemente da questão de saber se é mais dominado pela angústia ou pela esperança, está, de modo mais ou menos consciente, pela morte, constitutivamente confrontado com a possibilidade do nada – nunca mais ser. A consciência da morte tem o condão de revelar ao homem de modo brutal e sem apelo a sua radical impotência: não é o seu próprio fundamento, em última análise não pertence a si e está permanentemente sob a ameaça de deixar de ser. Esta consciência provoca angústia, pois o confronto com o nada é simplesmente horroroso e laminante.

Se, como viu Espinosa, todo o ser quer por natureza manter-se no ser – é o famoso *conatus sui* –, percebe-se que uma das estratégias mais comuns para superar a angústia da morte, que é angústia do nada, seja o poder e a sua acumulação sem freio: poder económico, poder político, poder sexual, poder religioso – concupiscência da carne, concupiscência dos olhos, soberba da vida, como diz a Bíblia. Pelo poder enquanto domínio sobre coisas e pessoas – a estratégia é tanto mais eficaz quanto mais extenso e pleno for o poder, até à tentação do poder total, e não se pode esquecer que pela sua própria dinâmica o poder quer ser total –, tem-se a ilusão, consciente ou inconsciente, de dominar a morte. De dominado pela angústia da morte passa-se então a seu senhor. O poder pode aparecer como bênção de imortalidade: na embriaguez do poder, aninha-se a ilusão de matar a morte.

Aqui, essencialmente, radica o vínculo fundamental entre religião, poder e, consequentemente, violência. Observa-se, de facto, na história das religiões, uma luta permanente no sentido de saber qual delas tem o Deus mais poderoso. Na sua elaboração filosófica, Deus surge com o atributo da omnipotência, entendida até frequentemente de modo infantil: Deus pode tudo, até o que é contraditório, de tal modo que os crentes se sentem perplexos e perturbados, se lhes perguntam se Deus também pode – era o famoso paradoxo medieval – criar uma pedra tão grande e pesada com a qual depois não possa, fazer com que dois mais dois sejam cinco ou cometer suicídio... Para que é que serviria um Deus que não fosse "o Deus dos exércitos" e a própria Omnipotência? Mas, depois, quando o crente julga ter do seu lado o Deus omnipotente, o que vai ou não vai fazer com ele ou, pelo menos, em seu nome?

Está aqui presente o perigo do horror bruto da ligação entre religião e violência. Julgando apoderar-se de Deus infinito e omnipotente, o homem finito e mortal encontra finalmente a segurança: nada pode abalá-lo, e, por isso, está feliz. Mas, depois, no encontro com outras crenças, outras formas de religião, modos outros de conceber e relacionar-se com o mesmo Deus infinito e omnipotente – em última análise, o Sagrado, como vimos –, é como se as estruturas de segurança desabassem outra vez: como é que Deus pode apresentar-se a outros de modo diferente? As outras religiões surgem, pois, como ameaça radical: roído pela dúvida na relação com o Infinito, o crente vê-se outra vez mortal, inseguro e infeliz. É intolerável que Deus se revele de muitos modos, quando cada um o considera propriedade exclusiva. Neste domínio, a dúvida é devoradora: o confronto com a alteridade religiosa repõe o medo e a desorientação. A guerra religiosa tem aqui a sua base, se é que há guerras exclusivamente religiosas[44].

2. Assim, numa primeira leitura, a guerra religiosa justifica-se em nome da verdade. Mas é necessário acrescentar que com esse interesse pela "verdade" andam misturadas muitas outras camadas de interesses outros: segurança individual e colectiva, legitimação social, conquista de territórios e mercados, histórias de ajuste de contas, numa palavra, o poder. Insere-se aqui a questão do fundamentalismo.

De modo geral, quando se fala em fundamentalismo, é no fundamentalismo religioso que se pensa. Há, porém, outras formas de fundamentalismo: o fundamentalismo político, o fundamentalismo cultural, o fundamentalismo económico, por exemplo. Joseph Stiglitz, Prémio Nobel da Economia, referindo-se à política económica seguida pelo FMI no quadro da globalização, fala de "fundamentalismo neoliberal".

---

[44] Retomo aqui o essencial de "Morte, religião e violência", in: Anselmo Borges, *Religião: opressão ou libertação?*, Porto, 2004, pp. 205-206.

Quando se refere o fundamentalismo religioso, pensa-se essencialmente no islão[45]. Mas, de facto, as palavras "fundamentalismo" e "fundamentalista" nasceram nos Estados Unidos, nos princípios do século XX e no contexto do protestantismo. Com o objectivo de preservar e defender os pontos considerados fundamentais da fé cristã, protestantes evangélicos norte-americanos de várias denominações escreveram artigos teológicos que foram reunidos e publicados entre 1910 e 1915, em doze fascículos com o título *The Fundamentals: a Testimony to the Truth*, numa edição de três milhões de exemplares. Em 1919, foi criada a World's Christian Fundamentals Association, na convicção de que a regeneração do protestantismo implicava o combate ao liberalismo teológico. Foi em 1920 que o termo passou à opinião pública através de um artigo de Curtis Lee Laws, no qual se lia: "Sugerimos que aqueles que ainda continuam firmemente apegados aos grandes fundamentos (*Fundamentals*) e que estão decididos a combater a sério por esses fundamentos sejam chamados *Fundamentalists*", devendo, portanto, o termo ser considerado "um elogio e não um insulto".

Um dos fundamentos inquestionáveis era o da inspiração verbal da Bíblia, seguindo-se daí a sua infalibilidade e inerrância. O texto bíblico devia ser assumido à letra e a sua autoridade estendia-se não só ao domínio religioso mas também a todos os campos do saber: científico, his-

---

[45] Utilizo o termo islão, para distinguir de islamismo, que significa a atitude de quem se serve do islão de modo fundamentalista.

tórico, filosófico. Foi neste contexto que em 1925 teve lugar em Dayton o famoso "caso Scopes": um jovem professor de biologia, John T. Scopes, foi julgado e condenado por ensinar aos alunos a teoria da evolução das espécies de Darwin. Esse debate à volta do ensino do evolucionismo e da narração bíblica da criação nas escolas continua ainda hoje nos Estados Unidos[46].

Há várias explicações para o fundamentalismo, que cultiva o pensamento único e a intolerância. Sublinham-se três.

Quando se não suporta viver na perplexidade e na interrogação, surge a tentação de absolutizar as próprias crenças, excluindo e perseguindo quem as não partilha.

Em toda a História foi permanente a utilização da religião para fins que não são os seus: alcançar o poder, servir os próprios interesses económicos, políticos, culturais, impor hegemonicamente o próprio domínio.

Em última análise, na base está uma determinada concepção de verdade, que se confunde com a posse do Fundamento. Mas, precisamente aqui, é preciso perguntar: quem é o homem, um ser finito, para considerar-se senhor do Fundamento? Ele não possui o Fundamento ou o Absoluto, é o Fundamento que o possui a ele. Isto não é relativismo, mas perspectivismo: vamos ao encontro da realidade sempre numa determinada perspectiva. Por isso, no domínio religioso, há que reconhecer que há mais

---

[46] Juan José Tamayo, *Fundamentalismos y diálogo entre religiones*, Madrid, 2004, pp. 73-80.

verdade nas religiões todas do que numa só, e dessa verdade faz também parte a pergunta pelo ateísmo.

3. A questão do fundamentalismo religioso acaba por desembocar na problemática da revelação e dos livros considerados sagrados.

Lê-se em *Josué*, um dos livros da Bíblia, capítulo 10, versículos 12-13: "No dia em que o Senhor entregou os amorreus nas mãos dos filhos de Israel, Josué falou ao Senhor e disse, na presença dos israelitas: 'Detém-te, ó Sol, sobre Guibeon'. E o Sol parou no meio do céu e não se apressou a pôr-se durante quase um dia inteiro."

Este é o passo famoso que deu origem à oposição dos representantes da Igreja a Galileu e à ciência. Como podia ser a Terra a girar, se a Bíblia diz que o Sol parou? Mas já na altura Galileu foi mais avisado do que os seus opositores, quando contrapôs que a Bíblia não nos diz como é o céu mas como se vai para o Céu.

Que a leitura dos livros sagrados não pode ser literal mostra-se inclusivamente pelo facto de eles conterem erros científicos no domínio da física, da astronomia, da história. Pense-se, por exemplo, em todos os debates cegos à volta do *Génesis* e concretamente do mito da criação, quando se não percebe que não se trata de informação científica de física ou biologia, mas de uma mensagem religiosa em linguagem mítica: James Usher, arcebispo de Armagh e primaz de toda a Irlanda (1581-1656) pretendeu saber a data da criação da Terra – 23 de Outubro de 4004 a. C. –, tendo Bertrand Russell observado corrosivamente que esse dia caiu numa Sexta-Feira, já que Deus descansou no Sábado! Há também o caso risível de um teólogo de Münster que, no século XIX, pretendeu apresentar uma prova "científica" da existência do inferno no interior da Terra, argumentando com os vulcões! É claro que teologias ridículas como estas só podem contribuir para o aumento do número dos ateus.

Os livros sagrados não estão sequer imunes a imoralidades. Não é preciso ser especialmente piedoso para considerar particularmente impiedosa esta impetração bíblica, no Salmo 137: "Cidade da Babilónia devastadora, feliz de quem te retribuir com o mesmo mal que nos fizeste! Feliz de quem agarrar nas tuas crianças e as esmagar contra as rochas!" Como atribuir a Deus o que não conseguimos pensar de um ser humano bom e decente? O exegeta N. Lohfink assevera que o Antigo Testamento "é um dos livros mais cheios de sangue da literatura mundial"[47]. Quanto ao Alcorão, não será necessário referir a famosa *jihad* e a compreensão terrorista enquanto guerra santa que dela têm os islamistas radicais.

4. Aqui, coloca-se um outro problema, decisivo para o diálogo inter-religioso e a paz no mundo, precisamente o da revelação, categoria essencial no domínio religioso, pois todas as religiões se entendem a si mesmas como reveladas. A pergunta é: como sabem os crentes que Deus falou?

---

[17] N. Lohfink/R.Pesch, *Weltgestaltung und Gewaltlosigkeit*, Düsseldorf, 1978, p. 13. Cit. in: J. Tamayo, *o. c.*, p. 91.

Em certos debates sobre a fé e a ciência, pode-se penosamente constatar que os cientistas têm frequentemente a ideia de que a fé tem a ver com umas crenças indiscutíveis, porque cegas, em coisas e "verdades" abstrusas, de tal modo que quanto mais abstrusas mais religiosas e a fé seria tanto maior quanto mais cega.

A culpa nem sempre é deles, mas dos crentes que passam essa ideia. Pensa-se, de facto, de modo geral, que as religiões caem do céu, havendo até quem julgue que Deus revelou directamente verdades nas quais é preciso acreditar sem razões.

Ora, não é assim nem pode ser. Tudo o que é autenticamente religioso é resposta humana a questões e perguntas profunda e radicalmente humanas. Resposta verdadeiramente humana. A sua especificidade reside no facto de estar relacionada com Deus. Assim, um texto religioso tem sempre na sua base uma interpretação humana da realidade, da única realidade que há, comum a crentes e a não crentes. O que se passa é que o crente tem a convicção de que a realidade se não esgota na sua imediatidade empírica, e essa convicção não surge porque é crente, mas porque a realidade mesma, para a sua compreensão adequada, lhe aparece incluindo uma Presença que não se vê em si mesma, mas implicada no que se vê. Mediante certas características – a contingência radical, a morte e o protesto contra ela, a exigência de sentido –, a própria realidade se mostra implicando essa Presença divina como seu fundamento e sentido últimos.

Assim, como escreve Andrés Torres Queiruga, já citado, na estrutura íntima do processo religioso, *"não se interpreta o mundo de uma determinada maneira porque se é crente ou ateu, mas é-se crente ou ateu porque a fé ou a não crença aparecem ao crente e ao ateu, respectivamente, como a melhor maneira de interpretar o mundo comum*"[48].

A fé, no seu nível próprio, tem razões, de tal modo que está sujeita à verificação. Há Teologia, precisamente porque a fé exige o debate público. Aí, o agnóstico dirá que não vê razões para poder decidir-se. O ateu julga que as razões contrárias são mais fortes e, por isso, não crê. Para o crente, a "hipótese religiosa" é a que melhor esclarece as experiências e questões radicais postas pela realidade e pela existência: a contingência, as perguntas últimas pela vida e pela morte, a esperança, a exigência ética, o sentido da História.

A partir de uma experiência religiosa de fundo por parte do profeta ou do fundador religioso, desencadeia-se um processo vivo de aprofundamento, depuração e tentativas de maior compreensão da relação com o Divino, que dá origem a tradições religiosas ou religiões que acabam por sedimentar ou cristalizar em livros sagrados, considerados "revelados".

Esse carácter "revelado" dos textos aparece de facto mais tarde, quando, mediante a reflexão, as gerações seguintes concluem que afinal aquela descoberta da presença de Deus na realidade foi possível porque o próprio Deus estava desde sempre a manifestar-se nela e a tentar

---

[10] Andres Torres Queiruga, "Diálogo ciência-fé na actualidade", in: Anselmo Borges, *Deus no século XXI*, p. 228.

dar-se a conhecer. O profeta ou o fundador descobriram o que Deus quer revelar a todos.

Assim, os novos crentes não aceitam a verdade da fé por via autoritária. Eles próprios a comprovam. Paradoxalmente, é o que acontece no domínio científico: todos tinham visto as maçãs a cair, mas só Newton "caiu na conta" da lei da gravidade; porém, uma vez descoberta, todos a aceitam, não por causa de Newton, mas porque todos podem comprová-la.

Andrés Torres Queiruga, o teólogo que de modo mais penetrante tentou esclarecer esta questão, chamou a esta compreensão "maiêutica histórica". Sócrates chamou maiêutica ao seu método de descoberta da verdade: como a sua mãe, que era parteira, ajudava a dar à luz os bebés, assim ele ajudava os seres humanos a dar à luz a verdade de que estavam grávidos. Na verdade religiosa, há os profetas e os fundadores das religiões, que foram os primeiros a tomar consciência da verdade. Mas, após essa descoberta, ouvindo-os e acompanhando-os, outros se podem dar conta por si mesmos da mesma verdade[49].

Portanto, Deus manifesta-se, mas nunca directamente, sempre e só indirectamente. Jamais alguém viu ou falou directamente com Deus. Por isso, os livros sagrados não são um ditado divino – são Palavra de Deus em palavras humanas. Quer os seus autores quer os seus leitores escre-

---

[49] Andrés Torres Queiruga trata esta questão em múltiplas obras, mas a principal é: *La revelación de Dios en la realización del hombre*, Madrid, 1987.

veram e lêem com uma pré-compreensão, isto é, no quadro de pressupostos históricos e culturais, interesses e expectativas. Portanto, a sua leitura nunca pode ser literal, pois implica sempre uma interpretação.

Torna-se, pois, claro que os livros sagrados – a Bíblia, o Alcorão e todos os outros – não são ditados divinos e precisam, por isso, de uma mediação hermenêutica, não podendo de modo nenhum – exige-o o respeito para com o próprio Deus – ser engolidos na sua totalidade de modo acrítico.

Um dos contributos decisivos da modernidade consistiu na leitura histórico-crítica dos livros sagrados. Albert Schweitzer, teólogo, filósofo, médico, músico, Prémio Nobel da Paz, tinha razão ao escrever que o empreendimento da crítica bíblica representa "a coisa mais poderosa que alguma vez a reflexão religiosa ousou e realizou"[50]. É esperável que a abertura a uma hermenêutica histórica e crítica do Alcorão, a partir de uma longa tradição no islão, que faz apelo à *ijtihad* – um princípio permanente de interpretação –, possa começar a abrir caminho também no mundo muçulmano, concretamente com "os novos pensadores do islão". Evidentemente, nesta história da leitura crítica dos livros sagrados, não podem ser esquecidos os grandes iniciadores como Averróis, pelo lado islâmico, e Espinosa, pelo lado hebraico.

---

[50] Albert Schweitzer, *Geschichte der Leben-Jesu-Forschung*, Tubinga, 1984⁹, p. 45.

Nos livros sagrados – daí o seu valor – condensam-se respostas à pergunta decisiva do homem, que é a questão do fim, do sentido e finalidade últimos da existência e do mundo. Mas torna-se evidente a urgência em ir ao seu encontro de modo crítico e saudável.

A verdade de qualquer livro sagrado só pode acontecer na compreensão de que o seu horizonte é a salvação. Os livros sagrados são livros religiosos voltados para a oferta da salvação.

Se toda a religião tem como ponto de partida e de "definição" esta pergunta essencial: *o quê ou quem traz libertação e salvação?*, então a libertação-salvação total é que constitui o fio hermenêutico decisivo para a interpretação correcta dos livros sagrados na sua verdade final[51]. Só a esta luz é que eles são verdadeiros. A sua leitura nunca pode ser fragmentada, já que só no seu todo é que se reclamam da verdade. Em tudo quanto neles se encontra de menos humano ou até de desumano revela-se o que Deus não é.

À luz da libertação final, que implica uma antropologia e uma teologia negativas, os livros sagrados são também a história da tomada de consciência por parte dos seres humanos do que Deus, o Sagrado, não é e do que eles, para se tornarem verdadeiramente humanos, não devem ser.

---

[51] Pergunta, para responder afirmativamente, Andrés Torres Queiruga, *Esperanza a pesar del mal*, Santander, 2005, p. 93: "Que são as religiões senão modos de configurar socialmente a descoberta do divino como esperança contra a dor, o pecado e a própria morte?"

5. Precisamente neste contexto, sem deixar de interrogar-se, como faz o teólogo Juan José Tamayo, sobre se "o Ocidente pode dar lições de direitos humanos e de tolerância ao islão", é preciso perguntar se também nos Estados muçulmanos são possíveis a separação da religião e do Estado, a interpretação crítica do Alcorão, a autonomia das realidades temporais em relação à tutela religiosa, o respeito pela liberdade de consciência, de pensamento, de expressão, de reunião, de associação, "o direito à crítica da religião", à mudança de religião e à não crença, a igualdade dos sexos e dos seus direitos, "a distinção entre ética civil e ética religiosa"[52].

De facto, seja qual for o juízo que se faça sobre a modernidade e a sua crise, é necessário reconhecer conquistas suas irrenunciáveis: precisamente a leitura histórico-crítica dos textos sagrados, a separação das Igrejas e do Estado, da religião e da política, os direitos humanos, a ciência e a razão crítica, a autonomia das realidades terrestres. Apesar das constantes tentações restauracionistas e até pró-fundamentalistas, são valores que também a Igreja Católica reconheceu no Concílio Vaticano II (1962-1965), superando, no essencial, os conflitos que durante trezentos anos manteve com os tempos modernos.

"Dai a César o que é de César e a Deus o que é de Deus", foi programaticamente declarado por Jesus Cristo. Esta separação do político e do religioso não tinha sentido

---

[52] J. Tamayo, *o. c.*, pp. 235-236.

na Grécia, que não separava o cívico e o cultual, nem para o judaísmo, que unificava nação e religião. Como escreveu Régis Debray, em Jerusalém, Atenas e Roma, "o ritual cívico é religioso, e o ritual religioso é cívico". Para as três culturas que estão na base da nossa, alguém que estivesse fora da religião estava fora da Cidade ou do Povo. "Foi o cristianismo que inventou a religião como coisa à parte"[53].

Contra o preceito de Cristo que delimitou campos de poder, Constantino, apesar da sua "conversão" ao cristianismo, não esqueceu a divinização imperial e intrometeu-se nas questões da Igreja, convocando concílios, condicionando ou mesmo determinando as suas decisões. O Papa Bonifácio VIII formulou a teoria das duas espadas, segundo a qual o Papa detém o poder espiritual e o temporal, mas, se exerce o primeiro directamente, delega o segundo nos príncipes, que o exercem em representação do Papa. Para se defenderem dos Papas, os monarcas reivindicaram o direito divino dos reis. Mesmo Lutero afirmou o carácter divino de toda a autoridade estabelecida.

A modernidade impôs a secularização, pondo fim a equívocos próprios da Cristandade e de césaro-papismos. Mesmo que se não esteja completamente de acordo com autores que sustentam que a secularização é um fenómeno produzido pela fé cristã, é necessário afirmar que, ainda que, de facto, tenha tido de impor-se contra a Igreja

---

[53] R. Debray, *Dieu, un itinéraire*, Paris, 2001, pp. 192-193.

oficial, a secularização, no sentido da autonomia das realidades terrestres e concretamente da separação da Igreja e do Estado, tem raízes bíblicas. O monoteísmo desdivinizou a política e os detentores do poder político. O profeta Ezequiel advertiu o rei de Tiro: "Tu és um homem e não um deus". Jesus deixou aquela palavra decisiva sobre Deus e César. Por isso, os cristãos opuseram-se frontalmente à divinização do imperador, proclamando que "só Deus é o Senhor" e recebendo em troca a acusação de ateísmo.

Em ordem à dessacralização da política e à consequente separação da Igreja e do Estado, foram decisivas as guerras de religião na Europa. De facto, só mediante essa separação, que significava a neutralidade religiosa do Estado, era possível a garantia da liberdade religiosa de todos os cidadãos sem discriminação. Com a desconfessionalização do Estado, os cidadãos tornaram-se livres de terem esta ou aquela religião ou nenhuma.

É, porém, importante perceber que essa exigência não deriva apenas da necessidade do estabelecimento da paz política e civil, mas da natureza do cristianismo. A própria fé impõe essa separação. De facto, sem ela, espreita constantemente o perigo de idolatria, isto é, de confusão ou até de identificação entre Deus e a política.

Um Estado confessional põe em causa a transcendência divina. Por outro lado, acaba por impor politicamente o que só pode ser objecto de opção livre. Por exemplo, ninguém nasce cristão, mas as pessoas podem livremente escolher o cristianismo. Só homens e mulheres verdadeiramente livres podem aderir à fé religiosa e a Deus.

Assim, a secularização no sentido da emancipação da razão autónoma e das esferas temporais tem fundamentos bíblicos e pertence à dinâmica adulta do cristianismo. É, no entanto, preciso tornar claro que secularização não tem que confundir-se com secularismo, termo criado pela Londoner Secular Society, fundada por G. J. Holyoake, em Londres, em 1846, cujo programa consistia resumidamente em conceber e organizar a vida prescindindo de Deus e da religião. De facto, o crente maior de idade, ao mesmo tempo que pressupõe e quer uma razão e um mundo adultos, também sabe que a secularização não elimina o Mistério, pois a finitude não é secularizável.

Neste contexto, note-se que o Tratado de Lisboa, no artigo consagrado ao "estatuto das Igrejas e organizações não confessionais", prevê "um diálogo aberto, transparente e regular com estas Igrejas e organizações".

Se, por um lado, a secularização enquanto separação da(s) Igreja(s) e do Estado constitui um avanço civilizacional fundamental em ordem à não discriminação dos cidadãos e à salvaguarda da paz, por outro, ela não significa indiferença mútua. Pelo contrário, a separação pode e deve conviver de modo saudável com o reconhecimento do papel público das religiões, traduzido em múltiplas formas de colaboração entre as Igrejas e o Estado.

Na situação actual, não foi apenas a "transcendência religiosa" que perdeu vigor, também a "transcendência política" está em crise. Por isso, as sociedades liberais vêem-se a braços com a dificuldade de fundamentação dos valores e estabelecer vínculos de cidadania. Nesta linha, não faltam pensadores que fazem apelo à religião no seu papel espiritual, ético, cultural. Respeitando as autonomias individuais e o pluralismo democrático, as religiões podem dar um contributo positivo com os seus "recursos simbólicos" (J.-P. Willaime).

Precisamente face aos enormes desafios éticos com que o nosso tempo se vê confrontado, Jürgen Habermas, um dos maiores filósofos vivos, agnóstico, manifesta "interesse por uma aproximação respeitosa das tradições religiosas que se distinguem pela capacidade superior que têm de articular a nossa sensibilidade moral", aproximação que ofereceria "o exemplo de uma secularização que salva em vez de aniquilar". Para ele, nesta conjuntura, as vozes religiosas têm tanto direito a pronunciar-se como as visões laicizadas do mundo, pelo menos se aceitarem "traduzir a sua mensagem em linguagens públicas e universalmente acessíveis"[54]. No contexto de "um caminho para uma compreensão dialéctica da secularização cultural", escreve: "Garantir iguais liberdades éticas para todos requer a secularização do poder do Estado, mas proíbe a excessiva generalização política da concepção secularista do mundo. Os cidadãos secularizados, no exercício do seu papel de cidadãos do Estado, não podem negar por princípio um potencial de verdade às imagens religiosas do mundo, como também não podem pôr em questão o direito de os seus concidadãos crentes contribuírem, na linguagem que lhes é própria, para as discussões públicas.

---

[54] Para estas referências e citações, ver: Anselmo Borges, "Secularização e tolerância", in: *Revista de História das Ideias* 25 (2004) 131-138.

A cultura política liberal pode inclusivamente esperar dos cidadãos secularizados que tomem parte nos esforços de tradução da linguagem religiosa para outra linguagem publicamente acessível contributos que sejam relevantes"[55].

6. É neste quadro também que se insere a necessidade da presença do estudo do facto religioso nas escolas públicas. Para superar a ignorância mútua bem como a irracionalidade e o fundamentalismo.

Quantos cristãos saberão, por exemplo, que, se Adão e Eva fossem figuras reais e nossos contemporâneos, precisariam, para viajar para o estrangeiro, de um passaporte iraquiano? Quantos se lembram de que Abraão, que está na base das três religiões monoteístas – judaísmo, cristianismo, islão –, possuiria igualmente nacionalidade iraquiana? Quantos se lembram de que os primeiros capítulos do *Génesis*, referentes ao mito da criação e da queda, se passam na Mesopotâmia, onde mergulham algumas das nossas raízes culturais? Há guerras em curso, também por

---

[55] J. Habermas, *Naturalismus und Religion*, Frankfurt/M., 2005, p. 322. Sobre esta problemática da secularização, laicidade e religião civil é incontornável a obra de Fernando Catroga, *Entre Deuses e Césares. Secularização, Laicidade e Religião Civil*, Coimbra, 2006. No prefácio, escrevi então: "Pelo seu rigor, abrangência, poder de análise dos conceitos e de síntese, esta obra de Fernando Catroga fica como marco. Sobre a problemática tão complexa como urgente da secularização, religião civil, laicidade, é mesmo o melhor que se escreveu em língua portuguesa" (p. 11).

causa da divisão entre xiitas, sunitas e jihadistas. Mas quem conhece essas divisões e a sua origem e importância históricas? Qual é a relação entre religião e violência, religião e política, religião e desenvolvimento económico? Há já alguns anos, Umberto Eco, agnóstico, lamentava-se: "Nas escolas italianas, Homero é obrigatório, César é obrigatório, Pitágoras é obrigatório, só Deus é facultativo. Se o ensino religioso se identificar com o do catecismo católico, no espírito da Constituição italiana deve ser facultativo. Só lamento que não exista um ensino da história das religiões. Um jovem termina os seus estudos e sabe quem era Poséidon e Vulcano, mas tem ideias confusas acerca do Espírito Santo, pensando que Maomé é o deus dos muçulmanos e que os quacres são personagens de Walt Disney..."[56]

Ernst Bloch, o filósofo marxista heterodoxo e ateu religioso sublinhou que o desconhecimento da Bíblia constitui uma "situação insustentável", pois produz bárbaros, que, por exemplo, perante a "Paixão segundo São Mateus", de Bach, ficam como bois a olhar para palácios. Sem a Bíblia, "não se pode compreender o gótico, a Idade Média, Dante, Rembrandt, Händel, Bach (...) nem a Missa solemnis de Beethoven, um Requiem, nada"[57].

---

[56] Umberto Eco, "Los dioses del mundo laico", in: *Diario 16*, Novembro de 1985. Cit. in: Carlos Díaz, *Manual de historia de las religiones*, Bilbao, 1998[2], pp. 587-588,

[57] Ernst Bloch, *Antike Philosophie. Leipziger Vorlesungen zur Geschichte der Philosophie*. Band 1, Frankfurt/M., 1985, pp. 450-451.

É um facto que não é possível ensinar literatura, história, filosofia, artes, sem uma cultura religiosa mínima. Por outro lado, vivemos num mundo cada vez mais multicultural e multi-religioso. Sem paz entre as religiões, não haverá paz no mundo. A paz exige o diálogo inter-religioso, mas o diálogo pressupõe o conhecimento das religiões.

Neste quadro, em 2002, a pedido do ministro francês da Educação Nacional, o filósofo agnóstico Régis Debray apresentou o Relatório sobre "O ensino do facto religioso na escola laica". O ministro Jack Lang escreve no Prefácio: se "a escola autêntica e serenamente laica deve dar acesso à compreensão do mundo", as religiões enquanto "factos de civilização" e "elementos marcantes e, em larga medida, estruturantes da história da humanidade" têm de estar presentes, e os professores, sem privilegiarem esta ou aquela opção espiritual, devem dar o justo lugar ao seu conhecimento nas várias disciplinas escolares.

R. Debray sublinha que "a história das religiões não é a recolha das lembranças da infância da humanidade". Mesmo se as religiões não têm o monopólio do sentido, integram o universo simbólico, como o direito, a moral, a história da arte ou o mito, sendo dever da escola aprofundar a sua inteligência reflexiva e crítica. Este esforço impõe-se tanto mais quanto o paradigma da economia, da gestão e das novas tecnologias não pode constituir "o horizonte único e último". É preciso reconhecer também que relegar o facto religioso para fora dos circuitos da transmissão racional, portanto, escolar, não é o melhor remédio para enfrentar "a vaga esotérica e irracionalista" bem como o fundamentalismo.

Uma vez que se trata da escola laica, deve tornar-se claro que "o ensino *do* religioso *não é* um ensino religioso". Por outras palavras, não se pode confundir informação histórica e crítica e catequese. Aqui, não se faz catecismo, pois o objectivo é uma "aproximação descritiva, factual e nocional das religiões em presença, na sua pluralidade, sem privilegiar nenhuma". De qualquer forma, a perspectiva "objectivante" não colide com a perspectiva "confessante", desde que as duas possam "existir e prosperar simultaneamente". São duas ópticas não concorrentes: a da fé e a da cultura.

É a laicidade que torna possível a coexistência das várias opções espirituais. Mas "a faculdade de aceder à globalidade da experiência humana, inerente a todos os indivíduos dotados de razão, implica a luta contra o analfabetismo religioso e o estudo dos sistemas de crenças existentes", sendo preciso passar de "uma laicidade de incompetência" – a religião não nos diria respeito – a uma "laicidade de inteligência" – é nosso dever compreendê-la[58].

O princípio a manter no ensino do facto religioso na escola pública foi formulado pelo filósofo Hegel: não se trata de tornar os crentes descrentes nem os descrentes crentes, mas contribuir para que todos se tornem lúcidos.

7. Dentro da problemática do diálogo interreligioso propriamente dito, mas pressupondo os pontos anteriores,

---

[58] Régis Debray, *L'enseignement du fait religieux dans l'école laïque*, Paris 2002, pp. 9-60.

é fundamental passar pelos principais modelos da teologia das religiões: exclusivismo, inclusivismo e pluralismo.

O exclusivismo sustenta que há uma só religião verdadeira, a única depositária da revelação autêntica de Deus e, por isso, detentora exclusiva da Verdade. As outras religiões, não possuindo a revelação sobrenatural de Deus, são consideradas falsas ou simplesmente naturais. Nelas, não se encontra a salvação.

Esta é a concepção que, de uma forma ou outra, tem estado presente em todas as religiões históricas. Na perspectiva católica, por exemplo, lembre-se o famoso princípio: "extra ecclesiam nulla salus"[59] (fora da Igreja – que é, evidentemente, a Igreja católica – não há salvação).

O inclusivismo também afirma que, em última análise, só há uma religião verdadeira, detentora da Verdade e da Salvação. No entanto, reconhece que as outras religiões participam dessa Verdade e Salvação. Têm elementos dessa Verdade e Salvação, mas, de qualquer forma, sempre de modo imperfeito e inacabado, pois a plenitude dos meios de salvação reside apenas na única religião verdadeira. Estão, dessa maneira, incluídas nela.

Neste contexto e dando mais uma vez o exemplo da Igreja católica, afirma-se que a plenitude da salvação de Deus por intermédio de Jesus Cristo reside na Igreja católica, embora os não cristãos também se possam salvar. Participam da salvação trazida por Cristo "de um modo

---

[59] Dz. 802: "Una vero est fidelium universalis Ecclesia, extra quam nullus ominino salvatur". Ver também Dz. 870 e 1351.

só de Deus conhecido", "apesar da" sua religião e não "através dela". Insere-se aqui: a célebre concepção dos "cristãos anónimos", de Karl Rahner.

Finalmente, há a concepção pluralista. Neste domínio, talvez tenha sido John Hick que levou mais longe uma autocompreensão religiosa universalista do pluralismo religioso. Como é possível sair para fora do impasse que se traduz na pergunta: se, por um lado, os Deuses e Absolutos das grandes tradições religiosas não se reduzem a meras projecções da imaginação humana, como é que, por outro, podem ser pura e simplesmente idênticos à própria Realidade transcendente em si mesma, já que a Santíssima Trindade não é idêntica a Alá do islão ou a Javé do judaísmo bíblico ou a Vixnu ou Shiva do hinduísmo teísta, e nenhum destes, por sua vez, pode ser idêntico a Brahman não pessoal ou ao Tao? De facto, os monoteísmos que afirmam o Deus pessoal não parecem ser compatíveis com um Absoluto não pessoal enquanto ultimidade.

A resposta de Hick é clara. Partindo de uma certa interpretação do fenómeno e do númeno em Kant, afirma a necessidade de distinguir entre "a Realidade divina última como é em si mesma e como se manifesta dentro da experiência e do pensamento humanos"[60]. A Realidade última *an sich* está para lá dos esquemas conceptuais da nossa experiência humana, que incluem, por

---

[60] J. HICK, "Hacia una comprensión religiosa de la religión", in: J. Gómez Caffarena y J. M. Mardones (Eds.), *Estudiar la religión. Materiales para una filosofía de la religión. III*, Barcelona, 1993, p. 105.

exemplo, a distinção de pessoal/não pessoal, substância/
/processo... O Último em si mesmo é ao mesmo tempo o
inefável e o que é experienciado e pensado no âmbito das
várias tradições religiosas. As múltiplas religiões são diferentes
respostas humanas à presença universal do
Último. As grandes fés mundiais representam e encarnam
diferentes percepções e concepções do Real Último
e, por conseguinte, diferentes respostas ao mesmo. Decisivo
é que em cada uma delas se dá a transformação da
existência, que deixa de estar autocentrada para centrar-se
na Realidade divina. A Realidade última divina é percebida
nas múltiplas tradições religiosas "como se tivesse
diferentes caracteres concretos que são produtos ao
mesmo tempo da presença universal do Divino e de um
conjunto particular de conceitos humanos e práticas religiosas"[61].

Como já tinham intuído os místicos, o que é decisivo é
que não se pode confundir pura e simplesmente Deus em
si mesmo e Deus para nós. Para o filósofo jesuíta J. Gómez
Caffarena, é "indubitável" que esta posição de John Hick
referente à convergência dos crentes das grandes tradições
religiosas à volta de "uma Realidade Última salvadora
(personalizada ou não) e de um transcender do ser

---

[61] Id., *o. c.* 109. Para uma visão mais aprofundada, ver: Id., *God and the Universe of Faiths*, Londres, 1973, *God Has Many Names*, Filadelfia, 1982, *Problems of Religious Pluralism*, Londres, 1985 e também: Paul Knitter, *No Other Name?* Nova Iorque, 1985. Para uma visão de conjunto, Juan Bosch, "Ecumenismo interreligioso", in: VV., *Retos de la Iglesia ante el nuevo milenio*, Madrid, 2001, pp. 175-201.

humano para a salvação plena na dita Realidade (salvação concebível de mais de um modo)" exerce fascínio e "vai difundir-se, até formar talvez a religião de não poucos (embora sempre minoria)". "Será seguramente o diálogo inter-religioso, assim como, mais amplamente, um diálogo ecuménico de todas as posições humanistas, que nos irá descobrindo matizes e possibilidades que hoje não é fácil ver"[62].

Precisamente nesta referência ao Absoluto, a essa Realidade Última salvadora, está-se para lá do niilismo e do totalitarismo/fundamentalismo, que são a dupla face da mesma realidade. Mesmo Jesus, que os cristãos confessam como "o caminho, a verdade e a vida" e o Cristo e Filho de Deus, é, enquanto figura histórica, finito, e, por isso, ao mesmo tempo que revela Deus, também o esconde. É necessário manter a tensão, expressa no próprio Novo Testamento: "Quem me vê vê o Pai", mas "Deus mora numa luz inacessível"; "Eu e o Pai somos um", mas "o Pai é maior do que eu". O carácter universal de Jesus Cristo não pode de modo nenhum fazer esquecer a particularidade histórica de Jesus de Nazaré. "Como a consciência humana de Jesus não podia esgotar o mistério de Deus e deixava necessariamente incompleta a sua revelação, tão--pouco o acontecimento Jesus Cristo esgota o poder salvífico de Deus. Deus está para lá do homem Jesus como

---

[62] J. Gómez Caffarena, "El pluralismo socio-cultural como posibilidad y desafio para la fe", in: VV., *Pluralismo socio-cultural y fe cristiana. Congreso de Teología de las Facultades de Vitoria y Deusto*, Bilbao, 1990, p. 33.

fonte última tanto da revelação como da salvação"[63]. Quando se fala na preexistência do Logos, é necessário sublinhar que hoje cada vez mais se vai impondo na exegese bíblica que, por exemplo, no Prólogo do Evangelho segundo S. João, não se trata de uma autodivinização de Jesus ou da sua divinização através dos discípulos. O que aí se afirma não é "a preexistência do Filho", mas a do Logos, da Palavra. A Sabedoria de Deus – a sua Palavra – está presente em toda a criação e é actuante em toda a parte, em todos os homens. O Novo Testamento, nomeadamente em S. João e em S. Paulo, quer apenas exprimir a confissão de fé de que Jesus de Nazaré é "a Palavra feita carne, o Logos de Deus em pessoa, a Sabedoria de Deus em figura humana". O exegeta Leonhardt Goppelt encontrou a expressão justa: "O Logos do Prólogo torna-se Jesus; Jesus é o Logos feito carne, mas não o Logos enquanto tal". Como mostram também Hans Conzelmann e Karl-Joseph Kuschel, as afirmações sobre a preexistência do Filho de Deus não devem ser entendidas no quadro de uma cristologia da preexistência, mas de uma "cristologia da revelação e da missão", portanto, em função da salvação que vem de Deus em Jesus. Essas afirmações de fé sublinham "o significado do Salvador e Messias Jesus de Nazaré". O cristocentrismo neotestamentário está fundado e culmina num "estrito teocentrismo". No

---

[63] Jacques Dupuis, "El pluralismo religioso en el plan divino de salvación", in: *Selecciones de Teología*, 151 (1999) 248-249.

Novo Testamento, afirma-se a fé em Deus, o Pai, em Jesus, o Filho, e no Espírito Santo de Deus, mas não se fala nunca de uma Trindade, do Deus unitrino. O Princípio sem princípio da unidade, donde tudo provém e para o qual tudo tende, é o Deus uno e único (ho theós: *o Deus*). Por isso, no Novo Testamento, com o Pai, o Filho e o Espírito Santo, não se fazem "afirmações ontológico-metafísicas sobre Deus em si e a sua natureza íntima". "Trata-se antes de afirmações cristológico-soteriológicas, sobre como o próprio Deus se revela a si mesmo através de Jesus Cristo neste mundo". A unidade de Pai, Filho e Espírito é uma unidade de revelação: "Deus mesmo manifesta-se através de Jesus Cristo no Espírito"[64].

O pluralismo, no sentido de uma teologia do pluralismo religioso, afirma, portanto, não só a pluralidade de religiões, mas que essa pluralidade é salvífica, isto é, todas as religiões participam de modo autêntico da salvação de Deus. Assim, nenhuma delas ocupa o centro, que é ocupado só por Deus, de tal modo que todas são revelação de Deus e caminho para Deus. Todas as religiões estão referidas ao único centro, que é o Mistério da Realidade divina.

---

[64] Hans Küng, *Das Christentum. Wesen und Geschichte*, Munique, Zurique, 1994, pp. 118-129, onde se encontra a citação de L. Goppelt, *Theologie des Neuen Testaments*, hrsg. von J. Roloff, Göttingen, 1980³, p. 634: cit., p. 121. Cf. H. Conzelmann, *Grundriss der Theologie des Neuen Testaments*, Munique, 1968² e K.-J. Kuschel, *Geboren vor aller Zeit? Der Streit um Christi Ursprung*, Munique, 1990.

No quadro do cristianismo, esta posição é muito recente e não bem aceite pelo Magistério[65]. De qualquer modo, ela supera tanto o exclusivismo como o inclusivismo, que se exprimiam também por outras categorias, respectivamente, o eclesiocentrismo e o cristocentrismo. O exclusivismo radicava precisamente no eclesiocentrismo, isto é, na afirmação de que na Igreja se encontra de modo exclusivo a salvação de Deus. O cristocentrismo era a base do inclusivismo, no sentido de que os elementos de verdade e salvação presentes nas religiões não cristãs remetem para Cristo, único salvador.

8. O autêntico diálogo inter-religioso só pode dar-se no quadro do pluralismo, e, sintetizando, ele assenta em quatro pilares fundamentais.

8.1. Primeiro pilar: todas as religiões, desde que não só não se oponham ao *Humanum*, mas, pelo contrário, o afirmem e promovam, são reveladas e verdadeiras.

Como ficou dito, a revelação tem de entender-se no sentido, já explicado, de "maiêutica histórica". Aliás, todas as religiões se consideram, com razão, reveladas. Sem essa revelação, isto é, sem a manifestação de encontro do Mistério com o homem e do homem com o Mistério – se se quiser, depois da explicação já dada, Mistério a que, nas religiões monoteístas, se dá o nome de Deus –, como poderiam nascer as religiões?

---

[65] Ainda recentemente foi condenada pela Congregação para a Doutrina da Fé a obra de J. M. Vigil, *Teología del pluralismo religioso*, Córdoba, 2005.

Desde sempre Deus procura manifestar-se e comunicar-se a todos os seres humanos, a todos os povos. Assim, em todas as religiões há presença de revelação e, portanto, de verdade e santidade. Precisamente porque todas são reveladas, todas são também simultaneamente verdadeiras e falsas. Então, como escreveu Andrés Torres Queiruga, se há "verdade e santidade" nas religiões, "isso significa directa e imediatamente que os homens e as mulheres que as praticam se salvam *nelas e por* elas, e não a simples título individual nem, ainda menos, à margem nem apesar delas". Deus "está a revelar-se e a exercer a sua salvação *em todas e cada uma das religiões*, sem que *alguma vez* algum homem ou mulher tenham estado privados da oferta da sua presença amorosa"[66].

8.2. Segundo pilar: as religiões são manifestações e encarnações da relação de Deus com o homem e do homem com Deus. Todas são relativas, no duplo sentido de relativo, que é dito já no próprio étimo latino: o verbo irregular *refero*, donde vem referir, referência, *retuli, relatum*, donde provém relativo e relação. Elas são relativas, na medida em que, uma vez que não caem do céu, estão inevitavelmente inseridas num determinado contexto histórico-social: as religiões são mediações, e, por isso, têm de reconhecer a própria particularidade e contingência histórica[67]. Elas

---

[66] Andrés Torres Queiruga, *Do terror de Isaac ó Abbá de Xesús*, Estella, 1999, p. 228.

[67] Juan Martín Velasco *Metamorfosis de lo sagrado y futuro del cristianismo*, Santander, 1998, p. 44: "É impossível atribuir carácter universal e abso-

são relativas num segundo sentido: estão referidas, isto é, em relação com o Absoluto, mas elas próprias não são o Absoluto. O Absoluto transcende tudo o que as religiões todas possam exprimir e dizer dele, de tal modo que, neste sentido, o místico diria: Deus é "nada" de todas as religiões. O Absoluto não pode ser possuído ou dominado pelo homem. Não se pode esquecer, como já foi referido, a dupla afirmação do Evangelho em relação a Jesus. Por um lado, Jesus diz: "Eu e o Pai somos um, quem me vê a mim vê o Pai", mas, por outro, afirma: "O Pai é maior do que eu". Quando o homem fala de Deus, está sempre a falar do Deus dito por ele e não, embora referido a ele, do Deus em si mesmo.

---

luto ao corpo de mediações – por definição, históricas e culturalmente condicionadas – que constitui cada religião. A universalidade não pode, pois, colocar-se no nível das mediações, mas só no da realidade à qual o sujeito tende através delas. Pretender a universalidade das mediações – que são as que dão a sua identidade histórica a cada religião – levaria a pretender impor a todos os homens umas mediações necessariamente particulares, o que equivaleria a impor-lhes uma única língua, a de um povo determinado, pela simples razão de que é a do povo mais poderoso. Mas se só existem religiões histórica e culturalmente mediadas, e se a mediação é, por definição, relativa, isto introduz em toda a religião, na medida em que queira ser fiel ao Mistério para o qual orienta os sujeitos religiosos, o gérmen da sua própria relativização. Ora, a relativização do corpo das mediações próprias desde o horizonte da Transcendência permite a cada religião apreciar as outras religiões como outras tantas aberturas, historicamente condicionadas e relativas como ela própria, ao mesmo horizonte inatingível para todas, mas, por isso mesmo, unificador escatológico de todas elas".

Como disse A. Peteiro Freire, "não podemos pretender que uma religião tenha a verdade totalmente nem encerrar Deus numa determinada religião. Temos de 'deixar Deus ser Deus', por cima das nossas categorias e definições. Porque na medida em que renunciarmos a possuí-lo, encontrá-lo-emos como Deus verdadeiro. O verdadeiro Deus nunca é 'à nossa medida'. Ninguém possui a verdade completa. Só Deus"[68]. O Cardeal Carlo Martini também disse: "Não podes fazer Deus católico. Deus está para lá das fronteiras e delimitações que construímos. Ele não se deixa dominar nem domesticar"[69].

O místico budista Nagarjuna foi radical. Segundo ele, o homem, a caminho da verdade suprema, religioso-mística, não pode ficar na dialéctica comum, tendo mesmo de ir além da dialéctica hegeliana (ser, não ser e devir), para atingir a dialéctica que nega as quatro possibilidades – afirmação (é), negação (não é), afirmação e negação (é e não é), dupla negação (nem é nem não é). No termo, é o Silêncio[70].

Segue-se daqui que o que se chamou missão, no sentido de converter outro a uma religião, tem de ser repensada. Já não se trata, de facto, por exemplo, de o cristão converter o budista ao cristianismo ou o budista converter o cristão ao budismo, mas de ambos se converterem ao

---

[68] Mons. A. Peteiro Freire in: *Vida Nueva* 2308 (Dezembro de 2001) p. 50.
[69] Kardinal Carlo M. Martini/Georg Sporschill, *Jerusalemer Nachtgespräche*, Friburgo, Basileia, Viena, 2008, p. 26.
[70] Cf. Hans Küng, *El cristianismo y las grandes religiones*, pp. 456-457.

Mistério que os envolve aos dois, o que, paradoxalmente, fará com que o cristão se tornará mais e menos cristão e o budista mais e menos budista. De facto, nessa conversão ao Mistério, serão obrigados a criticar tudo o que de negativo existe na religião de cada e a aprofundar e viver o melhor.

É assim que o jesuíta Juan Masiá, em diálogo com o budista Kotaró Suzuki mostra que "é necessário reinterpretar a noção de missão: viver a missão como encontro e caminho em vez de como indoutrinação, proselitismo e colonização. Além disso, não me cansarei de repetir uma e outra vez que é preciso colocar o desafio de uma nova missão: a que levam a cabo as religiões juntas para ajudar o mundo a despertar para a sua humanidade e para a religiosidade ou espiritualidade. (...) Também é necessário reinterpretar a noção de conversão. Não é minha missão converter o budista ao cristianismo, mas ajudarmo-nos mutuamente a convertermo-nos ambos ao Mistério que nos transcende: "X" – designemos assim o Mistério da Origem amorosa da Vida – está para lá da imagem que ambos temos de Buda e de Deus. (...) Como resultado dos encontros interculturais e inter-religiosos, ambas as partes saem com mais e menos identidade cultural, mais e menos crentes que antes. Por exemplo, o budista sai mais e melhor – ou, noutro sentido, menos – budista que antes, e o cristão mais e melhor – ou, noutro sentido, menos – cristão que antes"[71].

---

[71] Juan Masiá y Kotaró Suzuki, *El Dharma y el Espíritu*, Madrid, 2007, p. 146.

8.3. Assim, o segundo pilar exige o terceiro: se as religiões não são o Absoluto, embora referidas a ele – deste modo se supera o relativismo, pois aqui do que se trata é de perspectivismo: as diferentes religiões são perspectivas sobre e vivências do Absoluto; as religiões também não são todas iguais, pois, como escreve Andrés Torres Queiruga, deve-se falar de "universalismo assimétrico", já que "é impossível ignorar o facto das diferenças *reais* nos êxitos das diferentes religiões: não porque Deus discrimine, mas porque *por parte do homem* a desigualdade acaba por ser inevitável[72] –, os homens e as mulheres religiosos devem dialogar para melhor se aproximarem do Mistério divino absoluto já presente em cada religião, mas sempre transcendente a cada uma e a todas.

Nenhuma religião se pode considerar como a única via de salvação. Quem poderia reclamar esse privilégio? Ser universalmente válido (*Universalgeltung*) e o único válido (*Alleingeltung*) não se identificam[73]. Percebe-se que as religiões, agora do ponto de vista teológico, em vez do confronto, precisam de entrar no diálogo, corrigir-se – se não quiser degradar-se, toda a religião tem de manter-se em vigilância permanente para não cair no dogmatismo, no coisismo, no ritualismo –, enriquecer-se mutuamente, colaborar. Por outro lado, é necessário atender ao plano pessoal, que não se explica na simples instância da teoria

---

[72] Andrés Torres Queiruga, *Diálogo de las religiones*, pp. 74-75.
[73] Cf. Manuel Fraijó *A vueltas con la religión*, Estella, Navarra, 1998, pp. 263-268.

abstracta. Como conclui Hans Küng, podemos aprender uns com os outros, podemos não apenas tolerar-nos, mas cooperar; temos o direito de debater sinceramente sobre a verdade: ninguém tem o monopólio da verdade, embora isso não signifique renunciar à confissão da verdade própria – "diálogo e testemunho não se excluem"; cada um deve seguir o seu caminho comprovado, mas conceder que os outros podem encontrar a salvação através da sua religião; vendo as coisas de fora, há diferentes caminhos de salvação, diversas religiões verdadeiras, mas, a partir de dentro – por exemplo, "para mim como cristão crente" –, só há uma única religião verdadeira: a minha; a atitude ecuménica significa ao mesmo tempo "firmeza e disposição para o diálogo": "para mim pessoalmente, manter-me fiel à causa cristã, mas numa abertura sem limites aos outros". É preciso entender que não há verdade abstracta. Por um lado, Deus revela-se na história. Por outro, a pessoa religiosa relaciona-se com o Divino pela mediação histórico-concreta de uma tradição religiosa particular: a sua[74].

De qualquer modo, não se trata, portanto, de mera tolerância, que supõe ainda uma superioridade de quem tolera o outro considerado inferior. É o próprio Mistério infinito de Deus que exige o diálogo para que os crentes se enriqueçam mutuamente sempre a caminho do mistério que se revela e ao mesmo tempo se oculta, e do qual o ser humano não pode apoderar-se nem dominar. Como

---

[74] Hans Küng, *Was ich glaube*, pp. 231-232.

escreveu Edward Schillebeeckx, "podemos e devemos dizer que há mais verdade (religiosa) em todas as religiões juntas do que numa só, e isto é válido também para o cristianismo"[75]. Precisamente porque nenhuma religião nem todas juntas possui o Mistério na sua ultimidade e porque são ao mesmo tempo verdadeiras e imperfeitas, podem e devem aprender umas das outras e complementar-se. Como escreveu P. Knitter, a título de exemplo e concretizando este aspecto, "a doutrina cristã da Trindade precisa do acento islâmico no monoteísmo; o vazio impessoal do budismo precisa da experiência cristã do Tu divino; o ensinamento cristão sobre a distinção entre o absoluto e o finito precisa da visão hindu sobre a não dualidade de Brahman e atman; o conteúdo profético-prático da tradição judaico-cristã precisa da tradição do Oriente que acentua a contemplação pessoal e a acção sem perseguir a eficácia. 'Estas polaridades contrastantes não se anulam umas às outras, como o dia não suprime a noite nem a noite o dia. É por isso que as religiões devem dar testemunho umas às outras, na sua diversidade, pois só assim podem alcançar o seu sentido pleno'"[76]. Neste contexto, deve evitar-se falar em "eleição" e "povo eleito".

---

[75] Edward Schillebeeckx, *Menschen. Die Geschichte von Gott*, Friburgo, Basileia, Viena, 1990, p. 214.
[76] Paul Knitter, *Ein Gott-viele Religionen. Gegen den Absolutheitsanspruch des Christentums*, Munique, 1988, p. 179. A citação é de Heini Maurier, "The Christian Theology of the Non-Christian Religions, in: *Lumen Vitae* 21 (1976) 72.

Ainda neste contexto, Andrés Torres Queiruga apresenta o conceito de "inreligionação", para significar o enriquecimento mútuo das diferentes religiões: "como na 'inculturação' uma cultura assume riquezas doutras sem renunciar a ser ela mesma, algo semelhante sucede no plano religioso"[77], primando de tal modo entre as grandes religiões "a simbiose e o enriquecimento" que em certos casos excepcionais há pessoas que se sentem "pertencendo identicamente a duas religiões: tal é o caso dos que, como Raimon Panikkar ou Henri le Saux, se consideram a si mesmos hindus-cristãos"[78].

8.4. Por paradoxal que pareça, o quarto pilar afirma que do diálogo inter-religioso fazem parte também os ateus, pois o que, antes de mais, nos vincula a todos é a humanidade, concluindo-se, assim, que os ateus são aqueles que, por estarem "de fora", talvez melhor possam aperceber-se da inumanidade, superstição e idolatria, que tantas vezes afectam as religiões históricas.

Se Deus é o Mistério que tudo penetra e a todos envolve, o respeito pelos outros crentes, pelos outros homens e mulheres, por todas as criaturas, não é algo acrescentado à fé religiosa, mas exigido pelo próprio dinamismo dessa fé. Acreditar em Deus implica em si mesmo acreditar no ser humano, em todo o ser humano. Pelo menos, segundo o cristianismo, Deus criou e cria continuamente, revelou-se e revela-se por causa do interesse do ser

---

[77] Andrés Torres Queiruga, *Do terror*, pp. 236-237.
[78] Id., *o. c.*, p. 238.

humano. O seu interesse não é ele mesmo. Como disse Santo Ireneu, "Gloria Dei homo vivens", a glória de Deus é o homem vivo, no sentido de plenamente realizado, que vai tão longe quanto possível na realização harmónica de todas as sua possibilidades[79].
A causa de Deus é, pois, a causa do homem. Por isso, a ortopraxis tem prevalência sobre a ortodoxia. Isso foi visto nomeadamente por Gotthold Ephraim Lessing na sua obra clássica *Nathan, o Sábio*, que apareceu em 1779,

---

[79] Juan Masiá, no âmbito da sua experiência de encontros inter-religiosos, resumiu em cinco pontos o quadro em que a sua prática se deve desenrolar, no que é acompanhado pelo seu interlocutor budista Kotaró Suzuki: "1. Antes de mais, começar por nos conhecermos mutuamente e pôr sobre a mesa elementos comuns. 2. A seguir, na base de partilhar não só conversa e mesa, mas também vida e acção social, crescer em confiança para pôr sobre a mesa as diferenças: o que não temos em comum e inclusive nos parece, por vezes, incompatível. 3. Em terceiro lugar, que cada religião faça autocrítica publicamente, reconhecendo o lastro da história que transportamos, uma trajectória com riquezas e penúrias, em que por vezes atraiçoámos a tradição fundacional de cada religião. 4. Em quarto lugar, com base nos três passos anteriores, que não se dão num dia nem num mês, começar a construir um horizonte comum de linguagem e diálogo, não para elaborar forçada e sincreticamente uma espécie de esperanto das religiões, mas para nos deixarmos mutuamente transformar. 5. Finalmente, todo este processo ficaria incompleto, se não partilhasse a fundo o elemento que podemos chamar, se se não interpretar mal a palavra, mistério ou místico. Não partilhar apenas a mesa, a acção e o diálogo, mas o silêncio: poder estar em comunhão no silêncio contemplativo, para que o mistério que penetra, envolve e transcende todas as religiões nos conduza a uma espiritualidade, que está para lá delas todas". Juan Masiá y Kotaró Suzuki, *o. c.*, pp. 99-100.

sendo representada pela primeira em Berlim em 1783 e que constitui "um dos textos *determinantes* de toda a história espiritual e cultural que deu origem à ideia europeia de tolerância"[80]. Confrontado com a questão dos três anéis, símbolo das três religiões monoteístas, não é capaz de decidir qual é o verdadeiro, dizendo aos filhos que acabem, portanto, com todo o conflito, pois o pai ama de igual modo os três. Decisivo é que mostrem a verdade da fé mediante as boas obras e o amor[81]. Critério essencial da verdade de uma religião é o seu compromisso com os direitos humanos e a realização plena do homem. Neste sentido, Edward Schillebeeckx sublinhou que agora, para lá do princípio "extra Ecclesiam nulla salus" (fora da Igreja não há salvação), é preciso acentuar o princípio "extra mundum nulla salus" (fora do mundo, não há salvação).

---

[80] Heinrich Schmidinger (Hrsg.), *Wege zur Toleranz. Geschichte einer europäischen Idee in Quellen*, Darmstadt, 2002, p. 283.
[81] G. E. Lessing, *Nathan der Weise. Ein dramatisches Gedicht in fünf Aufzügen*, Husum/Nordsee, s. d., pp. 64-68.

IX
O TEMPO PARA ALÉM DO TEMPO

Introdução: o mistério do tempo

Como é que começou o tempo? Ou o tempo não começou? Entra-se no tempo e sai-se do tempo? O tempo tem um final? Ou o tempo é sem fim? Há simplesmente a história passada, a história presente, a história futura, ou os três modos do tempo encontram a sua plenificação no Futuro da história enquanto Futuro do passado, do presente e do futuro?

Na concepção bíblica, Deus criou o mundo com o tempo, a história é história da salvação, que tem a sua consumação no fim dos tempos na meta-história, com o Advento de Cristo e a participação na eternidade de Deus. Desta consumação trata a escatologia, referida aos novíssimos, isto é, ao Último, que é o Primeiro.

A morte: consciência e transcendência do tempo

Evidentemente, sempre que reflectimos sobre o tempo, é impossível não referir Santo Agostinho, no famoso capítulo XI das *Confissões*. Diz Santo Agostinho (e certamente nós com ele): Se ninguém me perguntar, eu sei o que é o tempo; mas, se alguém me puser a questão e eu tiver de responder, eu já não sei o que é o tempo. De facto, o passado já não é, o futuro ainda não é, e o presente, quando queremos captá-lo, já lá não está... As perguntas, quando nos pomos a meditar sobre o tempo, erguem-se, enormes, e parecem inclusivamente irrespondíveis. É assim que Jürgen Moltmann, o famoso teólogo protestante da Universidde de Tubinga, já emérito, numa obra bem conhecida: *Gott in der Schöpfung. Ökologische Schöpfungslehre* (Deus na criação. Doutrina ecológica da criação)[1], de cujas reflexões me servirei por vezes nesta primeira parte, pergunta, por exemplo: Se é verdade que tudo o que acontece acontece no tempo, o que é realmente o tempo? O tempo precede os acontecimentos ou o tempo é constituído pelos próprios acontecimentos? O tempo é, como pretendia Kant, pura forma da sensibilidade enquanto condição de possibilidade da experiência, ou experienciamos o próprio tempo? E continuamos a perguntar: Não há vários tipos de compreensão do tempo e também diversas formas de vivenciá-lo?

Assim, temos, por exemplo, a compreensão do tempo por parte do homem arcaico, do homem grego, de Santo Agostinho, a concepção do tempo na Bíblia.

---

[1] Jürgen Moltmann, *Gott in der Schöpfung. Ökologische Schöpfungslehre*, Munique, 1987³, pp. 116-150.

Quando reflectimos sobre o tempo, encontramos, em primeiro lugar, o tempo do homem arcaico, que aliás não está tão distante de nós como à primeira vista poderia parecer. Quem investigou profundamente a questão do tempo para o homem arcaico foi Mircea Eliade, em obras bem conhecidas, como: *O Sagrado e o Profano*, *O mito do eterno retorno*, *Tratado da História das Religiões*.

Qual é a experiência fundamental do homem arcaico na sua relação com o tempo? Também ele se confronta com o provisório, o passageiro, isso que é a experiência da fugacidade e da voragem do tempo, que a todos abala. Ora, a resposta do homem arcaico a essa experiência inquietante e caótica do tempo e do mundo é o recurso a um acontecimento mítico originário, *in illo tempore*, em que intervêm os deuses. Deste modo, o homem arcaico distingue entre o tempo profano e o tempo sagrado. Há o tempo profano, que é o tempo do provisório e da voragem, mas também há a festa, e a festa, através do rito, actualiza, reproduz o mito, e, dessa maneira, o tempo é constantemente restaurado, regenerado, escapando à voragem. Há, portanto, um tempo primordial, o único que é verdadeiramente real, e que pode repetir-se, actualizar-se na festa e no rito. A festa transporta o homem para o tempo das origens divinas. O tempo mítico, que reproduz os acontecimentos divinos das origens, interrompe o tempo quotidiano, superando o seu carácter efémero e colocando o homem sob a protecção do divino. Por conseguinte, no rito, repete-se e reproduz-se a origem mítica. Deste modo, para o homem arcaico, o tempo só é real e verdadeiro na medida em que há o eterno retorno do mesmo. O eterno retorno domina a mentalidade do homem arcaico.

Diga-se, de passagem, que, considerando a nossa vida no sentido biográfico, individual, realmente uma experiência primeira do tempo, que parece impor-se, é a do eterno retorno: de facto, constatamos a permanente sequência do dia e da noite, o desfile, em constante regresso, das estações do ano, as pessoas que conhecemos nascem, vivem e morrem, como se de uma roda vital se tratasse... Mas é evidente que, com uma concepção do tempo como eterno retorno e repetição, o que acaba por anular-se é a própria possibilidade da história. Nesta concepção, não há a possibilidade de perceber a história enquanto conjunto de acontecimentos que são contingentes, individuais, irreversíveis, abertos a um futuro novo. A categoria decisiva da história é efectivamente o futuro, sempre imprevisível. Como repetia, com razão, o filósofo Ernst Bloch, o núcleo de um conceito correcto de história é e permanece o *Novum*. Assim, numa experiência cíclica do tempo, em que tudo recomeça, é claro que é a própria experiência da história que é anulada. Para o homem arcaico, não há história.

Por paradoxal que pareça (de facto, não se pode esquecer Heródoto), também para o homem grego, propriamente não há história. Para os filósofos gregos, havia a ideia de que só há ciência do universal e necessário. Ora, a história tem a ver com acontecimentos contingentes, individuais e irrepetíveis. Portanto, a história não pode ser propriamente uma ciência. Por isso mesmo, impunha-se também a ideia de que o tempo só mediante o movimento circular pode ser reprodução do eterno e infinito. Platão e Aristóteles concretamente não superaram uma concepção circular do tempo. O tempo deve ser algo semelhante a um círculo. Porquê? Para eles, o tempo só pode ser a imagem da eternidade, se o seu decurso for circular. No finito, só o círculo pode ser a imagem do infinito e da eternidade. De facto, no círculo, a órbita não tem fim, e, por outro lado, na órbita do círculo, encontramos equidistância perfeita de todos os pontos em relação ao centro.

O ser uno, imutável e eterno foi afirmado de modo radical por Parménides. Tinham-lhe sido reveladas duas vias: a da opinião e a da verdade. Ora, a via da verdade afirma: O ser é, o não ser não é. O ser é e não pode não ser, e o não ser não é nem pode ser. O ser é pura e simplesmente. A transformação, a mudança, a multiplicidade são inconcebíveis. O ser é uno, eterno, imperecível, incriado, imóvel. Dele não pode dizer-se que foi ou que será. Ele é eterno presente. Tanto o passado como o futuro contêm negatividade, pois referem-se ao *já não* e ao *ainda não*, respectivamente. Também não pode haver multiplicidade, pois, como dirá Espinosa, *omnis determinatio negatio* (toda a determinação é negação: se isto é uma mesa, *não* é uma cadeira, *não* é um livro...). A história impõe a presença de possibilidades, implicando simultaneamente a passagem do ainda não ao já não. Ora, tinha sido revelado a Parménides que isso não é possível, porque o ser é e não pode não ser. Assim, se não é possível nem o passado nem o futuro, o que é a realidade verdadeira senão eterno presente? Os gregos diziam: Zeus era, Zeus é, Zeus será, Zeus é eterno.

Santo Agostinho, em dado momento, colocará a seguinte questão: O que é que Deus fazia, antes da criação do mundo? Houve alguém que, com muita ironia, respondeu: Preparava o inferno para aqueles que, indevidamente, haviam um dia de debruçar-se sobre estes mistérios! Mas a pergunta: "O que é que Deus fazia, antes da criação do mundo?" não é tão inocente como à primeira vista poderia parecer. Não pode esquecer-se que Santo Agostinho, ao perguntar pelo tempo (*quid est tempus?*), se coloca já num horizonte de compreensão radicalmente distinto do dos gregos, pois a sua perspectiva é a da criação do mundo *ex nihilo sui et subjecti* (a partir do nada, no sentido de que a criação não procede por emanação nem há matéria antecedente). Portanto, Deus não se confunde com o mundo e o tempo, que Ele criou. Assim, a pergunta é uma outra maneira de colocar a seguinte questão: Deus criou no tempo ou na eternidade? Qual é a relação que existe entre o tempo e a eternidade? Como é que se passa do tempo para a eternidade e da eternidade para o tempo?

De facto, nós só podemos pensar o passageiro, o que muda, o antes, o agora e o depois, se houver um "ponto" que seja fixo e imóvel. Aliás, mais tarde Kant havia de colocar a questão na *Crítica da Razão Pura*, na Dialéctica transcendental, com as famosas antinomias: o mundo é limitado ou ilimitado, o mundo é eterno ou teve um começo? Santo Agostinho responderá que Deus não criou *no* tempo, mas criou o mundo *com* o tempo. Só Deus vive na eternidade. Tudo o que acontece no mundo, criado com o tempo, acontece antes e depois de um certo tempo. Mas, segundo Santo Agostinho, o homem, pela alma, tem de alguma maneira participação na eternidade de Deus. O espírito criado do homem participa do Espírito criador eterno. Na alma, que participa da eternidade de Deus, dá-se uma certa simultaneidade do passado, do presente e do futuro. Há três tempos, escreve ele: o presente do passado, o presente do presente e o presente do futuro. Como é que isso é possível? Pela memória, pela atenção e pela expectativa, esses três modos do tempo estão presentes no nosso espírito. Pela memória, temos, no presente, o passado. O presente actual temo-lo presente pela atenção. E temos o futuro também no presente, pela esperança. O futuro não nos é presente enquanto o esperamos? Assim, pela memória, pela atenção e pela expectativa, a alma unifica os três modos do tempo numa certa simultaneidade.

Mas Santo Agostinho dá-se perfeitamente conta de que o tempo é voragem. Nele, há o abalo do tempo que corre e flui. O tempo desaparece. O tempo parece correr do futuro para o passado. O tempo então parece ser o passado, o pretérito. O presente vai-se tornando passado. O futuro é aquilo que, com o tempo, vai transformar-se também em pretérito. Assim, temos, o pretérito pretérito, o presente pretérito, o futuro pretérito. Neste sentido, a história parece apenas amontoar mortos. Já não há lugar para aqueles que morreram, porque passaram, e nós próprios e os que hão-de vir depois de nós, olhando para o futuro, sabemos que a curto, a médio, a longo prazo, todos iremos estando mortos. Por isso, o historiador e filósofo R. Wittram, na sua obra *Das Interesse an der Geschichte*, observou agudamente: "A mim os grandes acontecimentos históricos do passado afiguram-se-me como cataratas geladas, imagens congeladas pelo gelo da vida que se foi, e que nos mantêm à distância. Gelamos à vista dos grandes feitos: reinos caídos, culturas destruídas, paixões apagadas, cérebros mortos... Se tomamos isto a sério, podemos sentir que nós, historiadores, temos uma ocupação bem estranha: habitamos nas cidades dos mortos, abraçamos as sombras, recenseamos os defuntos"[2]. É este realmente o mistério da história: a curto, a médio, a longo prazo, todos iremos estando mortos... É por isso que Santo Agostinho escreve as *Confissões*, palavra que deve entender-se no seu sentido originário: louvor e acção de graças a Deus, o único a quem a eternidade pertence e que é fonte de salvação.

Para a compreensão do tempo e da história, temos, evidentemente, de referir-nos ao homem bíblico. De facto, o Ocidente tem duas raízes culturais fundamentais: a *physis* grega e a história, que é um legado essencialmente judeo-cristão. O povo hebraico tinha a experiência de que Deus intervém na história, abrindo um futuro novo, que era imprevisível e parecia impossível. O futuro está aberto. Deus é o Deus da promessa, o Deus do futuro. Como diria o filósofo Ernst Bloch, é o Deus que tem o futuro como seu modo de ser. Enquanto Zeus era, Zeus é, Zeus

---

[2] R. Wittram, *Das Interesse an der Geschichte*, 1958, pp. 15-16. Cit. in: Jürgen Moltmann, *Theologie der Hoffnung. Untersuchungen zur Begründung und zu den Konsequenzen einer christlichen Eschatologie*, Munique, 1985[12], p. 244.

será, Zeus é eterno, o Deus bíblico define-se essencialmente como Aquele que diz de si mesmo a Moisés: Eu sou Aquele que serei, eu sou o Deus do futuro, eu sou Aquele que está e que estará convosco. Segundo Plutarco, à porta do templo de Apolo, estava escrito *EI* ("Tu és"), no sentido de uma existência divina atemporal e invariável. O Deus bíblico, ao contrário, revela-se como *ehyeh ascher ehyeh* ("serei o que serei"). E, no Apocalipse, Deus é definido como Aquele que era, Aquele que é, e, contrariamente ao que se esperaria, *Aquele que vem*. O Deus da Bíblia nada tem a ver com o Deus da metafísica. O Deus bíblico está presente na história, à qual, pela sua promessa, abre possibilidades sempre novas. Temos, portanto, na Bíblia, a concepção messiânica do tempo, do tempo aberto, da promessa, de uma promessa que é escatológica. Deus, pela sua presença na história, abre-a para a meta-história. Temos aqui a ideia do *Eschaton*, isto é, do Último enquanto já presente na história e que se manifestará em plenitude meta-historicamente.

A consciência da morte está, pois, inevitavelmente vinculada à consciência da temporalidade. Frequentemente, imagina-se o tempo à maneira de um corredor ou túnel que se vai percorrendo ou atravessando. Mas o tempo é essencialmente o modo como o ser finito se realiza. Somos temporais, e o nosso tempo não é ilimitado, tem um termo, um limite. É incerto quando morreremos, mas, precisamente por isso, impõe-se a atenção, pois podemos morrer a todo o momento. A morte é realmente um (o) limite. Toda a questão consistirá em saber se se trata de um limite no sentido kantiano e hegeliano de

Schranke ou *Grenze*. *Schranke* é o limite enquanto termo, barreira; *Grenze* significa fronteira: também há um termo, mas um termo que implica um para lá, pois, na tomada de consciência do limite, já se está para lá do limite.

Kant também reflectiu sobre o tempo, e, por paradoxal que pareça, em conexão com Parménides. Pergunta Kant: O que é o tempo? E, para ele, o tempo não é senão "intuição pura", forma da sensibilidade, como aliás também o espaço, enquanto condição de possibilidade de toda a experiência. Por isso, para Kant, a mudança não diz respeito ao tempo, pois só os fenómenos mudam no tempo. Quer dizer, o tempo como "intuição pura" está fora do tempo, permitindo assim como que uma visão das coisas *sub specie aeternitatis*. O tempo como forma pura da sensibilidade substitui de algum modo o ser parmenídeo, não havendo então propriamente lugar para o passado e para o futuro, para a irreversibilidade. Evidentemente, Kant filosofa sobre a concepção da física clássica. Com a mecânica quântica, dar-se-á uma transformação. Também na concepção bíblica, como já vimos, não é isso que acontece. O tempo é irreversível, não é quantitativo, matematizável. O tempo é qualitativo, heterogéneo, descontínuo. O tempo é ritmo. Aliás, se estivermos atentos, reparamos que também nas nossas pequenas histórias pessoais não há apenas o tempo matematizável, quantificável, dos relógios. De facto, que tempo é esse o do amor? O que é o tempo da criação? O que é o tempo da obra de arte? O tempo da beleza? O tempo da liberdade? Quando partimos para uma longa viagem, de muitos dias, pode acontecer algo de paradoxal: por um lado, vivemos tão intensamente realidades tão fascinantes e sempre novas que a sensação que nos fica é a de termos vivido imenso tempo, imensamente mais tempo do que o tempo contabilizável dos relógios, um tempo incomensurável; por outro, precisamente por causa da intensidade da vivência, foi tudo tão invulgar e bom que o momento da chegada parece coincidir com o momento da partida: é como se tudo coincidisse no instante. Há, pois, duas experiências nucleares do tempo: a concepção kairológica do tempo e a concepção puramente cronológica (de Cronos, que devora os seus próprios filhos).

Na história gigantesca da evolução, com 13.700 milhões de anos, sabemos que há homem, quando existe alguém que tem consciência de que nem sempre esteve no mundo e de que não estará sempre no mundo. 13.700 milhões de anos! Tanto foi o tempo que, segundo a maioria dos astrofísicos, demorou o processo gigantesco evolutivo do mundo, com saltos qualitativos, até chegar a um existente que não só é, mas que sabe que é, que pergunta por si e pelo mundo, pelas condições de possibilidade e inteligibilidade do processo, pois o homem é constitutivamente abertura à totalidade. E precisamente o fóssil característico e o sinal mais claro e inequívoco para determinar a presença do homem no mundo são os vestígios da sepultura: pela primeira vez está no tempo alguém que é consciência do tempo, isto é, da inevitabilidade de morrer, que gasta tempo, imenso tempo, com os mortos, que não abandona os mortos pura e simplesmente à morte, e que transcende o tempo, pois recusa ser definitivamente aniquilado. É a consciência da mortalidade, portanto, do tempo no seu carácter de irreversibilidade e irrepetibilidade, e, simultaneamente, de transcender o tempo na sua transitoriedade, que revela, na história da evolução, a emergência do qualitativamente novo, isto é, a passagem do pré-humano ao humano, de "algo" a "alguém". O homem tem consciência de que é finito e mortal, mas, precisamente desse modo, já transcendeu a finitude e não se resigna à mortalidade.

Mesmo na física, como mostrou Einstein com a teoria da relatividade, o tempo não é universal. Assim, supondo que um dos irmãos gémeos monozigóticos segue numa aeronave até Sirius a uma velocidade próxima da velocidade da luz, ao voltar à terra, constatará, verificando a data marcada no relógio que levou consigo, o número das rugas e dos cabelos brancos e a sua própria sensação subjectiva sobre o período de tempo passado, que é vários anos mais novo do que o seu irmão gémeo[3].

Se reflectirmos de forma conveniente e adequada sobre o tempo, observaremos que o tempo (e a história) não pode entender-se de modo exclusivamente linear, isto é, de modo unidimensional, como se as diferenças e relações entre o passado, o presente e o futuro pudessem reduzir-se à simples relação do antes e depois. O tempo é linear e entrecruzado, numa rede de relações múltiplas e complexas. Há certamente presente, passado e futuro. Mas cada modo do tempo tem ele próprio tríplice modo.

---

[3] Hanns Cornelissen, *Der Faktor Gott. Ernstfall oder Unfall des Denkens?* Friburgo/Br., Basileia, Viena, 1999[2], pp. 38-39.

Isto é: o passado não pode entender-se pura e simplesmente como o ultrapassado e superado; ele próprio teve um passado, um presente e um futuro. Trata-se de um presente passado, com o seu próprio passado e também o seu futuro. De modo semelhante, o nosso presente enquanto presente actual tem em si o passado presente e o futuro presente. Não pressupõe o presente actual o futuro do presente passado? Por outras palavras, não nasceu o nosso presente das esperanças, projectos e possibilidades do presente passado? E o mesmo deverá dizer-se do futuro, que, no seu presente, enquanto concretização do nosso futuro presente, estará entrelaçado com o seu passado, que é o nosso presente actual, e com o seu próprio futuro. Portanto, o passado não é pura e simplesmente o passado e superado; o passado vive e actua no presente. O passado tinha e tem futuro. Há futuro no passado. O passado também sonhou, nele fermentavam possibilidades, também esteve grávido de projectos e esperanças. Esse futuro do presente passado tem a sua concretização no nosso presente, mas o nosso presente actual enquanto realização desse passado é apenas uma das suas concretizações. Apenas uma. Tanto assim é que, de vez em quando, há renascimentos. E há renascimentos porquê? Porque houve um passado com imensas esperanças, enormes sonhos e possibilidades, com projectos maiores do que aqueles que encontraram realização. Houve, portanto, projectos, esperanças e possibilidades do passado que foram esquecidos e até reprimidos e, por isso, há movimentos que vão ao passado para recuperar as esperanças e os projectos que ficaram ocultos, que foram esquecidos e reprimidos, para de novo os colocar em marcha. As esperanças reprimidas são reactivadas no projecto do futuro. Mas também o futuro do nosso presente há-de ficar sempre aquém daquilo que o presente sonhou. Quer dizer, o presente futuro, que será também realidade resultante do nosso futuro presente, não esgotará as nossas possibilidades e sobretudo a nossa esperança. Como o presente actual se não identifica com o futuro do presente passado, também o presente futuro se não adequará ao futuro do presente. E o mesmo é necessário dizer do próprio futuro, também ele sempre com futuro[4].

Qual é o modo do tempo mais próprio e consistente? Poderíamos pensar que é o passado. De facto, tudo quanto vivemos e fomos não pode ser anulado, ninguém no-lo pode tirar. Nem Deus pode fazer com que o que foi não tenha sido. Mas, por outro lado, o passado parece congelado e morto. É sempre no agora que vivemos[5]. É no agora que eu sou presente a mim. Quem vive sempre só para o futuro arrisca-se a nunca viver. É no agora que a existência surge em cada momento nova. Mas, por outro lado, quando tento captar o agora, já não é. Para captá-lo, tenho de objectivá-lo, e então o que encontro é o passado. Exactamente como a existência ou o eu: quando quero captá-los pelo conhecimento objectivo, o que encontro não é a existência ou o eu, mas, em última

---

[4] J. Moltmann, *Gott in der Schöpfung*, pp. 135-140.
[5] Neste sentido, ver a profunda e acessível reflexão de André Comte-Sponville, *Apresentações da filosofia*, Lisboa, 2001, pp. 99-110.

análise, aparentemente o nada. Não mostrou Ernst Bloch que precisamente o agora mergulha em trevas – *Dunkel des gelebten Augenblicks* (o instante vivido é sempre velado e escuro por causa de uma proximidade que impede a reflexão e o conceito e por causa da ausência da plenitude) –, sendo este o ponto de arranque da sua filosofia?[6] A temporalidade originária e própria não é então o futuro? "*O fenómeno primário da temporalidade originária e autêntica é o futuro*"[7]. Ainda não somos o que seremos, somos o que ainda não somos. O homem não está feito, não é coisa. O homem não pode compreender-se como substância, como eu transcendental a-histórico, que objectiva o espaço exterior da história. Ele é histórico e só pode compreender-se na corrente da história, da qual é elemento e de que ao mesmo tempo não dispõe autonomamente. Tem de fazer-se, é projecto, e só se encontra a si mesmo no horizonte do "mundo histórico da vida", que engloba a história toda da evolução[8]. Tem consciência do que lhe falta, é imperfeito, inacabado, inconcluído, e sabe que o é, e, por isso, é desejo e tarefa, sempre a caminho, de tal modo que a semelhança do homem com Deus "haveria que encontrá-la na sua indefinição, correlato finito da

---

[6] Ernst Bloch, *Das Prinzip Hoffnung*, (Frankfurt/M., 1977[4]), pp. 334--368; Id., *Geist der Utopie*. Zweite Fassung, Frankfurt/M., 1985, pp. 237-273.

[7] Martin Heidegger, *Sein und Zeit*, Tubinga, 1986[16], p. 329.

[8] Hans-Helmuth Gander, *Selbstverständnis und Lebenswelt. Grundzüge einer phänomenologischen Hermeneutik im Ausgang von Husserl und Heidegger*, Frankfurt/M., 2001, p. 7.

infinitude"[9]. O homem é constitutivamente poder-ser. Há, porém, este enigma iniludível: há sempre algo que lhe falta, mas esse algo é a morte. Só na morte alcançaria a sua totalidade, mas precisamente a morte é, pelo menos aparentemente, o *fim* de tudo. Como é que, na perspectiva heideggeriana, a morte enquanto termo (*Ende*) pode ser consumação (*Vollendung*)?

É assim que o mistério da morte, do morrer, do estar morto e do "Além" é a outra face do mistério do tempo. Há múltiplas faces e experiências do tempo. Sabemos, por exemplo, a nossa idade, mas, se pensarmos bem, apenas porque no-la disseram, pois não assistimos à nossa origem nem sequer ao nosso nascimento. Que idade tem a pessoa que vem de um embrião que esteve vários anos congelado? Quando pensamos no nosso princípio, desembocamos no imemorial. Quando olhamos para o futuro, é igualmente a uma nebulosa que vamos dar. Segundo a Bíblia, tudo tem o seu tempo: "tempo de nascer, tempo de morrer, tempo de plantar, tempo de arrancar a planta, tempo de matar, tempo de sarar, tempo de destruir, tempo de construir, tempo de chorar, tempo de rir, tempo de gemer, tempo de bailar (...), tempo de calar, tempo de falar, tempo de amar, tempo de odiar, tempo de guerra, tempo de paz"[10]. Há aqueles períodos da história em que o tempo acelera vertiginosamente, e outros em que parece estagnado. Na ansiedade, é o tempo do rebu-

---

[9] Julián Marías, *Antropología metafísica*, Madrid, 1998, p. 186.
[10] Ecl. 3, 1-8.

liço inquieto, na expectativa de uma notícia má ou de um acontecimento bom, ainda não decididos. Há o tempo do tédio, aquele tempo pastoso, interminável. Há o instante exultante da exaltação: "o amor e a arte duram mais do que a vida. Porque duram um instante intenso, ou seja uma eternidade"[11]. Mas, em última análise, importar--nos-íamos tanto com o enigma do tempo, se não envelhecêssemos nem morrêssemos? O homem é constitutivamente projecto, e, assim, ter de ser e ter de morrer coincidem, de tal modo que então "a morte não está algures no tempo, mas o tempo é originariamente *zu sein*, isto é, zu *sterben*"[12]. Sem a consciência do tempo e da morte, não seríamos homens. Por isso é que Pascal, naquele seu estilo inconfundível, escreveu: "Vejo estes espaços medonhos do universo que me envolvem e encerram, e dou comigo atado a um canto dessa vastidão, sem saber porque é que estou colocado neste lugar em vez de num outro nem porque é que este pouco tempo que me é dado viver me é destinado neste ponto em vez de num outro de toda a eternidade que me precedeu e de toda a eternidade que se seguirá depois de mim. Só vejo infinidades por todo o lado, que me encerram como um átomo e uma sombra que dura só um instante sem regresso. Tudo o que sei é que vou morrer em breve; mas o que mais ignoro é esta própria morte que não poderei evitar". Por isso é que a imortalidade é "uma coisa que nos importa tão decisiva-

---

[11] Vergílio Ferreira, *Escrever*, Lisboa, 2001², p. 71.
[12] Emmanuel Levinas, *La mort et le temps*, Paris, 1992, p. 46.

mente que, para permanecer indiferente em relação ao que se lhe refere, é preciso ter perdido todo o sentimento"[13]. Esta imortalidade enquanto transcendência ao tempo da voragem e do efémero anuncia paradoxalmente a sua presença na consciência da morte: quem se sabe desde sempre mortal é maior que a morte[14].

A não ser quando se pretende sofística ou puro academismo livresco, repetitivo e inútil, a filosofia, com uma história com mais de dois mil e quinhentos anos, sempre se compreendeu numa relação indissociável com a consciência que o homem tem da morte. E exactamente como não há filosofia sem consciência da morte (o homem é a única espécie animal "para a qual a morte biológica, facto de natureza, se encontra permanentemente superada pela morte facto de cultura"[15]), também a teologia cristã tem o seu centro e ponto de arranque na relação insuprimível de Deus com a morte: o que é que significa a fé pascal, isto é, a fé na ressurreição de Jesus Cristo, senão precisamente a identidade paradoxal da vida de Deus com um morto crucificado? Sem a ressurreição, a cruz de Cristo seria mais um crime no cortejo infindo da dor humana, e um absurdo. Mas a ressurreição é a prova de que Deus mesmo entrou em contacto com a morte. Nesta

---

[13] Pascal, *Pensées* (Brunschvicg, 194).

[14] Marie de Hennezel/Jean-Yves Leloup, *A arte de morrer. Tradições religiosas e espiritualidade humanista perante a morte nos dias de hoje*, Lisboa, 2000^2, p. 60.

[15] L.-V. Thomas, *Anthropologie de la mort*, Paris, 1976, p. 11, nota.

identidade paradoxal entre Deus e um crucificado, cuja prova é a ressurreição, mostra-se que Deus mesmo se expôs à negatividade da morte e a venceu.

É tão próprio do homem saber da inevitabilidade de morrer como esperar para lá da morte. Como é que o homem, que é pessoa, fim em si mesmo, que vale incondicionadamente, se pode tornar coisa que apodrece? Se o cristianismo se impôs ao mundo, foi, antes de mais, mediante a fé na Ressurreição enquanto resposta à "bela esperança" da vida eterna. Como escreveu S. Paulo, Deus é o Deus da Aliança, e, assim, Aquele que chama à existência as coisas que não existem e que faz viver os mortos[16].

O fim intermédio e o fim sem fim

Se Deus nos aparecesse, dizendo-nos: 'Aqui estou, sou eu o Deus', como é que o reconheceríamos, como é que saberíamos que era ele?

Esta pergunta nada tem a ver com aquela famosa aparição de Deus, com a qual N. R. Hanson diz que "ficaria convencido para sempre de que Deus existe de facto": suponde – escreve – que uma bela manhã, quando toda a gente olha para cima, "o céu se abre e entre as nuvens aparece uma figura como um Zeus radiante e incrivelmente imenso, que se levanta por cima de nós como cem Everestes", exclamando para que todos, homens, mulhe-

---

[16] Rom. 4, 17.

res, crianças, o possam ouvir: "Estou farto das tuas subtilezas lógicas e dos teus jogos de palavras em assuntos teológicos. Tem a completíssima segurança, Mr. Hanson, de que eu certissimamente existo!'"[17] Com razão, contrapõe Andrés Torres Queiruga: "Eu, pelo contrário, deixaria de crer nesse preciso instante"[18]. É que esse não é Deus, mas um ídolo. Deus não pode ser objectivado, pois não é um ente, nem sequer o Ente supremo. Neste sentido, a crítica heideggeriana da ontoteologia é inultrapassável. Se Deus se manifesta no mundo, não pode fazê-lo de modo empírico, como bem viu o próprio L. Kolakowski: "Deus não pode criar uma evidência empírica da sua existência que pareça irrefutável ou mesmo sumamente plausível em termos científicos", pois, para isso, teria de fazer "um milagre lógico em vez de físico". Mesmo perante os milagres mais extraordinários, um céptico com mentalidade científica apelaria para uma explicação natural, sempre mais provável que uma intervenção divina[19]. Deus não vem de fora, pois Deus não é adicionável ao mundo, como se Deus e o mundo e o homem formassem uma realidade bipolar, a integrar numa totalidade superior e maior.

---

[17] "Hanson y el agnóstico", in: "N. R. Hanson, B. Nelson, P. K. Feyerabend, *Filosofía, Lógica y Religión*, Salamanca, 1978, p. 50. Cit. in: Andrés Torres Queiruga, *El problema de Dios en la modernidad*, Pamplona, 1998, p. 242. N. R. Hanson repete o exemplo quase à letra em "El dilema del agnóstico", in: N. R. Hanson, B. Nelson, P. K. Feyerabend, *Filosofía de la ciencia y religión*, Salamanca, 1976, pp. 22-23.

[18] Andrés Torres Queiruga, *o. c.*, p. 243.

[19] L. Kolakowski, *Falls es keinen Gott gibt*, Friburgo/Basileia/Viena, 1992, pp. 69-70.

Deus, evidentemente, é o infinitamente diferente do mundo (*aliud*), mas precisamente, como já tinha visto Nicolau de Cusa, enquanto não-diferente (*non-aliud*): Deus é o não-outro, "não é distinto de nada, não carece de algo nem fora dele pode haver algo"[20]. Nesta mesma linha, Mestre Eckhart definira-o como "negatio negationis": "Todas as criaturas levam em si uma negação; uma nega ser a outra. Um anjo nega ser outro (anjo). Mas Deus tem uma negação da negação; ele é Um (*Eins*) e nega tudo o mais, pois nada há fora de Deus"[21]. Na sua infinita transcendência *ao* mundo, Deus é sumamente imanente *no* mundo. Santo Agostinho já o dissera, quando se referiu a Deus como *"interior intimo meo et superior summo meo"*[22].

A pergunta: 'como é que o reconheceríamos?' tem outra intencionalidade. É, na forma de pergunta, a expressão da esperança, que anima a oração da comunidade cristã primitiva, repetida pelos cristãos ao longo dos tempos, sempre que celebram a Eucaristia: "Vem, Senhor Jesus". O objecto da esperança não é o fim do mundo, da vida, da história, no sentido do seu termo, da sua destrui-

---

[20] Nikolaus von Kues, *De non aliud*, in: Id., *Philosophisch-Theologische Schriften*. Studien- und Jubiläumsausgabe. Lateinisch-Deutsch. Band II, Viena, 1966, p. 464: "Aliud enim, quia aliud est ab aliquo, eo caret, a quo aliud. Non-aliud autem, quia a nullo aliud est, non caret aliquo, nec extra ipsum quidam esse potest".

[21] Meister Eckhart, *Deutsche Predigten und Traktate*, Zurique, 1979, p. 253.

[22] *Confessiones*, III, 6.

ção ou aniquilação enquanto solução final, como afirma e teme o pânico apocalíptico. Pelo contrário, o que se espera é "*o começo*"[23], o começo da vida eterna, o novo começo enquanto começo pleno do Reino de Deus. Precisamente no fim, espera-se o começo autêntico, de tal modo que tudo o que é falso, injusto e mortal desaparece, e tudo é transfigurado e glorificado. Todas as coisas serão novas, é o "novo céu e a nova terra", uma "criação nova", que não é uma criação diferente da actual, mas um mundo radicalmente transformado, que encontra a sua consumação. O que é que muda então? "Em primeiro lugar, a relação com Deus será diferente: o Criador, que criou a sua obra, faz da criação a sua morada e descansa nela. A sua 'inhabitação' (*shekhina*) penetra no céu e na terra e faz que ambos sejam novos, isto é, converte-os no templo cósmico de Deus"[24]. A glória de Deus, que então habita definitivamente na criação inteira, transfigurará todas as criaturas e irradiará em todas as coisas. Só então saberemos realmente quem somos e o que somos. Revelar-se-á finalmente a fonte donde jorra e para onde vai todo o perguntar. Já não haverá nem dor nem lágrimas nem morte. O sentido último da realidade manifestar-se-á adequada e plenamente. A beleza será toda e, no interior de Deus, a comunhão infinita. Mas de tal modo que, em última análise, tudo isso é presentemente infigurável para nós.

---

[23] Jürgen Moltmann, "Al final, Dios", in: *Concilium* 277 (1998) 646.
[24] Id., *a. c.*, p. 655; cf. Id., *Das Kommen Gottes. Christliche Eschatologie*, Gütersloh, 1995, p. 287 ss.

É legítimo esperar? O homem é constitutivamente um ser esperante: espera, e espera ilimitadamente, de tal maneira que há um desnível constante, que não pode ser superado pelo homem intra-historicamente, entre o que sempre se espera e o realmente alcançado. Neste sentido, é próprio da natureza do homem esperar para lá da natureza, portanto, esperar Deus, invocando-o. Precisamente pela esperança faz-se a conexão entre a filosofia e a religião. "A racionalidade não é suficiente para fundar a religião desde um ponto de vista genético. Desde a razão o homem pode, no máximo, chegar ao Deus dos filósofos, ao que nos serve de fundamentação e de resposta para os nossos problemas e enigmas"[25]. Mas já Heidegger preveniu que ao Deus Causa sui "o homem não pode nem rezar nem oferecer sacrifícios. Perante a Causa sui, o homem não pode cair de joelhos nem tocar instrumentos e dançar diante deste Deus"[26]. Isto não significa que entre o Deus dos filósofos e o Deus da religião haja oposição; mas certamente há uma tensão. Tanto a religião como a filosofia estão indissoluvelmente vinculadas à questão do sentido último do mundo e da existência humana e, portanto, às perguntas pela origem, fundamento e significado da realidade no seu todo. Mas a religião distingue-se da filosofia, porque se não limita a analisá-las, "questionando a validade racional das distintas respostas": oferece "con-

---

[25] Juan Antonio Estrada, "Las razones de la fe ante la increencia", in: *Proyección* 44 (1997) 29.
[26] Martin Heidegger, *Identidad y diferencia. Identität und Differenz*, Barcelona, 1988, pp. 152-153.

solação, esperança e sentido", quando se ergue a pergunta pelo significado da contingência e sobretudo a pergunta pela felicidade humana, concretamente em conexão com a problemática ética[27].

Na linguagem religiosa, há o costume de dizer, em relação a alguém, que está a morrer, que parte do tempo para a eternidade. Mas o que é que pode querer dizer exactamente esta expressão? O que é que pode querer dizer deixar o tempo e entrar na eternidade? Immanuel Kant, num pequenino texto, intitulado *O fim de todas as coisas*[28], fez notar que esta expressão nada pode significar, se por eternidade se entendesse "um tempo que se estende até ao infinito", pois, desse modo, o homem permaneceria no tempo. Por conseguinte, deve por ela entender-se "um *fim de todo o tempo*, com a ininterrupta duração do homem"[29]. Esta duração, porém, tem de considerar-se como "uma grandeza totalmente incomparável (*duratio noumenon*) com o tempo". Dela não podemos fazer qualquer conceito. Esta ideia tem em si algo de terrível, "porque nos conduz à beira de um abismo" do qual, para quem nele se despenha, nenhum regresso é possível; ao mesmo tempo, tem algo de fascinante, pois não se consegue deixar de dirigir para aí permanentemente o olhar aterrorizado. É "o *sublime* terrível"[30]. Confrontados com a passagem do tempo à

---

[27] Juan A. Estrada, *a. c.*, p. 29.
[28] I. Kant, *O fim de todas as coisas* (1794), in: Id., *A paz perpétua e outros Opúsculos*, Lisboa, 1988.
[29] Id., *o. c.*, p. 103.
[30] Id., *o. c.*, p. 103.

eternidade, é preciso considerar uma dupla perspectiva: o fim de todas as coisas enquanto seres no tempo e objectos de experiência possível, e, na ordem moral dos fins, "o começo de uma persistência dessas mesmas coisas enquanto *supra-sensíveis*", portanto, não sujeitas à ordem do tempo[31]. O fim de todas as coisas no tempo e, simultaneamente, o começo da eternidade decidem-se no dia novíssimo, o último dia, o dia do Juízo Final. Precisamente esse fim e esse começo não são para nós teoricamente conceptualizáveis: perdemo-nos inevitavelmente em contradições quando pretendemos passar do mundo sensível, do mundo dos sentidos, no espaço e no tempo, para o mundo inteligível, e seria precisamente o que acontece aqui, porque "o instante que constitui o fim do primeiro deve igualmente ser o início do outro e, portanto, este deve inserir-se como aquele numa única e mesma série temporal – o que é contraditório"[32]. De qualquer modo, não podemos deixar de perguntar-nos porque é que em todos os povos há esta ideia de fim e porque é que os homens em geral esperam um fim do mundo. O fundamento desta questão "parece consistir em que a razão lhes diz que a duração do mundo só tem valor na medida em que os seres racionais são nele adequados ao fim último da sua existência; se tal fim último não houvesse de alcançar-se, a própria criação parecer- -lhes-ia privada de finalidade: como um espectáculo que

---

[31] Id., *o. c.*, p. 104.
[32] Id., *o. c.*, p. 111.

não tem nenhum desfecho e não dá a conhecer nenhuma intenção racional"[33].

A questão dos fins últimos está, portanto, essencialmente em conexão com a moral. Mas, neste enquadramento, distingue-se entre fim intermédio e fim último ou fim sem fim. O primeiro está vinculado não só à questão moral, mas também a uma concepção dualista de homem.

Há aquela pergunta lancinante que Tolstoi coloca na boca de Ivan Ilitch moribundo e que diz de modo pregnante o mistério do morrer: Onde é que eu estarei quando cá já não estiver? A morte é então a separação da alma e do corpo, como se afirma no *Fédon* de Platão, no quadro de uma antropologia dualista? A Bíblia, ao contrário, tem uma visão essencialmente unitária de homem: ao empregar os termos *basar* (carne), *nefesh* (alma), *ruah* (sopro, espírito), refere-se ao homem como unidade: no primeiro caso, é o homem todo, mas considerado na sua debilidade e fragilidade; o segundo termo exprime o homem enquanto ser vivente; *ruah* não significa o espírito por oposição à matéria, mas o homem enquanto é capaz de escutar Deus, tem uma relação especial com Deus[34]. A antropologia bíblica, aliás mais de acordo com as concepções actuais, é mais sensível a uma interpretação unitária do que dualista do homem. Por isso, ao não aceitar no ser humano uma parte que seja imortal por natureza, não afirma a imortalidade da alma, mas espera a ressur-

---

[33] Id., *o. c.*, pp. 107-108.
[34] Joseph Gevaert, *El problema de hombre. Introducción a la Antroplogía filosófica*, Salamanca, 1984[6], pp. 71-74, com bibliografia sobre o tema.

reição dos mortos como dom da graça do Deus que se mantém fiel à Aliança. Os cristãos das primeiras comunidades viviam de tal modo da convicção da iminência do regresso de Cristo na sua glória (a Parusia) e da irrupção plena do Reino de Deus que pensavam não vir a ser atingidos pela morte. Mas, com o atraso da vinda do Senhor, foi necessário reflectir sobre o 'entretanto', isto é, sobre o que acontecia a cada um entre a sua morte e a ressurreição no fim dos tempos. Sobretudo neste contexto, a teologia acabou por ser profundamente influenciada pelo dualismo, que quer exprimir uma tensão vivida: eu sou um corpo que diz eu, mas ao mesmo tempo penso-me como tendo um corpo, de tal modo que o eu fontal parece não identificar-se com o corpo (sou um corpo e tenho um corpo). Neste quadro, entre a morte e o fim do mundo, a alma consciente sobreviveria no céu ou no inferno, aguardando a ressurreição do corpo.

Sobretudo a partir dos séculos XII-XIII e, por paradoxal que pareça, para aliviar a pastoral do medo do inferno, insistiu-se no purgatório, lugar e tempo de purificação daqueles que, tendo morrido reconciliados com Deus, precisam ainda, antes da entrada no Céu, de cumprir a pena devida pelos pecados. Vários Concílios se pronunciaram sobre a existência do purgatório, tendo sido neste contexto que se desenvolveu a doutrina das indulgências, que levaria à ruptura de Lutero[35]. No entanto, o Concílio de Trento foi cauteloso nesta matéria, preve-

---

[35] Jacques le Goff, *La naissance du Purgatoire*, Paris, 1981.

nindo inclusivamente contra o perigo da superstição[36]. Segundo a teologia mais atenta, a ressurreição dá-se *na* morte. Assim, o que se chama purgatório pode ser interpretado como o encontro, na morte, com o amor de Deus, que é em si mesmo purificador, salvador e consumador. A oração pelos defuntos só pode querer exprimir a solidariedade entre os vivos e os mortos.

Nenhum de nós assistiu ao seu começo, nenhum de nós testemunhará a sua própria morte. Recuando no passado ou avançando para o futuro, a memória e a imaginação acabam por mergulhar no abismo da noite do intemporal. O tempo é imperscrutável, porque o homem não domina o Sentido, isto é, não é senhor nem do Princípio nem do Fim. A identidade pessoal como a identidade da história humana e do próprio mundo têm uma estrutura narrativa, mas precisamente o processo ainda não está encerrado, continua em aberto. Por isso, apenas há antecipações: o todo, a verdade toda e plena não nos são dados ainda. A história lê-se integralmente a partir do fim. Assim, só no final da história o debate acerca de Deus e, por conseguinte, acerca do sentido ou do sem sentido último da realidade, terá termo. A verificação última é escatológica.

Ao contrário da concepção grega circular do tempo, a Bíblia tem, como vimos, uma concepção linear e escatológica. Assim, a história do mundo é a prazo, mas ao mesmo tempo espera a sua consumação. O ser humano é

---

[36] Dz. 1820.

o ser que espera e que espera ilimitadamente, não podendo dar a si mesmo o que espera para si, para a história e para o mundo: é próprio da natureza do ser humano abrir-se à Transcendência divina que vem como dom ao seu encontro.

A consumação da esperança, que consiste precisamente em deixar de esperar, pois finalmente tem-se o que se esperava, explicita-se essencialmente nas seguintes categorias: milenarismo, apocalipse, juízo final, inferno e paraíso.

Como escreveu Jürgen Moltmann, nenhuma esperança escatológica fascinou tanto a humanidade e ao mesmo tempo nenhuma lhe causou tanta infelicidade como a ideia do milenarismo, referente ao reinado de Cristo e dos que lhe pertencem por mil anos nesta terra antes do final da história[37]. Não se pode de facto esquecer que todos os grandes movimentos de transformação social e política no Ocidente, incluindo o III Reich, andaram associados ao milenarismo. Fundamentalmente, em conexão com um passo célebre do Apocalipse: "Vi descer do Céu um anjo. Subjugou o Dragão, a Serpente antiga, que é o Demónio, Satanás, e acorrentou-o por mil anos. Os justos voltaram à vida e reinaram com Cristo durante mil anos. Quando os mil anos tiverem passado, Satanás será solto", dando-se então o combate definitivo entre as forças do mal e as forças do bem, a que se seguirá o Juízo

---

[37] J. Moltmann, *Das Kommen Gottes*, p. 167.

Final[38]. Apoiando-se neste passo, Santo Ireneu, concretamente, desenvolveu uma concepção nitidamente milenarista, no sentido de que, com a segunda vinda de Cristo, os justos reinariam com Ele na terra durante mil anos. Mas, com este seu milenarismo, Santo Ireneu, contra as concepções gnósticas que negavam a dimensão histórica da salvação, queria fundamentalmente mostrar o vínculo entre a história e a salvação definitiva e, consequentemente, entre o bem e a felicidade, já neste mundo. É necessário, portanto, distinguir entre o milenarismo histórico político-eclesiástico, que pretende legitimar o presente como a última idade da humanidade enquanto reinado de Cristo, e o milenarismo escatológico, que vincula o termo da presente situação do mundo e a nova criação de todas as coisas. O milenarismo tem a função de sublinhar a relevância histórica da escatologia: trata-se da *consumação desta* nossa história e *deste* mundo.

O Apocalipse, que etimologicamente significa manifestação, revelação, desvelamento, e que é o último livro da Bíblia, ao contrário do uso frequente no sentido de final em catástrofe e horror, tem outra intenção. Escrito durante a perseguição de Roma aos cristãos, é um livro que quer essencialmente dar ânimo, isto é: a última palavra não pertence ao mal, mas ao bem. Proclama, portanto, uma promessa e tem um tríplice objectivo: mostrar que a história tem uma finalidade, uma orientação, não é um amálgama de factos sem sentido contado por um

---

[38] Apoc. 20, 1-15.

idiota, na expressão de Shakespeare; que esse sentido já está presente no mundo, mas não é meramente imanente, pois só encontrará a sua realização plena na meta-história; finalmente, que este sentido meta-histórico se vai decidindo nos acontecimentos da história (daí, a responsabilidade do homem) e ao mesmo tempo não é da ordem do cálculo, mas objecto da esperança, já que o último salto para os novos céus e a nova terra pertence ao Criador[39].

O Juízo Final, associado no imaginário individual e colectivo essencialmente a um tribunal e talvez a maior parte das vezes ao terror da condenação eterna, não é, em última análise, senão a revelação da realidade da história na sua ultimidade. Julgar em grego diz-se *krinein*, donde vem crise, e que significa distinguir, escolher, decidir. O juízo é então esse acto pelo qual se faz e manifesta a verdade. Estar em crise é "interrogar-se sobre a sua própria identidade", e o Juízo Final é "o lugar em que se desvelará a verdade do que somos perante Deus"[40] e, portanto, de quem é Deus em nós e para nós, no mundo e para o mundo e de quem somos nós e do que é a realidade toda para Deus e em Deus.

A questão da morte e do sentido último decide-se no centro da vida, na história concreta de homens e mulheres vivos. A esperança da ressurreição não é uma espécie de tábua de salvação que, como justamente denunciaram

---

[39] Carlo Maria Martini, "La speranza fa della fine 'un fine'", in: Carlo Maria Martini e Umberto Eco, *In cosa crede chi non crede?* Roma, 1996, p. 16.

[40] Isabelle Chareire, *La résurrection des morts*, Paris, 1999, pp. 88-89.

os "mestres da suspeita", no último naufrágio e à maneira de um golpe de magia, prolonga indefinidamente e mantém vivo o nosso narcisismo. Pelo contrário, a esperança para lá da morte é alimentada pelo amor à vida, no que ela tem de existência empenhada no compromisso contra todas as formas de morte e a favor da vida: luta contra a opressão e a indignidade, promoção da paz, da dignidade e da liberdade até à morte. Só uma vida amante e amada pode querer a vida eterna. Quem, encerrando-se em si mesmo, não se transcende a si próprio para os outros, já está morto. É neste quadro que se coloca a problemática do inferno, que, na sua dramaticidade, quer dizer: és livre, a salvação não é automática, podes falhar de modo radical e definitivo o sentido da tua vida.

Pergunta-se: a possibilidade não só de não participação na vida eterna dos bem-aventurados, mas também de condenação ao sofrimento sem fim tornou-se ou tornar-se-á realidade efectiva para alguém?

Escreveu S. Tomás de Aquino: "Aos bem-aventurados não se deve tirar nada que pertença à perfeição da bem-aventurança. Ora, todo o ser conhece-se melhor comparando-o com o seu contrário, uma vez que 'os contrários contrapostos entre si se destacam mais'. Por isso, a fim de que a bem-aventurança dos santos os satisfaça mais e dêem por ela graças mais abundantes a Deus, concede-se-lhes que contemplem com toda a nitidez as penas dos ímpios."[41] Kant, porém, no texto acabado de referir,

---

[41] *S. Th. Suppl.*, q. 94, a. 1: "Respondeo dicendum quod a beatis

embora considere prudente não se deixar embalar excessivamente numa certeza da salvação eterna de todos, tem estas observações: "um sistema segundo o qual todos seriam destinados à condenação não poderia ter lugar porque, de outro modo, não haveria nenhuma razão justificativa por que é que em geral teriam sido criados; a *aniquilação* de todos indicaria, porém, uma sabedoria falhada que, insatisfeita com a sua própria obra, não conhece nenhum outro meio para remediar as suas deficiências senão destruí-la." Mas também àqueles para os quais haverá os eleitos à bem-aventurança eterna e os condenados à perdição eterna depara-se, apesar de tudo, a mesma dificuldade que impede de pensar que todos os homens se condenarão, pois poderia perguntar-se: "para que é que se criaram uns poucos, ou mesmo por que é que se teria criado apenas um só se ele houvesse de existir unicamente para ser votado à condenação eterna? Não é isso muito pior do que não existir de todo?"[42] Quando

---

nihil subtrahi debet quod ad perfectionem beatitudinis eorum pertineat. Unumquodque autem ex comparatione contrarii magis cognoscitur: quia 'contraria iuxta se posita magis elucescunt'. Et ideo, ut beatitudo sanctorum eis magis complaceat, et de ea uberiores gratias Deo agant, datur eis ut poenam impiorum perfecte intueantur".

[42] I. Kant, *o. c.*, pp. 105 106. Também Ernst Bloch disse que "era melhor o nada ao inferno": E. Bloch, "Espírito da utopia", in: Anselmo Borges, *Do Mesmo ao Diferente*, Porto, 1980, p. 225. Já para Unamuno, "o verdadeiro inferno consiste no nada": Antonio M. López Molina, "Introducción", in: Miguel de Unamuno, *Del sentimiento trágico de la vida*, Madrid, 1999, p. 33.

lemos estes textos, o filósofo de Königsberg parece-nos mais humano e cristão do que o Doutor Angélico.

Apesar da angústia que atravessou a Europa sobretudo do século XIV ao século XVIII, por causa da perspectiva do Juízo Final e da condenação aos horrores do inferno eterno, o que é facto é que o chamado dogma do inferno não se encontra no Credo cristão. Entretanto, tornou-se cada vez mais claro para os exegetas e teólogos que não há simetria entre o céu e o inferno. De facto, enquanto o bem tem o seu fundamento último em Deus e a salvação implica a bondade graciosa de Deus para a consumação definitiva da existência humana, a maldade não precisa de nenhum factor transcendente, a ponto de Tomás de Aquino ousar o emprego do conceito de "causa prima" (causa primeira) para as criaturas, quando se trata exclusivamente de negatividade. Assim, o que se chama inferno só pode querer dizer que, no limite, a pessoa que de modo radical e definitivo se fixasse na maldade *terminaria* no que é e escolheu: uma finitude mortal. Não participaria, pois, na vida eterna de Deus, mas também não seria eternamente torturada: na morte, deixaria de existir. É o que a Bíblia chama "segunda morte"[43].

É significativo que hoje já praticamente ninguém se atreva a pregar sobre o inferno. Não é a vida demasiado breve e a liberdade demasiado frágil para poderem decidir uma eternidade desgraçada e nula? Mas, ao mesmo

---

[43] Apoc. 20, 6.

tempo, quando se observa toda a história humana da crueldade selvática e bárbara – todos os "infernos" causados a outros –, percebe-se que bem e mal não se equivalem e que a existência não pode ser moralmente reduzida a bagatela insignificante. Há uma exigência de justiça. Por outro lado, será que haverá alguma pessoa que não tenha tido na sua existência terrena ao menos um acto de generosidade e amor para com alguém, a partir do qual Deus a possa salvar? De qualquer modo, Deus não poderia levar à plenitude possibilidades que o homem destruiu. Deste modo, ao mesmo tempo que é legítimo esperar a salvação de todos, mostra-se a seriedade determinante da presente existência no mundo para a eternidade: as possibilidades anuladas não podem culminar na plenitude.

Seja como for, não haverá futuro para a maldade nem para a opressão; no fim, só haverá o Reino de Deus enquanto reino de homens libertos e livres, sem que possa pensar-se ao lado uma espécie de reino dos maus e excluídos; "o 'Eschaton' ou a realidade última é exclusivamente positiva; não há um 'Eschaton' negativo, isto é, coisas últimas ou novíssimos negativos. É o bem – não o mal – que tem a última palavra. Esta é a mensagem da praxis humana de Jesus, que por isso os cristãos confessam como o Cristo"[44].

---

[44] Edward Schillebeeckx, *Menschen. Die Geschichte von Gott*, Friburgo/Br., Basileia, Viena, 1990, p. 182.

Para o crente, a morte não é a aniquilação da pessoa, a sua destruição no nada, mas a páscoa, a passagem misteriosa para um novo estado misterioso em que Deus se manifesta na sua glória infinitamente felicitante: a ressurreição não é a reanimação do cadáver, mas precisamente esta passagem não concebível nem figurável, que tem o seu fundamento nas possibilidades, desconhecidas para nós, da matéria e do Criador, Amor originário. Como o ser humano não é sem o mundo, então também o mundo não caminha para a sua aniquilação, mas para a sua transfiguração em Deus, quando Deus for tudo em todas as coisas: haverá novos céus e uma nova terra.

Como escreveu Santo Agostinho, "dois amores fundaram duas cidades, a saber: o amor próprio até ao desprezo de Deus, a terrena, e o amor de Deus até ao desprezo de si próprio, a celestial. A primeira gloria-se em si mesma, e a segunda, em Deus, porque aquela procura a glória dos homens, e esta tem por máxima glória a Deus"[45]. O significado da história consiste na luta entre estas duas cidades. A história decorre em seis períodos ou idades, à maneira dos seis dias da criação. Com Jesus Cristo, atingiu o seu ponto culminante, vivendo agora a humanidade na sexta idade, portanto, no tempo final, cuja duração desconhecemos, mas em cujo termo terá lugar o Juízo definitivo. Depois, "Deus descansará como no dia sétimo e fará descansar em si mesmo o dia sétimo,

---

[45] *De civitate Dei*, XIV, 28 (edição bilingue, B. A. C., Madrid, 1965[2], p. 115).

que seremos nós". A sétima idade "será o nosso sábado, cujo fim não será a tarde, mas o dia dominical, oitavo dia e dia eterno, consagrado pela ressurreição de Cristo, prefigurando o descanso eterno não só do espírito, mas também do corpo. Aí descansaremos e veremos; veremos e amaremos; amaremos e louvaremos. Eis o que será no fim sem fim. E que fim mais nosso do que chegar ao reino que não terá fim?"[46]

A consciência do tempo e da inevitabilidade de morrer coloca forçosamente o homem perante uma alternativa e uma opção: o sentido ou o sem sentido, o mistério ou o absurdo. O sentido último tem o seu fundamento no *Eschaton* enquanto Envolvente meta-histórico da história, portanto, o Deus transcendente à história, e, por isso mesmo, o seu dinamismo mais íntimo. Como escreveu Theodor Adorno, "que a morte seja o último pura e simplesmente é impensável"[47]. No entanto, aparentemente, com a morte, é o fim de tudo. Mas, pela sua própria natureza, o Último é indisponível, escapa à compreensão humana. Se é razoável esperar, é porque o homem não pode de modo nenhum dominar o Último, pois, para dominá-lo, ele próprio teria de estar para lá, acima da Ultimidade, o que constitui uma impossibilidade lógica. O ser, que se manifesta e revela, mantém sempre o seu segredo. A razão é simples: o ser não se deixa objectivar, pois, participando nós próprios do ser, estamos sempre

---

[46] *De civ. Dei*, XXII, 30, 5 (ed. cit. p. 778).
[47] Theodor Adorno, *Negative Dialektik*, Frankfurt/M., 1994[8], p. 364.

co-implicados. Em ordem a captar o ser pela objectivação, seria necessário fazer o que é absolutamente impossível: saltar para fora do ser e, desse modo, captá-lo de fora. O ser humano está, portanto, referido ao Infinito e Absoluto, mas ele próprio não é o Infinito e Absoluto: por isso, nem sequer a si próprio se pode compreender adequadamente.

A história só alcança a sua correcta compreensão na abertura ao Futuro escatológico, que deve entender-se não como *a história futura*, mas como *o Futuro da história*. Precisamente enquanto o Futuro da história, é o futuro do passado, o futuro do presente e o futuro do futuro. Só este Futuro absoluto, transcendente à história e o seu dinamismo mais radical, é que permite perceber a história como conjunto de gerações sucessivas de homens e mulheres que esperam. O vinculante é a esperança fundada que a todos une. É este *Eschaton* transcendente-imanente que abre a história sempre de novo a possibilidades novas e nunca esgotadas. É nele que se fundamenta a esperança do salto final explosivo do fim enquanto consumação de tudo.

O Futuro da história é o Advento de Deus. Na história da evolução em liberdade criadora, o processo mostra uma continuidade na descontinuidade com saltos qualitativos, numa sequência: "partículas elementares, átomo, molécula, macromolécula-célula, organismo multicelular, organismo vivo, populações de organismos, seres vivos, animal, animal-homem-campo de transição, homem, populações humanas, comunidade da humanidade...", de tal modo que a partir de partes se constitui um todo, portanto, novas estruturas, novos princípios de organização e novas possibilidades e capacidades de comunicação. Neste contexto, em que o processo em constante complexificação, interiorização e unificação se não pode compreeender senão no quadro de sistemas abertos, pergunta-se: "como compreender então o universo no seu conjunto: como um sistema fechado ou como um sistema aberto?" Se admitirmos que se trata de um sistema fechado, não se foge à lei da entropia para o conjunto do universo. Mas, se os sistemas particulares da matéria e da vida são sistemas abertos, não devemos também, por analogia, conceber o próprio universo como sistema aberto, e, portanto, como um sistema de antecipação esperante, na diferença entre passado e futuro, numa história irreversível? "Esta autotranscendência permanente remete para a antecâmara de uma transcendência acolhedora e orientadora, que a torna possível. Assim, compreendemos o 'universo' como o conjunto autotranscendente de uma multiplicidade de sistemas individuais abertos comunicantes. Todos os sistemas individuais da matéria e da vida bem como as suas redes de comunicação existem todos para uma *transcendência* e subsistem a partir dela. Se chamarmos 'Deus' a esta transcendência do mundo, então poderemos a título de ensaio dizer: O *mundo* é no pormenor e no conjunto um *sistema aberto a Deus*. É Deus que é o seu 'envolvente' (*Umgebung*) extramundano, do qual e no qual vive. Deus é a sua antecâmara extramundana, para a qual ele evoluciona. Deus é fonte das possibilidades novas, a partir das quais alcança as suas realidades. Por seu lado, *Deus* deve então compreender-se como um *Ser aberto ao mundo*"[48]. O processo de autotranscendência evolutiva do mundo enquanto sistema aberto é vestígio da imanência de Deus no próprio mundo, mas precisamente esta imanência só é manifestação da presença divina enquanto Deus é transcendente e, assim, Aquele que vem, de tal modo que, em vez de sermos "solidários" com o "destino sem sentido" do universo[49], podemos razoavelmente esperar a salvação final.

Conclusão: O fim do tempo e a participação na eternidade de Deus

Não sabemos quando será o fim. E o que é o fim, no duplo sentido de termo e finalidade? S. Paulo descreve-o como o "instante" escatológico, o "átomo" da eternidade[50]. Trata-se daquele instante da eternidade, no qual todos os mortos ressuscitarão em simultaneidade diacrónica ou diacronia simultânea ("diachron zugleich"). O último dia do tempo é "simultaneamente o presente da eternidade a todos os tempos", pois face ao "dia do Senhor" todos os tempos são ao mesmo tempo[51]. Com razão, escreve o teólogo Wolfhart Pannenberg: "Em qualquer caso, a vida que desperta na ressurreição dos mortos é (...) a mesma que vivemos agora na terra. Mas ela é a

---

[48] J. Moltmann, *Gott in der Schöpfung*, pp. 211-213.
[49] Edgar Morin, *La méthode. L'identité humaine*, Paris, 2001, p. 22.
[50] 1 Cor. 15, 52.
[51] J. Moltmann, *Das Kommen Gottes*, pp. 307-308.

nossa vida actual tal como Deus a vê a partir da sua presença eterna. Por conseguinte, ela também será completamente diferente daquela que vivemos agora. E, no entanto, na ressurreição dos mortos não ocorre nada diferente daquilo que constitui já agora a profundidade eterna do tempo e que, aos olhos de Deus – para a sua visão de Criador – já é presença"[52]. É neste quadro que poderá ajudar o conceito de *tempiternidade*, de Raimon Panikkar: "A eternidade não vem *depois* do tempo – nem existia *antes* –. A vida do homem sobre a terra não é então um simples peregrinar em direcção a Deus, a reencarnação ou o nada, mas constitui um ritmo no qual cada momento é habitado pela outra face 'eterna', formando assim a tempiternidade"[53].

Há, como vimos, duas experiências nucleares do tempo. Há o tempo cronológico (Cronos devora os seus próprios filhos), mecânico, repetitivo e efémero, o tempo que nos faz envelhecer e morrer. Mas há também o tempo kairológico da liberdade e aquelas experiências de eternidade no tempo – o tempo extático –, nas quais se pré-vive de algum modo a eternidade, pois trata-se de um daqueles instantes a que se poderá dizer, segundo o *Fausto* de Goethe: "Permanece: és tão belo"[54]. Elas têm o seu cume nas

---

[52] W. Pannenberg, *Was ist der Mensch?* Göttingen, 1962, p. 86.
[53] Raimon Panikkar, *La intuición cosmoteándrica. Las tres dimensiones de la realidad*, Madrid, 1999, p. 16.
[54] Johann W. Goethe, *Fausto*. Introdução de Paulo Quintela, Lisboa, 1987, pp. 475-476. A célebre passagem diz assim: "Pudesse eu ver o

experiências da criação, da beleza e do amor, experiências do "instante eterno" (Karl Jaspers), que "de repente" (Platão) nos acontece e ilumina, aquele "grande meio-dia" exaltante, de que falava Nietzsche, aquele instante que é tocado pela eternidade, como reflectiu concretamente Sören Kierkegaard. Neste domínio, deverá citar-se também o ateu religioso Ernst Bloch, que esperava que a última música para ele não consistisse nas pancadas das pazadas de terra atiradas para cima do seu caixão. Não tem, de facto, a música o condão de suspender o tempo? "A música autoriza, convida à conclusão de que as ciências teóricas e práticas ou a investigação racional jamais conseguirão decifrar completamente a existência. (...). Trata-se, de um modo muito directo, da prova do *meta*-físico"[55]. A música toca "a *terra incognita* de uma humanidade que se excede a si própria" (...), "leva-nos a origens onde nunca estivemos"[56] e anuncia aquele futuro onde finalmente seremos nós. Nesse relâmpago do instante intenso da plenitude, domina o presente como presença; ele é o presente como antegozo da presença total.

O mistério de Deus como "Futuro Absoluto" e Fonte do tempo irromperá na história enquanto seu Consumador, manifestando assim "a sua eternidade *no* tempo e a

---

movimento infindo!/Livre solo pisar com povo livre!/Ao momento fugaz então dissera:/'És tão belo, demora-te! Por séculos/E séculos de meus terrenos dias/Não se apaga o vestígio'. – Agora mesmo,/Somente em pressentir tanta delícia,/Gozo ditoso o mais celeste instante".

[55] George Steiner, *Errata: Revisões de Uma Vida*, Lisboa, 2001, p. 96.
[56] Id., *o. c.*, p. 86.

sua omnipresença *no* espaço da criação"[57]. Por isso, com a nossa participação na eternidade divina "já não haverá tempo"[58], porque já não há morte: onde não há tempo também não há fim. Isto significa que, mesmo que agora, depois da descoberta do genoma humano, se abram possibilidades reais para uma "imortalidade" biológica (detectando o gene do envelhecimento, abre-se a possibilidade de superá-lo bem como à morte), é evidente que continuariam as outras contingências humanas, como o sofrimento, o que mostra bem que a imortalidade biológica se não identifica com a vida eterna: também nessa situação continuaria a ser verdade que só na plenitude escatológica se dá a plenitude da salvação[59]. Só aí se concretiza finalmente o que sempre esperámos e que tem muitos nomes: realização última do Reino de Deus, felicidade perfeita, paz perpétua, reconciliação total, existência plena, posse definitiva da bem-aventurança, visão de Deus, novos céus e nova terra, harmonia universal, salvação íntegra, sumo bem, alegria toda, vida eterna... Mas, por mais que se diga, o melhor ficará sempre por dizer, pois, como diz a Bíblia, "o que os olhos não viram, os ouvidos não ouviram e o coração do homem não perce-

---

[57] J. Moltmann, *o. c.*, p. 308.
[58] Apoc. 10, 6.
[59] Kuruvilla Pandikatu, "From Genes to God: Human Search for Immortality and its Theological Significance", in: *Vidyajyoti* 64 (2000) 903-916. Há uma síntese acessível: Id., "Consideraciones teológicas sobre el Proyecto Genoma", in: *Selecciones de Teología* 162 (2002) 143-151.

beu, isso preparou Deus para aqueles que o amam"[60]. O próprio Deus, porque livremente se comprometeu com a Criação, tem a sua "escatologia", pois a consumação é mais do que o começo: "no princípio a criação – no fim o Reino; no princípio Deus em si mesmo – no fim Deus tudo em tudo. Nesta escatologia divina Deus adquire através da história o seu Reino eterno, no qual descansa em todas as coisas e todas as coisas viverão eternamente nele"[61].

---

[60] 1 Cor. 2, 9.
[61] J. Moltmann, *o. c.*, p. 364.